BIBLIOTHÈQUE
DE PHILOSOPHIE CONTEMPORAINE

LA PHILOSOPHIE
DE
L'HISTOIRE
EN ALLEMAGNE

PAR

Robert FLINT

PROFESSEUR A L'UNIVERSITÉ D'ÉDIMBOURG

TRADUIT DE L'ANGLAIS

Par LUDOVIC CARRAU

Professeur de philosophie à la Faculté des lettres de Besançon

PARIS
LIBRAIRIE GERMER BAILLIÈRE ET Cie
108, BOULEVARD SAINT-GERMAIN, 108
Au coin de la rue Hautefeuille

1878

LA PHILOSOPHIE
DE L'HISTOIRE
EN ALLEMAGNE

DU MÊME AUTEUR

THEISM (London, 1877).

LA PHILOSOPHIE DE L'HISTOIRE EN FRANCE, traduit par M. L. Carrau. (Paris, Germer Baillière et Cie, 1878.)

AUTRES OUVRAGES DU TRADUCTEUR

EXPOSITION CRITIQUE DE LA THÉORIE DES PASSIONS DANS DESCARTES, MALEBRANCHE ET SPINOZA (Paris, Thorin, 1870, in-8).

DE SERMONIBUS FIDELIBUS F. BACONI VERULAMII (Paris, Thorin, 1870 in-8).

LA MORALE UTILITAIRE, couronné par l'Académie des sciences morales et politiques et par l'Académie française (Paris, Didier, 1875, in-8).

MÉMOIRE SUR LA THÉORIE DE L'INSTINCT DANS LA DOCTRINE DE L'ÉVOLUTION. (Dans les comptes-rendus des travaux de l'Académie des sciences morales et politiques, 1875.)

ÉTUDES SUR LA THÉORIE DE L'ÉVOLUTION, 1 vol. in-12, sous presse.

Coulommiers. — Typogr. ALBERT PONSOT et P. BRODARD.

LA PHILOSOPHIE

DE

L'HISTOIRE

EN ALLEMAGNE

PAR

ROBERT FLINT

PROFESSEUR A L'UNIVERSITÉ D'ÉDIMBOURG

TRADUIT DE L'ANGLAIS

PAR LUDOVIC CARRAU

Professeur de philosophie à la Faculté des lettres de Besançon

---

PARIS
LIBRAIRIE GERMER BAILLIÈRE ET Cie
108, BOULEVARD SAINT-GERMAIN, 108
Au coin de la rue Hautefeuille

1878

LA PHILOSOPHIE
DE
L'HISTOIRE

II
ALLEMAGNE

CHAPITRE PREMIER

PROGRÈS DE L'HISTORIOGRAPHIE EN ALLEMAGNE.

Il semble à propos d'indiquer sommairement comment l'historiographie allemande conduisit à la philosophie de l'histoire. Toutefois, le lecteur doit avoir l'indulgence de se rappeler qu'il n'y a pas une bonne exposition du développement de la littérature en Allemagne, aucun ouvrage qui soit un guide sûr en cette matière, bien que la Commission historique de l'Académie royale de Bavière, à qui l'on doit déjà beaucoup d'ouvrages remarquables sur l'histoire des sciences, ait promis de combler cette lacune importante et, je crois, vivement sentie : on peut compter qu'elle s'acquittera de cette tâche admirablement [1].

On croit généralement en Allemagne que la littérature historique, et même la littérature tout entière de ce pays, apparut subitement dans la seconde moitié du dernier siècle, et cette opinion n'est pas entièrement fausse. En effet, la littérature merveilleuse que nous appelons littérature allemande, bien qu'elle soit peut-être aujourd'hui la plus riche de l'Europe, ne date, en un sens, que du milieu du xviiie siècle. Cependant elle a des racines souterraines qui s'enfoncent profondément dans le passé; dans aucune branche, sa liaison avec les temps les plus anciens n'est entièrement interrompue; elle est la fille brillante d'obscurs, mais respectables ancêtres. Il y a, en ce qui concerne la composition historique, de nombreuses preuves de ce fait, sans remonter plus avant que la Renaissance et la Réforme.

Ces deux événements ont agi sur l'étude de l'histoire dans le même sens. Tous deux ont stimulé les recherches et donné l'impulsion à la réunion des matériaux historiques; la Renaissance mit en campagne les humanistes allemands à la poursuite des éclaircissements que pouvait apporter l'histoire aux classiques grecs et romains; la Renaissance poussa les réformés de l'Allemagne à chercher dans l'histoire des armes offensives et défensives contre les adhérents de la Papauté; mais, en même temps, ces deux événements conduisirent les hommes à estimer la science historique, non pour

[1]. La tâche a été confiée au professeur Wegele, de Würzbourg.

elle-même, mais comme un simple instrument, et à l'étudier d'une manière qui est tout l'opposé de ce qu'exige un esprit libre, philosophique, qui est de tous les temps et de tous les pays. La Réforme, en particulier, ne pouvait manquer d'avoir une puissante influence sur l'historiographie ecclésiastique, qui en Allemagne a suivi un cours ininterrompu depuis la Réforme et s'est constamment avancée de l'étroite servitude du dogme vers la large liberté de la science. Elle commença avec les célèbres *Centuries de Magdebourg*, de Mathias Flacius et de ses collaborateurs, vaste ouvrage en trente volumes in-folio, qui parut pour la première fois à Bâle (1559-1574); elles contenaient une érudition immense qui alimenta pendant tout un siècle toutes les histoires luthériennes de l'Eglise, mais marquaient d'un bout à l'autre la préoccupation de flétrir le catholicisme romain et de glorifier le protestantisme luthérien; elles étaient inspirées par un tel esprit d'aigreur et d'injustice, que les catholiques romains eurent quelque raison de les appeler les « centuries de Satan. » Puis vinrent J.-H. Hottinger et d'autres, avec leurs *Histoires*, écrites dans l'intérêt des réformés contre le Protestantisme luthérien. A cette période, l'histoire ecclésiastique fut l'esclave de la théologie sectaire, esclave laborieuse et consciencieuse, voilà ce qu'on peut dire de mieux en sa faveur. Georges Calixtus, homme d'un grand mérite et d'un grand génie comme penseur théologien, indiqua une voie meilleure et plus large que toutes celles qui furent suivies longtemps après lui. L'*Impartiale Histoire de l'Église et des hérétiques* (Unpartheyische Kirchen und Ketzer-historie) de Gottfried Arnold, dont le premier volume parut dans la dernière année du XVIIe siècle, marque le point extrême de la réaction piétiste contre une sèche orthodoxie, contre l'orgueil et l'intolérance ecclésiastiques, en subordonnant, comme il le fit, tout ce qui est extérieur et doctrinal aux sentiments pieux et même aux émotions mystiques du for intérieur, et en développant cette idée que la seule Eglise véritable est invisible, qu'elle se compose « d'individus cachés », que haïssent et persécutent non-seulement ceux qui sont ouvertement du siècle, mais aussi les partisans des Eglises visibles, gens qui disputent et combattent pour la gloriole de l'orthodoxie, et qui n'en sont pas moins absolument étrangers à la vie spirituelle. Cette manière de voir était sans aucun doute utile comme moyen de réaction; elle porta l'attention, qui jusque-là avait été fixée presque exclusivement sur les opinions dogmatiques et les faits extérieurs, vers les phases diverses de la vie spirituelle intérieure; en rendant aux *hérétiques* plus que la justice, elle contribua à leur assurer la part de justice à laquelle ils avaient droit, et, par là, à agrandir et à enrichir l'histoire de l'Eglise, au point de vue de la conception comme à celui de l'exécution; elle n'en était pas moins étroite, incomplète, pleine de préjugé et de parti pris, et naturellement elle fut bientôt abandonnée.

Le pas qui fut fait ensuite fut très-important. Vers le milieu du dernier siècle, une école historique se forma, qui eut principalement pour sièges les Universités de Gœttingue et d'Iéna, et qui rendit des services qu'on doit toujours rappeler avec reconnaissance. Elle eut pour représentants dans le domaine de l'histoire ecclésiastique des hommes tels que Mosheim, Pfaff, les Walch, etc.; ils essayèrent de rendre justice à tous les partis, de trouver une signification à tous les systèmes; ce qui caractérise leurs ouvrages, ce n'est pas seulement cette admirable impartialité, c'est encore un soin infatigable pour réunir les matériaux, une ardeur de recherche, qui, même aujourd'hui, font qu'il est souvent indispensable de les consulter. Le défaut capital des écrivains de cette école, c'est le manque de pénétration philosophique à l'égard du développement organique du passé, et de l'opération des éléments qui forment la trame profonde et continue de l'histoire; il en résulte que, malgré leurs efforts honnêtes pour expliquer les événements ou les rapporter à leurs causes, leurs explications sont superficielles et insuffisantes; les causes qu'ils indiquent, ce sont les causes secondaires et individuelles, non celles qui sont essentielles et constantes. Ce défaut est encore plus visible dans Schröckh, Spittler, Planck, et les autres qui continuèrent l'école; et on peut y voir justement la raison pour laquelle l'école perdit peu à peu son existence propre, et se perdit dans le froid et sec rationalisme inauguré par Semler, qui marque la fin du dernier siècle et le commencement de celui-ci. Par sa critique hardie des faits et des opinions accrédités, ce rationalisme rendit d'importants services; son scepticisme consomma l'affranchissement soit de l'histoire religieuse, soit de la théologie dogmatique; mais en traitant, comme il le fit, tout le passé chrétien comme un produit des passions humaines, un résultat de motifs et de causes vulgaires, en n'y découvrant pas un plan caché, un enchaînement et un développement organiques, un but supérieur, il a perdu tout droit à être considéré comme revêtu d'un caractère philosophique, bien qu'il n'ait pas été inutile aux écoles philosophiques qui l'ont remplacé.

Celles-ci se produisirent à la suite du changement total qui se fit pour la première fois sentir dans l'atmosphère intellectuelle du monde par l'effroyable éruption de la Révolution française, mais qui se manifesta graduellement dans tous les pays sous les formes les plus diverses, littéraires, artistiques, politiques, morales, scientifiques, philosophiques et religieuses, faisant déborder toutes les sources de la vie et couler ses torrents avec une plénitude jusqu'alors inconnue. Ces écoles, en ce qui concerne l'histoire de l'Eglise, peuvent être ramenées à deux : le plus éminent représentant de l'une fut Auguste Néander ; celui de l'autre fut Christian Baur : l'une reçut l'impulsion la plus énergique de Schleiermacher, l'autre de Hégel ; mais toutes les deux, malgré les différences profondes qui les séparent, eurent ceci de commun qu'elles s'appuyèrent consciencieusement sur des principes philosophiques, qu'elles traitèrent consciencieusement l'histoire religieuse comme un *processus* soumis à des lois et à des relations du genre de celles qui rentrent dans le domaine de la philosophie.

L'historiographie politique suivit un cours parallèle à celui de l'historiographie ecclésiastique. Naturellement elle subit beaucoup moins que celle-ci l'influence de la Réforme ;

en fait, cette influence fut sur elle très-faible au début. Quelle qu'ait été la puissance de la Réforme à certains égards, elle fut longtemps avant d'en arriver à devenir un principe transformateur de la vie politique de l'Allemagne; elle opéra visiblement comme un glaive, longtemps avant d'agir comme un levain et d'apporter quelque changement politique appréciable, qui pût se manifester dans la manière d'écrire l'histoire politique. Au seizième siècle, Cario, Cluverius, Gamerus, Genebrard, Kupferschmid, Macker, Néander, d'autres encore, écrivirent tous ce qu'ils appelaient eux-mêmes avec raison des chroniques. Quelques-uns de ces ouvrages peuvent avoir été très-populaires [1], mais aucun ne contient assez de philosophie pour mériter d'être appelé même une histoire au sens le plus élevé du mot. Sleidan, qui eut à un rare degré quelques-unes des meilleures qualités de l'historien, ne fut pas loin de produire ce qu'on pourrait justement appeler une histoire universelle avec son ouvrage : *De quatuor summis imperiis libri tres*, publié en 1556; mais le titre seul trahit le point de vue suranné et absurde auquel l'auteur s'est placé; et la meilleure preuve de la stupidité de tous ceux qui l'ont suivi, c'est que J.-G. Gatterer, qui mourut seulement en 1799, eut l'honneur de convaincre définitivement les historiens qu'il est ridicule de diviser l'histoire générale en quatre périodes correspondant aux monarchies du prophète Daniel.

---

1. Je trouve, par exemple, dans le catalogue de la Bibliothèque de l'Université de Tubingue, que cette bibliothèque renferme dix-huit éditions, toutes appartenant au XVIe siècle, de la *Chronique* de J. Cario, publiée pour la première fois en 1499.

Au XVIIᵉ siècle, et même jusqu'au milieu du XVIIIᵉ, l'historiographie civile, comme l'historiographie ecclésiastique, fut, en Allemagne, dans une condition vraiment déplorable. La principale cause, ce furent sans contredit l'anarchie et les malheurs de la guerre de Trente ans (1618-48) qui se termina par la paix de Westphalie, c'est-à-dire par la division de la nation en deux parties, selon les différences de religion, et par l'établissement de petites souverainetés locales qui consommèrent la ruine du pouvoir séculier central et de la vie politique. « Il serait difficile, dit M. Bryce dans son excellent ouvrage sur le Saint-Empire romain, de trouver, depuis la paix de Westphalie jusqu'à la Révolution française, un seul grand caractère ou une seule noble entreprise, un seul sacrifice en faveur des grands intérêts publics, une seule circonstance où le bien des nations ait été préféré aux passions égoïstes de leurs princes. L'histoire militaire de ces temps sera toujours lue avec intérêt ; mais les pays de liberté et de progrès ont une histoire de la paix qui n'est ni moins riche ni moins variée que celle de la guerre ; et si nous cherchons à nous faire une idée de la vie politique en Allemagne depuis le milieu du XVIIᵉ siècle jusqu'au milieu du XVIIIᵉ, nous n'entendons que les scandales chuchotés dans les cours, ou les disputes des diplomates dans des congrès sans fin. » Cet état de choses eut son expression dans la manière inepte, languissante, dont on écrivit alors l'histoire. Jamais hommes ne furent plus dénués de pénétration politique, de largeur de vues, de sentiment national, de talent de narration, que les historiens allemands de cette époque ; ils sont, pour toutes ces

qualités, fort au-dessous de leurs contemporains en France et
en Angleterre ; ils n'eurent, en réalité, d'autre mérite que
celui qu'ont toujours conservé les Allemands, même dans leur
plus grand abaissement, et dont ils ont fait preuve à travers
toutes les vicissitudes de leur histoire, je veux dire la persé-
vérance, le soin à rassembler les matériaux, la |patience à
accomplir les tâches les plus fastidieuses, cette *laboriositas*
dont parle Leibnitz, quand il dit : « cui nationi, inter animi
dotes, sola laboriositas concessa esse videtur. » Dans ce siècle,
l'Allemagne n'a produit, à ma connaissance, aucune histoire
civile d'une réelle valeur. Elle a produit néanmoins quelques
bonnes collections de matériaux historiques, par exemple
celles de Meibomius, Schilterus, Canisius, et particulièrement les *Acta publica* de Londorp, et le *Codex juris gentium
diplomaticus*, les *Scriptores rerum Brunsvicensium*, et les
Accessiones historicæ de l'illustre Leibnitz. Et ce grand
homme, on doit se le rappeler, se proposait d'utiliser l'immense provision de matériaux qu'il avait amassée pendant
trois années de recherches incessantes en France, en Bavière, en Souabe, en Autriche et en Italie, pour une histoire
de la maison de Brunswick, histoire dont malheureusement
il n'a paru qu'une simple esquisse; mais ce plan suffit à
montrer que l'ouvrage projeté avait été conçu dans de larges
proportions et dans un esprit vraiment philosophique. Il
devait commencer par la géographie et la géologie de l'Allemagne et par les inductions historiques qu'elles suggèrent;
puis il devait décrire, dans la mesure où l'auraient permis
les vestiges philologiques et autres monuments, les diffé-

rentes tribus qui se sont établies successivement dans cette contrée ; il devait insister davantage sur les détails, et s'enfermer dans un cercle plus restreint à partir de l'époque de Charlemagne ; et, dans l'histoire des empereurs qui sont descendus de ce grand homme comme dans celle des cinq empereurs de la maison de Saxe, faire rentrer l'histoire des grandes maisons saxonnes, bavaroises et lombardes d'où est issue la maison de Brunswick ; puis présenter le tableau des différentes fortunes de celle-ci, et enfin exposer toutes ses relations de famille. Leibnitz se croyait capable de répandre d'abondantes et nouvelles lumières sur le moyen âge, et de produire presque une révolution dans les idées des hommes relativement à cette époque ; et il est probable qu'il ne s'exagérait pas beaucoup ses forces.

Les collections d'antiquités et de documents du XVIIe siècle furent le prélude d'ouvrages sortis d'une très-savante école d'histoire civile, qui fleurit à la même époque, aux mêmes lieux, sous les mêmes influences et qui déploya les mêmes qualités que l'école d'histoire ecclésiastique fondée par Pfaff et Mosheim. Elle fut représentée par Mascow, les deux Moser, Justus Möser, Häberlin, Pütter, A-L. Von Schlözer et d'autres ; plusieurs de ces hommes furent des plus remarquables par leur talent et leur caractère, et tous produisirent une somme de travaux importants, solides, utiles, bien que leurs services soient oubliés aujourd'hui et que, à l'exception de Schlözer, leurs noms mêmes soient passés sous silence dans les meilleurs dictionnaires biographiques existant en Angleterre. Nuls travailleurs ne furent plus consciencieux.

Ils n'épargnèrent aucune peine pour produire des œuvres substantielles. Si, ce qui est douteux, ils ont été surpassés pour le soin et l'exactitude des recherches, ce ne fut que par un petit nombre d'auteurs appartenant à l'école historique fondée par Savigny et Niebuhr, c'est-à-dire par des hommes dont les avantages et les ressources étaient beaucoup plus considérables. Leur impartialité fut à la hauteur de leur zèle. En fait, ce zèle infatigable, qui est leur caractère le plus saillant, avait principalement sa source dans un amour de la vérité aussi pur qu'ardent, aussi affranchi de préjugé que capable de labeur et de dévouement. Ces qualités de zèle et d'impartialité, ils les déployèrent surtout dans deux sphères : l'histoire des provinces et des familles princières, et l'histoire des peuples étrangers. Pour l'histoire générale de l'Allemagne, ils rendirent comparativement peu de services directs ; mais ce fut parce qu'alors une telle histoire n'existait pas, ou bien parce que celle qu'ils avaient sous les yeux, la seule qui existât, était un objet de chagrin et de divisions. Les érudits de l'Angleterre avaient précédé ceux de l'Allemagne dans l'étude de l'histoire des peuples étrangers ; mais, à partir de 1772, date de la publication de l'*Histoire générale du Nord*, de Schlözer, les savants allemands ont probablement dépassé dans cette carrière tous leurs rivaux. Dans le même domaine, Mascow avait déjà rendu d'excellents services [1].

La diffusion de ce qu'on appelle l'illuminisme allemand, continuation de l'illuminisme français, suscita des points de

---

1. L'*Histoire des anciens Germains et des nations du Nord*, de Mascow, fut traduite en anglais par Thomas Lediard en 1738.

vue nouveaux relativement à l'art d'écrire l'histoire. On fit moins de cas des recherches érudites, et l'on regarda comme indispensables la beauté de la forme, l'élégance de la composition. On montra moins de zèle pour rassembler les documents, et l'on donna plus d'attention à la disposition et au style. Peut-être y perdit-on plus qu'on y gagna. Néanmoins, il y eut un autre profit plus considérable qu'un simple profit esthétique : ce fut de voir l'histoire sous un jour nouveau. On commença à s'apercevoir de ce fait que l'histoire est pénétrée par des idées générales ; on comprit qu'un progrès de culture, de réflexion éclairée, de raffinement social, s'était poursuivi à travers les âges, et beaucoup se rendirent enfin compte que le véritable but, ou tout au moins le but le plus élevé que doive se proposer l'historien, c'est de suivre le cours et le développement de ce progrès. Ce fut pendant cette période, qui embrasse le dernier quart du XVIIIe siècle et les dix premières années du XIXe, que la notion de l'existence d'une philosophie de l'histoire se forma dans l'esprit allemand, et il est remarquable combien d'hommes la conçurent à la même époque. Dans le quart de siècle qui précède la Révolution française, Iselin, Wegelin, Schlözer, Müller, Lessing, Herder, Kant et Schiller, essayèrent tous de suivre les lignes du plan qui se cache sous l'histoire universelle de l'humanité, de découvrir et de mettre au jour la pensée fondamentale qu'elle implique. On trouverait difficilement une confirmation plus frappante du mot de Bacon : « La vérité a été justement appelée la fille du Temps. » Les historiens qui représentent le mieux cette période furent le célèbre Jean de Müller et le plus célèbre Frédéric Schiller.

En Allemagne, comme en France, ce furent les écrivains de l'âge éclairé, qui affranchirent définitivement l'art d'écrire l'histoire de l'esclavage théologique, du pédantisme et du formalisme scolastiques, pour l'élever à la dignité d'un genre littéraire indépendant, qui insufflèrent la vie dans ses os desséchés et le revêtirent de chairs d'un aspect agréable à l'œil, qui le présentèrent comme une manifestation de l'humanité et de sa culture, et lui donnèrent par là un intérêt actuel et permanent pour les hommes en tant qu'hommes. Mais, tout en apercevant dans l'histoire un sens qui avait échappé jusqu'alors, ils se trompèrent sur le degré de profondeur à laquelle ce sens est caché et sur les difficultés de l'atteindre, et ainsi n'eurent qu'une idée fort inexacte de la nécessité des recherches laborieuses et de la critique. Ils pénétrèrent peu au delà de la surface; ils ne s'élancèrent pas dans les profondeurs de l'existence humaine dans le passé, et n'essayèrent pas énergiquement, par l'étude et l'expérience de la vie, de donner aux faits leur signification; ils acceptèrent hâtivement un petit nombre de généralisations faciles à former sur le progrès, la liberté, l'humanité, la civilisation, considérés comme les vérités essentielles de l'histoire, la substance de tout son enseignement; mais ils n'avaient encore que les notions les plus superficielles sur toutes ces choses, liberté, progrès, civilisation, humanité. Néanmoins, l'histoire elle-même se chargea bientôt d'apprendre aux Allemands combien étaient superficielles leurs idées sur de tels sujets; la leçon fut sévère et rigoureuse, mais efficace. Les Allemands en étaient venus à s'imaginer que le principe de la vraie culture, c'est l'enthousiasme pour l'humanité, un amour vague et passionné de l'homme en tant qu'homme, dans lequel s'absorbent et se perdent le patriotisme et les autres affections particulières. Beaucoup, même parmi les hommes qui contribuèrent le plus à fonder la nationalité allemande, regardaient le sentiment national comme synonyme de préjugé irrationnel. Ce fut l'opinion du grand Frédéric; Lessing avouait ne pouvoir comprendre ce que signifiait le patriotisme; Gœthe et Hégel en étaient totalement dépourvus; Schiller disait qu'un tel sentiment avait surtout son importance à l'origine des peuples et dans la jeunesse du monde, mais que les hommes sérieux ne peuvent s'intéresser chaudement à quelque nation particulière que dans la mesure où les destinées de cette nation ont quelque influence sur le progrès de l'espèce; et Fichte, peu de temps avant la bataille d'Iéna, déclarait qu'un homme grossier et né de la terre pouvait seul s'affliger de la chute de sa patrie, mais qu'un homme d'une vraie culture regarderait toujours la nation dont la culture est la plus haute comme sa patrie véritable, la demeure de son esprit. Mais la honte de l'humiliation nationale qui pesait alors sur eux, l'épreuve des malheurs publics éclairèrent les Allemands sur la vanité de leur cosmopolitisme et de la culture dont il est le signe prétendu; ils apprirent la valeur du patriotisme et de la vie nationale; ils apprirent à s'étudier eux-mêmes, à se connaître, à être eux-mêmes, à pénétrer jusqu'aux racines de leur faiblesse, pour devenir capables de les extirper, jusqu'à celles de leur force, pour pouvoir s'instruire des moyens de les développer. Le monde entier sait dans quelle large mesure ils ont profité de cet enseignement, et combien noblement ils ont développé leurs ressources dans les directions les plus diverses de la littérature, de la science, de l'art et de la pratique : le domaine de l'histoire n'est pas un de ceux qu'ils ont le moins cultivés.

Depuis que « l'ouragan s'est déchaîné et que le peuple s'est levé » dans la guerre de l'indépendance, il a paru en Allemagne beaucoup plus d'ouvrages historiques, d'un vrai mérite, que dans tout le reste du monde pendant la même période. Il n'y a pas un coin du vaste champ de l'histoire où l'on ne trouve les savants de l'Allemagne travaillant en plus grand nombre, avec plus de persévérance et de succès que ceux de quelque autre nation que ce soit. Pour l'histoire orientale et classique, les noms qui se présentent à nous sont ceux d'hommes tels que Plath et Lassen, Movers et Ewald, Lepsius, Brugsch et Bunsen, Von Hammer-Purgstall et Weill Bœckh, O. Müller et Curtius, Niebuhr, Mommsen et Ihne ; pour le moyen âge, Savigny, les frères Grimm, Pertz, Leo, Giesebrecht, Von Maurer, K. Hegel, etc. ; pour les temps modernes, Schlosser, Gervinus, Ranke, Von Sybel, et tant d'autres, si voisins par le génie et si égaux en talent, qu'on ne peut sans injustice choisir entre eux. Les recherches des Allemands ont éclairé l'histoire de chacune des nations modernes ; l'histoire d'Angleterre, par exemple, a été élucidée par les travaux de Dahlman, de Lappenberg, de Pauli, de Ranke, de Gneist, de Fischel. Presque toutes les branches de la science physique ou mentale, les Allemands en ont fait l'histoire avec talent. Ainsi, l'histoire de la philosophie a été fouillée par Hegel, Ritter, Zeller, Stöckl, Erdmann, Fischer, et une multitude d'autres. Pour un historien de l'Église que pourraient présenter la France ou l'Angleterre, l'Allemagne en pourrait fournir cinquante, égaux ou supérieurs.

Le principe essentiel de la grande école historique fondée en Allemagne par Niebuhr et Savigny, c'est celui de l'individualité des nations. Ses caractères dominants sont la répugnance à imposer à l'histoire des idées ou des constructions générales, ou à en déduire des systèmes de propositions abstraites; le désir de pénétrer dans le caractère de chaque peuple, comme s'il s'agissait d'une personnalité concrète; la tentative d'interpréter et de suivre chacune des phases du mouvement de l'histoire comme une phase d'un développement organique ou d'une évolution naturelle; enfin, l'habitude de recourir avec un esprit de sincérité et de critique aux premières sources d'information. Cette école peut bien n'avoir reproduit qu'un côté de l'histoire; son aversion pour les idées générales peut être attribuée, au moins en partie, à une incapacité de les découvrir; elle peut avoir montré une défiance excessive à l'endroit de la philosophie de l'histoire, sauf en ce qui concerne la comparaison un peu puérile du développement national avec l'évolution organique de l'homme individuel; mais, quels qu'aient été ses défauts, ils découlent principalement du vif désir qui animait ces savants d'approfondir et de posséder entièrement le sujet qu'ils avaient choisi, et de la concentration même de toutes leurs facultés sur leur travail ; et ce n'est que par des ouvrages du genre de ceux qu'ils ont produits, que la vraie philosophie de l'histoire universelle, qui n'est en définitive que l'intelligence vraie et complète de cette histoire, peut se former graduellement. Il faut passer par les détails et les particularités avant d'atteindre réellement la généralité philosophique ; le cosmopolitisme de vues, qui consiste à ignorer ou à nier les différences qui séparent les nations, est erroné ; le vrai cosmopolitisme présuppose ces différences, et, tout en s'élevant au-dessus d'elles, il en sort. La principale erreur des philosophes de l'histoire a été de méconnaître ce fait, et d'admettre que l'on pût connaître l'espèce sans connaître les nations et les générations qui la constituent ; de croire, en d'autres termes, que la philosophie de l'histoire est à la surface, et non au fond de l'histoire elle-même.

Je ne dois pas poursuivre plus loin et retracer avec plus de détails l'histoire de l'art de la composition historique en Allemagne, et je reviens à ce qui est proprement mon sujet, c'est-à-dire l'histoire de la science ou de la philosophie de l'histoire.

CHAPITRE II

COMMENCEMENT DE LA PHILOSOPHIE DE L'HISTOIRE EN ALLE-MAGNE : LEIBNITZ, ISELIN, WEGELIN, SCHLÖZER, VON MULLER.

I

Leibnitz (1646-1716) était doué, comme bien peu l'ont été, de toutes les qualités nécessaires à un grand historien philosophe. Il avait une patience et une puissance de travail qui furent rarement égalées, et il les exerça avec une assiduité et une énergie qui firent de lui, sans contredit, même d'assez bonne heure, un des hommes les plus savants qui aient existé; et ce zèle et cette érudition extraordinaires furent unis à un coup d'œil des plus pénétrants, à une réflexion des plus profondes, à une originalité spéculative des plus élevées. Presque tous les dons de l'esprit, même ceux qui se rencontrent rarement chez le même individu [1], il les possédait à un degré merveilleux

---

[1]. Pour la liste des biographies de Leibnitz, des éditions de ses œuvres et des traités sur sa philosophie, voyez Ueberweg, *Abrégé de la philosophie*

de perfection, et il eût pu dire, avec beaucoup plus de vérité que lord Bacon : « J'ai pris la science entière pour mon domaine. » Il n'y a dans l'histoire de la pensée que le seul Aristote qui puisse lui être comparé pour l'universalité de l'intelligence et la masse des acquisitions intellectuelles. Mathématiques, métaphysique, théologie, langues, jurisprudence, politique, géologie, chimie, médecine, lui étaient également familières. L'universalité de son intelligence, qui le mettait en rapport avec tout, le conduisait à chercher un esprit de vérité et de bonté dans toutes choses, et à tenter de combiner, de concilier, de mettre d'accord les systèmes les plus divers. Il fut le premier, et, à l'exception de Hégel, le plus grand des éclectiques modernes. On ne peut que regretter qu'il n'ait nulle part traité directement d'une science aux progrès de laquelle il était si propre à contribuer ; et cependant, il a tant fait pour tant de sciences, qu'il y aurait presque de l'ingratitude à exprimer même le désir qu'il eût fait plus ou autre chose que ce qu'il a fait.

Bien qu'il n'ait pas traité directement de la philosophie de l'histoire, Leibnitz a rendu à cette science d'importants services, ou tout au moins a exercé sur elle une influence

moderne, 3ᵉ éd., 106-109. La meilleure biographie est celle de Guhrauer, l'édition la plus commode de ses œuvres philosophiques est celle de Erdmann ; les meilleures éditions de ses œuvres complètes sont celles de Pertz, de Foucher de Careil et Klopp, mais toutes les trois sont encore incomplètes ; les expositions les plus remarquables et les plus exactes de sa philosophie sont celles qui ont été données par Erdmann (*Tableau de l'histoire de la philosophie moderne*, vol. II, part. II), Nourrisson (*la Philosophie de Leibnitz*), Kuno Fischer (*Histoire de la philosophie moderne*) et Zeller (*Histoire de la philosophie allemande*, 1ʳᵉ partie). Le livre de Pfleiderer, *G. W. Leibnitz patriote, homme d'État et initiateur* (1870), est un ouvrage intéressant.

considérable. Il a fait beaucoup, je l'ai déjà dit, pour l'histoire proprement dite; et avancer directement l'étude de l'histoire, c'est avancer indirectement celle de la science de l'histoire. Il fut le premier, à ma connaissance, qui associa, sur une grande échelle, l'histoire à la philologie, innovation aussi importante dans la science historique que l'application de l'algèbre à la géométrie dans les mathématiques. Sa philosophie fut la première qui fut entièrement et profondément pénétrée de l'esprit de l'histoire. Elle le fut par sa compréhension et son universalité; elle ne se contenta pas de rattacher immédiatement la cause du cartésianisme à celle de la civilisation; elle relia d'une manière indirecte tout le passé et tout l'avenir du développement de la raison. Elle le fut encore par quelques-uns de ses principes essentiels et de ses dogmes caractéristiques, par exemple : la doctrine de la loi universelle d'analogie, reposant sur l'individualité et la distinction spécifique des monades; — la conception de la vie, considérée comme partout présente, partout en rapport avec toutes les autres vies, ayant partout pour essence d'être un développement; — l'importance assignée à la loi de continuité, ou d'une gradation non interrompue des organismes; — la négation de toute lacune dans la série ordonnée des êtres créés; — la théorie générale de l'harmonie préétablie, — et l'optimisme, sous la forme spéciale que lui a donnée Leibnitz. Toutes ces conceptions, depuis Leibnitz, ont été transportées dans la philosophie de l'histoire. Mais, comme Leibnitz n'en a pas fait lui-même l'application historique, il serait hors de propos de discuter ici l'application qu'on en peut faire. Les considérer en elles-mêmes serait encore moins à sa place et supposerait d'ailleurs l'examen de tout le système leibnitzien.

Il faudrait peut-être faire, dans une certaine mesure, une exception pour la théorie de l'optimisme, car bien que Leibnitz n'ait pas essayé de la démontrer par des preuves empruntées à l'histoire, et qu'il ne paraisse pas que sa manière d'écrire l'histoire en ait reçu quelque influence, il l'a établie de telle manière et appuyée sur de tels exemples, qu'il a par là manifestement suggéré l'idée de l'optimisme historique. Celui-ci n'est en réalité que l'application conséquente et entière à l'histoire de cette pensée de Leibnitz que le meilleur de tous les mondes possibles est celui où abondent des crimes, comme celui de Sextus Tarquin, et que si Sextus avait vécu à Corinthe satisfait d'un sort médiocre, ou était devenu en Thrace un roi sage et vertueux, le monde eût été nécessairement pire qu'il n'a été, malgré les iniquités monstrueuses de Tarquin devenu le maître à Rome. J'ai à peine besoin d'ajouter que la preuve historique ne confirme en aucune manière la théorie, car l'histoire n'apporte aucun témoignage en faveur de l'assertion que cette théorie implique. L'histoire connaît le Tarquin réel du monde réel, mais elle ne sait rien sur les Tarquins possibles dans des mondes possibles. Un coup d'œil très-superficiel et très-inexact peut seul juger que les crimes de Tarquin aient grandement contribué à l'affranchissement et à la puissance de Rome;

s'ils y ont contribué en quelque chose, c'est en sollicitant l'action de forces que bien d'autres causes auraient pu provoquer et diriger dans une direction meilleure. L'optimisme de Leibnitz a sur ceux de Shaftesbury, de Bolingbroke et de Pope quelques avantages incontestables ; mais il est tout aussi hypothétique, et le seul argument réel sur lequel il s'appuie est un argument théologique : « Le monde est le meilleur possible, parce que la puissance, la sagesse, la bonté de Dieu sont infinies. » C'est là un argument qui, je l'avoue, me semble faible. Ne peut-on pas dire, avec tout autant de raison, que le monde ne peut être le meilleur possible, et que Dieu aurait pu le faire plus parfait, précisément parce qu'il est infini ? Il est infini, et le monde est fini ; la distance entre sa bonté et quelque degré de bonté qui puisse exister dans le monde doit être infinie. Dire que le monde est le meilleur que Dieu ait pu créer, quel que soit d'ailleurs le degré de perfection que Dieu ait pu donner au monde, c'est, semble-t-il, impliquer l'hypothèse que la puissance divine est limitée. En fait, c'est ici ou jamais le cas de dire que, de quelque côté que vous vous tourniez, vous vous heurtez à l'alternative d'un dilemme. Si le monde n'est pas le meilleur possible, dira l'optimiste, Dieu ne peut être infiniment bon. Soit ; mais alors, si le monde est le meilleur possible, Dieu ne peut être tout-puissant. L'une de ces deux conclusions semble aussi bonne que l'autre. Peut-être la vraie conclusion est-elle que nous raisonnons dans une sphère trop haute pour nous ; que, notre raisonnement ayant pour objet l'infini, nos conclusions n'ont pas plus de valeur réelle dans un sens que dans l'autre. Il me semble en même temps que la difficulté présentée par l'optimiste est la moins embarrassante des deux. L'induction relative à la bonté de Dieu est hors de cause, pourvu que la constitution originelle de toutes choses, que toutes les choses créées par Dieu soient très-bonnes, qu'elles soient d'ailleurs ou ne soient pas les meilleures possibles; mais je ne puis concevoir comment la puissance, la sagesse, la bonté que manifestent l'univers actuel ou quelque univers fini que ce soit, pourraient être la plus haute expression possible d'une puissance, d'une sagesse, d'une bonté infinies [1].

Ce ne fut, comme nous l'avons déjà dit, que dans la seconde partie du XVIIIe siècle, que la notion de l'existence d'une philosophie de l'histoire commença de se faire jour dans la pensée allemande. Ce fut une des nombreuses idées qu'à cette époque l'Allemagne emprunta à la France. M. Rosenkranz l'a nié, mais à tort, et le préjugé national peut seul l'avoir conduit à mettre cette opinion sur le compte de la *légèreté* et de la *vanité françaises*. Les deux écrivains qui les premiers en Allemagne essayèrent de subordonner l'histoire à la philosophie sont tous deux natifs de la Suisse, contrée qui eut longtemps et qui a encore de l'influence

---

1. Sur l'optimisme de Leibnitz, voyez, outre les ouvrages déjà mentionnés de Erdmann, Nourrisson, Fischer et Zeller, les traités de Bilfinger (*de l'Origine et de la Permission du mal*, 1724) et de Baumeister (*Histoire de la doctrine du meilleur monde possible*, 1741); Kant, *de l'Optimisme et de l'Insuccès de toutes les recherches philosophiques en théodicée ;* Chalmers, *Théologie naturelle* (liv. V, ch. II); Bonifas, *Étude sur la Théodicée de Leibnitz*, et Pichler, la *Théologie de Leibnitz*.

en qualité d'intermédiaire intellectuel entre la France et l'Allemagne. Ces deux écrivains furent Iselin et Wegelin [1].

II

Isaak Iselin (1728-1782) fut un homme d'une haute originalité, d'un caractère aimable et d'un esprit cultivé, passionné pour les droits de la justice et embelli de tous les charmes de la bienveillance; sincère investigateur de la vérité, il fut infatigable à la répandre. Il se fit l'ardent avocat des idées sur l'éducation auxquelles sont associés les

---

[1] Le plus ancien ouvrage en allemand, du moins à ma connaissance, qui ait affiché la prétention d'être une exposition des principes de la science de l'histoire, a été publié par Jean-Martin Chladni en 1752. Il a été entièrement négligé, même par les Allemands. L'auteur était Hongrois d'origine, d'une famille dont quelques membres se sont distingués dans les sciences : le plus célèbre fut peut-être Ernest Chaldni, qui fit de grandes découvertes en acoustique expérimentale. Jean-Martin Chladni écrivit comme complément à sa *Science universelle de l'histoire* une *Philosophie nouvelle définitive*, une *Logique pratique* et deux volumes d'*Opuscules académiques* ; mais ces ouvrages sont également inconnus, même des historiens allemands de la philosophie. La *Science universelle de l'histoire* ne répond pas à son titre. Le sujet qu'elle traite n'est pas l'histoire elle-même ; c'est une investigation et une exposition historique. C'est ce que les Allemands appellent maintenant un *historique*. Le Dr Chladni était parfaitement convaincu qu'il posait dans ce livre le fondement d'une science entièrement nouvelle et extrêmement importante. Il exprime dans sa préface la conviction que sa vie avait été providentiellement dirigée vers ce but, et il suppose qu'il y avait été préparé par les différentes positions qu'il occupa successivement, par ses occupations à l'Université de Wittenberg, ses fonctions de chargé de cours d'antiquités ecclésiastiques à Leipsig, directeur de gymnase à Cobourg, et enfin de *professeur ordinaire de théologie, d'improvisation et de poésie ainsi que de pasteur à l'Église de l'Université* d'Erlangen. L'ouvrage comprend douze chapitres, qui traitent les sujets suivants : 1° la science historique en général ; 2° les mouvements des corps ; 3° les mouvements des êtres moraux ; 4° les mouvements des hommes et des histoires ; 5° le spectateur et le point de vue ; 6° l'altération que subit l'histoire dans l'exposition qu'on en fait ; 7° la diffusion et la propagation de l'histoire ; 8° la connexion des événements et la causation historique ; 9° la certitude historique ; 10° la probabilité historique ; 11° les histoires anciennes et étrangères ; 12° les choses de l'avenir et les règles de la conjecture.

noms de Rousseau et de Basedow, des réformes réclamées dans la législation criminelle par Beccaria, des vérités de politique pratique proclamées par Montesquieu, et des doctrines économiques de Quesnay. Le fervent amour pour le vrai, pour la vertu, pour ses semblables, qui fut le trait dominant de son caractère, anime d'une chaleur singulièrement communicative ses *Recherches sur l'organisation sociale;* ses *Rêves d'un ami des hommes*, ses *Ephémérides de l'humanité* et tous ses autres ouvrages, mais surtout celui qui réclame ici notre attention, les deux volumes des *Philosophische Muthmassungen über die Geschichte des Menscheit* (Conjectures philosophiques sur l'histoire de l'humanité), publiées en 1764.

Cet ouvrage a pour épigraphe ces vers de Pope : « Puisque la vie ne peut guère plus nous fournir que de jeter un regard autour de nous et de mourir, prenons librement notre essor sur cette scène de l'humanité. » Prendre librement son essor sur toute cette scène de l'humanité, voilà précisément ce que fait Iselin. L'ouvrage se divise en six livres, et chaque livre contient un grand nombre de chapitres, tous courts, quelques-uns très-courts, l'un même n'ayant que deux phrases, comme chez Montesquieu ; beaucoup de sujets sont ainsi effleurés ; malheureusement, aucun n'est traité avec une profondeur et des développements suffisants. Ce n'est pas un tout élaboré avec un esprit philosophique ; ce n'est pas une série de recherches logiquement enchaînées ; c'est une succession extrêmement rapide de remarques, réunies par un lien assez lâche, sous un petit nombre de chefs généraux, et portant sur ces matières infiniment variées qu'offre cette « scène de l'homme ».

Le premier livre a la prétention d'exposer des considérations psychologiques sur l'homme. Ce n'est pourtant pas une analyse de l'esprit humain ramené à ses principes élémentaires et premiers, encore moins une étude de ces principes, telle qu'elle devrait être pour servir de solide base psychologique à une théorie de l'histoire. C'est simplement une suite de remarques, intéressantes et bien faites, mais nullement scientifiques, sur les aspects, les facultés, les relations de l'esprit les plus faciles à saisir. Ce livre est beaucoup plus superficiel, beaucoup moins analytique même, que la première partie de l'*Essai* de Ferguson sur l'*histoire de la société civile*, celle qui traite des caractères généraux de la nature humaine; il a néanmoins beaucoup de rapports avec elle et peut lui être comparé avec profit.

Le second livre a pour objet l'état de nature. Par ces mots, certains philosophes ont entendu l'état le plus simple et le plus bas où puisse être un homme en restant homme; d'autres ont compris par là le meilleur état possible pour l'homme, l'état le plus conforme à l'essence de sa constitution. Ces derniers philosophes ont cru parfois qu'ils avaient réfuté les premiers, en montrant que ce qu'on affirmait de l'état de nature, pris dans le premier sens, n'était pas vrai de ce même état pris dans le second; ils ne voyaient pas que, en admettant qu'ils eussent prouvé qu'il en est ainsi, ils auraient simplement établi ce qui n'a pas besoin de preuve et que personne n'a jamais contesté, à savoir que *le pire état de l'homme n'est pas le meilleur où il puisse être.* Ferguson, par exemple, est tombé dans cette erreur ; il suppose véritablement qu'à l'hypothèse de Hobbes sur un état de nature qui aurait été un état de guerre, auquel les hommes ont tenté d'échapper en se rapprochant et en se faisant des concessions mutuelles, on adresse une objection valable quand on dit que l'état de nature n'a jamais cessé et est aussi bien représenté par le Parisien le plus poli que par le plus grossier sauvage; Cousin et d'autres ont rappelé cette objection en l'approuvant. Iselin mérite quelque louange pour n'être pas tombé dans cette erreur. Sans distinguer expressément les deux sens de l'expression *état de nature*, il les distingue virtuellement, car il admet partout et avec raison que le second sens n'a rien à voir avec ce qui fait l'objet de ses recherches, et que les vraies questions qu'il a à résoudre dans ce second livre sont celles-ci : Quelle est la condition la plus basse et la plus simple où l'on puisse supposer que l'homme ait vécu ? Quelles sont les conditions, par ordre de succession, qu'il a dû traverser pour s'élever de cet échelon inférieur au degré de civilisation qu'il a aujourd'hui atteint?

Iselin pense que l'homme n'aurait pu exister simplement avec l'usage de ses sens et la capacité de ressentir la douleur et le plaisir actuels, que même dans sa plus basse condition il dut avoir quelque prévision et quelque mémoire avec des aversions et des désirs correspondant à ces facultés, mais seulement à l'égard des choses sensibles. Dans cet état, il ne dut y avoir ni sentiment de la propriété, ni sentiment de la décence ou du devoir, ni notions générales, ni langage.

Cet état a-t-il jamais existé réellement ? On en peut douter : s'il a existé, nous ne devons pas regretter, avec Rousseau, qu'il ne soit plus, ni regarder la capacité du progrès, qui distingue l'homme de la bête, comme un don funeste, dont l'effet est de nous éloigner de la liberté et du bonheur, au lieu de nous en rapprocher. — Le second état est décrit par Iselin comme un peu supérieur à la condition purement animale ; l'homme commence à saisir des distinctions là où d'abord tout était confusion, à avoir un petit nombre de sentiments relativement fixes et durables, les premiers germes des notions générales et les faibles rudiments du langage. Iselin admet que les traits caractéristiques de cet état ne se trouvent réunis chez aucun peuple dont nous ayons entendu parler, mais il pense qu'on pourrait les rencontrer disséminés chez plusieurs, et il essaye de les déterminer et de les recueillir. Vient ensuite la phase la plus simple de la vie sociale, celle des bergers nomades, avec des notions embryonnaires de vérité et de justice, les premières impulsions de ces sentiments qui peuvent conduire à l'amour conjugal et à la régularité de la vie domestique, un langage quelque peu développé, et une plus grande somme de bonheur que celle dont leurs prédécesseurs avaient joui.

A partir de ce point, l'histoire, d'après Iselin, se divise en deux courants, et la race humaine en deux classes. La simple vie pastorale peut servir comme transition soit à la civilisation, soit à la barbarie. Par elle-même, elle conduirait naturellement à la première ; mais elle peut aussi encourager les tribus de rudes chasseurs, qui doivent se former sur les montagnes et dans les forêts, à piller, à détruire, à asservir leurs voisins pacifiques et plus prospères. Par là prendra fin l'état de nature et s'établira l'état sauvage, si répandu même aujourd'hui. L'état de nature peut n'avoir jamais existé dans quelqu'une de ses phases; l'état sauvage ou barbare ne nous est que trop bien connu. Il faut l'étudier et le comparer avec l'état civilisé, et c'est à quoi Iselin a consacré tout son troisième livre. Son tableau des traits caractéristiques de la vie sauvage n'était pas sans mérite à l'époque où il écrivait; mais il est clair qu'au temps des Lubbock et des Quatrefages il ne peut plus nous satisfaire. La distinction entre l'état de nature et l'état de sauvage est elle-même insoutenable.

Le second volume a tout entier pour objet la considération de l'état civilisé; les trois livres dont il se compose traitent respectivement de la civilisation chez les peuples de l'Orient, chez les Grecs et les Romains, et chez les nations de l'Europe moderne. La religion, les mœurs, le gouvernement, les lois, les arts, le langage, la littérature et la science, les changements qu'ont subis ces éléments, l'influence que certains grands événements ont exercée sur eux, leur action réciproque, sont examinés relativement à chacune de ces trois époques de l'histoire, l'époque orientale, l'époque classique et l'époque moderne. Toutes ces considérations sont généralement justes et intéressantes, mais rien n'est approfondi; encore moins l'ensemble présente-t-il une organisation scientifique et s'élève-t-il à la hauteur d'une philosophie. En réalité, le but qu'Iselin poursuit d'un bout à l'autre est pratique, non spéculatif. Ce qu'il cherche dans l'histoire, ce ne sont pas des lois scientifiques, mais des leçons morales [1].

III

Jacob-Daniel Wegelin est un nom important dans l'histoire de la science qui nous occupe. Il naquit à Saint-Gall, en 1721. En 1765, il devint professeur d'histoire à la Royale *Ritterakademie*, de Berlin, archiviste et membre de l'Académie royale des sciences, et depuis cette époque jusqu'à sa mort, en 1791, il fut constamment occupé par des publications sur des sujets historiques. Frédéric le Grand le tenait en haute estime, à la fois comme homme et comme penseur, et l'appelait d'habitude le second Montesquieu. Un an après sa mort, sa biographie fut publiée à Saint-Gall, par J.-M. Fels, natif de cette ville. Il est curieux de voir combien ses titres dans le domaine de la philosophie de l'histoire sont oubliés, même en Allemagne. La seule exception que je connaisse à cette ignorance générale n'est encore que partielle. M. Rosenkranz, dans son intéressante *brochure*, intitulée : « Ce que les Allemands ont fait pour la philosophie

---

[1] Il est amusant de voir le professeur Doergens, de Heidelberg (voy. son *Aristote*, p. 12), parler d'Iselin comme du *premier philosophe de l'histoire qui mérite d'être nommé* après Orose. Lors même que nous consentirions à sacrifier Vico et Bossuet parce qu'ils se sont appuyés sur la théologie, que dirons-nous de Turgot, par exemple, qui écrivit environ un quart de siècle avant Iselin, et qui fit preuve de beaucoup plus de profondeur et de largeur de conception ? Nos bons amis les Allemands sont tout aussi suspects de faire passer leurs oies pour des cygnes, que les Français eux-mêmes, qui cependant ont la réputation d'être beaucoup plus qu'eux coutumiers du fait.

de l'histoire, » brochure publiée en 1835, appela l'attention sur le mérite solide et vraiment admirable de l'ouvrage de Wegelin, relatif à la philosophie de l'histoire et inséré dans les Mémoires de l'Académie de Berlin ; il a traduit en allemand douze paragraphes du premier Mémoire, et les têtes de chapitres des autres paragraphes jusqu'à la fin du second Mémoire. Il déclare que, dix ans auparavant, il avait eu le projet de traduire le tout; mais, malgré cela, il supposait que ce tout ne comprend que deux mémoires, tandis qu'en réalité il y en a cinq. Il ne fait pas mention des autres ouvrages de Wegelin, dans le même ordre d'idées.

Voici tout au moins les plus importants d'entre eux :

Considérations sur les principes moraux et caractéristiques des gouvernements (1766). Wegelin essaye d'y suivre le développement du gouvernement à travers ses différentes phases, depuis la plus grossière des conditions humaines jusqu'à la plus civilisée. Son but principal, dans cette tentative, c'est de découvrir, au sein de chaque constitution civile, son principe fondamental et organisateur, ce qui en est la vie et l'esprit. Malheureusement, il n'a pas, selon moi, réussi comme il le désirait. Dans le premier chapitre, il décrit l'état sauvage ; dans le second, les constitutions civiles qui lui semblent avoir eu principalement pour bases les simples impressions ou impulsions naturelles : par exemple, la constitution de l'Egypte, fondée sur l'étonnement ; celle des Babyloniens, sur l'amour du plaisir ; celle des Chinois, sur le respect filial ; celle des Perses, sur l'amour du sol natal. Dans le troisième livre, il s'occupe des constitutions qu'il regarde comme ayant eu pour principes des dispositions ou des réflexions morales : ainsi l'intérêt personnel pour la Phénicie, l'esprit de conquête commerciale pour Carthage, pour les Hollandais cet amour de l'ordre qui est une vertu nationale. Le quatrième livre a pour objet la religion dans ses rapports avec l'Etat, comme source des principes politiques. Il termine par l'examen particulier de quelques constitutions civiles.

Plan raisonné d'une histoire universelle et diplomatique de l'Europe depuis Charlemagne jusqu'en l'an 1740 (1769). Cet ouvrage débute par une recherche sur la nature de la tâche qui incombe à l'écrivain qui traite de l'histoire universelle. Il doit connaître à fond les documents originaux. Il doit juger les actes et les acteurs. Il doit employer l'analogie et l'induction, la première étant le procédé qui découvre des ressemblances entre les personnes et les événements, la seconde étant l'art de s'élever des faits particuliers à des conclusions générales. Le reste du traité est une exposition de la manière dont, selon Wegelin, les principes de la méthode historique devraient être appliqués. Plus tard, il essaya de confirmer plus complétement ces principes par des exemples, dans un savant et remarquable ouvrage en six volumes, l'*Histoire universelle et diplomatique de l'Europe depuis la chute de l'empire romain jusqu'à l'an* 987, où se manifeste la préoccupation de découvrir les causes, et l'influence exercée par les événements sur le progrès des idées et le bien-être des sociétés.

Lettres sur l'importance de l'histoire (Briefe über den Werth der Geschichte, 1783). Ces trente lettres traitent de beaucoup de questions fort intéressantes relativement à l'histoire considérée comme un art. Parmi les contributions de Wegelin aux Recueils de l'Académie de Berlin, voici celles qui méritent d'être signalées dans un ouvrage comme celui-ci :

Cinq Mémoires sur la philosophie de l'histoire (1770, 1772, 1773, 1775, 1776);

Trois Mémoires sur l'art caractéristique, psychologique, politique et moral de Tacite;

Un Mémoire sur l'histoire considérée comme la satire du genre humain;

Un Mémoire sur le cours périodique des événements.

Parmi les divers ouvrages qu'il a laissés en manuscrit, il y en a deux intitulés : *Observations sur la connaissance philosophique et le développement de l'histoire ; — Quinze Traités sur l'histoire.*

Je ne sais s'ils ont jamais été imprimés ni s'ils existent encore.

Les cinq Mémoires sur la philosophie de l'histoire forment un traité qui mériterait bien d'être réédité, pour la vigueur et la clarté de pensée, le talent d'analyse et de généralisation, la connaissance étendue et familière des faits, les réflexions judicieuses sur la méthode historique, qui s'y révèlent. Néanmoins il ne se recommande ni par la grâce, ni par le charme du style ; au contraire, il est à ce point de vue d'une aridité extrême et manque totalement d'intérêt. Malgré tous ses mérites, il ne peut non plus être appelé proprement une philosophie de l'histoire, ni même une partie d'une telle philosophie ; c'est simplement un ouvrage *sur* la philosophie de l'histoire, une série de considérations *relatives* à l'histoire et à la manière de l'étudier ; il ne nous laisse jamais oublier le *sur* qui figure dans le titre. De plus, les réflexions qui le composent sont unies par un lien tout extérieur et nullement organique, ce qui rend impossible d'en présenter un résumé ou un abrégé aussi court qu'il le faudrait ici. Je ne puis guère qu'indiquer les principaux sujets qui s'y trouvent discutés.

Wegelin, dans les premiers paragraphes de son premier Mémoire, nous montre la philosophie comme embrassant toutes les notions universelles qui servent de liens aux objets ; il établit que les idées principales qui constituent le monde moral, et par suite l'histoire, sont celles d'assimilation et d'enchaînement, de raisons générales, particulières, individuelles, de continuité et de diversité indéfinies, de forces vives et de forces mortes ; et il distingue les notions qui se rapportent à la métaphysique de celles qui se rapportent à l'histoire, en disant que les premières sont abstraites et ont exclusivement pour objets les relations essentielles et universelles des choses, tandis que les secondes sont collectives et enferment tout ce qui contribue à déterminer et à constituer un fait ; qu'ainsi la philosophie de l'histoire, tout en étant une série de notions, est fondée sur les modifications et la succession des faits eux-mêmes.

Il traite ensuite avec un développement considérable de ce qu'il appelle l'*enchaînure des faits*. La partie consacrée à cette discussion est peut-être la plus intéressante de l'ouvrage. Il est probable que personne jusqu'à lui n'a aussi bien exprimé cette grande vérité que, sous le système des faits extérieurs et visibles, il y a toujours un système de principes intellectuels, de pensées régulatrices, qui lie, pénètre et détermine le premier; un ensemble d'idées qui sont organiquement unies entre elles, qui ne peuvent se produire et se modifier que lentement; qu'enfin ce qui constitue l'essence et la substance de l'histoire doit être cherché dans la nature et le développement des idées. On ne doit guère moins admirer la manière dont il a **prouvé** que les changements qui surviennent chez une nation sont dus à l'action séparée ou combinée d'une **loi d'universalité** et d'une **loi d'individualité**, de la force de coaction de l'Etat, et de la force de réaction de la liberté personnelle qui existe dans chacun de ses membres : l'une produit ce qu'on pourrait appeler un mouvement centripète et l'autre un mouvement centrifuge, et l'exacte harmonie de tous les deux assure le mouvement composé dans un orbite régulier où nul péril n'est à craindre. Ses remarques sur les différentes sortes d'enchaînements des faits, sur les séries de diverse nature selon lesquelles on peut ranger les événements, sur l'emploi des séries dans l'histoire universelle, et sur l'influence réciproque des intérêts et des actes moraux et politiques, sont dignes de considération.

Wegelin aborde ensuite le sujet de l'analyse historique, qu'il divise, d'une manière un peu bizarre, en analyse des faits et analyse des événements, la première n'étant que la disposition par ordre chronologique de ce qui est arrivé, la seconde consistant à rapporter ce qui est arrivé aux principes ou raisons qui en sont les causes. Il signale les difficultés de l'analyse historique, difficultés qui tiennent tantôt à l'abondance, tantôt au défaut des données.

Tout ce qui a été dit de l'enchaînement et de l'analyse impliquant qu'il y a dans l'histoire une partie qui comprend des principes, des raisons, des bases intellectuelles, Wegelin en arrive à traiter de ces éléments dans leur rapport avec l'agent et avec l'action. Il nous expose comment nous devons juger du caractère et de la conduite des acteurs de l'histoire, et ajoute qu'abstraction faite de cette relation, les faits historiques peuvent être rapportés soit à des raisons générales, celles qui sont communes à plusieurs séries différentes de faits ; soit à des raisons particulières, celles qui résultent de l'antagonisme entre les principes généraux et donnent naissance à des séries intermédiaires d'actions ; soit à des raisons individuelles, celles qui expriment la relation des faits à l'ensemble combiné des circonstances qui les font ce qu'ils sont. Les exemples qu'il propose de ces *raisons* ont sans doute plus de valeur que les définitions qu'il en donne.

Dans la conclusion de ce Mémoire, Wegelin parle de ce qu'il appelle les *phénomènes* de l'histoire. Il entend par là les incidents spécialement caractéristiques de l'histoire, ceux qui éclairent pour nous le passé et le présent de manière à nous en montrer le véritable esprit et la signification. Le coup d'œil qui démêle de tels phénomènes est le don distinctif de l'historien; un tableau historique consiste à les réunir et à les disposer. Notre auteur les considère successivement sous les dénominations de phénomènes psychologiques, moraux et politiques ; la première classe comprend ceux qui jettent du jour sur le caractère intellectuel d'un individu ou d'un peuple; la seconde embrasse ceux qui nous instruisent sur l'état des sentiments, des affections et des mœurs des hommes; la troisième est celle des phénomènes qui éclairent la constitution et les tendances d'un gouvernement. Wegelin voudrait subordonner les phénomènes psychologiques et moraux aux phénomènes politiques, parce qu'il regarde les raisons politiques de ces derniers comme les *causes finales* de toute l'activité intellectuelle et pratique des hommes. Il tombe ainsi dans la vieille erreur grecque et romaine qui consiste à sacrifier l'individu à l'Etat et à considérer l'éthique comme une sorte de politique. Il n'est pas nécessaire de réfuter cette théorie surannée. De ce que l'homme n'est pas fait pour vivre seul, de ce que l'Etat enferme les individus, il ne s'ensuit nullement que l'homme n'existe que pour le bien de l'Etat, et que le bien de celui-ci soit une chose plus noble et plus compréhensive que celui de l'individu. L'Etat est fait pour l'homme, non l'homme pour l'Etat. Le citoyen ne doit pas envelopper l'homme; c'est l'homme qui doit envelopper le citoyen. L'Etat exprime seulement une phase de la nature humaine. La politique est à tous égards subordonnée à la morale; celle-ci, dans ce qui la constitue essentiellement, est indépendante de la politique.

Le second Mémoire montre que Leibnitz a exercé une influence décisive sur l'esprit de Wegelin. Il n'est guère, en réalité, que l'application à l'histoire de deux principes que Leibnitz a rendus célèbres. Le premier est ce que Wegelin appelle la loi de diversité indéfinie des faits historiques; ce n'est qu'une forme particulière du principe leibnitzien des *indiscernables*. Il n'y a pas, dit Leibnitz, deux choses au monde qui soient absolument semblables. Et spécialement, ajoute Wegelin, il n'y a pas deux faits historiques qui soient absolument semblables. Naturellement, il n'a aucune difficulté à prouver sa proposition, à montrer que les faits du monde moral diffèrent l'un de l'autre à un plus grand nombre de points de vue que ceux du monde physique. Si c'est en vain qu'on espère rencontrer deux feuilles du même arbre entièrement pareilles, à plus forte raison sera-t-elle vaine l'espérance de trouver deux actions d'un homme ou d'une nation précisément semblables. La vérité d'une telle conclusion n'est pas douteuse; c'est sa valeur qui, je le crains, peut être légitimement contestée. Wegelin la proclame un principe fécond, en qui l'on peut avoir pleine confiance; elle ne me paraît quant à moi, du moins en ce qui concerne la science, qu'une pauvre et stérile affirmation. Elle n'explique rien en histoire, et c'est abuser des mots que de l'appeler, comme le fait Wegelin, une *loi* de l'histoire. Une loi est un rapport défini entre des faits; mais dire qu'il n'y a pas deux faits d'un certain genre qui soient semblables, ce n'est certainement pas là établir un rapport défini entre deux faits quelconques de ce genre. Le *principe des indiscernables*, quelque forme qu'on lui donne et quelque application qu'on en fasse, devient illusoire quand on va jusqu'à le transformer en loi ou à s'en servir comme d'explication. Il n'établit de rapport défini entre aucun groupe quelconque de deux faits; il n'explique aucun fait isolé, quel qu'il soit. Le mot *principe* est si général qu'on ne peut se refuser de l'appliquer à la proposition de Leibnitz ou de Wegelin; mais elle n'a pas le moindre droit à être appelée une *loi*.

L'autre principe énoncé par Leibnitz sous une forme générale et appliqué par Wegelin à l'histoire est celui que ce dernier appelle principe de continuité indéfinie. Ce principe non plus n'est pas une loi. Quand on a prouvé qu'il existe par rapport à quelque classe de faits, on a seulement prouvé qu'il existe une connexion entre ces faits, mais non pas cette connexion définie qui seule constitue une loi. Pourtant c'est un bien plus grand service d'établir le principe de continuité que celui de diversité; et, surtout en histoire, c'est un service qui peut être de la dernière importance. Si la continuité n'est pas une loi, elle est néanmoins une condition de la loi, une indication de la loi, une assurance que la loi finira par être découverte. Quand nous ne pouvons dégager la connexion définie qui existe entre les choses, nous pouvons encore être satisfaits avec raison d'être capables de dégager la connexion qui existe entre elles. La méthode comparative de recherche a, depuis quelque temps, entre les mains des ethnologistes, des philologues, des historiens, éclairé d'une vive lumière ce qui était auparavant obscur dans le développement humain, en prouvant que la continuité existe là où il semblait autrefois qu'elle était interrompue; et nul homme sensé ne dédaignera ou ne dépréciera cette lumière, sous prétexte qu'elle n'est pas encore plus vive qu'elle ne l'est et qu'elle nous révèle rarement la loi, mais seulement le fait d'une évolution continue. On doit donc accorder, selon moi, que ce fut un grand mérite pour Wegelin d'avoir attaché autant d'importance qu'il l'a fait à la notion de continuité dans le développement historique, à la persistance ou permanence des principes, à la lente modification des idées et des sentiments qui déterminent la forme et les actes des sociétés. Avec une incontestable profondeur de pensée, et par beaucoup d'exemples bien choisis, il a prouvé cette vérité d'une importance capitale, importance que pourront seuls mesurer ceux qui ont longtemps réfléchi sur ce sujet : à savoir qu'il y a fort peu de transitions brusques dans l'histoire des nations, des formes de gouvernement, des systèmes de religion, des croyances morales et des usages sociaux.

Dans la seconde partie de ce Mémoire, Wegelin partage les forces du monde moral en deux classes ou groupes : le premier, comprenant tous ces motifs et ces tendances qui portent les hommes à développer leur activité personnelle, à suivre une direction indépendante de pensée et de conduite, à innover et inventer; le second, qui embrasse toutes ces manifestations de la sympathie, du respect pour l'autorité, du sentiment de l'imitation, du besoin d'association, de l'amour de la tranquillité et du repos, qui portent les hommes à s'en tenir avec satisfaction à ce qui est déjà établi et prouvent que « c'est du fond commun qu'est fabriquée la nature de l'homme, et que la coutume est la nourrice à laquelle il s'attache. »

Les forces du premier groupe, qui constituent les principes progressifs de l'histoire, Wegelin les rapporte au principe de diversité et les appelle les *forces vives* de la société ; les autres principes conservateurs dans l'histoire, il les rapporte au principe de continuité et les appelle les *forces mortes* de la société. Ces expressions : *forces vives, forces mortes*, sont évidemment les plus malheureuses qu'on ait pu choisir ; mais la phraséologie n'a eu sur les pensées de l'auteur qu'une faible influence en mal, si même elle en a eu quelqu'une ; ses remarques sur les forces et les principes eux-mêmes, sur leurs modes d'action, isolée ou réciproque, sont, en somme, excellentes. Il tombe néanmoins dans une erreur radicale, car il regarde le principe de diversité et celui de continuité, et, par suite, les forces de progrès et celles de conservation, comme entièrement distincts et même tout à fait opposés. Ces principes lui semblent, pour ainsi dire, se partager nettement le monde moral, en sorte que chacune des forces de celui-ci se rapporte d'une façon déterminée et exclusive soit à l'un, soit à l'autre. C'est là, sans aucun doute, une opinion erronée. La diversité et la continuité, le progrès et l'ordre, sont si peu séparés complétement, que celui-ci est la condition de celui-là. Ils ne sont séparés et opposés que dans la pensée de ceux qui les conçoivent d'une manière exclusive et exagérée. Mais il arrive si souvent qu'on les conçoive de cette sorte, que l'erreur de Wegelin ne doit pas nous surprendre : cette erreur prévaut encore; elle a été longtemps et généralement acceptée, au point que, pour en trouver une réfutation valable, nous devons renvoyer à des pages d'un penseur éminent de nos jours, feu J.-S. Mill : il a montré avec la plus grande force, dans son *Gouvernement représentatif*, que « les conditions du progrès ne sont que les conditions de l'ordre à un degré plus élevé, et que celles de la permanence ne sont que celles du progrès dans une mesure un peu plus faible. » — « Le progrès, en quelque genre que ce soit, poursuit-il, implique la permanence dans ce même genre; toutes les fois que la permanence est sacrifiée à quelque espèce particulière de progrès, un autre progrès est encore bien plus sacrifié ; et si le sacrifice ne valait pas la peine d'être fait, ce n'est pas l'intérêt de la permanence seule qui a été méconnu, mais l'intérêt général du progrès qui a été compromis. » — « Les mêmes causes sociales, dit-il encore, les mêmes croyances, les mêmes sentiments, les mêmes institutions et les mêmes pratiques sont aussi nécessaires pour empêcher la société de rétrograder que pour déterminer un nouveau pas en avant. »

Le troisième Mémoire est, par son contenu, une sorte de mélange, et je me contenterai d'indiquer les principaux sujets qui y sont traités. Le premier, c'est l'histoire politique, l'histoire de l'Etat; et l'Etat est regardé comme ayant son centre d'unité et son principe de développement dans une constitution qui peut être, ou vague et indéterminée si elle résulte d'un concours fortuit de circonstances ou de peuples, ou précise et déterminée si elle est l'œuvre de la sagesse législative. Dans ce dernier cas, la précision et la détermination peuvent découler, soit du principe de diversité, soit de celui de continuité, soit de ce que certaines classes sont exclues de toute participation à la puissance gouvernementale, comme à Rome, soit de ce que toutes les classes sont réunies sous une même loi et dans un même système de vie, comme à Sparte. Wegelin s'efforce de faire voir comment des Etats ainsi différents par leurs constitutions doivent différer par leurs développements; il avance que, pour suivre le cours de leurs mouvements, il serait utile de généraliser les méthodes employées par les géomètres dans l'analyse et la détermination des courbes; et il soutient cette vérité que Guizot a eu le mérite de rendre populaire, à savoir que l'histoire politique de l'Orient a été beaucoup plus simple, beaucoup moins variée et compliquée que celle de l'Occident. Il fait ensuite un assez grand nombre d'observations sur l'histoire de l'Eglise, sur quelques formes de gouvernement théocratique, sur les hérésies, etc. Puis il passe à l'histoire de ce qu'il appelle la *police*, prenant ce mot dans un sens très-large et entendant par là l'administration de toutes les ressources qu'emploie une nation pour améliorer sa condition. Puis, d'une manière plus rapide encore, il parle de l'histoire de la philosophie, de l'histoire de la physique, de celle de la morale, de celle du goût, de toutes les branches de l'histoire de l'esprit humain. Il est alors amené à chercher quelles sont les qualités spéciales d'intelligence et de génie qui sont nécessaires pour faire avancer ces différentes sortes de connaissance. Il termine le Mémoire par quelques remarques sur le caractère, les causes qui le modifient, la manière dont on peut l'analyser.

La plus intéressante partie du quatrième Mémoire, au moins pour celui qui s'occupe de la philosophie de l'histoire, est sans doute celle que forment les six premiers paragraphes ou sections. C'est, en substance, une exposition générale, mais précise, de cette vérité à laquelle M. Lecky attache justement tant d'importance, à savoir que les croyances d'une époque ou d'un peuple sont surtout déterminées, non pas par des raisons ou des arguments parfaitement définis, mais par les conditions intellectuelles générales de la société, conditions qui ne peuvent se produire et se modifier que lentement par l'action combinée de toutes les forces de la civilisation. Wegelin établit que, dans l'état de nature, c'est-à-dire quand il est dénué de toute culture, l'homme subit presque passivement l'empire des lois de la vie physique et animale, qu'il est incapable de concevoir une condition meilleure que celle où il se trouve, qu'il ne peut recevoir d'impression que par son imagination, non par son jugement. Avec le progrès de la raison, les changements sociaux deviennent possibles par l'action de la raison ; mais la raison des individus est toujours, dans une large mesure, déterminée quant à ses actes par les habitudes générales de pensée et de sentiment qui prédominent dans chaque génération. Au sein de chaque société, le conflit des partis et des opinions engendre une sorte de sens commun, spécial à cette société, qui exerce son influence sur la conduite de tous les membres qui la composent et sur l'ensemble de son histoire. L'esprit ou le principe de la constitution d'une nation impriment un caractère propre à son développement et à ses actes pendant le cours entier de son existence. Les causes particulières sont toujours, et à beaucoup d'égards, conditionnées, dirigées, contrôlées par les causes générales. — Vient ensuite un groupe de sept sections où l'auteur donne les moyens d'analyser une constitution politique de façon à pouvoir en déterminer l'esprit, où il enseigne quels sont les principes naturels auxquels un gouvernement doit se conformer pour être bon et durable, et comment le sentiment patriotique est modifié par la distribution des dignités et des honneurs et par le caractère des individus.

Wegelin entre alors dans une discussion sur la méthode d'investigation historique, sur la créance et la valeur qu'il convient d'accorder à ses résultats ; cette discussion occupe le reste du quatrième et la totalité du cinquième Mémoire. J'y reviendrai quand j'aurai à m'occuper de la logique de l'histoire ; pour le moment, il me suffit de dire que cette partie de l'œuvre de Wegelin marqua un progrès considérable pour l'époque, dans cette branche de la science.

IV

A.-L. von Schlözer (1735-1809) fut un beaucoup plus grand historien que les deux écrivains dont nous venons de parler. Son zèle fut infatigable ; son activité s'exerça sans relâche dans plusieurs directions différentes ; il mit de vigoureuses facultés au service d'un grand nombre de sujets relatifs à la théologie, à la philologie, à la statistique, à l'organisation des sciences politiques, à l'histoire, etc. Il écrivit et publia beaucoup de savants ouvrages. Il contribua surtout puissamment au progrès de l'histoire, par ses laborieuses recherches sur celle de l'Europe septentrionale et particulièrement de la Russie. Son *Histoire générale du Nord*, publiée dès 1772, est une œuvre dont sa patrie a le droit d'être fière. Je ne connais pas d'autre pays qui ait eu à cette époque une aussi bonne histoire de ses voisins.

Néanmoins, l'ouvrage que nous devons mentionner ici n'a pas d'importance et ne nous retiendra pas longtemps. C'est son *Exposé de l'histoire universelle* (Vorstellung der universal Historie), qui parut à Gœttingue, en 1772-73. Il comprend deux parties; la première est une esquisse de l'histoire universelle, divisée en cinq âges : 1° le *monde primitif*, qui dure depuis Adam jusqu'à Noé, pendant une période de 1656 ans; 2° le *monde d'avant*, de Noé à Cyrus, période de 1770 ans; 3° le *monde ancien*, de Cyrus à Clovis, fondateur du royaume des Francs, 1000 ans; 4° le monde du moyen âge, de Clovis à Christophe Colomb, 1000 ans; 5° le monde moderne, de Christophe Colomb jusqu'au temps présent (époque où parut le livre de Schlözer), 300 ans. Chacun de ces âges est étudié à huit points de vue : d'abord, l'auteur en fixe la durée et les limites; puis il en marque les grandes et les petites divisions; en troisième lieu, il parle des peuples qui appartiennent à chacun; en quatrième lieu, de la géographie de chaque période et de ce qu'on en savait; en cinquième lieu, des sources, des monuments, etc.; en sixième lieu, des inventions dans les arts, des sciences et de la religion; en septième lieu, des migrations ou de la diffusion des peuples, des animaux, des plantes, des arts, des maladies; enfin, il donne un aperçu d'ensemble du mouvement historique dans chaque âge, en tant qu'il implique tous ces ordres différents de faits ou qu'il est impliqué par eux.

Il serait difficile de trouver une conception plus rigidement systématique et plus sèche. Et pourtant elle cachait un *idéal* que l'auteur développe dans un appendice à la première partie. Il voulait, nous dit-il, que, au point de vue de la matière, l'histoire universelle renfermât une explication de toutes les révolutions qui se sont produites dans l'histoire humaine, et même sur la terre, qu'elles aient eu pour cause l'action de la nature ou celle de l'homme; et que, au point de vue de la forme, elle fût à l'ensemble des histoires spéciales ce qu'une histoire de l'empire d'Allemagne devrait être par rapport à celle des différents États allemands. Elle devait exclure, pensait-il, un certain nombre d'éléments qui jusqu'alors avaient trouvé place dans les histoires universelles, par exemple toutes les discussions critiques, les jugements, les considérations morales, les choses d'importance secondaire, et surtout les lieux communs. En même temps, elle devait contenir plus de choses que n'en avaient jusqu'ici contenu les histoires de cette espèce, et être plus utile. Elle embrasserait tous les peuples et tous les États du monde, toutes les époques, tous les événements de première importance, tout ce qui, dans tous les genres, est vraiment remarquable. Elle serait une histoire de l'humanité dans ce qu'elle a d'essentiel; elle renfermerait les éléments de toutes les histoires particulières; elle habituerait l'esprit à se faire des idées plus exactes et plus élevées de la grandeur du monde moral, de la nature et de la puissance des forces qui l'animent, de la vaste compréhension de la science historique; elle répandrait sur tous les faits particuliers une lumière que ne pourrait jamais donner l'étude de chacun d'eux pris isolément [1]. Schlözer a aussi exposé dans le même appendice les moyens propres à enchaîner les événements et à disposer synchroniquement et synthétiquement les matériaux de l'histoire universelle [2].

On ne pouvait espérer qu'un pareil *idéal* satisferait la haute ambition et la nature poétique d'un homme comme Herder, devant l'esprit duquel, à vrai dire, avait déjà brillé un idéal fort différent. Naturellement, quand Schlözer publia la partie de son livre dont nous venons de donner une analyse, Herder en fit une appréciation sévère dans les *Frankfurter Gel. Anzeiger*. La seconde partie de l'ouvrage de Schlözer est une réponse à cette appréciation; Herder y est traité fort dédaigneusement de pur *littérateur*, incompétent pour formuler un jugement sur les sujets historiques. Elle ne renferme rien de vraiment important.

Schlözer essaya de réaliser plus complétement son *idéal*, dans une *Histoire universelle* publiée en deux volumes, en

---

1. *Idéal de l'histoire du monde*, ch. I.
2. Ch. II-IV.

1785 et 1789; c'est une des plus anciennes histoires universelles, écrites en allemand, qu'on lise encore avec profit ; ai-je besoin d'ajouter qu'en aucune langue il n'y a maintenant autant d'ouvrages excellents sur ce sujet? Le premier qui décidément le surpassa, ce fut l'ouvrage d'un homme qui avait fait de celui de Schlözer une étude approfondie, le célèbre historien suisse Johann von Müller (1752-1809). Müller était né historien, et dès sa plus tendre jeunesse il se dévoua d'esprit et de cœur à la science de l'histoire. Un acte de déplorable faiblesse dont il se rendit coupable vers la fin de sa vie (il accepta une place de Napoléon, dont il avait auparavant dénoncé la conduite et les visées avec une éloquence qui lui avait valu l'admiration de tous les amis de la liberté et de l'indépendance nationales), a pesé lourdement sur sa mémoire et empêché souvent qu'on ne rendît pleine justice à ses mérites. Comme historien, ses mérites furent sans aucun doute considérables. Une vaste mémoire et une curiosité infatigable, un large coup d'œil et une exactitude rigoureuse, une imagination puissante pour faire revivre la réalité, un art consommé pour grouper et disposer les faits, un style qui fait impression, encore qu'un peu trop travaillé, l'éloquence, un vif intérêt pour tout ce qui lui semble contribuer au bien de l'humanité : voilà quelques-unes des qualités qui le distinguent. Il unit les tendances conservatrices et les tendances libérales, la juste appréciation des choses anciennes et celle des choses modernes, à un degré rare pour son époque. Il ne sépare pas, comme tant d'autres de ses contemporains, l'amour de la vérité, de la liberté et de l'humanité, de l'amour de la patrie, du respect pour le passé, de la reconnaissance des droits sacrés de la morale domestique et personnelle. Il insiste sans relâche sur cette idée que la politique ne doit pas se fonder sur des théories abstraites, mais sur la pratique de la vie réelle, sur l'histoire et la statistique ; que ce qu'il faut, c'est évolution, non révolution ; qu'aucun système social ne peut durer à moins d'avoir de solides racines dans le passé.

Ses qualités se révèlent avec le plus d'éclat dans son *Histoire de la Suisse*, dont le premier volume parut en 1780. Dans cet ouvrage, plus que dans tout autre ouvrage allemand jusqu'à cette époque, se trouvent réunis des recherches étendues et scrupuleuses, la noblesse et la beauté du style, un patriotisme dont l'ardeur n'exclut pas la raison. Ce fut vraiment la première histoire nationale qui ait paru en allemand. Ce fut un noble spécimen d'un genre de composition historique beaucoup plus élevé que tout ce qui avait été tenté jusque-là. Il respire d'un bout à l'autre un amour de la liberté constitutionnelle, de la liberté unie à l'ordre, si vif et à la fois si éclairé, que Schiller, dans ce discours immortel qu'il fait prononcer à Stauffacher sur le Rüttli, dans sa tragédie de Guillaume Tell, semble n'avoir fait qu'en donner l'expression condensée et poétique. L'influence de l'ouvrage se répandit dans toute l'Allemagne et bien au delà ; elle fut large et profonde, et contribua grandement au progrès de l'histoire, à la fois comme science et comme art.

Les vingt-quatre livres de l'*Histoire universelle* ne furent publiés qu'une année après la mort de Müller ; mais il avait commencé à en recueillir les matériaux dès 1772, et il en avait exposé la substance dans des leçons faites à Genève, en 1779, et à Cassel, en 1781 et 1782. Il s'en occupa fréquemment, et, pour la dernière fois, peu de jours avant sa mort. Probablement aucune des histoires universelles, composées depuis, n'a été faite plus consciencieusement, d'après les vraies sources, les documents les plus anciens. Hégel, dans sa *Philosophie de l'histoire*, a parlé de cet ouvrage de façon à faire croire qu'il est rempli de considérations morales et de réflexions étrangères au sujet. Rien n'est moins exact. C'est dans l'ouvrage de Hégel lui-même, qu'on peut trouver beaucoup de choses de cette nature ; on n'en trouve presque pas dans celui de Müller. Ce que s'est proposé Müller, c'est de retracer avec vérité le cours des événements en ne marquant que les traits essentiels et d'un intérêt durable ; de négliger ce qui est purement local et temporaire, mais de donner à chaque pays et à chaque époque la place qui convient à leur importance, de refléter le plan de la Providence dans la succession des faits et dans les diverses fortunes des hommes, et cela en se bornant strictement au récit historique. La conception était, dans son ensemble, juste et bonne, et elle fut exécutée avec un tel talent que, depuis, toutes les histoires universelles qui ont obtenu l'approbation du public ont été façonnées sur le modèle de celle de Müller et diffèrent essentiellement de toutes les histoires universelles de date plus ancienne.

CHAPITRE III

LESSING

Gotthold Ephraïm Lessing fut plus que tout autre le promoteur du grand mouvement qui dota l'Allemagne d'une littérature nationale et de la liberté intellectuelle. Cette cause ne pouvait avoir un champion plus courageux, plus dévoué, plus résolûment actif, ni plus habile. Pour elle, il fut toujours, et dans toutes les directions, à l'avant-garde. On peut dire qu'il a vécu et qu'il est mort pour elle, car, s'il se coucha prématurément dans la tombe, ce fut parce qu'il avait épuisé ses forces vitales pour les avoir prodiguées avec excès. Il n'a pas construit de système philosophique; il n'a même jamais saisi ni formulé nettement de principes philosophiques, et pourtant peu d'écrivains ont mérité mieux que lui le nom de philosophe dans la plus haute acception du mot, car sa vie tout entière ne fut qu'une poursuite sincère et ardente de la vérité. Une telle vie ne fut pas stérile; car, bien qu'il ait peu élaboré, Lessing a trouvé et communiqué beaucoup, et il a imprimé au monde une impulsion puissante et durable, de l'ordre le plus élevé [1].

C'est pour le petit livre intitulé *de l'Éducation du genre humain*, que le nom de Lessing appartient à la philosophie de l'histoire. Je connais (V. *Ilgen's Zeitschrift*, 1839, part. 4) l'argumentation par laquelle on a essayé d'établir que Lessing fut seulement l'éditeur de cet ouvrage, dont l'auteur serait le médecin Albert Thaers; mais elle a été, selon moi, victorieusement réfutée par Guhrauer et d'autres, et je ne fais aucun doute que ce livre remarquable ne soit l'œuvre de Lessing tout seul. Le style même en est une preuve d'une très grande force. Lessing n'a jamais mieux écrit, et, quand on connaît les qualités propres et la singulière perfection du style de Lessing, il faut être bien absurde pour croire qu'Albert Thaers ou quelque autre ait pu l'égaler dans ses mérites les plus caractéristiques.

L'*Éducation du genre humain* ne contient ni n'esquisse une philosophie de l'histoire. Ce n'est pas, comme on le dit généralement, un aperçu philosophique de l'histoire du point de vue de la religion. L'auteur n'indique qu'un seul côté ou un seul aspect de l'histoire, et encore ne le fait-il que partiellement. Son vrai sujet, c'est la révélation dans son rapport avec l'histoire; les pensées qu'il exprime et

---

[1]. Il y a deux excellentes biographies de Lessing, l'une par Danzel, complétée par Guhrauer, et l'autre par Stahr. Erdmann et Zeller ont donné de bons résumés de ses opinions philosophiques. Parmi les essais sur Lessing, ceux de Von Treitschke dans ses *Écrits historiques et politiques*, de Dilthey et Rössler, dans les vol. XIX et XX des *Annales de Prusse*, de Cherbuliez dans la *Revue des Deux-Mondes*, LXXIII (1868), et de Zeller dans la *Revue historique* de Von Sybel (XII, 1870), doivent être particulièrement signalés.

celles qu'il suggère ont une signification plutôt religieuse qu'historique. Là, il nous présente ses idées, non pas comme le résumé et la substance de la matière qu'il traite, mais simplement comme des suggestions tendant à provoquer la découverte d'une vérité plus complète par d'autres esprits. Il n'est qu'un chercheur ; il connaît à travers quelles phases d'ignorance, de doute, d'erreur, l'esprit humain doit passer avant d'être capable de recevoir la pure vérité. Sa conviction profonde, c'est que la conception de la vérité spirituelle est soumise à la loi de développement qui gouverne toutes les autres sortes de connaissances. « Toutes les lois de l'univers ont existé dès le commencement, et cependant comme il y a peu de temps que l'électricité est découverte! et connaissons-nous même toutes les propriétés de cette force? La terre n'a-t-elle pas toujours tourné autour du soleil? et pourtant, depuis quand l'homme l'a-t-il constaté? Les vérités spirituelles de la nature de l'homme sont-elles plus faciles à démêler que les phénomènes physiques qui l'entourent? S'il y a développement pour la connaissance de ceux-ci, pourquoi n'en serait-il pas de même pour la connaissance de ceux-là? »

Le titre du livre en exprime à la fois le sujet et l'idée principale. Les mots *éducation* du *genre humain* sont pris comme équivalents non pas de *plan de l'histoire*, mais de *révélation*. C'est la révélation qui constitue l'éducation du genre humain. Tout le but de l'ouvrage, c'est de présenter la révélation sous cet aspect; on ne peut ainsi qu'écarter les difficultés et rendre service à la théologie. La révélation,

comme l'établissent les premiers paragraphes, est à l'espèce
ce que l'éducation est à l'individu; elle ne donne à la raison
humaine rien qu'elle ne pût atteindre si elle était laissée à
elle-même; mais elle lui donne ce qu'il est le plus essentiel
de connaître, sous une forme plus vive et avec plus de facilité que s'il l'avait trouvé par lui-même, tout comme l'éducation ne donne rien à l'homme qu'à la rigueur il ne pût
tirer de son propre fonds; mais elle le lui imprime plus vite
qu'il ne le ferait s'il le trouvait lui-même : la révélation doit
en conséquence être proportionnée aux capacités de la race,
comme l'éducation à celles de l'individu.

La révélation, on le remarquera, ne diffère pour Lessing
de la religion naturelle que par la forme. Leurs contenus
sont les mêmes. Ce n'est que parce que la raison laissée à
elle-même ne pourrait assez vite être mise en possession des
vérités de la religion naturelle, qu'elle doit les recevoir de
quelqu'un qui ait reçu de Dieu la mission de les lui enseigner. Je n'ai pas besoin de dire que cette doctrine de la
Révélation n'est pas orthodoxe; mais il faut observer qu'elle
n'est ni très-claire ni très-distincte. Elle distingue la révélation de la religion naturelle à un point de vue abstrait qui
ne présente aucune forme saisissable; mais elle ne la distingue pas en tant que religion positive différente d'autres
religions positives, attendu que toutes imposent des vérités
au nom de Dieu. Toutes sont-elles, dans la mesure des vérités qu'elles contiennent, des révélations? Lessing ne regarde
comme telles que deux religions positives, le mosaïsme et
le christianisme; mais quelle garantie peut-on trouver pour

cette assertion dans la forme seule séparée de l'essence ? Cette garantie ne pourrait se trouver que dans des preuves d'une mission divine confiée aux fondateurs du mosaïsme et du christianisme, en d'autres termes, dans les miracles et les prophéties. Mais Lessing ne regarde les preuves de cette espèce que comme des accessoires, qui peuvent indifféremment avoir existé ou non, et à l'égard desquelles la foi est sans importance. Aussi ne puis-je m'empêcher de juger que sa doctrine sur la révélation est plutôt faite pour embrouiller que pour éclaircir le sujet. Il eût dû aller au delà ou rester en deçà. Et de plus, en identifiant la révélation avec l'éducation de la race humaine et en la bornant néanmoins aux Juifs et aux chrétiens, il est conduit, par une conséquence nécessaire, non pas à une conception large et logique de l'éducation de l'humanité, mais à cette conclusion quelque peu étroite et contradictoire que la race humaine, dans son ensemble, n'a pas reçu d'éducation, que son Père céleste n'en a instruit qu'une partie et a laissé le reste se développer dans l'ignorance ou s'instruire tout seul. Avons-nous quelque preuve d'une doctrine aussi exclusive ? Avons-nous quelque raison de penser que la révélation soit quelque chose de plus que l'un des moyens, le plus élevé si l'on veut et le plus efficace, employés par Dieu pour enseigner les esprits et façonner les caractères des hommes ? Au lieu de dépasser sur ce point la foi traditionnelle de la chrétienté, Lessing n'est-il pas resté au-dessous de l'une des croyances chrétiennes les plus vénérables, celle d'un saint Justin, d'un saint Clément d'Alexandrie, d'un Origène, d'un saint Augustin, qui ont jugé que la direction et l'instruction divines n'avaient pas manqué même aux païens ?

Lessing continue en disant que, même si le premier homme avait été en possession de la notion d'un seul Dieu, elle ne serait pas restée longtemps claire dans son esprit. Dès que la raison, abandonnée à elle-même, aurait commencé à examiner et à développer cette conception, l'*un* incommensurable se serait brisé en *plusieurs* mesurables, le vague théisme primitif aurait fait place au polythéisme et à l'idolâtrie. Pour donner à l'espèce une meilleure direction, Dieu dut choisir un peuple distinct et l'instruire lui-même. Il choisit le plus grossier de tous, pour commencer véritablement avec lui par le commencement. A ce peuple grossier, qui en Egypte était peut-être sans religion et sans culte, il se fit annoncer d'abord simplement comme le *Dieu de leurs pères*, voulant les familiariser avec l'idée d'un Dieu qui fût à eux exclusivement; et, pour cela, il commença par leur inspirer de la confiance en lui; puis, par les miracles au moyen desquels il les tira d'Egypte et les établit en Chanaan, il les convainquit de sa supériorité sur tous les autres dieux; et, graduellement, il se révéla comme le plus grand, le seul Dieu. Mais le peuple, pris dans son ensemble, fut longtemps incapable de s'élever à cette conception de l'unité; il commit de fréquentes apostasies et chercha souvent, dans quelque dieu de quelque nation étrangère, le plus grand des dieux. Une race ainsi grossière, ainsi entièrement dans la condition de l'enfance, ne pouvait être instruite que comme l'enfant, par des récompenses et des punitions s'adressant aux sens. Elle ignorait l'immortalité de l'âme; elle ne se préoccupait pas de la vie future; vouloir lui enseigner ces vérités, c'eût été commettre la même erreur que le maître qui hâte l'instruction de l'élève sans se soucier d'assurer solidement les fondements. L'Ancien Testament nous montre qu'une telle erreur n'a pas été commise.

On peut regarder ce livre comme l'*alphabet* avec lequel Dieu enseigna le peuple juif d'une manière appropriée à l'état de l'enfance. Il ne renfermait pas ce qu'ils eussent été incapables de comprendre ou ce qui n'eût pas pu leur servir. En même temps, il ne contenait rien qui eût pu retarder plus tard leurs progrès et les empêcher d'atteindre à une vérité plus complète quand l'heure serait venue. D'après cela, il faut rejeter l'hypothèse de Warburton relativement à une répartition miraculeuse de récompenses et de punitions dans le système mosaïque, bien qu'il ait eu raison de soutenir qu'on ne trouve pas dans l'Ancien Testament les doctrines de l'immortalité de l'âme et de la vie future énoncées avec l'autorité d'une révélation formelle. Ce livre contenait cependant des préparations, des allusions, des insinuations relatives à ces vérités; c'est en cela que consiste sa perfection *positive* comme alphabet, de même que ce qui constitue sa perfection *négative*, c'est qu'il n'encombrait d'aucune difficulté, d'aucun obstacle, la route conduisant aux vérités dont il ne faisait pas mention.

Pendant que Dieu guidait son peuple d'élection à travers tous les degrés d'une éducation enfantine, les autres nations de la terre avaient marché à la lumière de la raison. Beaucoup étaient restées fort en arrière du peuple choisi ; mais un petit nombre avaient pris les devants et s'étaient instruites elles-mêmes à un degré surprenant. L'enfant instruit par Dieu, et ces autres enfants qui s'étaient donné à eux-mêmes une haute éducation, entrèrent providentiellement en contact, quand les temps furent accomplis : l'enfant de Dieu fut envoyé chez les nations étrangères pour agrandir et rectifier ses conceptions, pour apprendre, au sein de la pure doctrine des Perses, à voir en Jéhovah Dieu même, et non pas seulement la plus grande des divinités nationales ; pour se familiariser dans une certaine mesure avec la doctrine de l'immortalité auprès des Chaldéens et des philosophes grecs en Egypte ; pour exercer sa raison sur la révélation et interpréter avec une intelligence plus large et un coup d'œil plus pénétrant son propre alphabet. Mais un alphabet n'est fait que pour un certain âge ; y retenir un écolier quand il l'a dépassé n'est pas seulement inutile, mais nuisible ; il est tenté d'y voir plus que ce qui s'y trouve réellement et de s'en servir d'une manière fâcheuse à la fois pour l'intelligence et pour le caractère. Christ vint donc et apporta à l'enfant qui était devenu jeune homme, un second alphabet, les instructions du Nouveau Testament, la connaissance certaine et pratique de la vie et de l'immortalité.

Les livres de ce second alphabet, plus parfait que le premier, ont pendant dix-sept cents ans exercé la raison humaine plus que tous les autres livres et l'ont éclairée davantage, ne fût-ce que par cette lumière que la raison humaine elle-même a répandue sur eux. Aucun livre n'aurait pu être aussi généralement connu chez les différentes nations; et le fait que des manières de penser si diverses ont été appliquées au même volume a beaucoup plus servi la raison humaine que si chaque nation eût eu son alphabet particulier. Il était fort nécessaire que chaque peuple crût pour un temps que ce livre était le *nec plus ultra* de la science. Mais peut-être est-il aussi nécessaire que ce temps prenne fin. Les vérités que nous avons reçues comme des mystères de la révélation, nous pouvons en arriver à les recevoir comme de pures vérités de la raison. La doctrine de la trinité peut conduire l'intelligence à voir que l'unité de Dieu est une unité transcendantale embrassant une sorte de pluralité; la doctrine de la *chute*, que l'homme est par essence incapable d'obéir aux lois morales; celle de l'expiation, que, malgré cette incapacité essentielle, Dieu a préféré donner à l'homme des lois morales et lui pardonner ses péchés en considération de son Fils, qui, tout en existant par lui-même, possède toutes les perfections de son Père, plutôt que de ne pas donner ces lois à l'homme et de l'exclure de la béatitude dont elles sont les conditions essentielles. Une religion dont la vérité historique peut sembler parfois douteuse, peut néanmoins conduire l'esprit à une conception plus vivante et plus complète de sa propre nature, de Dieu et des rapports qui l'unissent à lui, que toutes celles auxquelles il eût pu s'élever par lui-même. Ainsi, l'Évangile que nous possédons aujourd'hui, on pourrait le considérer non pas comme la vérité absolue et dernière, mais comme un acheminement à un Évangile plus parfait encore qui nous a été promis dans l'alphabet du Nouveau Testament lui-même. Les enthousiastes des XIIIe et XIVe siècles, qui enseignaient que la nouvelle alliance devait prendre fin comme l'ancienne et faire place à un troisième âge, celui de l'Esprit éternel, ne se trompaient que parce qu'ils devançaient les temps et qu'ils manquaient de patience. C'est là l'erreur de tous les enthousiastes, et elle est bien naturelle; si ce que nous jugeons le meilleur ne se produit pas pendant l'époque où il vit, quel bien en retirera-t-il? Reviendra-t-il au monde pour en profiter? Et pourquoi non? Pourquoi le chemin par lequel l'individu monte à la perfection ne serait-il pas celui de la race? Pourquoi l'orbite du plus petit ne serait-il pas enfermé dans l'orbite du plus grand? Pourquoi chaque individu n'existerait-il pas plus d'une fois sur la terre? Pourquoi ne jouirions-nous pas maintenant, quoique nous n'en ayons pas conscience, du bien à l'avénement duquel nous avons contribué dans une génération antérieure? et pourquoi, dans une génération ultérieure, ne moissonnerions-nous pas ce que nous contribuons à semer aujourd'hui? Retirons-nous tant de profit d'une seule existence que rien ne puisse nous dédommager de la peine de renaître [1]?

Tel est en résumé le traité de Lessing, et nous avons

---

[1]. Sur cette conjecture, obscurément exprimée, par laquelle Lessing termine son traité, voy. l'Essai de Rössler dans les *Annales de Prusse*, sept. 1867, et celui de Dilthey dans le numéro d'octobre; voyez aussi ce que dit sur ce sujet Leroux dans son livre sur l'*Humanité*. Ce que Lessing ne fait qu'indiquer trouve son explication dans la théorie de Leroux.

conservé, en grande partie, les expressions mêmes de l'auteur. On doit voir par là que j'avais raison de dire que le livre se rapporte plutôt à la philosophie religieuse qu'à la philosophie de l'histoire et que, s'il est toujours mentionné parmi les ouvrages traitant de ce dernier sujet, c'est principalement grâce à son titre. En même temps, cette idée que Dieu agit comme éducateur du genre humain et qu'en agissant ainsi il ne fait que solliciter et guider la raison humaine sans l'écarter ni la déposséder, cette idée, dis-je, établit certainement un lien entre la religion et l'histoire et est d'une grande importance pour toutes deux. Elle est une déduction naturelle de la conception d'un Dieu tout-puissant, omniscient, d'une miséricorde infinie ; elle est aussi une induction religieuse régulièrement tirée de l'histoire, et, bien qu'on ne puisse légitimement l'employer comme un principe positif d'explication historique, quand les explications historiques la contredisent, c'est une très-forte présomption contre elles. En présentant donc d'une manière aussi frappante qu'il l'a fait l'idée que l'humanité collective a été instruite par Dieu même, Lessing a incontestablement rendu service à l'intelligence de l'histoire aussi bien qu'à celle de la révélation, et l'on peut seulement regretter que l'exposition qu'il a faite de cette idée ne soit pas aussi large et aussi complète qu'elle est frappante. C'est une idée qui n'est ni simple ni claire ; elle repose principalement sur des analogies entre l'espèce et l'individu, assez propres à faire illusion ; on ne peut l'accepter et l'appliquer sans embarrasser la raison et mettre la foi à rude épreuve, soit que l'on considère l'humanité comme une succession de générations où celles qui précèdent ne savent rien de celles qui suivront, où celles qui suivent savent fort peu de chose de celles qui ont précédé, soit qu'on la considère comme une totalité dans un espace où les ombres dépassent de beaucoup les taches brillantes. Lessing a énoncé son idée; il a proclamé qu'elle est une lumière et une consolation; il a confessé sa foi en elle; mais il ne l'a ni expliquée, ni analysée, ni vérifiée; il ne l'a ni éclaircie en elle-même, ni fortifiée de preuves extérieures. Il l'a même embarrassée sans nécessité d'obscurités et de contradictions en l'identifiant avec la révélation, et de plus en identifiant la révélation avec le mosaïsme et le christianisme. Deux principes qui se contredisent l'un l'autre dominent tout son *Essai* : le premier, c'est que la révélation est une éducation que la race humaine a reçue et reçoit encore; le second, que l'éducation de la révélation est distincte de l'éducation de la raison. Il eût dû abandonner l'une ou l'autre de ces deux positions, et, d'après le caractère général de sa doctrine, c'est la seconde que, sans aucun doute, il lui eût été le plus difficile de maintenir logiquement. Admettant que les deux religions qu'il appelle révélées sont indépendantes de l'Écriture et des miracles (c'est ce qu'il a soutenu avec force dans sa *Guerre contre Gœtz*), qu'elles ne contiennent que des vérités de raison, et que la raison doit les dépasser l'une et l'autre, il n'eût pas dû restreindre, comme il l'a fait, le sens du mot révélation, mais voir en celle-ci la source de toute religion, proclamer, en d'autres termes, la religion une révélation continue. Kuno Fischer et Adolf Stahr [1] se trompent quand ils prétendent que telle est la doctrine de Lessing; ils nous exposent ce qu'elle eût été si l'auteur fût resté d'accord avec lui-même, mais non ce qu'elle est réellement. La pensée de Lessing, s'il l'eût exprimée clairement et complétement, eût été identique à celle qu'un homme de génie, feu Mazzini, a traduite dans des termes qu'on eût pu croire sortis de la plume même de Lessing : « La révélation, qui, comme le dit Lessing, est l'éducation de la race humaine, descend continuellement de Dieu à l'homme ; elle est prophétisée par le génie, évoquée par la vertu et le sacrifice, acceptée et proclamée d'âge en âge par les grandes évolutions religieuses de l'humanité collective. D'une époque à une autre, se tournent les feuillets de cet Évangile éternel; chaque nouvelle page, interprétée par l'esprit toujours rénovateur de Dieu, ouvre une période du progrès que nous a tracé à l'avance le plan providentiel et correspond historiquement à une religion. Chaque religion place devant l'humanité, comme un but à atteindre, une nouvelle idée qui développe son éducation; chacune est un fragment, caché sous des symboles, de la vérité éternelle. Dès que cette idée, comprise par l'intelligence et incarnée dans le cœur des hommes, est devenue partie inaliénable de l'universelle tradition, — de même que, dans un pays de montagnes, le voyageur qui a gravi un sommet

---

1. Kuno Fischer, *Histoire de la philosophie moderne*, II, 558-580. — Adolf Stahr, *Lessing, sa vie et ses ouvrages*, V. II, R. 2.

en voit un autre se dresser devant lui, — de même une nouvelle idée, un nouveau but, se présente à l'esprit humain ; une conception nouvelle de la vie, une foi nouvelle prennent naissance pour consacrer cette idée et unir les puissances et l'activité du genre humain dans un commun effort pour atteindre ce but. Sa mission accomplie, cette religion disparaît ; elle laisse derrière elle la portion de vérité qu'elle contenait, la quantité inconnue qu'elle a dégagée de son symbole, comme une nouvelle étoile immortelle dans le ciel de l'humanité. De même que les découvertes de la science ont révélé et révéleront étoile sur étoile, jusqu'à l'achèvement de notre connaissance du système céleste, dont la voie lactée est la circonférence et la terre une partie, de même les facultés religieuses de l'humanité ont ajouté et ajouteront croyance à croyance, jusqu'à ce que l'entière vérité que nous sommes capables de comprendre soit complète. Colonnes du temple que les générations élèvent à Dieu, nos religions se suivent et s'enchaînent, toutes et chacune également sacrées, mais ayant chacune sa place et sa valeur déterminées, selon l'emplacement du temple qu'elles soutiennent. Vous qui cherchez à faire porter le temple de Dieu sur une seule colonne, vous cherchez l'impossible. Si le genre humain pouvait vous suivre dans cette tentative insensée, temple et colonnes crouleraient en même temps [1]. » Ainsi exprimée, cette doctrine, on l'accordera, a le mérite d'être logique et complète, et les mêmes mérites

---

[1]. Lettre aux membres du concile œcuménique, par Joseph Mazzini, *Forthnightly Review*, juin, I, 1870.

peuvent être attribués à cette autre qui en est la directe antithèse, à savoir que l'Esprit-Saint instruit chaque individu, chaque époque et chaque nation, jour par jour, au moyen de deux livres, la Nature et l'Ecriture, tous deux inépuisables, le second aussi bien que le premier; que ce maître est infatigable, et que ses livres, tout en ayant des leçons à la portée des plus simples, ne seront jamais dépassés même par les plus savants; que si les petits systèmes que nous construisons sur eux « ont leur jour et cessent d'exister », les fondements résistent, solides, immuables, éternels. Mais tenter, comme Lessing, de prendre un moyen terme entre ces deux croyances, c'est « rester suspendu entre deux opinions que ni la religion ni la philosophie ne peuvent sanctionner [1] ».

1. Sur les opinions religieuses de Lessing, voy. Schwarz, *Gotthold Ephraïm Lessing représenté comme théologien* (1854), et l'essai de Zeller, auquel j'ai déjà renvoyé, *Lessing théologien*. Ces deux expositions sont remarquables, mais elles renferment beaucoup de points que je ne puis accepter.

CHAPITRE IV

HERDER [1]

Le petit livre de Lessing, dont nous venons de parler, parut en 1780. Quatre ans après, Herder publia le premier volume de ses *Idées sur une philosophie de l'histoire de l'humanité* (Ideen zur Philosophie der Geschichte der Menschheit), ouvrage qui fut complété en quatre volumes en 1787. Dix ans auparavant, il avait publié un traité intitulé : *Nouvelle Contribution à la philosophie de l'histoire de l'humanité*. Dès sa jeunesse, ce sujet s'était présenté à son esprit. « Dès les premières années de ma jeunesse, dit-il, quand le champ de la science s'ouvrait devant moi tout rayonnant de cet éclat matinal dont le midi de notre vie obscurcit une si grande part,

---

1. Voy. *Tableau de la vie de Herder*, par son fils (6 vol.), et les *Souvenirs sur la vie de Herder* (2 vol.), publiés par J. G. Müller. L'édition des œuvres de Herder par Müller est en 40 vol. Le lecteur anglais trouvera deux intéressants articles sur Herder par Karl Hillebrand dans le vol. CXV de la *Revue de l'Amérique du Nord*. Sa philosophie de l'histoire a été appréciée par Quinet (*Œuvres complètes*, t. II) et Laurent (*Phil. de l'hist.*, 115-132). Le livre d'Adolf Kohut, *Herder und die Humanitätsbestrebungen der Neuzeit* (1870) (*Herder et les Efforts humanitaires de l'ère moderne*), mérite d'être consulté.

j'étais souvent porté à me demander pourquoi, si chaque chose en ce monde a une philosophie et une science qui lui sont propres, il n'y aurait pas une philosophie et une science de ce qui nous touche de plus près, l'histoire du genre humain dans sa grandeur et sa totalité. Tout me ramenait à cette pensée, la métaphysique et la morale, la physique et l'histoire naturelle, surtout la religion. Le Dieu qui a tout disposé dans l'univers avec nombre, poids et mesure, et a ainsi déterminé la nature des choses, leurs formes, leurs rapports, leurs développements, leur durée, de telle sorte que, depuis les plus grandes masses jusqu'au grain de poussière, depuis la force qui maintient le soleil et la terre dans leurs orbites jusqu'au fil d'une toile d'araignée, une seule sagesse, une seule bonté, une seule puissance gouverne tout ; — ce Dieu qui, dans la création du corps humain et des facultés de l'âme humaine, a tout prédisposé avec un art si merveilleux et si divin que, si nous essayons de réfléchir sur cette sagesse infinie, nous nous perdons dans l'abîme de ses pensées, — comment, me disais-je, ce Dieu se serait-il départi de sa sagesse et de sa bonté, et manquerait-il de plan en ce qui regarde la destinée et la conduite de notre race ? Ou bien peut-il avoir eu l'intention de nous cacher ce plan, quand dans ses plus humbles créatures, qui ont avec nous si peu de rapport, il nous a laissé tout deviner des lois selon lesquelles s'accomplit son dessein éternel ? » La pensée de sa jeunesse accompagna Herder pendant toute sa vie, lui fit entreprendre les études les plus diverses et arriva à maturité dans un des plus grands ouvrages dont puisse s'enorgueillir la science de l'histoire. Dans cet ouvrage, il a concentré toutes les forces et prodigué tous les trésors d'un esprit singulièrement vaste, d'une nature heureusement douée des dons les plus riches et admirablement cultivée. Il est facile de découvrir dans cette œuvre différents défauts : la pensée est souvent mal définie, le style exubérant à l'excès ; les principes fondamentaux sont ignorés ou faiblement conçus et formulés; il y a abus d'analogies, et les phases supérieures de la civilisation sont traitées d'une manière insuffisante; malgré tout, je professe pour elle la plus sincère admiration, parce qu'on y trouve une largeur et une vérité d'aperçus généraux, une abondance et une exactitude de connaissance, une universalité de sentiment du plus rare mérite. Il me semble qu'elle est d'ordinaire estimée au-dessous de sa valeur, à cause du peu d'aptitude de l'auteur pour la spéculation abstraite. Je reconnais que cette qualité lui manque ; il est à cet égard bien au-dessous, non-seulement d'un Kant ou d'un Hégel, mais d'un Fichte, d'un Spencer, d'un Krause; je n'en suis pas moins convaincu qu'en ce qui concerne la philosophie de l'histoire, après tout ce qu'ont fait ou inspiré les chefs illustres de la moderne philosophie allemande, il faut encore revenir à Herder, et qu'on peut encore trouver chez lui certaines choses plus larges et meilleures que chez aucun de ces derniers. Aucun d'eux ne l'égale pour l'ampleur des points de vue et la délicatesse de l'impressionnabilité; chez aucun d'eux, les relations entre la nature et l'homme ne se sont reflétées d'une manière aussi généralement fidèle.

Il est fort difficile de donner une idée même sommaire d'un ouvrage aussi vaste et aussi riche que celui de Herder ; et il est manifestement impossible d'analyser ses 20 livres, ses 118 chapitres, tous remplis de pensées. Il nous faut pourtant faire le peu qui nous est possible. Herder essaye d'abord de montrer les rapports de l'homme avec le système entier dont il est une partie ; et bien qu'il se soit fréquemment trompé sur la nature de ces rapports, si l'on considère chacun d'eux isolément, il a certainement vu avec une lucidité merveilleuse combien ils sont vastes et s'étendent loin en tant que système. Il traite plus au long de la terre, étoile parmi les étoiles, l'une des planètes moyennes ; il expose la nature de ses mouvements autour de son axe et autour du soleil, parle de son atmosphère, de la distribution de ses éléments, de la direction de ses montagnes, des révolutions qu'elle a subies, car ces faits ont imposé certaines limites à l'histoire et exercé sur elle certaines influences. Il montre ensuite combien les minéraux sont supérieurs à la substance amorphe de la terre hors de laquelle on les trouve, combien les plantes sont supérieures aux minéraux, les animaux aux plantes, certaines espèces animales à certaines autres, et comment la supériorité de l'une de ces formes d'existence relativement à une autre est constituée par la possession de propriétés qui expriment par avance quelque chose qui se retrouvera dans l'homme : celui-ci est ainsi le centre de toute la création terrestre, dont en même temps il se sépare et qu'il domine par la vertu d'un principe divin qui est en lui. Puis Herder compare et oppose l'organisation physique et mentale de l'homme à celle des animaux inférieurs ; il étudie en elles-mêmes les différentes facultés humaines et, de cet examen, tire cette conclusion que l'homme a été fait pour le raisonnement, pour l'exercice de l'art et l'emploi du langage, pour manifester des instincts plus raffinés que ceux de la brute, pour être libre, pour se répandre sur toute la surface de la terre, pour l'humanité, pour la religion, pour l'immortalité ; considérant alors que l'homme n'atteint jamais ici-bas, si ce n'est d'une manière fort imparfaite, la fin à laquelle tous ses besoins inférieurs sont subordonnés et dont ils sont destinés à nous rapprocher sans cesse ; considérant ces vérités générales que la nature extérieure ainsi que quelques-unes des sphères de la vie humaine manifestent une série liée et progressive de formes et de puissances, que si dans la nature nulle puissance n'existe sans un organe, nul organe n'est par lui-même une puissance, mais seulement un moyen par lequel agit une puissance immortelle, — il arrive à cette conclusion que la vie terrestre n'est qu'un état de préparation; l'homme, le trait d'union de deux mondes ; l'humanité présente, le bourgeon d'une fleur future. Il décrit ensuite l'organisation des différentes variétés de la race humaine, et il établit qu'il n'y a dans le monde qu'une seule et même espèce d'hommes, cette espèce unique s'étant modifiée d'elle-même et pour ainsi dire naturalisée sous les différents climats ; que les appétits de l'espèce humaine varient avec la constitution et le climat, mais que néanmoins un usage moins brutal des sens conduit universellement à l'humanité; que l'imagination est partout l'effet de la constitution et du climat, tout en étant dirigée partout par la tradition; que l'intelligence pratique s'est développée partout sous l'influence des besoins de la vie, tout en étant partout comme la floraison du génie d'un peuple, le produit de ses traditions et de ses coutumes; que les sentiments et les inclinations des hommes sont partout conformes à leur organisation et aux circonstances au milieu desquelles ils vivent, bien que partout ils soient sous la direction de la coutume et de l'opinion; enfin que le bonheur peut exister partout et sous tous les climats.

Dans l'énoncé des quatre dernières propositions, j'ai indiqué les sujets qui sont discutés et quelques-unes des principales thèses qui sont soutenues par Herder dans les huit premiers livres de son ouvrage; mais, comme elles en constituent peut-être la partie la plus originale et la plus remarquable, je dois ajouter ici quelques remarques. Le grand mérite de ces huit livres, c'est, ainsi que je l'ai déjà dit, qu'ils renferment une exposition large et généralement exacte des rapports de l'homme avec le reste de la nature. A ce point de vue, personne avant lui n'avait été près de l'égaler; et l'auteur qui, depuis, l'a dépassé le plus, Lotze, dans son *Mikrokosmos*, l'a ouvertement imité. Ce mérite, il ne faut pas le déprécier. Les conditions géographiques et climatériques, et l'organisation propre de l'homme sont incontestablement des facteurs qui exercent sur toute l'histoire une très-puissante influence et que l'historien philosophe doit apprécier aussi complétement que possible.

Ce n'en est pas moins spécialement à ces livres qu'on

pourra trouver à appliquer la part de vérité que contient la critique de Gans, quand il reproche aux *Idées* de Herder *sur la philosophie de l'histoire de l'humanité* « de contredire leur titre, non-seulement en bannissant toutes les catégories métaphysiques, mais encore en se développant dans un milieu de haine positive à l'égard de la métaphysique. » Je n'accorde pas que cette critique soit vraie aussi complétement et au sens où Gans le suppose; je crois qu'il n'y a ni erreur ni injustice à avoir banni du champ de la science historique cette sorte de catégories métaphysiques auxquelles Gans voudrait donner droit de cité et même de souveraineté; mais certainement il faut prendre garde d'exclure, en même temps que les catégories de cette espèce, les propriétés ou les forces spirituelles. Herder, je le crains, n'a pas pris à cet égard de suffisantes précautions. Il répudie le matérialisme, mais il est loin d'adopter un spiritualisme décidé. Il ne conçoit pas l'esprit autrement que comme un pouvoir organique; sans doute il ne l'identifie pas avec l'organisme ou sa fonction; bien au contraire, il en fait un principe qui façonne et anime la matière organique; mais néanmoins il ne voit en lui qu'une force originellement semblable à toutes les forces de la matière, aux propriétés de l'irritabilité, du mouvement, de la vie, mais qui seulement agit dans une sphère plus haute, dans une organisation plus complexe et plus délicate. Des profondeurs les plus reculées de l'être découle un élément inscrutable dans son essence, actif dans ses manifestations, imparfaitement appelé lumière, éther, chaleur vitale, et qui est probablement le *sensorium* du Créateur : ce courant de feu céleste circule à travers des milliers et des millions d'organes, s'épurant à mesure, jusqu'à ce qu'il atteigne dans la constitution humaine le degré de subtilité le plus élevé auquel il puisse parvenir dans un organisme terrestre. L'âme dans le corps n'est ainsi que la plus subtile d'une multitude innombrable de forces qu'elle relie, qu'elle contrôle, parce que par sa nature elle ne fait essentiellement qu'une avec elles. Une telle conception de l'esprit conduit naturellement Herder à le représenter comme entièrement conditionné par l'organisme ; il va même si loin que, dans quelques pages qui rappellent d'une manière fâcheuse Helvétius et La Mettrie, il essaye d'établir que la *station droite* est la caractéristique essentielle qui a déterminé les différences entre le corps, le cerveau, l'esprit de l'homme et ceux des autres animaux. Il suppose une coïncidence absolue entre la force spirituelle et l'instrument corporel, en sorte qu'il n'y ait rien dans celle-là qui ne soit exprimé dans celui-ci, ni propriétés innées, ni richesses latentes ; l'organisation est la manifestation complète, la mesure exacte de l'esprit. Mais il ne le prouve pas; il n'essaye même pas de dissiper la contradiction qui semble exister entre une telle supposition et les deux doctrines qu'il maintient comme étant d'importance capitale : savoir que l'homme est libre et que l'histoire est un progrès. Il ne fait aucun effort pour montrer comment une force identique en essence avec celles de la nature physique, et entièrement incorporée à l'organisation, peut être capable de déterminations libres; il ne montre pas davantage que les modifications organiques marchent du même pas que l'évolution sociale. Il ne paraît pas avoir senti que sa conception de l'esprit l'obligeait impérieusement de justifier la légitimité de sa croyance à la liberté et au progrès. Cette croyance fut, dans mon opinion, aussi illogique que sincère.

Se faisant ainsi de l'esprit une idée insuffisante et inexacte, et bien qu'il admît la liberté et le progrès, Herder dut naturellement attribuer au monde extérieur et à l'organisation physique une influence exagérée. « Il a trop regardé l'homme, dit Cousin, comme l'enfant et l'écolier passif de la nature, et n'a pas assez tenu compte de son activité. » Il en résulte, ainsi que l'ont remarqué tous ses critiques, qu'il a traité les états inférieurs et plus simples de la vie humaine d'une façon infiniment plus satisfaisante que les états supérieurs. Ses vues sur les plus anciennes formes de développement du langage, de la poésie, de la religion, et généralement sur le monde barbare et sur le monde oriental, sont beaucoup plus profondes que celles de tous ses contemporains, tandis qu'il comprend le caractère des nations classiques beaucoup moins bien que ne l'avaient compris Lessing et Winckelmann.

Continuons. Après avoir montré quels sont les rapports de l'homme avec l'univers, avec la terre, avec la nature particulière de la terre et ce qu'elle renferme, comment l'unique espèce humaine a été diversement organisée, et comment sa destinée est de se perfectionner sans cesse, Herder insiste sur cette vérité que les hommes ne sont pas des individus isolés ne dépendant que d'eux-mêmes ou du monde intérieur, mais qu'ils sont unis et qu'ils dépendent les uns des autres par l'organisation entière de leur humaine nature ; — que nul ne peut devenir un homme par lui-même, mais qu'il y faut la coopération des parents, des maîtres, des amis, des compatriotes, des ancêtres, et même de la race prise dans son ensemble ; — qu'aucun homme ne peut se soustraire aux prises et à l'empreinte de la tradition, d'une civilisation moralisatrice ou corruptrice ; — que le langage est le moyen particulier par lequel les individus et les générations agissent les uns sur les autres ; — que, avec l'aide de cet instrument, la raison et l'imitation ont pu inventer les différents arts et les différentes sciences, qui à leur tour se sont, grâce à lui, répandus sous forme de traditions jusque dans les pays les plus éloignés, et se sont transmis à la postérité la plus reculée ; — que les gouvernements, qui fixent et organisent l'homme dans son état naturel de société, reposent eux-mêmes principalement sur un ensemble de traditions dont le premier anneau a été forgé par la fortune ou la sagesse, la force ou la bonté ; — et que la religion, qui a introduit parmi tous les peuples les premiers rudiments de civilisation et de science, s'est également propagée et perpétuée sous forme de tradition sacrée.

Toute cette exposition, qui remplit le neuvième livre, a une haute valeur comme démonstration de cette vérité qu'il existe une dépendance réciproque, ou, comme on le dit aujourd'hui, une solidarité entre les hommes ; vérité qui n'est pas seulement d'une importance essentielle pour la philosophie de l'histoire, mais sans laquelle on ne pourrait même concevoir la possibilité d'une telle science. Herder trouve dans cette vérité une confirmation de la croyance à une éducation progressive de la race. « L'histoire du genre humain forme un ensemble, c'est-à-dire une chaîne de sociabilité et de tradition depuis le premier anneau jusqu'au dernier. Il y a donc une éducation de l'espèce humaine, puisque chacun ne devient un homme que par le moyen de l'éducation, et que l'espèce entière ne vit que dans la série des individus. » Malgré le titre de l'ouvrage de Lessing, ce n'est pas celui-ci, mais Herder qui a représenté l'histoire tout entière comme un cours d'éducation, la terre comme une école, « l'école, dit-il, de notre famille, contenant sans doute beaucoup de divisions, de classes, de salles, mais avec un plan d'instruction unique, qui, avec diverses altérations et additions, a été transmis par nos ancêtres à toute leur race. » (IX.)

Dans le livre suivant, il essaye de prouver par différentes considérations scientifiques et historiques que le berceau de l'humanité, c'est l'Asie centrale, et que de là la tradition et la civilisation, les rudiments du langage, du gouvernement, de la culture et de la religion, se sont répandus sur la terre habitable; il discute tout au long ce qu'il appelle « la plus ancienne tradition écrite sur l'origine de l'homme », c'est-à-dire le récit mosaïque de la création, et il y retrouve un grand nombre des idées qu'il a précédemment énoncées. Dans ce livre, Herder me semble avoir échoué complétement. Ni l'histoire, ni la science ne possèdent encore des données suffisantes, si l'on écarte la révélation, pour établir le lieu d'origine de l'homme. L'ethnologie et la philologie, les deux sciences qui s'occupent le plus directement de cette question, n'ont fait que mettre en lumière la difficulté de la résoudre; elles ont détruit une vaine confiance en un prétendu savoir; elles ont enseigné la circonspection et la modestie, mais elles n'ont atteint aucun résultat certain et déterminé; elles ont montré que les raisons qui du temps de Herder étaient acceptées comme décisives sont de tout point insuffisantes, mais qu'aucune conclusion n'a encore pour elle l'autorité de la science. L'interprétation que donne Herder des deux premiers chapitres de la Genèse est bonne dans son genre; mais le genre lui-même, dont la tentative de feu M. Hugh Miller est peut-être l'exemple le plus connu, est essentiellement faux, car il consiste à substituer subrepticement les propres idées de l'interprète à celles de l'auteur.

Dans les dix derniers livres de son ouvrage, Herder marque la place, dans l'histoire, de chaque nation et de chaque époque; il le fait souvent avec une grande vérité, et toujours avec une noble indépendance et une remarquable largeur de jugement. A un point de vue fort important, il dépasse décidément tous ses prédécesseurs. Il a montré un sentiment beaucoup plus vrai de la riche variété d'éléments qui constituent la vie humaine, et du devoir qui s'impose à l'historien de l'humanité de tenir compte de tous ses aspects. La nature sympathique de son cœur, le caractère synthétique de son génie l'ont préservé de tout ce qui ressemble à des vues étroites et exclusives. C'est précisément ce qu'on pourrait appeler cette universalité de pensée et de sentiment, cette largeur de conception et de sympathie, qui ont mérité à Herder la place éminente qu'il devra toujours occuper parmi ceux qui ont cherché à constituer une philosophie de l'histoire. Il a, bien entendu, traité chaque élément et chaque aspect de son sujet d'une manière qui paraît superficielle au savant de nos jours, qui profite de la lumière répandue par les recherches spéciales des quatre-vingts années écoulées depuis l'apparition du livre de Herder; il n'a ni suffisamment exposé les développements séparés de chacun de ces éléments, ni marqué assez exactement les rapports de ces développements; chaque élément, chaque époque nous sont aujourd'hui tout autrement connus qu'ils ne l'étaient au temps où il écrivait; sur tous les points particuliers, même sur l'art et la poésie qu'il a traités avec une si merveilleuse délicatesse d'appréciation, Herder est suranné; mais il y a quelque chose dans Herder qui ne passera jamais : c'est ce qui est pour ainsi dire son essence et sa vie; personne n'aura au plus haut degré le don de tout sentir, de tout comprendre, de tout embrasser. La philosophie de l'histoire doit toujours considérer comme son premier devoir de demeurer fidèle à cette universalité d'esprit et de but qui la caractérise éminemment.

Cette universalité, il est possible qu'on l'ait parfois estimée au delà de sa valeur, comme si elle renfermait tous les mérites; mais il est aujourd'hui plus à craindre qu'on ne la regarde plus du tout comme un mérite; et, de fait, c'est précisément là-dessus qu'on s'est fondé plus d'une fois dans ces derniers temps pour déprécier Herder. On a dit que ses travaux tendaient uniquement à inspirer aux Allemands le désir d'être des citoyens du monde au lieu d'être eux-mêmes, et que ses spéculations sur l'histoire universelle ont été nuisibles, pour avoir détourné l'attention de l'histoire de la mère-patrie, qui a été considérablement négligée. J'admets que l'*universalisme* ou le cosmopolitisme de Herder est incomplet et n'exprime qu'un côté des choses ; mais assurément on peut faire le même reproche au *nationalisme* ou au patriotisme pour qui la tendance contraire est essentiellement mauvaise ou qui se refuse à la regarder comme bonne par elle-même. De ce que le *nationalisme* est un bien, on ne doit pas conclure que l'*universalisme* en soit pour cela moins bon. Ces deux choses ne sont pas opposées ; elles sont conditions l'une de l'autre et se complètent. Un Allemand qui n'est pas fortement imprégné d'universalisme n'est qu'un triste échantillon de l'Allemand. Sympathie universelle, puissance d'assimilation des idées étrangères, voilà, selon les prétentions des Allemands, deux traits fortement marqués de leur caractère national, et certainement ces deux traits admirables, toute nation devrait s'efforcer de les acquérir. Il est possible qu'Herder n'ait pas été assez national ; mais il n'a pas été trop *universel*, trop cosmopolite, trop humain.

C'est précisément par cet universalisme et cette large compréhension que son point de vue est identique à celui qui est proprement le point de vue de la philosophie de l'histoire. Malheureusement, on ne peut dire qu'il ait autant de clarté que de largeur. « La fin de la nature humaine, c'est l'humanité » : telle est la proposition autour de laquelle gravite toute sa philosophie de l'histoire. C'est uniquement en vue d'établir cette proposition maîtresse qu'il se donne tant de peine pour prouver que tous les arrangements de la nature physique se rapportent à l'homme; que toute la vie terrestre aboutit à l'homme; que les facultés de chaque espèce de créatures deviennent plus variées à mesure qu'on s'élève dans l'échelle organique, jusqu'à ce que toutes ces facultés se réunissent dans l'organisation humaine, qui est ainsi la forme la plus parfaite, le but, l'achèvement et le couronnement de tout le développement de la terre. S'il est important à ses yeux d'établir que le monde est un système dont l'homme est le centre, et l'organisation, une série progressive de formes qui aboutit à l'homme, c'est que ces conclusions lui semblent fournir la preuve que l'homme, occupant une telle place simplement parce qu'il a reçu une organisation plus complexe et plus savante, des facultés plus variées et plus délicates que toute autre créature sur terre, doit avoir en lui-même sa propre fin. Cette fin, il ne pourrait en effet la chercher en quelque chose qui lui fût inférieur; et, sur la terre, rien n'est au-dessus de lui. Il s'ensuit, d'après le raisonnement de Herder, que la fin de l'homme ne peut être que l'homme; c'est de devenir ce qu'il est capable de devenir, de se façonner lui-même sur l'humanité dans la mesure où il peut la discerner. C'est ce que confirme de plusieurs manières et ce que démontre plus directement encore l'examen de l'individu aussi bien que celui de la société. La constitution de l'homme avec ses sens et ses instincts plus raffinés, sa raison et sa liberté, conditions pour lui de santé et de bonheur, ses facultés de langage, d'art et de religion, a été manifestement organisée en vue d'une pareille fin. Les différences de sexes, de genres de vie, de lois et de gouvernements, la distribution des hommes sur la surface de la terre, les vicissitudes de l'histoire, tout cela ne peut être compris si l'on n'y voit des moyens de réaliser cette fin, à savoir que l'homme doit être sur toute la terre ce qu'il a le pouvoir et la volonté de devenir [1].

L'humanité est ainsi, pour Herder, la cause finale de l'histoire, de la nature humaine, de la terre elle-même. On s'attend naturellement à ce qu'il essaye de déterminer le sens d'une conception aussi importante; mais on est à cet égard entièrement désappointé; il la laisse dans tout son vague primitif. Les difficultés qu'elle soulève ne semblent pas s'être présentées à son esprit; il n'en a en tout cas dissipé aucune. « La fin de la nature humaine, c'est l'humanité; » — « la fin de l'homme est en lui-même ». Ces propositions sont-elles, comme le veut Herder, équivalentes? Et l'une ou l'autre peut-elle être identifiée avec cette assertion que l'homme est partout ce qu'il a le pouvoir et la volonté de devenir? Herder affirme que le Nègre et le Chinois sont tout ce qu'ils ont eu le pouvoir et la volonté de devenir; que le premier ne pouvait être que grossier et violent dans ses passions, ni le second autre chose qu'esclave de la tradition et de l'habitude; que mille ans de discipline ne changeraient pas leurs caractères; que la nature a fait le plus possible d'êtres qui devaient être

---

[1] L. xv, ch. 1.

organisés de telle sorte que des contrées comme celles de l'Afrique et de l'Asie septentrionale et orientale pussent être peuplées. Mais s'il en est ainsi, comment l'homme dans ces pays pourrait-il avoir sa fin en lui-même et sa destinée entre ses mains? Ou encore, comment dans ces pays la nature humaine aurait-elle pour fin l'humanité? Y a-t-il donc des espèces distinctes d'humanité pour les races humaines distinctes, une humanité nègre, une humanité chinoise, une humanité européenne, etc.? Et dans ce cas que fait-on, sinon appliquer le mot humanité à des choses aussi différentes que celles que représente le mot couleur quand on l'emploie pour désigner aussi bien le blanc que le noir, ou le mot morale quand on entend par là le bien comme le mal?

« La fin de l'homme est en lui-même. » D'après la propre théorie de Herder, ce n'est pas là une proposition qui ait l'analogie en sa faveur. Aucune des autres créatures qui sont sur la terre n'a sa fin en elle-même. De plus, en supposant que l'homme ait en lui-même sa fin, il resterait encore à déterminer si cette fin est dans la race ou dans l'individu, ou dans tous les deux, de quelque manière que ce soit, et cette nouvelle question nécessiterait une enquête des plus sévères et des plus difficiles, que Herder n'a même pas entamée. Ce que devrait être la solution n'est nullement élucidé par cette assertion que « la fin de la nature humaine c'est l'humanité ». Par *humanité*, on peut entendre les attributs que possèdent les êtres humains en tant que tels, ou bien le développement et la culture de ces attributs, ou bien l'état résultant de cette culture, ou bien encore un idéal dont la nature humaine doit chercher continuellement à se rapprocher sans pouvoir jamais l'atteindre. Laquelle de ces différentes significations Herder donne-t-il à ce mot ? Il ne le dit pas ; bien plus, il passe d'un sens à un autre, il les entremêle et les embrouille de manière à produire la plus irrémédiable, la plus inextricable confusion. Quand on dit que l'humanité est la fin de la nature humaine, le mot *humanité* ne peut raisonnablement être pris dans le premier sens, car il n'exprime alors que la somme des conditions de la nature humaine, ou, en d'autres termes, le fondement, le commencement de cette nature. Ce que les plus élevés parmi les êtres humains doivent s'efforcer d'atteindre ne peut être ce que possède le plus infime d'entre eux. Pris dans la seconde acception, le mot humanité veut dire la culture qu'on se donne à soi-même. Mais une telle culture n'est-elle pas essentiellement un moyen en vue d'une fin ? Ne suppose-t-elle pas un critérium qui la juge et un but qui la dépasse ? Si par humanité on entend un état réalisé actuellement ou actuellement réalisable, il faudrait dire quel est cet état. Si enfin on veut désigner par là un idéal qui ne peut être atteint, il est grandement nécessaire de jeter quelque lumière sur les rapports de cet idéal avec ce qui est réalisé et ce qui est réalisable. Herder, loin de résoudre ces problèmes et d'autres analogues, ne les pose même pas. Il laisse, peut-on dire, dans un vague et dans une indécision absolus, la conception autour de laquelle gravite toute sa philosophie de l'histoire.

Malheureusement, on peut étendre cette remarque. Ce n'est

pas seulement sa conception fondamentale qu'il a laissée dans cet état d'indécision ; ce sont encore toutes ses conceptions générales. Il emploie à chaque instant des mots, comme ceux de nature, destin, liberté, organisme, avec aussi peu de précision et de cohérence, et même de logique, que celui d'humanité. En réalité, bien qu'il fût doué d'une grande et riche intelligence, il n'avait pas cette sorte d'intelligence nécessaire pour se servir convenablement des idées générales, les analyser d'une manière rigoureuse et complète, les distinguer les unes des autres avec clarté et exactitude, et déterminer leurs vrais rapports avec celles qui en dépendent ou se coordonnent avec elles. Il manquait des qualités logiques qu'exigent ces opérations de l'esprit.

Il faut également reconnaître qu'il n'a pas réussi dans sa tentative de résumer son système sous forme de théorèmes généraux. Le quinzième livre de son ouvrage, celui dans lequel il fait cette tentative, comprend cinq chapitres, ayant chacun pour objet d'établir ou de confirmer par des faits une proposition importante. Ces propositions sont les suivantes :

I. La fin de la nature humaine est l'humanité ; et, pour permettre aux hommes d'atteindre leur fin, Dieu a remis entre leurs mains leur propre destinée.

II. Toutes les forces destructives de la nature ne doivent pas seulement céder à la longue aux forces conservatrices ; mais encore elles doivent finalement concourir à la perfection de l'ensemble.

III. La race humaine est destinée à subir des révolutions

diverses à travers différents degrés de civilisation ; mais son bien-être véritable est uniquement et essentiellement fondé sur la raison et la justice.

IV. En conséquence de la nature même de l'esprit humain, la raison et la justice doivent progressivement et par le cours du temps gagner du terrain parmi les hommes et favoriser l'extension de l'humanité.

V. Une bonté pleine de sagesse a tracé la destinée du genre humain, et ainsi il n'y a pas de plus noble mérite, de bonheur plus pur et plus solide que de coopérer à l'accomplissement de ses desseins.

Il est à peine besoin de remarquer que ces cinq propositions, fussent-elles même complétement établies, n'exprimeraient que bien imparfaitement un corps de doctrine qui méritât d'être appelé une philosophie de l'histoire.

Et elles sont loin d'être établies d'une manière suffisante, soit par les considérations théoriques, soit par les faits historiques que Herder apporte à l'appui. Les raisonnements sont faibles, les faits trop peu nombreux ; les raisonnements n'ont souvent nul rapport avec d'autres raisonnements employés ou les contredisent, et les mêmes faits reçoivent des interprétations diverses et inconciliables dans les différents endroits où ils sont cités.

CHAPITRE V

KANT ET SCHILLER

L'écrit qui mérite de nous occuper maintenant est un traité d'Emmanuel Kant, le fondateur de la philosophie moderne en Allemagne; il fut publié la même année que le premier volume des *Idées* de Herder (1784), et il est intitulé *Idée d'une histoire universelle envisagée à un point de vue cosmopolite* (Idee zu einer allgemeiner Geschichte in weltbürgerlicher Absicht). Il a été traduit en anglais d'une manière fort remarquable par M. Thomas de Quincey, et c'est de sa traduction que je me servirai pour mes citations [1].

Il est précédé d'une courte introduction où Kant s'efforce d'établir que le développement humain, comme toute chose,

---

1. Cet ouvrage n'a pas été traduit en français; voici les œuvres de Kant traduites en notre langue : *Anthropologie, Prolégomènes à toute métaphysique future, Mélanges de logique, la Logique, Principes métaphysiques de la morale, Principes métaphysiques du droit, Critique de la raison pure, Eclaircissements sur la critique de la raison pure*, traduction Tissot ; *Critique du jugement* et *Examen de la critique de la raison pratique*, traduits par J. Barni. Toutes ces traductions ont été publiées par la librairie Germer Baillière. (Tr.)

doit se faire suivant une loi et manifester un plan. On peut accepter les propositions suivantes, qui s'y trouvent : « Quelques divergences qui puissent exister dans nos opinions sur la liberté de la volonté, considérée au point de vue métaphysique, il est évident que les manifestations de cette volonté, c'est-à-dire les actions humaines, sont tout aussi bien soumises à l'empire des lois universelles de la nature que les autres phénomènes physiques, quels qu'ils soient. C'est le rôle de l'histoire de raconter ces manifestations, et, leurs causes dussent-elles rester toujours secrètes comme elles le sont aujourd'hui, nous savons que l'histoire, simplement en se plaçant à distance et en contemplant l'action de la volonté humaine sur une large échelle, tend à dérouler devant nos yeux un courant régulier de direction uniforme dans la grande succession des événements; de sorte que la même suite de faits qui, pris séparément et individuellement, auraient paru se produire d'une manière confuse, incohérente, et sans lois, quand on les considère dans leur enchaînement, en tant qu'actions non pas d'êtres indépendants, mais de l'espèce humaine, manifeste infailliblement un développement sûr et continu, bien que très-lent, de certaines grandes prédispositions de notre nature. Prenons comme exemples les décès, les naissances et les mariages; en considérant combien chacun de ces faits, pris séparément, dépend de la libre volonté de l'homme, il semblerait qu'ils ne fussent soumis à aucune loi qui permît d'en calculer par avance le nombre total; et cependant les registres annuels sur lesquels sont consignés ces événements dans les grands pays, prouvent qu'ils continuent à se produire d'une manière aussi conforme aux lois de la nature que les variations de la température; ces variations sont aussi des événements qui dans le détail sont tellement irréguliers que nous ne pouvons les prédire individuellement, et pourtant, en les considérant comme une série entière, nous trouvons qu'ils ne manquent jamais de faire croître les plantes, couler les rivières, de produire d'autres harmonies de la nature suivant un cours uniforme et ininterrompu. Les individus humains et même les nations se doutent peu que, pendant qu'ils poursuivent séparément leurs desseins particuliers et souvent contraires, ils obéissent inconsciemment à un grand dessein de la nature qui leur est complétement inconnu, qu'ils contribuent ainsi par leurs efforts à l'avancement d'une grande œuvre dont ils s'occuperaient peu lors même qu'ils la comprendraient. »

Quant à l'*Essai* lui-même, il se compose de neuf propositions, accompagnées d'observations qui éclairent et confirment chacune d'elles, en sorte qu'il est facile de se faire et de donner une idée générale de leur objet.

La première proposition, c'est que toutes les tendances naturelles de chaque créature ont été disposées de manière à atteindre à la fin le développement complet qui leur est propre. — Pour le prouver, Kant se contente de renvoyer à l'observation des animaux considérés tant au point de vue intérieur qu'au point de vue extérieur, et d'invoquer cette croyance universelle que la nature est un système ordonné où l'on ne trouve jamais d'organe qui ne serve à quelque chose et où tout arrangement atteint le but en vue duquel il a été créé. Kant évidemment a supposé que la démonstration de cette proposition était beaucoup plus facile qu'elle ne l'est; et cela devait être, car de son temps la physiologie et l'histoire naturelle n'avaient pas mis en lumière ces nombreux cas d'organes, en apparence inutiles, qui fournissent aujourd'hui si ample matière à la spéculation, et qui ont profondément modifié la doctrine des causes finales dans l'esprit des hommes compétents. Je demande si quelque biologiste, pour peu qu'il fût circonspect, se chargerait maintenant de donner une démonstration scientifique complète de la proposition qui semblait à Kant si évidente et si incontestable.

Proposition 2. — « En ce qui concerne l'homme, comme il est le seul être raisonnable sur la terre, ces tendances naturelles qui ont pour but l'usage de la raison doivent trouver leur parfait développement, non dans l'individu, mais dans l'espèce. » La preuve se fonde sur ce fait que les instincts prennent dans l'individu tout le développement dont ils sont capables, manifestent dans chaque individu toute leur puissance, tandis que la raison n'atteint dans chacun que très-incomplétement le degré de perfection qui lui est propre. Cette proposition suppose la proposition précédente, puisque, pour promettre à la raison un plein développement, elle se fonde sur ce qu'elle est une de ces tendances naturelles qui toutes doivent par une nécessité *à priori* atteindre un développement complet. Cet appel rétrospectif à une croyance *à priori* me paraît être une faiblesse et une erreur. La conviction où sont aujourd'hui beaucoup d'hommes que la raison se développera dans l'avenir repose simplement sur la connaissance qu'ils ont du fait de son développement dans le passé. Doit-elle atteindre jamais un développement complet? C'est là une conception purement spéculative, et bien peu sans doute seront disposés à la regarder même comme plausible. D'autre part, la proposition que nous discutons maintenant contredit dans une certaine mesure celle sur laquelle elle se fonde ; en effet, elle nie que la raison trouve dans les individus humains son complet développement, tandis que l'autre (la première) affirme que toutes les tendances naturelles de chaque individu sont destinées à atteindre un tel développement. Que veut-on dire quand on avance que la raison ne trouvera son développement parfait que dans l'espèce? On entend par là ou bien qu'elle ne le trouvera que dans une abstraction, une conception générale, et non en réalité; ou bien qu'elle ne l'atteindra que dans *quelques* individus ou quelques générations d'individus, qui n'existeront peut-être que dans des milliers ou des millions d'années, et non pas dans aucun des individus ou des générations qui auront vécu auparavant; dans l'une ou l'autre alternative, la signification de ce développement complet promis à chacune des tendances naturelles dans la proposition 1 est tellement restreinte, qu'il n'en reste plus rien. Appliquer indistinctement le mot *créature* à l'individu et à l'espèce, c'est abuser des termes.

Proposition 3. — « La nature a voulu que l'homme puisât dans les ressources qu'il porte en lui-même tout ce qui dépasse la constitution purement mécanique de sa vie animale, et qu'il n'atteignît d'autre félicité ou d'autre perfection que celle qu'il peut, abstraction faite de l'instinct, se procurer par lui-même, par l'emploi convenable de sa raison. » La nature, qui ne fait rien en vain et qui n'est pas prodigue de ses moyens, ne fait pas pour l'homme au delà de ce qui lui est bon. L'ayant doué de raison et de volonté, elle fait preuve à son égard d'une sage économie, calculée en vue de le contraindre à exercer ces deux facultés et à obtenir par leur moyen la satisfaction de ses besoins. Elle le jette dans le monde comme un animal nu et affamé, et lui laisse le soin de se procurer même le vêtement et la nourriture; elle accumule sur sa route les obstacles et les difficultés aussi bien que les facilités et les secours, dans l'intention bienveillante d'éveiller, de fortifier, de grandir les puissances qui font proprement qu'il est un homme, et de l'obliger à chercher et à suivre les voies qui le conduiront aux plus hauts degrés de son perfectionnement.

Proposition 4. — « Le moyen dont se sert la nature pour produire le développement de toutes les tendances qu'elle a déposées dans l'homme, c'est l'antagonisme qu'elle suscite entre ces tendances dans l'état social, — sans que cet antagonisme dépasse cependant le point où il devient la cause des arrangements sociaux qui reposent sur la loi. » La proposition précédente nous apprend quel est à l'égard de l'homme le dessein général de la nature; celle-ci nous fait connaître le moyen général par lequel elle cherche à l'accomplir. Ce moyen, c'est un antagonisme qui consiste en une certaine sociabilité insociable (ungesellige Geselligkeit); il résulte de ce fait que les hommes ont à la fois des tendances qui les portent à l'union sociale et des tendances qui les portent à la rompre, des sympathies générales en même temps que des intérêts privés. Si cet antagonisme n'existait pas, si les intérêts et les sentiments n'entraient pas en conflit, la vie sociale ne serait autre que celle des bergers d'Arcadie, où les hommes étaient aussi pacifiques que les troupeaux qu'ils conduisaient, sans avoir beaucoup plus d'intelligence et d'énergie. L'homme veut la paix; mais la nature veut le progrès, et le progrès suppose l'antagonisme, le conflit.

La proposition suivante est plus restreinte et plus précise : « Le problème le plus important pour l'espèce humaine, celui que la nature la presse irrésistiblement de résoudre, c'est l'établissement d'une société civile universelle où règne la justice politique. La société civile ne peut être parfaitement réglée que par la découverte d'une constitution politique qui mette en harmonie les libertés de chaque individu avec celles des autres. La liberté n'est pas l'indépendance à l'égard de toute loi; elle a ses conditions et ses limites, et ce n'est que dans un état où elles sont respectées que la nature humaine se développe comme elle le doit. Les hommes sont, dans un Etat bien ordonné, comme les arbres dans une pépinière bien entretenue. Dans une pépinière, les arbres cherchent à se dérober mutuellement l'air et la lumière; mais ils se contraignent de la sorte à les chercher l'un au-dessus de l'autre; c'est ainsi qu'ils deviennent tous grands, droits et beaux ; tandis que si leur liberté n'avait subi aucune entrave, s'ils avaient été complétement isolés et s'étaient développés par la seule action de leur nature propre, ils seraient devenus tordus et disgracieux.

La proposition suivante, c'est que « le problème d'une constitution politique parfaite n'est pas seulement, comme l'affirme la proposition précédente, le plus important que l'homme puisse se proposer, mais qu'il est encore le plus difficile, le plus long à résoudre. » L'homme abuse inévitablement de sa liberté à l'usage de ses semblables; c'est un animal qui a besoin d'un maître. Ce maître, pourtant, il ne peut le trouver que parmi les hommes, parmi ses semblables, c'est-à-dire parmi ceux qui ont eux-mêmes besoin d'un maître et qui, quel que soit leur nombre, petit ou grand, abuseront sûrement du pouvoir dès qu'il sera remis en leurs mains. D'un bois aussi tordu et aussi déformé que celui dont l'homme est fait, on ne peut rien espérer d'absolument droit. Une approximation est seule possible. Et il faut bien du temps avant d'atteindre une solution même approximative, si l'on veut qu'elle ait quelque rigueur, car cela suppose des notions exactes sur ce que c'est qu'une bonne constitution, une grande expérience et par-dessus tout une volonté disposée favorablement pour adopter une telle constitution, trois choses dont on ne peut que difficilement espérer la rencontre, et seulement après un grand nombre de tentatives stériles.

Proposition 7. « — Le problème de l'établissement d'une constitution civile parfaite implique celui d'une constitution régulière des relations internationales, et ne peut être résolu sans ce dernier. » Longtemps après que les hommes vivant dans les limites d'une même patrie, et formant une même société civile, se sont élevés dans leurs relations mutuelles au-dessus de la barbarie, celle-ci continue à prévaloir dans les relations d'État à État. Kant pensait qu'on ne pouvait y mettre fin que par l'établissement d'une grande confédération des nations qui ferait pour les États séparés ce que ceux-ci font pour les individus et qui sauvegarderait, par la force collective de tous, les droits de chacun de ses membres même les plus faibles. « Quelque chimérique, dit-il, que puisse paraître cette idée, et de quelque ridicule qu'on l'ait poursuivie pour cela chez l'abbé de Saint-Pierre et chez Rousseau, peut-être parce qu'ils la croyaient trop près de se réaliser, elle n'en est pas moins la seule ressource, le seul moyen qu'aient les nations d'échapper au poids des maux qu'elles s'infligent réciproquement; il peut être fort difficile de la mettre en pratique; cependant, à la fin, les États seront nécessairement amenés à prendre la même résolution que celle où fut conduit, non sans grande résistance, le sauvage à l'état de nature : celle de sacrifier sa liberté brutale et de chercher la paix et la sécurité dans une constitution civile fondée sur la loi. » Toutes les guerres peuvent être considérées comme autant de tentatives de la part de la nature pour amener un tel arrangement. Douter qu'il se réalise à la fin, c'est admettre que dans les parties tous les développements, tous les arrangements ont une cause finale, mais qu'il n'est pas nécessaire d'en supposer une dans le tout.

La huitième proposition résume toutes les précédentes. La voici : « L'histoire de l'espèce humaine peut être regardée comme l'accomplissement d'un plan secret de la nature pour produire une constitution politique parfaite, réglant à la fois les relations extérieures et les relations intérieures, seule condition qui puisse donner un but au développement complet de toutes les facultés dont la race humaine a été douée. » La philosophie a donc aussi son *millénarisme*, car elle saisit quelques lueurs de la fin éloignée vers laquelle se dirige la nature. Le cours total de son mouvement peut être trop vaste, et la partie déjà parcourue trop petite pour qu'il soit possible de la déterminer avec exactitude ; et pourtant certaines inductions très-générales fondées sur l'organisation harmonieuse de l'univers, jointes à une faible quantité d'observations déjà recueillies, nous permettent d'assurer sans trop de témérité que ce mouvement suit réellement une direction. Différentes circonstances, particulièrement la dépendance croissante des intérêts industriels et commerciaux (dont l'influence sur la société moderne est si caractéristique et va toujours grandissant), à l'égard de la liberté civile dans l'intérieur de chaque Etat et de leurs relations pacifiques les uns avec les autres, justifient l'espérance que, après beaucoup de révolutions et de transformations, la nature réalisera sa fin suprême par l'établissement d'une fédération des nations, dans le sein de laquelle toutes les tendances primordiales de l'humanité pourront atteindre leur complet développement.

La conclusion de l'Essai de Kant est la proposition suivante : « Une tentative philosophique pour composer une histoire universelle conformément au plan de la nature, dont le but est une parfaite union civile de l'espèce humaine, doit être regardée comme réalisable et même comme capable de contribuer à l'accomplissement de ce plan lui-même. » Je dois ici rapporter les paroles mêmes de l'auteur :

« Au premier coup d'œil, c'est là certainement un projet étrange et en apparence extravagant que de proposer de faire une histoire de l'homme fondée sur la conception du cours que prendraient les affaires humaines si elles étaient combinées en vue de certaines fins raisonnables. Un ouvrage construit sur un pareil plan semble ne pouvoir être autre chose qu'un roman. Et pourtant, si nous admettons que la nature n'agit pas sans motif et sans un but final même dans les mouvements de la libre volonté de l'homme, une telle idée peut devenir fort utile; et, bien que notre vue soit trop bornée pour pénétrer le mécanisme secret des arrangements de la nature, cette idée peut encore servir comme un fil pour réunir comme en une sorte d'unité systématique la masse des actions humaines qui autrement fait l'effet d'un agrégat confus et incohérent. Commençons, par exemple, à l'histoire de la Grèce considérée comme dépositaire ou comme témoin à l'égard de toute celle des temps antérieurs et contemporains : si nous suivons l'influence qu'elle a exercée jusqu'à notre époque sur la formation et la désorganisation du peuple romain en tant que corps politique ayant absorbé l'Etat grec, l'influence de Rome sur les barbares, par qui Rome fut détruite à son tour, et si nous y ajoutons comme épisode ce que les monuments de Rome et de la Grèce nous ont fait connaître de l'histoire politique des autres peuples, nous découvrirons un progrès régulier dans le développement de l'organisation civile telle qu'elle s'est formée dans cette partie du globe, partie qui, selon toute probabilité, est destinée à donner des lois à toutes les autres. Si, allant plus loin, nous fixons directement et exclusivement notre attention sur la constitution civile, sur ses lois, et sur les relations extérieures de l'Etat; si nous considérons que, par le bien qu'elles contenaient, elles ont servi pendant une période à accroître la grandeur et la dignité des autres nations, et par suite celles des arts et des sciences; que, par leurs défauts, elles ont aussi servi à en précipiter la ruine, mais de telle sorte que toujours quelque germe de civilisation ait survécu, qui, développé de plus en plus à travers chaque révolution, ait préparé l'avénement d'un progrès supérieur : je crois qu'alors on découvrira un fil qui non-seulement permettra de débrouiller la trame compliquée des affaires humaines, et guidera les hommes d'Etat de l'avenir dans l'art de la prévision politique (avantage qu'a déjà procuré l'histoire, même quand elle n'était regardée que comme un produit incohérent du libre arbitre d'une volonté affranchie de toute loi), mais qui encore nous conduira à une perspective consolante ouverte sur l'avenir; alors nous apercevrons dans le lointain l'humanité établie sur une hauteur qu'elle aura atteinte par un labeur infini; tous les germes déposés par la nature seront parvenus à maturité, et la destination de notre race sur la terre sera accomplie. Une telle justification de la nature, ou plutôt de la Providence, est un motif considérable pour regarder l'histoire de ce point de vue cosmopolite. Car à quoi bon louer et retracer la magnificence et la sagesse dont témoigne la création dans ce domaine de la nature d'où la raison est absente, si, sur ce vaste théâtre de la suprême sagesse, la partie qui renferme l'objet auquel tend tout ce développement grandiose, je veux dire l'histoire de l'espèce humaine, doit rester une éternelle objection contre cette sagesse, objection dont la seule vue nous oblige à détourner tristement les yeux et, par le désespoir qu'elle nous inspire de découvrir jamais dans cette histoire un dessein parfait et raisonnable, nous conduise finalement à ne pas chercher un tel dessein ailleurs que dans un autre monde ?

« On se méprendrait entièrement sur le but que je me propose dans cet Essai, si l'on pensait que, par cette idée d'une histoire cosmopolite, dont jusqu'à un certain point le cours est déterminé *à priori*, je voulusse le moins du monde décourager l'étude de l'histoire empirique, au sens ordinaire de ce mot ; au contraire, pour être capable d'exécuter le plan que j'ai tracé, le philosophe doit posséder une connaissance approfondie de l'histoire ; ce plan n'est du reste, en réalité, qu'une vue très-générale de l'histoire prise d'un point tout nouveau. Néanmoins la manière extrêmement circonstanciée (manière qui en elle-même est digne d'éloges) dont on écrit aujourd'hui l'histoire de chaque nation suggère naturellement une question assez embarrassante : Comment notre postérité reculée pourra-t-elle tenir tête à cet amas énorme de documents historiques que lui aura légué un petit nombre de siècles ? Sans aucun doute, nos descendants n'estimeront les détails historiques relatifs aux temps très-éloignés d'eux et dont les monuments originaux auront depuis longtemps péri, que par rapport à ce qui les concernera personnellement, c'est-à-dire d'après le bien ou d'après le mal accompli par les nations et les gouvernements à un point de vue cosmopolite. Diriger l'attention sur ce point en tant qu'il peut intéresser les gouvernants et leurs ministres, et leur fournir ainsi l'unique moyen pour eux de léguer d'eux-mêmes un souvenir honorable aux âges les plus lointains, voilà, sans parler de ce grand motif d'une justification de la Providence, ce qui peut fournir une raison suffisante de tenter une histoire philosophique sur le plan que je viens d'indiquer. »

J'ai donné une exposition complète de ce traité, qui est à bon droit célèbre. C'est une tentative ingénieuse et vigoureuse, digne de Kant, pour trouver un fil métaphysique, une conception *à priori*, qui puisse nous guider à travers le labyrinthe de l'histoire et nous permettre d'apercevoir l'unité du plan qu'elle réalise. Remarquons pourtant que, la tentative de Kant eût-elle abouti, il resterait encore à trouver une philosophie de l'histoire. La connaissance de la fin ou du but en vue duquel une chose est faite donne une unité à toutes les autres connaissances que nous avons de cette chose; mais notre connaissance n'est pas nécessairement pour cela ni bien étendue ni achevée. Je puis savoir pour quel but une machine est faite sans comprendre comment elle est construite ni comment elle marche. De même, je puis connaître le but de l'histoire et ignorer comment les événements historiques se produisent. Mais, si admirable qu'il soit par les nombreux aperçus particuliers qu'il renferme, si rigoureusement conçue et développée que soit l'idée générale qui le domine, l'essai de Kant n'atteint pas le but principal qu'il se propose; il ne justifie pas sa prétention de simplifier l'intelligence de l'histoire par le secours d'une conception *à priori*. L'apparence de déduction *à priori* qu'il présente est illusoire; elle vient de ce que Kant attribue à des propositions qui n'ont d'autre valeur que celle que l'induction leur donne, un caractère absolu et *à priori*, sous ce prétexte qu'elles impliquent un principe *à priori*, celui des causes finales. Ce principe n'est pas seulement employé dans son extension la plus large, mais il est exprimé sous des formes telles que celles-ci : la nature ne fait rien en vain; — la nature a en vue telle et telle fin; — la nature doit réaliser parfaitement toutes ses fins; le même principe sert à justifier encore d'autres indications plus larges que celles qui sont contenues dans les faits historiques eux-mêmes. Or, il n'est pas nécessaire de nier le principe des causes finales, ou son caractère *à priori*, pour rejeter comme illégitimes de telles applications de ce principe. S'il faut regarder comme *à priori* toute connaissance qui enveloppe un principe *à priori*, toute connaissance, même l'acte le plus simple de perception sensible, ne sera-t-elle pas *à priori?* De ce qu'un principe intellectuel est *à priori* en tant que condition pour l'intelligence des faits, il n'y a nulle raison pour en conclure qu'on peut en faire un usage *à priori*, autrement dit qu'on puisse l'employer en dehors ou au delà des faits. Toute tentative pour faire du principe des causes finales un usage *à priori* ne peut mener qu'à l'erreur. Une telle méthode consiste non pas à raisonner en partant des faits pour s'élever aux causes finales, ce qui est légitime, mais à aller des causes finales aux faits, procédé illégitime, plus stérile et plus dangereux encore au milieu de la complexité des faits historiques que dans les sciences de la nature, où cependant on a eu depuis longtemps la sagesse de l'abandonner.

On a dû remarquer que Kant se défend énergiquement de vouloir décourager ou rendre inutile l'étude empirique de l'histoire en introduisant une conception *à priori* dans le domaine de cette science. Son admirable clairvoyance aura prévu qu'il était à craindre que la spéculation *à priori* ne voulût pas rester toujours la servante de ce qu'il appelle l'histoire empirique; qu'elle affirmerait son indépendance à son égard, et qu'en ce cas elle serait plus nuisible qu'utile à la science de l'histoire. Pouvait-il cependant, sans inconséquence, tant accorder à la spéculation *à priori* et lui refuser plus encore? Pouvait-il raisonnablement dire qu'elle irait jusque-là et pas plus loin, ou qu'elle resterait la servante de quelque chose? Non; si la spéculation possède une puissance par elle-même, une puissance pure et *à priori*, elle a le droit d'user de cette puissance, dans une indépendance parfaite, jusqu'à la plus extrême limite. Il y a plus : il est dans son essence d'agir ainsi, d'aller aussi loin qu'elle le peut par elle-même, et, ainsi que Rothe l'établit dans l'introduction de son grand ouvrage sur la *Morale théologique*, de marcher droit devant elle, sans incliner ni à droite ni à gauche, sans se demander si les réalités empiriques existent ni ce qu'elles sont, sans cesser de suivre la seule nécessité de la logique, l'enchaînement interne des idées qui peuvent se déduire de la donnée première. Si les résultats qu'elle obtient ainsi se trouvent inconciliables avec les faits attestés par les sens ou établis par l'induction, il faut évidemment supposer qu'il y a erreur soit dans l'emploi du procédé spéculatif, soit dans celui du procédé empirique; on doit recommencer et vérifier l'une et l'autre opération; mais si, après tous les efforts pour découvrir et écarter l'erreur, on n'en peut trouver aucune, et si les résultats restent toujours inconciliables, alors il n'y a pas de remède. Sacrifier les résultats de l'un des deux procédés à ceux de l'autre, tout en admettant que les deux procédés sont également légitimes, ce serait en effet une décision arbitraire et contradictoire. Donc, ou bien il n'y a pas un usage *à priori* de la raison, et alors Kant est allé trop loin ; ou bien un tel usage existe, et alors Kant n'est pas allé assez loin. Dans la seconde alternative, Fichte seul a conduit son principe jusqu'à la conclusion où il aboutit légitimement, quand il a soutenu expressément ce monstrueux paradoxe que le philosophe peut par la raison pure *à priori*, et indépendamment de toute expérience, se représenter le plan entier de l'univers, élaborer une philosophie de l'histoire, sans jeter les yeux sur l'histoire, en déterminer toutes les époques et la signification de chacune d'elles en partant de l'idée *à priori* du temps universel.

La cause finale particulière que Kant assigne à l'histoire, c'est la production d'une constitution politique parfaite. Sans doute une telle constitution, un État bien ordonné dans toutes ses relations intérieures et extérieures, serait une très-excellente chose; mais que ce soit là la grande et suprême fin de la Providence, voilà ce qu'on peut raisonnablement contester et ce qu'il serait fort difficile de démontrer. Cela suppose qu'une constitution politique est la plus précieuse de toutes les choses que renferme l'histoire, la plus digne d'être la fin dernière de l'action de la Providence; on ne pourrait le prouver que s'il était vrai que toute la dignité de l'homme est subordonnée et peut être ramenée à sa qualité de citoyen; en d'autres termes, il faudrait établir que le principe distinctif du monde moderne ou chrétien est faux, et que celui du paganisme classique est vrai. Une telle doctrine est contradictoire avec la propre théorie de Kant qui fait de l'État non une fin, mais un moyen, une institution destinée à réaliser la justice politique, à mettre en harmonie les libertés de chaque individu avec celles des autres; de sorte que quand Fichte et Hégel ont représenté la liberté rationnelle comme la fin du développement de l'histoire, ils n'ont fait, à la vérité, que développer ce qui était implicitement contenu dans la doctrine de Kant, mais du moins ont-ils échappé à une contradiction évidente dans laquelle est tombé celui-ci, contradiction qui consiste à poser une fin qui est à la fois fin prochaine et fin dernière.

Rosenkranz soutient cependant que Kant s'est placé au vrai point de vue de la philosophie de l'histoire. « Si nous bourrons, dit-il, cette philosophie de tout ce que contient l'histoire, elle prendra inévitablement des dimensions indéfinies, elle deviendra un fatras *de omnibus et quibusdam aliis.* La notion de l'État peut seule lui fournir un fondement solide et rendre possible son développement organique. La religion, l'art, la science, ne peuvent trouver place dans la philosophie de l'histoire qu'en tant qu'ils se rapportent à la liberté politique, et non en tant que l'on considère ce qu'ils sont en eux-mêmes et pour eux-mêmes [1]. » Sans doute, on simplifierait singulièrement le problème de la philosophie de l'histoire si l'on était libre de négliger la considération de tout ce qui n'est pas l'histoire politique, ou tout au moins de tout subordonner à cette histoire; mais on n'a pas le droit de simplifier un problème en ne tenant nul compte, ou en diminuant arbitrairement l'importance de l'un quelconque de ses éléments essentiels. S'il n'y a d'autre histoire que l'histoire politique, alors, mais seulement alors, la philosophie de l'histoire devra s'en préoccuper exclusivement. Elle n'aura, à la rigueur, rien à voir avec la religion, l'art, la science pris en eux-mêmes; mais elle n'aura pas davantage affaire avec l'État pris en soi; son seul objet, ce sera le développement de ces éléments, ou pour mieux dire le développement de l'homme dans ces sphères spéciales de l'activité. Que la philosophie de l'histoire puisse réussir à prouver que tous les modes du développement humain dépendent de la liberté politique, il n'y a là rien qui répugne en soi; si elle le peut, qu'elle le fasse; mais, à coup sûr, elle ne doit pas le supposer sans preuve. Un théorème ou un résultat de la science ne doit pas être introduit dans la définition ou

---

1. *Histoire de la philosophie de Kant*, 265.

notion de cette science. Je crois néanmoins qu'on ne parviendra pas à démontrer un théorème de cette nature. La liberté, la liberté politique, est une « noble chose », mais noble comme moyen, non comme fin; c'est seulement quand on en use pour atteindre certaines fins, dont les meilleures, quelques-unes au moins, dépassent absolument la sphère politique, qu'on peut l'appeler, comme l'ont fait Fichte et Hégel, la liberté *rationnelle*. On voit par là que le professeur Rosenkranz, loin de mettre en relief un mérite de l'*Essai* de Kant, n'a réussi qu'à faire ressortir plus manifestement encore ce qu'il a d'étroit, d'exclusif, à quel point en un mot il manque des qualités qui distinguent éminemment la conception et l'œuvre de Herder.

La doctrine soutenue par Kant relativement à la septième proposition de son *Idée d'une histoire universelle* fut développée par lui dix ans plus tard dans un traité spécial intitulé *Vom ewigen Frieden* (de la Paix perpétuelle). Même alors cette doctrine n'était pas nouvelle. Georges Podiebrad, roi de Bohême, exposa devant Louis XI, roi de France, en 1464, un plan « pour l'émancipation des peuples et des rois par l'organisation d'une nouvelle Europe »; il y proposait une coalition des puissances secondaires à laquelle n'auraient pu résister ni le Pape ni l'Empereur et qui aurait empêché à la fois toute tyrannie et toute agression. Henri IV de France et son ministre Sully, vers la fin du XVIe siècle, avaient conçu un projet semblable, mais plus approfondi; il s'agissait de former une *république chrétienne* d'Etats indépendants, où les guerres eussent été rendues impossibles par une sorte de conseilamphictyonique. En 1623, Emeric La Croix publia à Paris le *Nouveau Cynée, Discours des occasions et moyens d'establir une paix générale et la liberté du commerce par tout le monde;* il y plaidait en faveur de l'établissement d'une diète internationale permanente qui serait investie du pouvoir d'arranger toutes les querelles entre nations. Leibnitz soutenait, en 1670, que ce but serait atteint par les nations de l'Europe quand elles se formeraient en Confédération sous la souveraineté de l'empereur d'Allemagne. En 1693, le grand et vertueux William Penn, dans un *Essai sur la paix présente et future de l'Europe*, tenta également de prouver que, par l'établissement d'une diète ou confédération, l'Europe pourrait, si elle le voulait, s'affranchir entièrement de la guerre. Vingt ans plus tard, la théorie de la paix universelle et perpétuelle trouva dans l'abbé de Saint-Pierre l'un de ses plus enthousiastes défenseurs. Le premier de ses ouvrages sur ce sujet fut publié en 1712, le dernier en 1736. Rousseau donna en 1761 une éloquente exposition des vues de l'ingénieux abbé. Goudard, dans son livre *la Paix de l'Europe* (1757) et dans son *Espion chinois* (1765), et Mayer, dans son *Tableau politique et littéraire de l'Europe en* 1775 (1777), ont proposé, pour assurer et maintenir la paix, des plans de congrès européen qui sont en substance les mêmes que celui de l'abbé de Saint-Pierre.

L'ouvrage de Kant vint ensuite, et peut-être n'est-il inférieur à aucun des ouvrages de même étendue qui ont paru sur le même sujet. Kant ne supposait pas que ce qu'il proposait dût être promptement adopté. Il pensait seulement qu'un pareil songe, si c'en était un, était de ceux où doit se complaire un homme de bien ; qu'on pouvait trouver dans l'observation de la nature humaine et dans les tendances essentielles de l'histoire des motifs pour espérer que la cause de la paix triompherait un jour, et qu'on finirait par établir et par faire observer un système de jurisprudence internationale qui préviendrait toute guerre. Il vit clairement que le projet de l'abbé de Saint-Pierre était vicieux, en ce qu'il admettait que le congrès proposé serait l'œuvre des rois et les garantirait non-seulement contre les guerres extérieures, mais encore contre les révolutions intérieures. Kant observa fort bien que les nations doivent être des républiques (mot qui pour lui n'est pas synonyme de démocratie et qui n'exclut pas la forme monarchique); qu'elles doivent se gouverner elles-mêmes et se trouver soumises non pas à la volonté d'un seul homme ou de plusieurs, quel qu'en soit le nombre, mais à l'autorité de la loi; que c'est là la première condition pour qu'elles forment entre elles un concert avec quelques chances raisonnables d'empêcher la guerre. Il voulait que l'indépendance de chaque Etat confédéré restât hors d'atteinte, de sorte qu'il y eût union sans fusion.

Depuis Kant, beaucoup d'autres ont écrit dans le même esprit et pour le même objet. Saint-Simon, Fourier, et après eux tous les socialistes et communistes, ont eu leurs plans pour l'abolition de la guerre. Des Sociétés se sont même formées en Amérique, en Angleterre et sur le continent pour l'établissement d'une paix permanente et universelle ; elles ont subventionné des journaux, *Messager de la paix*, *Courrier de la paix*, etc., pour défendre leurs idées; elles ont tenu à plusieurs reprises de grandes réunions internationales. En 1863, le projet d'une diète européenne, d'un congrès permanent de la paix pour l'arrangement des querelles internationales, fut recommandé par Napoléon III aux autres souverains. La guerre franco-allemande, si remplie d'horreurs, si grosse, semble-t-il, de maux futurs, a donné une impulsion et une vie nouvelle à l'idée de trouver un moyen qui donnât quelque assurance contre le retour d'un tel fléau. Il fut curieux de voir combien de gens, pendant les quelques mois qui suivirent la guerre, présentèrent cette idée dans les journaux non-seulement comme séduisante, mais comme nouvelle. Parmi ceux qui l'ont récemment défendue, ceux qui méritent le plus l'attention sont peut-être le professeur Seeley, lord Amberley et M. de Laveleye.

Il n'y a donc pas lieu aujourd'hui de railler beaucoup le projet de Kant comme chimérique. Beaucoup même de ceux qui voient peu de chances pour qu'il se réalise regarderont probablement son plaidoyer d'un œil favorable, le jugeant propre à inspirer une saine horreur de la guerre. Pour moi, je ne puis pas dire que, dans le plan de Kant et dans tous les plans analogues, je trouve autre chose que de bonnes intentions. Celui qui serait le plus radical, c'est celui qui exigerait des nations le renoncement à leur prérogative d'Etats indépendants et les transformerait en simples parties d'un grand empire ou d'une confédération, les Etats Unis d'Europe, pour arriver plus tard aux Etats Unis du monde. L'argument décisif qu'on invoque en sa faveur, c'est que, pour rendre efficaces les décisions d'un conseil ou d'une autorité quelconque et mettre véritablement fin aux querelles entre peuples, il faut un pouvoir exécutif qui les sanctionne ; cela implique nécessairement que la confédération seule possède une force armée pour se faire obéir, qu'il n'y a plus qu'un pouvoir souverain, que les nations cessent d'être indépendantes et de se gouverner elles-mêmes. Cet argument me paraît invincible en tant qu'il est purement négatif. Aussi longtemps que le caractère des nations ne sera pas essentiellement différent de ce qu'il est aujourd'hui, il ne faudra rien moins que l'entière absorption de leur indépendance au sein d'un pouvoir souverain qui embrasse tous les autres pour garantir contre le retour de la guerre. Mais, ceci accordé, deux fortes objections se présentent qui nous empêchent d'accorder à ce projet quelque efficacité réelle, quelque valeur pratique. D'abord cette abdication même des nations (et pourtant, si l'on excepte une complète régénération spirituelle de la nature humaine, aucun autre moyen ne peut servir) risque fort de n'avoir pas l'effet qu'on en attend. Supposez qu'elle soit accomplie ; supposez que toutes les nations soient si profondément convaincues des maux de la guerre, qu'elles consentent à sacrifier leur indépendance au profit d'un pouvoir collectif unique ; comment pourront-elles se prémunir contre le danger manifeste d'un tel pouvoir devenant tyrannique au point qu'il fallût le renverser ? N'est-il pas vraisemblable que ce Léviathan serait tenté de dévorer ceux qui l'auraient créé ? N'est-il pas vraisemblable qu'un gouvernement universel serait, comme Kant l'a montré, un très-mauvais gouvernement, qui aurait beaucoup trop à faire pour bien remplir sa tâche, et qui, par suite, ferait tout mal? Il ne pourrait être que fort ignorant de la condition et des besoins des vastes provinces de son empire; il n'aurait qu'un zèle fort tiède pour le bien-être de certaines portions considérables de son peuple; il serait nécessairement au-dessus de toute responsabilité. En conséquence, n'est-il pas probable, n'est-il pas à peu près certain que, sous un tel gouvernement, le monde oscillerait entre l'anarchie et le despotisme? que, sous forme de révoltes, les guerres seraient plus nombreuses qu'aujourd'hui? que l'armée régulière du monde aurait besoin d'être plus nombreuse et son budget militaire plus lourd que jamais? — En second lieu, la paix même serait achetée trop cher à ce prix. Ce prix, ce serait la vie, l'indépendance, la dignité morale des nations, et cela vaut plus que la paix ne peut valoir. Une paix fondée sur le sacrifice de la nationalité des peuples n'est que la paix du cimetière.

Je ne vois pourtant pas qu'il y ait grandes chances d'acheter la paix perpétuelle à meilleur compte. Congrès internationaux, ligues amphictyoniques, hautes Cours des nations, tout cela, il serait, je crois, facile de le montrer, ne pourrait que rendre les guerres plus fréquentes au lieu de les diminuer, et servir d'instrument à l'ambition au lieu d'être une garantie contre elle. Moins les peuples feront de tentatives pour réaliser de tels plans, mieux cela vaudra pour ceux qui sont faibles et honnêtes. Le choix par les parties intéressées d'arbitres chargés de juger les différends internationaux présente un tout autre caractère. Ce moyen peut dans beaucoup de cas être fort raisonnable et fort utile; il peut souvent sauvegarder la paix quand elle est menacée; mais certainement il n'aura jamais pour effet de supprimer complétement la guerre, et il peut dans certaines occasions la faire naître au lieu de la prévenir. La guerre a sa source dans les mauvaises passions, dont aucun moyen, aucun artifice extérieur ne pourra nous affranchir, et que toute la prudence de ce monde ne peut réprimer efficacement. Elle ne cessera que quand la loi du devoir sera pleinement réalisée dans la conduite des nations, ce qui n'arrivera que le jour où la vérité aura affranchi tous les hommes. Jusque-là, la terre ne verra pas les *républiques* de Kant ni la *paix perpétuelle* qui doit régner entre elles.

Dans l'année qui suivit la publication de son traité sur l'histoire universelle, Kant fit paraître dans la *Gazette littéraire universelle* (Allgemeine Literaturzeitung) une appréciation des deux premières parties des *Idées* de Herder; le ton de sa critique blessa vivement celui-ci, qui, par représailles, essaya de critiquer à son tour sévèrement la philosophie de Kant; il échoua; la nature ne lui avait pas donné les qualités nécessaires pour comprendre, encore moins pour juger un système spéculatif aussi subtil et aussi profond. L'appréciation de Kant a, je crois, le tort d'insister sur certains défauts très-apparents dans la manière de penser et de s'exprimer de Herder : il aurait suffi de les indiquer; en revanche elle ne donne qu'une idée fort imparfaite des mérites de l'ouvrage, et elle ne contient rien ou peu de chose qui ait quelque importance ou quelque nouveauté. Elle n'est donc satisfaisante ni à l'égard de Herder ni à l'égard du sujet.

En 1786, Kant publia un court essai intitulé : *Conjectures sur le commencement de l'histoire du genre humain*. Il entreprend d'y expliquer le récit mosaïque de la chute; il y voit la représentation sous forme historique, non pas d'un événement réel ou d'un fait arrivé à un individu déterminé, mais de la transition qui s'est opérée entre l'état d'innocence de la pure sensation et de l'instinct, et l'état d'imperfection, consciente d'elle-même, de la raison et de la liberté. Herder, dans ses *Idées* et dans un ouvrage spécial, avait précédé Kant dans cette voie. Schiller, en 1792, dans ses *Suggestions sur l'origine de la société humaine telle qu'elle est indiquée dans les livres de Moïse*, et, la même année, Schelling, tout jeune encore, dans une dissertation pour obtenir le grade de maître ès arts, intitulée : *Sur le philosophème biblique de l'origine du mal*, ont adopté, développé, appliqué les idées de Herder et de Kant, et contribué à répandre cette notion qu'on retrouve si fréquemment ensuite dans la littérature et la philosophie allemandes, à savoir que la chute a marqué un grand pas dans le progrès de la culture du genre humain, et que le péché, bien qu'il soit un défaut dans l'individu, est une nécessité et un avantage par rapport à l'espèce. Selon moi, toutes ces tentatives ont leur point de départ dans de faux principes d'interprétation et ne vont qu'à obscurcir le peu de lumière que nous avons sur l'histoire primitive de l'homme.

Kant a probablement rendu un service plus important à la science de l'histoire par la tentative qu'il a faite dans la

Critique du jugement pour déterminer les caractères constitutifs et distinctifs d'un organisme, que par toutes les opinions qu'il a avancées dans les *Essais* réunis par ses éditeurs Rosenkranz et Schubert dans le septième volume de ses œuvres, sous ce titre général : *Zur Philosophie der Geschichte* (Sur la philosophie de l'histoire). J'en excepte pourtant son *Idée d'une histoire universelle*. Quoique Herder ait souvent parlé de l'histoire comme d'un développement organique, il n'a rien fait pour définir et pour expliquer ce qu'on doit entendre par là; il n'en avait évidemment qu'une vague notion qu'il aurait tout aussi bien traduite par *processus naturel* ou quelque expression analogue. Kant, d'autre part, n'a pas appliqué à l'histoire la notion d'organisme; mais il a essayé de déterminer avec précision ce qu'elle signifie, de la distinguer d'une simple adaptation extérieure, de la ramener par l'analyse aux idées qui en sont la condition et qui la constituent. Il peut n'avoir pas entièrement réussi; son analyse peut n'avoir pas été jusqu'au bout; elle peut même n'être pas tout à fait satisfaisante dans l'œuvre partielle qu'elle a accomplie; mais aborder simplement cette tâche, c'était déjà beaucoup; l'aborder avec la vigueur qu'a déployée Kant et d'une manière aussi propre à susciter de nouvelles recherches, c'était plus encore.

Mais le plus grand de tous les services rendus par Kant à la science de l'histoire comme à toutes les autres sciences spéciales, c'est évidemment la merveilleuse impulsion qu'il a donnée à l'esprit scientifique par ses investigations sur la nature, les conditions, les limites de la connaissance elle-même. Ces investigations, les plus profondes et les plus vastes qu'on ait jamais tentées, ont rompu le sommeil dogmatique de l'Europe, dissipé une multitude de rêves agréables, et préparé l'irruption de torrents de lumière à travers de nouvelles issues. Cette partie de l'œuvre de Kant, je ne dois pas essayer de la rappeler ici, encore moins de l'apprécier; mais il ne faut pas conclure de mon silence que je la juge comme peu de chose et qu'elle ne soit pas vraiment pour moi d'une inexprimable grandeur.

Parmi les successeurs immédiats de Kant, il n'en est qu'un qu'il soit nécessaire de mentionner dans cette histoire : c'est le poëte Schiller [1]. En 1787, il lut le plus important des *Essais* de Kant, celui dont j'ai donné plus haut l'analyse; il accepta pleinement l'idée que l'histoire, pour être traitée philosophiquement, devait être étudiée et présentée à un point de vue téléologique comme un système de moyens et de fins. C'est à peu près à cette époque qu'il commença à réunir des matériaux pour ses ouvrages historiques; et le principe téléologique soutenu par Kant est l'idée la plus philosophique que l'on puisse découvrir dans l'*Histoire de la révolte des Pays-Bas* et dans celle de la *Guerre de Trente ans*. On doit reconnaître cependant qu'il n'y a guère plus de philosophie que de recherches sérieuses dans ces ouvrages, bien que, par d'autres

---

1. Naturellement, tous les biographes de Schiller traitent avec quelque étendue de ses aptitudes et de ses œuvres philosophiques. Kuno Fischer a trois excellentes leçons sur *Schiller philosophe*; Drobisch a parlé particulièrement de ses rapports avec la morale de Kant; et Schasler, dans sa récente *Histoire de l'esthétique*, a donné un remarquable exposé des spéculations esthétiques de Schiller.

qualités, ils aient mérité la popularité dont ils jouissent.

La preuve la plus manifeste de l'influence exercée par les spéculations historiques de Kant sur Schiller se trouve dans la leçon d'ouverture prononcée en 1789 par ce dernier comme professeur d'histoire à Iéna. Cette leçon, dont le titre est : Qu'est-ce que l'histoire universelle, et à quels points de vue doit-on l'étudier ? est certainement très-éloquente et tout à fait digne de Schiller ; mais dire, comme lord Lytton, que « les idées qu'elle contient sur l'histoire valent des bibliothèques entières d'ouvrages historiques », ou, comme M. Carlyle, « qu'il n'y a peut-être jamais eu en Europe de cours d'histoire dont le plan ait été tracé d'après des principes aussi magnifiques et aussi philosophiques », c'est faire de cet opuscule un éloge hors de toute proportion avec la vérité et qui, par là, ne convient à personne moins qu'à Schiller.

Voici la suite des pensées dans ce discours : Schiller établit d'abord un éloquent contraste entre l'étude qui ne se propose d'autre but que d'amasser les connaissances nécessaires pour se maintenir, s'enrichir, se pousser dans le monde, et celle qui s'inspire d'un esprit philosophique, de l'amour du vrai et de la perfection intellectuelle et morale ; et il conclut que cette seconde espèce d'étude est la seule qui convienne et dont on doive désirer le concours au point de vue de l'histoire universelle. Puis il nous présente deux tableaux : l'un, de la condition de l'homme à l'état sauvage ; l'autre, de sa condition actuelle dans l'Europe civilisée ; il définit l'histoire universelle la science qui nous apprend comment les hommes sont élevés du premier de ces états au second, quelles furent à chaque époque leurs diverses fortunes, pourquoi les nations sont si différentes les unes des autres, pourquoi les croyances, les lois, les mœurs, les classes, etc., de la société, sont ce qu'elles sont. L'auteur observe ensuite qu'il y a de larges espaces vides dans le monde de l'histoire ; que non-seulement beaucoup d'événements, mais beaucoup d'époques, sont irrévocablement tombés dans l'oubli, de sorte que l'histoire universelle ne pourra jamais être autre chose qu'une collection de fragments indignes du nom de science. De plus, celui qui s'occupe d'une telle histoire doit, parmi les faits dont le souvenir nous a été transmis, faire encore un choix, et le principe d'un tel choix, c'est, selon Schiller, la perception d'une relation essentielle, incontestable, évidente, entre ces faits et la constitution présente de la société, ainsi que le bien-être ou la misère des générations qui vivent actuellement. L'histoire universelle elle-même a descendu le courant du temps ; mais l'historien qui l'étudie doit suivre la direction de ce courant en le remontant ; c'est là une pensée de Kant que Schiller s'approprie ; il lui en emprunte ensuite une autre et déclare que l'esprit philosophique découvre bientôt, dans le cours de son étude de l'histoire, que le passé est lié au présent, non-seulement comme la cause à l'effet, mais comme les moyens à la fin. Enfin, il insiste sur cette considération que le principe téléologique est le seul qui puisse faire de l'histoire un tout rationnel pour l'esprit humain, un objet d'étude qui contribue à son élévation morale.

Telles sont, je crois, les seules pensées que l'on puisse

trouver dans la leçon de Schiller, si on la ramène à ses éléments constitutifs, à ce que Lytton appelle les *notions*, et Carlyle les *principes*. Ce procédé de réduction la dépouille naturellement de toute son éloquence et lui enlève toute sa vie ; mais il en dégage les idées fondamentales, qui sont celles que nous venons d'indiquer. Ces idées, fussent-elles originales, la simple exposition, quelque éloquente qu'elle soit, qu'en fait Schiller, ne suffirait pas pour qu'on fût fondé à lui assigner une place distinguée parmi ceux qui ont cultivé la philosophie de l'histoire. J'ajoute que ces idées n'ont à aucun degré le caractère de l'originalité. S'il en est ainsi, il serait tout aussi raisonnable de faire de Schiller un grand historien philosophe, parce que, dans ses beaux poëmes *la Promenade* et *les Quatre Ages du monde*, il a tracé à grands traits les progrès de la société et les époques de l'histoire, que de lui décerner un pareil titre à cause des quelques observations générales et sommaires que contient sa leçon sur l'histoire universelle.

La partie de la philosophie où Schiller s'est réellement distingué, c'est l'esthétique ; l'histoire de cette science devra toujours rappeler honorablement ses services ; j'ajouterai que ces services n'ont pas été perdus pour la science de l'histoire, car les travaux esthétiques de Schiller ont contribué à déterminer la fonction de l'art dans la nature humaine et dans l'histoire, dans la vie de l'individu comme dans celle de la race. Le noble poëme *les Artistes* célèbre l'influence de ce sentiment du beau, qui est propre à l'homme ; montre comme il concilie la sensibilité et la raison ; comme il élève le sauvage à la dignité d'être civilisé ; comme « son charme détourne le cœur des grossières passions et des vils désirs » et le porte à aspirer plus haut ; « par l'appât d'une douce récréation, il attire l'indolent vers les devoirs sublimes ; » comme il provoque et répand les joies de la sympathie ; comme il raffine et spiritualise l'amour ; comme il donne une forme et une force aux puissances du monde à venir, et revêt l'Invisible d'attributs qui le font aimer et révérer. En un mot, dans ce poëme, Schiller, avec une vérité parfaite et un talent exquis, représente l'art comme l'auxiliaire et l'associé de la moralité, de la religion et de la philosophie ; nécessaire à leur existence, il l'est plus encore à leur développement et à leur achèvement. — Tout ce que Schiller chante ici, il l'établit et le démontre philosophiquement dans ses divers *Essais* sur des sujets esthétiques, et spécialement dans ses *Lettres sur l'éducation esthétique*. Dans cet ouvrage, il a apporté une modification considérable à la théorie de Kant, bien qu'il l'ait fait surtout en développant les principes mêmes de celui-ci. Cette modification consiste à montrer que l'art est le principe et la forme de vie qui comble l'intervalle entre la sensation et l'intelligence, entre le règne de la force et celui de la loi, et donne à l'homme cette liberté qui ne peut exister que dans la coopération, l'action, le jeu harmonieux de sa double nature. Schiller, en d'autres termes, tend à corriger l'erreur où Kant était tombé dans la pratique quand il regardait l'histoire politique comme le tout de l'histoire. Si les *Lettres sur l'éducation esthétique* n'ont pas entièrement échoué dans la tentative que s'est proposée leur auteur, — et il y aurait témérité à vouloir soutenir qu'elles ont échoué, — il faut admettre que l'art dans l'âme humaine et dans l'éducation de la vie humaine a une place telle que son histoire doit être considérée comme une partie essentielle de l'histoire générale.

Les quatre dernières Lettres sont consacrées à la démonstration de cette thèse énoncée au commencement de la Lettre XXIV : « On peut distinguer trois différents moments ou degrés de développement que l'homme individu aussi bien que l'espèce entière doivent traverser nécessairement et dans un ordre déterminé, s'ils veulent parcourir le cercle entier de leur destination. Sans doute des circonstances fortuites, qui consistent soit dans l'influence des objets extérieurs, soit dans le libre arbitre de l'homme, peuvent tantôt allonger, tantôt raccourcir chacune de ces périodes; mais aucune ne peut être complétement omise, et ni la nature ni la volonté ne sauraient intervertir l'ordre dans lequel elles se succèdent. L'homme, dans son état *physique*, subit uniquement la domination de la nature; il s'affranchit de cette domination dans l'état esthétique et la maîtrise dans l'état moral. »

J'ai déjà eu plusieurs fois, dans le cours du présent ouvrage, l'occasion de dire pourquoi je rejetais des lois ou des généralisations de cette nature; je n'hésite pas à rejeter ici l'hypothèse de Schiller, en tant qu'elle a la prétention de déterminer la succession des époques de l'histoire. Schiller n'a nullement prouvé qu'il y ait trois époques séparées et distinctes, une époque *physique*, une époque *esthétique*, une époque *morale*, qui se suivent dans l'ordre qu'il indique; il y a plus : ses observations tendent directement à prouver le contraire, ou tout au moins les exemples qu'il apporte conduisent à une conclusion opposée; c'est-à-dire que les éléments physiques, esthétiques et moraux, étant essentiels à la nature humaine, sont aussi des éléments essentiels de l'histoire de l'humanité, et sont en conséquence si étroitement unis, qu'ils ne peuvent être séparés aux différentes époques de la durée.

Je regrette que je n'aie pas le loisir de faire plus d'une citation pour montrer quel est le caractère des observations de notre auteur; la seule que je puisse faire, je l'emprunte à la dernière Lettre : « Si le besoin force l'homme d'entrer en société, et si la raison grave dans son âme des principes sociaux, c'est la beauté seule qui peut lui donner un *caractère social;* le goût seul porte l'harmonie dans la société, parce qu'il crée l'harmonie dans l'individu. Toutes les autres formes de perception divisent l'homme, parce qu'elles se fondent exclusivement soit sur la partie sensible, soit sur la partie spirituelle de son être; ce n'est que la perception du beau qui fait de lui un tout, parce qu'elle demande le concours de ses deux natures. Toutes les autres formes de communication divisent la société, parce qu'elles s'adressent exclusivement soit à la réceptivité, soit à l'activité privée de ses membres, et, par conséquent, à ce qui distingue les hommes les uns des autres : seule, la communication esthétique unit la société, parce qu'elle s'adresse à ce qu'il y a de commun dans tous ses membres. Nous ne goûtons les plaisirs des sens qu'en tant qu'individus, sans que l'espèce qui nous est immanente y ait part : nous ne pouvons dès lors donner un caractère général à nos plaisirs physiques, parce que nous ne pouvons généraliser notre individu. Les plaisirs de la connaissance, nous les goûtons uniquement comme espèce et en écartant avec soin de nos jugements toute trace d'individualité ; nous ne pouvons, en conséquence, généraliser nos plaisirs rationnels, parce que nous ne pouvons exclure des jugements d'autrui comme des nôtres les traces d'individualité. C'est le beau seul que nous goûtons tout à la fois comme individu et comme espèce, c'est-à-dire comme représentants de l'espèce. Le bien sensible ne peut faire qu'un heureux, parce qu'il se fonde sur l'appropriation, qui entraîne toujours une exclusion avec elle ; et même, cet heureux ne peut l'être que partiellement, parce que la personnalité ne prend point part à ce bien. Le bien absolu ne peut rendre heureux qu'à des conditions qu'on ne peut supposer généralement, car la vérité ne s'acquiert qu'au prix du renoncement, et il faut un cœur pur pour croire à une volonté pure. Le beau seul rend tout le monde heureux, et tous les êtres, tant qu'ils ressentent sa magique influence, oublient les limites où ils sont renfermés [1]. »

[1]. Pour ces deux citations de Schiller, nous avons emprunté la traduction de M. Ad. Régnier.

CHAPITRE VI

FICHTE.

Après Kant, Fichte; après un noble caractère, un caractère plus noble encore; mais aussi, après une fausse manière de traiter l'histoire, une manière plus fausse encore. Les idées de Fichte sur la philosophie de l'histoire se trouvent dans son ouvrage les *Caractéristiques du temps présent* (Grundzüge des gegenwärtigen Zeitalters), publié en 1806, mais qui consiste en une série de leçons faites à Berlin pendant l'hiver 1804-1805. Ce livre, comme tous les autres écrits de Fichte, respire le souffle le plus noble et le plus divin; comme tous ses ouvrages populaires, il est d'une grande beauté de style; le mérite de l'inspiration, comme celui de la forme, a été conservé avec une singulière fidélité et un rare bonheur par William Smith, L. L. D., qui l'a traduit en anglais [1].

1. Le Dr Smith est aussi l'auteur d'un excellent Mémoire sur Fichte, et il a traduit la *Vocation du savant*, la *Nature du savant*, la *Vocation de l'homme*, la *Méthode pour arriver à la vie bienheureuse*, et les *Esquisses de la doctrine de la science*. Les œuvres complètes de Fichte sont en 8 vol. (Berlin, 1845-6). Elles ont été éditées par son fils, J.-H. Fichte, qui a écrit aussi une

A la racine de toute la théorie que Fichte y développe, il y a une erreur du caractère le plus funeste : c'est que la philosophie doit être absolument séparée de l'expérience ; et la philosophie de l'histoire, de l'histoire elle-même. Un tel dualisme peut-il se justifier dans un système qui prétend à une si rigoureuse unité, et, s'il le peut, de quelle manière? Ce sont là des questions que je ne dois pas discuter ; je n'ai à m'occuper que du fait même de ce dualisme. Il a sa source, on n'en saurait douter, dans la distinction établie par Kant entre la sensibilité et l'intelligence, et on peut le regarder comme une *réduction à l'absurde* de cette distinction. Selon Fichte, il y a une philosophie de l'histoire ; mais ce n'est pas dans l'histoire qu'il faut la chercher, ni par elle qu'on peut espérer d'y arriver. « Le philosophe, dit-il dans sa première leçon, doit déduire, de l'unité de son principe posé *à priori*, tous les phénomènes possibles de l'expérience ; mais il est clair que, pour venir à bout de son entreprise, il n'a pas recours à l'expérience, qu'il procède uniquement en philosophe, n'accordant pas la moindre attention à l'expérience, et qu'il représente sous une forme absolument *à priori* le temps considéré dans sa totalité, et toutes les époques possibles du temps. » Et encore, dans la neuvième leçon : « Le philosophe qui, en sa qualité de philosophe, s'occupe de l'histoire, suit le cours *à priori* du plan du monde, lequel

---

vie de son père et a publié sa correspondance. Les œuvres de Fichte traduites en français sont : *Méthode pour arriver à la vie bienheureuse*, traduite par Francisque Bouillier ; *Destination du savant et de l'homme de lettres*, trad. par Nicolas ; *Doctrines de la science*, trad. par Grimblot (Paris, Germer Baillière et Cie).

plan est clair pour lui sans qu'il ait aucunement besoin du secours de l'histoire; et s'il fait usage de l'histoire, ce n'est pas pour lui demander la démonstration de quoi que ce soit, car ses principes sont déjà démontrés indépendamment de l'histoire; c'est seulement pour confirmer par des exemples et utiliser dans le monde réel de l'histoire ce qui a déjà été compris sans avoir recours à son aide. »

Ces passages ont au moins le mérite d'être explicites et clairs. On ne peut avoir aucun doute sur ce qu'ils veulent dire; on ne peut douter davantage que ce qu'ils veulent dire soit absolument faux. Le philosophe ne possède pas un aussi merveilleux privilége de pouvoir ainsi connaître, par la seule spéculation, le cours des événements. Une description *à priori* de quelque époque de la durée que ce soit est impossible. Le vrai philosophe de l'histoire est celui qui l'étudie plus profondément que les autres, et non celui qui s'abstient entièrement de l'étudier pour la déduire de l'unité d'un principe posé *à priori*. En réalité, cette proposition que tous les phénomènes possibles de l'expérience peuvent être déduits par la philosophie sans le secours de l'expérience est tellement extravagante, qu'il est impossible de la défendre, et nous pouvons assurer d'avance que ceux qui entreprennent cette défense ne la soutiendront pas sérieusement. Fichte ne le fait pas; mais, dans le cours de son explication, il la maintient. Nous voyons, à notre grand étonnement, que la *possibilité de déduire toute expérience d'un principe philosophique* signifie en réalité l'*impossibilité d'en déduire aucun ;* que le plan du monde est tout ce qu'on peut déduire ; et que non-seulement le plan du monde n'est pas un fait d'expérience, mais encore que l'expérience peut ne pas lui correspondre ; que l'expérience est *à posteriori* et ne se laisse pas déduire. « L'histoire de la culture graduelle de la race humaine, lisons-nous dans la 9ᵉ leçon, est constituée par deux éléments intimement unis, l'un qui est *à priori*, l'autre *à posteriori*. L'élément *à priori*, c'est le plan du monde, avec les traits généraux qui le déterminent, plan selon lequel l'humanité traverse cinq époques. Sans aucune information historique, le penseur peut savoir que ces cinq époques doivent se succéder l'une à l'autre ; il peut aussi déterminer les caractères généraux de quelques-unes qui ne se seraient pas encore réalisées dans l'histoire sous forme de faits. Ce développement de la race humaine ne se fait pas à la fois comme le philosophe se le représente à lui-même dans sa pensée ; mais, troublé qu'il est par des forces étrangères, il se produit graduellement, en différents temps et en différents lieux, et dans des circonstances particulières. Ces conditions ne sont nullement contenues dans l'idée du plan du monde ; elles sont absolument inconnues à la philosophie ; c'est ici que commence le pur empirisme de l'histoire, son élément *à posteriori*, l'histoire sous sa forme propre. » Je considère cette théorie comme inconciliable soit avec la philosophie générale de Fichte, soit avec une foule d'autres propositions que renferme son ouvrage, et je crois que la logique l'obligeait à montrer qu'il n'y a pas de forces étrangères qui puissent troubler le développement rationnel de la race humaine ; qu'il n'y a ni éléments *à posteriori*, ni altération du cours des événements dans la durée, et que toutes les apparences contraires sont uniquement dues à des imperfections de la philosophie dont celle-ci doit s'affranchir un jour; mais, conséquente ou non, cette concession à l'expérience sera sans doute regardée comme un hommage rendu au sens commun et à la vérité des faits. Cela me rappelle un passage amusant des *Leben und literarischer Briefwechsel* (Vie et Correspondance littéraires, part. II, p. 433-435) de notre auteur. Fichte informe F.-A. Wolff qu'il est arrivé relativement à l'époque homérique au même résultat par la déduction *à priori* que Wolff par la critique empirique. L'illustre érudit lui répond avec malice qu'il y a certains peuples dont les anciens ne nous ont malheureusement conservé que le nom, et qu'il serait bien aise d'apprendre leur histoire de quelqu'un qui, comme Fichte, pourrait la connaître *à priori*. Fichte s'excuse; il est philosophe, non philologue, et il n'appréciera que les découvertes historiques (Ich bin nicht Philolog von Profession; als Philosoph bin ich bekannt. Als Philosoph nur dürfte ich die historische Entdeckung würdigen).

Les assertions générales de Fichte relativement à la déduction de l'expérience, de quelque manière qu'on les entende, en arrivent donc à ne signifier plus rien quand il s'agit de les appliquer. Voyons maintenant ce qu'il faut penser du plan du monde. Ce plan repose, selon Fichte, sur l'idée du temps considéré dans son ensemble. « Chaque époque particulière du temps est l'idée fondamentale (Grundbegriff) d'une période particulière de l'histoire. Chacune de ces époques ou idées fondamentales des périodes particulières ne peut néanmoins être entièrement comprise que par le moyen et la succession des autres, et par son rapport au temps universel. Il s'ensuit manifestement que le philosophe, pour être en état de caractériser exactement une période particulière, la sienne par exemple, doit auparavant avoir compris *à priori* et pénétré à fond la signification du temps universel et de toutes ses époques possibles. » Ici, dès le premier mot, les difficultés commencent. Pourquoi le temps aurait-il des époques? Il semble absurde d'avancer que le temps, simplement comme tel, a des époques. Les époques sont les degrés du développement d'êtres qui existent dans le temps. Parler de pénétrer la signification du temps universel, c'est prononcer des mots vides de sens, ou bien on veut dire par là que l'on s'élève à l'intelligence de la nature et des fins d'êtres dont le temps est la condition; mais une connaissance de cette sorte ne peut être atteinte par la méthode *à priori*. Admettons néanmoins que le temps ait une signification par lui-même, indépendamment des choses qui existent dans le temps; admettons que nous puissions pénétrer *à priori* cette signification, prouver, par suite, que le temps a des époques, et, de plus, saisir les idées fondamentales de ces époques (c'est là certainement aller assez loin dans la voie des concessions); eh bien, il reste encore que le philosophe doive rattacher par les liens de la déduction le temps terrestre au temps éternel, le plan du monde à celui de l'univers. Fichte nous assure qu'une telle entreprise peut être rigoureusement accomplie; mais il décline cette tâche, sous prétexte qu'une telle démonstration n'est pas à sa place devant un auditoire public, ce qu'on n'aura pas de peine à croire. Le résultat, néanmoins, c'est que nos espérances de déduction *à priori* sont de nouveau déçues. Je veux supposer charitablement que cette déduction se trouve, comme quelques-uns le prétendent, dans la *Doctrine de la science* ; mais je souhaite bien du plaisir au lecteur qui ira l'y chercher, et j'envie son bonheur s'il l'y trouve.

Fichte se contente de déterminer dogmatiquement, sans déduction, quelle est l'idée fondamentale du temps terrestre. Il le fait dans cette belle formule : « La fin de la vie du genre humain sur la terre, c'est que dans cette vie les hommes puissent ordonner librement toutes leurs relations conformément à la raison. » Pensée noble et vraie, digne du noble et sincère esprit qui l'a exprimée! Mais avait-il, comme philosophe, le droit de l'exprimer ici? Il est impossible de ne pas voir que, en déclinant la tâche de déduire le temps terrestre du temps éternel, Fichte s'est dispensé de déduire la vie terrestre de la vie éternelle, la vie humaine de la vie divine; qu'il a, sans le dire, identifié le temps et la vie, procédé fort peu légitime, mais fort commode, car, si le temps lui-même ne se partage pas en époques, il n'en est pas de même de la vie dans le temps, surtout si nous sommes libres de choisir, comme le fait notre auteur, la notion de la vie qui nous convient le mieux, sans donner aucun motif de notre choix. « La fin de la vie du genre humain sur la terre, c'est que dans cette vie les hommes puissent ordonner librement toutes leurs relations conformément à la raison. » Pourquoi l'induction serait-elle incapable d'établir cela? Disons mieux, quel autre moyen de l'établir que l'induction ? Comment prouver quelle est la fin de la vie humaine sur la terre, si ce n'est par la considération des actes qui révèlent la nature des tendances de cette vie? La croyance que la vie de l'homme sur la terre tend à la liberté rationnelle n'est pas une supposition *à priori* de la science historique, mais bien une des inductions de cette science. Elle n'est légitime que dans la mesure où elle est confirmée par l'histoire en tant que celle-ci comprend tout ce qui manifeste le caractère des individus et des sociétés.

Bien que Fichte ne déduise pas la vie humaine sur la terre de la vie éternelle, il soutient avec une énergique insistance que l'une est le développement nécessaire de l'autre; que toute existence dans le temps a sa racine dans une existence plus haute qui est en dehors du temps; que, à parler rigoureusement, il n'y a qu'une seule vie, une seule puissance qui anime toutes choses, une seule raison vivante, et que la plus grossière de toutes les erreurs, celle de laquelle découlent véritablement toutes les autres, c'est l'opinion illusoire que les individus qui peuvent exister vivent, pensent et agissent par eux-mêmes. Le principe absolu de la pensée et de l'être, le point de départ et la substance, le sujet-objet de la spéculation n'était pas encore pour Fichte, en 1804, le moi de la *Doctrine de la science;* c'était l'Etre un, véritable, absolument existant par soi, le Dieu que cherchent tous les cœurs. Chaque moment particulier de la vie de l'homme sur la terre est contenu dans le développement de la vie divine, cause unique de toutes choses; tout ce que la vue peut saisir et qui semble en dehors de cette vie unique n'est pas au dehors d'elle, mais au dedans; voir véritablement les choses, c'est les voir seulement à travers et dans cette vie qui les produit; la lumière et la vie de la religion, la lumière et la vie en Dieu, c'est là la seule vraie lumière et la seule vraie vie, la seule vraie science et la seule vertu : telles sont les propositions qui résument la croyance fondamentale, inspiratrice, partout présente, de l'ouvrage dont nous parlons ici. Ouvrez-le n'importe où, vous vous trouverez dans cette atmosphère pure, élevée, sanctifiante, qui est naturelle à une âme héroïque et pieuse comme celle de Fichte.

Le plan du monde renferme, selon Fichte, cinq époques : l'âge primitif, ou état d'innocence, où la raison gouverne sous forme de simple loi de la nature, ou d'instinct aveugle; l'âge d'autorité, ou état de péché progressif, où la raison ne gouverne que par des institutions extérieures et des croyances qui ne cherchent pas à convaincre, mais exigent un assentiment et une obéissance aveugles; l'âge d'indifférence à l'égard de la vérité, ou état de péché complet, où la raison est rejetée à la fois comme autorité et comme instinct, sans être acceptée sous une forme plus élevée; l'âge de la science, où la raison et ses lois sont comprises avec une claire conscience, où la vérité est révérée et aimée par-dessus toutes choses; enfin l'âge de l'art, où l'humanité s'embellit elle-même dans toutes ses relations par l'exercice de la liberté parfaite qu'elle a réalisée pour elle-même en une image qui est la représentation fidèle de la raison. Les deux premiers de ces âges se ressemblent en ce qu'ils sont des époques de *raison aveugle ou inconsciente* : dans le premier âge, cette raison est *instinct*; dans le second, elle est *autorité*. Les deux derniers ont cela de commun qu'ils sont des époques de raison clairvoyante ou consciente; dans l'un, cette raison est *science*; dans l'autre, elle est *art*. Le troisième âge est un âge de transition; nous vivons à peu près à la fin de cette période, au milieu du temps universel; nous avons derrière nous un monde d'obscurité et de contrainte, devant nous un monde de lumière et de liberté; mais nous n'appartenons proprement ni à l'un ni à l'autre.

Fichte déclare illégitimes toutes les questions concernant l'origine du monde, celle de la race humaine, de la civilisation et du langage, même les questions relatives à la manière dont les différentes parties de la terre ont été primitivement peuplées; il considère comme une peine inutile et un travail perdu toute tentative pour les résoudre. Qu'il ait pu sérieusement exprimer une telle opinion, c'est ce qui prouve clairement que l'habitude de n'embrasser par la spéculation pure qu'un seul côté des choses avait détruit chez lui, dans une large mesure, toute sympathie pour les recherches de la science positive; mais quelque irrationnelle que fût, même pour l'époque, une semblable assertion, elle ne manifestait pas alors chez son auteur le même degré d'ignorance et de dogmatisme combinés qu'elle pourrait le faire aujourd'hui. Maintenant encore, on peut entendre des propositions de ce genre.

Fichte savait cependant, sans doute comme philosophe, ce

qui avait existé sur la terre avant le commencement de l'histoire. Il savait que dès l'origine l'état d'absolue raison avait quelque part existé parmi les hommes ; que la race humaine, sous la forme primitive, était purement raisonnable, sans effort ni liberté ; qu'avant l'histoire, la science et l'art, un peuple *normal* vivait dans une condition de raison parfaitement développée, quoique inconsciente. Ce dogme, déjà proposé l'année précédente par Schelling, avait évidemment sa source principale dans une interprétation arbitraire des premiers chapitres de la Genèse, considérés comme un mythe, et dans cette hypothèse sans preuve que les mythes sont essentiellement des philosophèmes ; mais il était aussi pour Fichte une conclusion *à priori* de la philosophie. Il croyait le prouver suffisamment en disant : « Rien ne vient de rien ; ce qui est sans raison ne peut donc jamais devenir raisonnable. » Il pensait qu'on pouvait réfuter les arguments de ceux qui prétendent appliquer à l'homme et à son histoire la théorie du développement en leur opposant simplement l'axiome : *Ex nihilo nihil fit*. Cette hypothèse de Fichte d'un peuple *normal* primitif n'a en soi rien d'absurde, et a autant de droit que toute autre sur le même sujet à être discutée sans prévention ; mais la philosophie de notre auteur fait une pauvre figure quand elle essaye de la démontrer.

Fichte suppose ensuite qu'autour du peuple normal vivaient des sauvages craintifs et grossiers, nés de la terre (Scheue und rohe erdgeborene Wilde), sans autre culture que celle qui était indispensable pour soutenir une existence toute sensitive. Ni le peuple normal, ni ces sauvages nés de la terre n'ont eu d'histoire et ne sont connus dans l'histoire, parce que celle-ci n'enregistre que ce qui est nouveau et inattendu, ce qui contraste avec ce qui a précédé ; rien de pareil ne pouvait se produire dans la vie du peuple normal, toujours également et inconsciemment guidé par son instinct rationnel et moral, ni dans celle des sauvages nés de la terre, obéissant à la seule impulsion de leurs sens et de leurs appétits. L'existence même de l'histoire implique donc un événement qui a dû pousser le peuple normal hors de sa patrie primitive et le répandre sur les établissements des barbares ; cette supposition, selon Fichte, on peut la prouver sans sortir du domaine de la philosophie. En tout cas, elle occupe dans sa philosophie de l'histoire une place importante. Le passage de la première grande époque de la durée à la seconde, de l'époque de la raison gouvernant comme instinct à celle de la raison gouvernant comme autorité, la naissance de la science et de l'art, l'établissement des formes les plus anciennes de gouvernement, tout cela résulte, selon Fichte, du contact et du conflit des deux races primitives et de la supériorité du peuple rationnel sur les barbares. Le respect profond qu'il professait pour la vraie culture lui faisait voir dans la présence ou l'absence d'une telle culture la distinction la plus tranchée qui pût séparer un homme d'un autre homme ; cette distinction lui paraissait ainsi se manifester tout le long de l'histoire à partir du commencement ; elle était même pour lui, si l'on peut parler de la sorte, l'axe autour duquel tournait l'histoire tout entière. Elle avait, à ses yeux, l'importance qu'ont aux yeux de tant d'autres la distinction entre les descendants de Caïn et ceux de Seth, entre les enfants de Dieu et les enfants du monde.

Les leçons sur l'idée et le développement historique de l'État, sur l'influence du christianisme sur l'État, sont toutes remplies de cette hypothèse, absolument gratuite, que l'histoire a été d'un bout à l'autre le résultat du contact et de l'action réciproque des deux tribus primitives, le peuple normal et celui des sauvages. Elles contiennent cependant quelques idées ingénieuses et parfois vraies. Les leçons sur le troisième âge, l'âge présent, présentent de cette époque, aux points de vue scientifique, littéraire, moral, politique et religieux, un tableau esquissé avec une clarté et une vigueur singulières et que je trouve, pour ma part, d'une rare exactitude. Il y a là, si l'on veut, quelque chose de plus que des expositions d'une science *à priori*; mais ces leçons peuvent compter parmi les sermons laïques de l'inspiration la plus élevée. La vie de l'époque actuelle y est examinée à la lumière de la raison par un homme à qui la dignité exceptionnelle de son caractère donnait le droit de juger; il en expose impitoyablement les erreurs volontaires, les vues étroites et incomplètes, les vices; avec une honnête indignation, une ironie flétrissante, il critique cette science superficielle et qui ne s'attache qu'à un côté des choses, cette littérature toujours occupée à flatter la paresse et les préjugés du public, cette habitude de mettre la lettre et le dogme à la place de la résignation et de l'abandon à la volonté divine, ces vains efforts pour pénétrer par des moyens mystiques dans le monde surnaturel, cet égoïsme plein de sensualité. Naturellement, Fichte va quelquefois trop loin. Il tombe même sur un point dans une déplorable exagération : il condamne à la fois le catholicisme et le protestantisme, les accusant de n'être plus des religions chrétiennes ; il condamne même la doctrine paulinienne, qu'il regarde comme leur fondement commun, et il soutient que l'apôtre saint Jean est le seul qui nous ait véritablement transmis la pensée du Christ.

Fichte écrivit son ouvrage les *Caractéristiques* dans un esprit de cosmopolitisme véritablement enthousiaste, qui a trouvé son expression la plus nette dans ces paroles célèbres, à la fin de la 14ᵉ leçon : « Quelle est, je le demande, la patrie de l'Européen chrétien vraiment civilisé? D'une manière générale, c'est l'Europe ; plus particulièrement, c'est l'État de l'Europe qui occupe le rang le plus élevé dans l'échelle de la civilisation. L'État qui commet une fatale erreur doit, il est vrai, tomber dans le cours des temps et cesser en conséquence d'occuper un tel rang ; mais, bien qu'il tombe et qu'il doive tomber nécessairement, d'autres, par là même, s'élèvent, parmi lesquels un surtout, qui tient aujourd'hui le rang qu'occupait auparavant le premier. Laissons donc les hommes qui ne sont nés que de la terre, qui reconnaissent leur patrie dans le sol, dans les rivières et les montagnes, laissons-les demeurer citoyens de l'État tombé ; ils conservent ce qu'ils désirent, ce qui constitue leur bonheur ; l'esprit de même nature que le soleil, obéissant à une attraction irrésistible, prendra son essor dans la direction de la lumière et de la liberté. Cette constitution cosmopolite de l'esprit nous permet de contempler avec une sérénité parfaite les actions et la destinée des nations, tant pour nous que pour nos successeurs, et cela même jusqu'à la fin des temps. » Neuf mois seulement après que ces mots furent imprimés arrivait la catastrophe d'Iéna ; la puissance militaire de l'Allemagne était brisée, et le dernier boulevard du pays, la Prusse de Frédéric le Grand, gisait, détruit, dans la poussière. Logiquement, Fichte aurait dû se tourner du côté de la France ; mais, se défiant sans doute de la logique, il laisse cette bassesse aux êtres nés de la terre, et lui, avec toute sa force d'homme, avec les armes, non du soldat, mais du penseur, il se présenta au combat pour défendre son pays contre l'oppresseur. La disgrâce et le malheur de sa patrie lui firent sentir toute la tendresse qu'il avait pour elle, tout le prix de l'honneur national, toute la signification dans l'histoire d'un fait comme la nationalité. Et cette expérience nouvelle trouva son expression dans les pensées inspirées et les paroles brûlantes des *Reden an die deutsche Nation*.

Ces *Discours à la nation allemande*, prononcés en 1807 à Berlin, quand cette ville était aux mains des Français, si bien que les tambours ennemis étouffaient parfois la voix de l'orateur, contrastent avec les *Caractéristiques de l'âge présent*, en même temps qu'ils les complètent. Dans les

Caractéristiques, Fichte suppose que l'humanité a seulement atteint le milieu de la troisième époque; dans les *Discours,* il admet qu'elle a fait dans les trois années qui ont précédé un pas extraordinaire en avant, en sorte que la troisième époque est déjà terminée et que la quatrième commence. La subjectivité, l'obstination, l'égoïsme, le péché, sont arrivés à leur comble; ils ont manifesté par là leur néant et ont rendu nécessaire une nouvelle direction du cours de l'histoire. Le point essentiel des *Discours* de 1807, c'est le passage à l'époque de la raison considérée comme science, à l'âge où la vérité doit être estimée et aimée par-dessus toute autre chose. Fichte soutient qu'il y a une nation d'où dépend entièrement le progrès de la vraie culture et de la science. Sa ruine entraînerait celle de tous les intérêts et de toutes les espérances de l'humanité. Cette nation, c'est l'Allemagne. Le peuple allemand, selon Fichte, s'est seul conservé pur et sans mélange; seul, il possède un génie original et renferme dans son sein les sources cachées et inépuisables de la vie et de la puissance spirituelles. Les Français et les autres peuples latins, étant arrivés à un développement et à une maturité trop précoces, par une stimulation incessante, résultat du mélange des races dont ils se sont formés, sont maintenant épuisés et frappés de stérilité. L'opposition des Allemands et des Français, du peuple primitif et du peuple mélangé (*Urwolk und Mischwolk*), tient en réalité dans les *Discours* une place analogue à celle du peuple normal et du peuple né de la terre dans les *Caractéristiques;* elle est très-flatteuse pour les

Allemands, très-désobligeante pour les Français. En même temps, son patriotisme ne l'aveuglait pas sur les défauts de ses concitoyens ; au contraire, il croyait leur corruption plus grande qu'il n'a paru par les événements. Il n'augurait bien que de leurs enfants, à condition qu'ils fussent soumis à un système rationnel d'éducation.

L'époque de la raison considérée comme science doit graduellement conduire à celle de la raison considérée comme art, cinquième et dernière phase de la vie de l'humanité sur la terre. L'homme ne peut pas étudier et aimer la vérité comme le plus grand et le meilleur des biens, sans que son caractère soit peu à peu façonné par elle et reproduise fidèlement la raison absolue. Il apprend par degrés à ordonner toutes ses relations et toutes ses actions conformément à la vérité qu'il a réussi à comprendre scientifiquement. Il revient ainsi à l'état de parfaite raison d'où il est parti, et, à ce point de vue, peut être considéré comme n'ayant rien gagné. Il a seulement reconquis le paradis qu'il avait perdu. Est-ce donc pour rien qu'il a affronté la fatigue de son long voyage ? Non, car il a appris par là à connaître le prix de ce qu'il avait perdu ; il a appris à la fois à connaître et à vivre librement d'une manière qui soit en harmonie avec sa vraie nature. Cet état final a été décrit par Fichte dans les *Leçons sur la science de l'État* (Ueber die Staatslehre), leçons qu'il fit à Berlin en 1813, mais qui furent seulement publiées après sa mort, en 1820. L'inspiration qui anime ces leçons, comme du reste toutes ses dernières productions, est celle d'un mysticisme théosophique ; l'époque de l'art est représentée comme la réalisation du christianisme enseigné par l'apôtre saint Jean : le royaume de Dieu sur la terre, le règne de l'esprit d'amour, règne qui, suffisant à tout, n'a pas besoin de lois extérieures.

CHAPITRE VII

SCHELLING [1]

Quelques-unes des idées contenues dans les *Caractéristiques de l'âge présent* de Fichte avaient été mises en circulation, peu de temps avant la publication de cet ouvrage,

---

1. On trouvera de bonnes expositions de la philosophie générale de Schelling dans les *Histoires de la philosophie* de Willm, Schwegler, Chalybäus, Erdmann, Zeller, etc. Rosenkranz a publié en 1843 un volume de leçons sur Schelling. L'ouvrage de Noack, *Schelling et la Philosophie du romantisme*, n'est pas écrit dans un esprit très-bienveillant, mais il est indispensable. Il est à l'étude de Schelling ce que le livre de Haym est à celle de Hégel. Frédéric Schelling, le fils du philosophe et l'éditeur de ses œuvres complètes, était en train de composer une biographie de son père, quand il mourut en 1863. Le fragment d'environ 200 pages qu'il avait déjà écrit a été inséré dans les trois volumes de la *Vie de Schelling*, dans les *Lettres* (1869-70) éditées par le professeur Plitt, d'Erlangen. Les deux volumes de lettres publiées par Waitz en 1871, sous le titre de *Caroline*, éclairent d'une manière fort intéressante la période la plus importante de la vie de Schelling. Ces sources ont été utilisées avec un talent remarquable par Kuno Fischer dans le volume de son *Histoire de la philosophie moderne* (VI, 1), consacré à la vie et aux écrits de Schelling et publié en 1872. Son livre sur la *Doctrine de Schelling* n'a pas encore paru. Il y a un excellent article sur la *Vie et les Lettres de Schelling*, par un homme qui a étudié ses écrits avec beaucoup d'intelligence et de soin, M. J.-S. Henderson (*Fortnightly Review*, nov. 1, 1870). L'édition complète de ses œuvres est en quatorze volumes, qui sont répartis en deux divisions, la première renfermant dix volumes et la seconde quatre. Tous les ouvrages cités dans ce chapitre sont compris dans la première division. Les ouvrages de cet auteur traduits en français sont : *Bruno, ou du principe divin*, tr. par Cl. Husson ; *Écrits philosophiques* et morceaux propres à donner une idée de son système, tr. par Ch. Bénard ; *Idéalisme transcendantal* (Paris, Germer Baillière et Cie).

par un auteur qui commença sa carrière philosophique en qualité de disciple déclaré de Fichte, le brillant Joseph-Frédéric-Wilhelm Schelling. Que l'imagination ait exercé une influence excessive sur cet homme remarquable, qu'il ait manqué de suite logique, qu'il ait échafaudé une série de systèmes au lieu d'en construire solidement un seul, qu'il ait ébloui au lieu d'éclairer, qu'il ait entrepris bien au delà de ce que ses forces lui permettaient d'achever, tout cela ne doit pas nous empêcher de reconnaître que sa nature fut une des plus richement douées et qu'il apporta un contingent considérable d'idées importantes dans presque toutes les parties de la philosophie. Son esprit était accessible aux influences les plus diverses ; la littérature orientale et la littérature classique, le rationalisme théologique du dix-huitième siècle, les principes sociaux et politiques de la Révolution française, Spinoza, Leibnitz, Lessing, Herder, Kant et Fichte, les nouvelles formes de la poésie, les nouvelles découvertes de la science, firent sur lui, dès la plus tendre jeunesse, une impression profonde et durable. A toutes les époques de sa carrière philosophique, il a exprimé des vues générales sur l'histoire ; cependant il n'a pas publié d'ouvrage spécialement consacré à ce sujet. Je laisse de côté, pour le moment, ce qu'on appelle sa philosophie positive, dont l'examen sera mieux à sa place dans un chapitre ultérieur : un exposé très-sommaire de ses premières réflexions sur l'histoire doit, quant à présent, suffire.

Parmi les articles que Schelling publia dans le *Journal philosophique* en 1797 et 1798, sous le titre de *Revue générale de la littérature philosophique la plus récente,* il y a un fragment de discussion sur cette question : Une philosophie de l'histoire est-elle possible [1] ? Il pose cette thèse (Satz) : Une philosophie de l'histoire n'est pas possible, et il s'efforce de le démontrer. Si l'Essai avait été achevé, il aurait posé l'antithèse (Gegensatz) avec sa preuve, et concilié la thèse et l'antithèse, conciliation, ou, selon l'expression de Schelling, *solution dialectique* (dialektische Lösung) qui aurait nécessairement consisté à montrer qu'une philosophie de l'histoire, impossible à certains points de vue, était néanmoins possible à d'autres égards, ou dans certaines limites. Dans ces fragments, la philosophie est regardée comme une science *à priori* ; or, selon Schelling, tout ce qui se produit conformément à des lois mécaniques, tout ce qui roule dans un cycle nécessaire, tout ce qui peut être déterminé, est en dehors de la sphère de l'histoire. A ce point de vue, la philosophie et l'histoire sont évidemment inconciliables ; elles s'excluent mutuellement, et la notion d'une philosophie de l'histoire est contradictoire.

Dans son *Système de l'idéalisme transcendantal,* publié en 1800, Schelling a reproduit et complété les aperçus contenus dans l'Essai dont je viens de parler. Ce nouvel ouvrage nous montre Schelling au moment où il commence à peine à se séparer de Fichte. Il avait compris par degrés que l'idéalisme purement subjectif de la primitive philosophie de Fichte ne représentait qu'un côté des choses ; qu'il était par là même trop étroit, et qu'il supprimait la nature au

1. *Œuvres complètes,* I, ɪ, 466-473.

lieu de l'expliquer[1]. Des influences et des considérations diverses le portèrent à accorder à la nature une importance de plus en plus grande et à se détacher ainsi d'un idéalisme qui se séparait lui-même à l'excès du réalisme, qui glorifiait l'esprit en effaçant virtuellement la matière, qui, en exaltant la loi morale abstraite, refusait toute valeur à l'existence concrète et sensitive. L'histoire lui apprit que le progrès de la philosophie avait toujours été en raison de celui des sciences physiques. Herder avait combattu la philosophie critique, et Gœthe s'était tenu à distance de l'idéalisme qui en était dérivé, jugeant qu'il n'y avait là tout au plus que des demi-vérités ; et bien que la polémique du premier n'eût pas eu grand succès, et que la désapprobation du second ne s'appuyât pas sur des raisons décisives, la résistance et la répugnance de tels hommes étaient en elles-mêmes des faits significatifs, et ce qu'ils avaient accompli dans la littérature et dans la science rendait témoignage en faveur de leurs vues théoriques. Le romantisme et toutes les influences mystiques qui s'y trouvaient associées travaillaient, dans l'atmosphère spirituelle, à la fusion entre l'idéalité et la réalité[2]. La physique expérimentale avait attiré l'attention par

---

[1]. On trouvera, dans les deux derniers articles des *Écrits philosophiques* du professeur Hoffmann (2e vol.), une exposition très-exacte et très-détaillée des modifications successives survenues dans les opinions de Schelling relativement au principe suprême de sa philosophie, l'absolu (nous ne parlons que de la période dont il est question dans le présent chapitre). J'ajoute que les *Essais* du Dr Hoffmann, le plus distingué et le plus fervent des disciples de Baader, sont extrêmement dignes de l'attention des philosophes et des théologiens.

[2]. Sur les rapports de Schelling avec le romantisme, le lecteur peut consulter l'ouvrage de R. Haym, l'*École romantique* (1870). Si l'on veut com-

nombre de découvertes remarquables qui avaient discrédité dans les esprits toutes les explications purement mécaniques du monde matériel ; Schelling, durant son séjour à Leipsig [1], s'était familiarisé avec ces découvertes, avec les spéculations et les espérances qu'elles faisaient naître, et il en avait reçu une profonde impression. Toutes ces circonstances agissant sur cet esprit impressionnable, poétique, ardent, il en résulta une philosophie qui se proposa d'étendre l'empire de l'idéalisme sur la nature tout entière, sans la sacrifier injustement, en la représentant au contraire dans toute la gloire et dans toute la beauté qui la parent aux yeux d'un poëte.

Dès l'année 1800, il en était venu à penser qu'une théorie achevée de la nature devait la ramener tout entière à l'intelligence et résoudre toutes les lois des phénomènes physiques dans les lois d'une intuition inconsciente, d'une vie qui s'alimenterait et s'organiserait elle-même, lois identiques en essence à celle de l'âme humaine qui se connaît par la conscience. « Les produits morts et inconscients de la nature, dit-il, sont des tentatives avortées de celle-ci pour se réfléchir elle-même; ce qu'on appelle la nature morte n'est que l'intelligence qui n'est pas arrivée à son plein développement, et

---

prendre les influences intellectuelles les plus générales au milieu desquelles vécut Schelling, il faut étudier la *Vie de Schleiermacher*, par Dilthey (vol. I), 1870, contribution des plus remarquables, non-seulement à la biographie, mais à l'histoire.

1. Parmi les contemporains de Schelling, ce furent Kielmeyer, Eschenmayer, J.-W. Ritter et Baader qui eurent le plus d'influence pour tourner son esprit vers les spéculations sur la physique. Que la philosophie de la nature qui résulte de cette direction donnée à ses pensées ait exercé une puissante influence sur toutes les branches des sciences physiques et naturelles, c'est ce qu'on ne saurait nier, bien qu'on puisse fort bien discuter dans quelle mesure cette influence a été favorable ou funeste.

ses phénomènes révèlent réellement, quoique d'une manière inconsciente, le caractère de l'intelligence. Le but le plus élevé qu'elle poursuit, celui de devenir entièrement un objet pour elle-même, la nature l'atteint pour la première fois par le moyen de ce qu'il y a de plus élevé, de ce qui apparaît en dernier lieu, la réflexion. Cette réflexion n'est autre chose que l'homme, ou, plus généralement, ce qu'on appelle la raison ; c'est par là que la nature opère un complet retour sur elle-même ; par là aussi, il devient évident que la nature est originellement identique à ce que nous connaissons en nous-mêmes comme doué d'intelligence et de conscience. » Ainsi donc, à cette époque de sa carrière, Schelling jugeait aussi nécessaire de dériver l'intelligence de la nature que la nature de l'intelligence ; il lui semblait que la philosophie avait en réalité deux problèmes à résoudre, le premier en tant que philosophie de la nature, le second en tant que philosophie transcendantale. C'est à ce point de vue que le *Système de l'idéalisme transcendantal* fut écrit.

Cet ouvrage, comme tous ceux que Schelling publia après qu'il eut cessé d'être disciple de Fichte, est rempli de l'idée du développement universel. Partout, l'auteur y affirme l'existence d'un développement, d'un mouvement dynamique, d'un processus organique. Rien qui soit réellement mort, rien qui soit purement mécanique et inorganique. La nature est l'esprit visible ; l'esprit est la nature invisible ; l'un et l'autre progressent incessamment par une succession ininterrompue de phases et une gradation de formes. La doctrine du développement, qui est, sans aucun doute, d'une importance capitale dans la science de l'histoire, n'a jamais eu de croyant plus convaincu que Schelling ; et, dans l'ouvrage dont nous parlons, il l'a appliquée aux deux mondes de la matière et de l'esprit, considérés comme coordonnés et identiques en essence ; il est impossible d'être plus ingénieux et plus hardi. Mais, quant aux principes théoriques sur lesquels il fait reposer son système, bien peu de ses partisans, aucun peut-être ne voudrait aujourd'hui en garantir la solidité.

Les pages consacrées spécialement à l'histoire sont peu nombreuses[1]. Elles se trouvent dans cette partie de l'ouvrage où les principes de l'idéalisme transcendantal sont appliqués à ce qu'on appelle la philosophie pratique ; en traitant de cette partie, Schelling explique à peu près, comme Fichte, ce qu'il faut entendre par liberté, droit ou loi naturelle, ce que c'est que l'État ; il adopte cette théorie de Kant de la réalisation d'une constitution politique ou d'un État parfait ; il admet, avec lui, que la paix universelle peut être assurée par « un parlement du genre humain, une fédération du monde. » Il est ainsi amené à considérer l'histoire en tant qu'elle est un objet de la philosophie, et à exposer là-dessus des idées reposant sur des principes plus personnels.

De même que la nature est l'objet de la philosophie théorique, de même, selon lui, l'histoire est celui de la philosophie pratique ; et le problème particulier de la philosophie de l'histoire est de déterminer si, dans l'histoire, la liberté

---

1. *Œuv. compl.*, I, III, 587-604.

individuelle exclut la nécessité, ou si, de quelque manière, elle se combine avec elle et lui est subordonnée. Pour élucider ce problème, il insiste d'abord sur la dépendance de l'histoire à l'égard de la conscience individuelle et sur la dépendance de celle-ci à l'égard de l'histoire. Tout ce qui existe n'est pour l'individu que dans la mesure où il en a conscience ; l'histoire passée n'existe, en conséquence, que comme un phénomène de conscience. Elle est pour chaque homme exactement ce qu'est sa conscience individuelle. Mais, d'autre part, chaque conscience individuelle est ce qu'elle est parce qu'elle appartient à une époque particulière, ayant son caractère particulier, un certain degré de civilisation, etc. ; et cette époque à son tour ne peut être ce qu'elle est que parce que l'histoire tout entière du passé a été telle qu'elle a été. Ainsi l'histoire dépend de la conscience individuelle, et, pour que cette conscience individuelle fût ce qu'elle est, toute l'histoire du passé était nécessaire.

Notre auteur établit ensuite que la fin de l'histoire étant ce qu'elle est, le règne de l'universelle justice, il en résulte la preuve manifeste que l'histoire n'est pas abandonnée au hasard, qu'elle ne se compose pas d'une succession accidentelle d'événements, mais que d'un bout à l'autre elle révèle un plan qui sert de lien à toutes les actions qui la constituent, bien que ces actes soient des effets de la liberté. La notion de l'histoire, dans le sens propre et rigoureux du mot, n'embrasse pas toutes sortes d'événements. Elle exclut les événements qui sont simplement naturels ; elle exclut tout ce qui se reproduit à des intervalles fixes et réguliers, et tout ce qui peut être déterminé certainement *à priori*. Elle n'est ni une série d'événements absolument sans lois, ni une série d'événements absolument régulière. Les êtres seuls qui sont capables de s'approcher par degrés d'un idéal peuvent avoir une histoire. L'histoire humaine est la réalisation progressive de l'idéal de l'universelle justice par l'espèce entière. Ce qui la caractérise, en conséquence, c'est l'union de la liberté et de la nécessité ; elle est le produit d'une liberté que la nécessité pénètre, d'une manière ou d'une autre ; elle est formée par les actions d'une multitude innombrable de sujets conscients, c'est-à-dire par une multitude innombrable d'actes libres; et pourtant ces actes constituent un monde ordonné, dont les lois, résidant par-delà la conscience des sujets individuels, sont objectives et nécessaires.

Mais comment cela peut-il être ? Comment la liberté ou la subjectivité d'une part, la nécessité ou l'objectivité de l'autre, peuvent-elles être unies de telle sorte dans l'histoire que l'ordre garantisse la liberté, et que la liberté engendre l'ordre ? Cela ne peut se produire, répond Schelling, que par l'action d'un principe supérieur à la fois au sujet et à l'objet, qui ne peut être ni l'un ni l'autre et qui cependant constitue leur unité. Ce principe, il l'appelle principe d'absolue identité ; il le décrit comme la source de toute conscience, bien que par lui-même il soit dénué de conscience ; comme le soleil éternel du royaume des esprits ; comme un objet pour la foi, non pour la connaissance, invisible qu'il est à nos yeux par sa splendeur même ; il est la substance inaccessible dont les intelligences ne sont que des puissances ou des fonctions. L'histoire est l'évolution de ce principe, l'absolu, qui s'exprime, plus ou moins, dans toutes les actions et, par là, établit entre elles un enchaînement et une harmonie, leur donne la régularité et la loi, et compose avec elles, sans qu'elles cessent d'être libres, un poëme ou un drame magnifique. C'est en découvrant la trame de ce poëme, c'est en les rapportant à son principe suprême, à son fondement véritable, l'absolu, que la réflexion parvient à concevoir la Providence, la religion, dans le seul vrai sens de ce mot. Tout en se manifestant dans toute l'étendue et à travers toute la durée, l'absolu ne peut, ni dans aucun lieu ni dans aucun temps, s'exprimer et se réaliser entièrement. S'il le faisait, rien n'existerait que lui ; les individus, la liberté cesseraient d'être. Néanmoins il ne se révèle qu'à travers le libre jeu des volontés individuelles ; si ces volontés n'étaient pas libres, il ne pourrait exister ; elles sont donc, en quelque façon, ses collaboratrices. Et ainsi la conséquence de l'action de l'absolu par l'intermédiaire des êtres intelligents, c'est que les actes de ceux-ci, qui constituent l'histoire, ne sont ni exclusivement libres ni exclusivement nécessaires, mais à la fois nécessaires et libres.

Dans cette progressive évolution de l'absolu dont il est lui-même la cause, dans cette révélation graduelle que Dieu fait de lui-même et qui, selon Schelling, constitue l'histoire, on peut distinguer trois périodes. Le principe dominant de la première, c'est le *destin*, force aveugle qui, froidement, sans pitié, détruit ce qu'il y a de plus grand et de plus noble : on peut appeler cette période la période tragique de l'histoire, celle où s'accomplit la ruine des plus anciens et plus merveilleux empires du monde, des premières et des plus belles fleurs de l'arbre de l'humanité. La seconde période est celle où l'aveugle pouvoir du destin fait place à la *nature*, à une loi physique qui gouverne la liberté et, de la sorte, introduit au moins une certaine régularité mécanique dans le cours des affaires humaines ; elle commence avec les conquêtes de la République romaine. La troisième période est celle où le principe qui s'est manifesté dans les deux premières comme destin et comme nature se révèle comme *providence ;* c'est celle où il apparaît clairement que le destin et la nature des périodes antérieures n'étaient que les premières et imparfaites manifestations de la Providence. Quand cette troisième période arrivera-t-elle ? Nous ne le savons pas ; mais quand elle sera, Dieu sera.

Dans les leçons sur la *Méthode des études académiques* [1] (Vorlesungen über die Methode akademischen Studiums), faites à Iéna en 1802, et publiées l'année suivante, on voit Schelling arriver jusqu'au point où Hégel se rencontre avec lui et se sépare de lui en même temps. Dans ces leçons, il promène son regard sur tout le champ des études académiques ; c'est un tableau encyclopédique de la science au point de vue de l'identité absolue et de l'idéalisme. J'indiquerai rapidement les principales idées qui, dans ce livre, se rapportent à l'histoire.

Dans la seconde et la huitième leçon, Schelling soutient,

---

1. *Œuv. compl.*, I, v.

sur l'origine de la civilisation, l'hypothèse que Fichte, nous l'avons dit, proposa peu de temps après sous une forme plus développée. Il essaye de démontrer que, dans une certaine mesure, la science et la religion viennent, par tradition, d'un peuple primitif, favorisé de dons exceptionnels ; que l'homme ne s'est pas élevé par lui-même de l'instinct à la conscience, de la condition de la brute à celle d'être raisonnable, mais qu'on lui a enseigné les éléments de toute connaissance, la sagesse pratique, la religion ; que l'état primitif fut un état non de barbarie, mais de culture.

La huitième et la neuvième leçon, malgré leurs titres respectifs, *de la Construction historique du christianisme* et *de l'Étude de la théologie*, peuvent être considérées comme ayant pour objet de compléter et d'élucider l'exposition vague et générale que l'auteur avait faite des trois époques de l'histoire dans son *Système de l'idéalisme transcendantal*. Pour une raison ou pour une autre, sans doute par défaut de temps et d'espace, et non par ignorance, ainsi que l'affirme M. Noack, Schelling avait entièrement passé sous silence, dans le *Système*, le rôle et la signification du christianisme dans l'histoire : il entreprend ici de combler cette lacune. Il conçoit l'histoire comme une *puissance* de l'absolu, supérieure à celle que manifeste la nature ; elle en est l'expression ou le côté idéal, comme la nature en est l'expression ou le côté réel ; et, dans l'histoire elle-même, le monde moderne est au monde ancien dans le même rapport que la nature à l'histoire en général. Le monde ancien est, pour ainsi dire, le côté réel ou naturel de l'histoire ; l'infini n'y apparaît que dans le fini et, par suite, comme subordonné au fini ; le monde moderne en est le côté idéal ou spirituel ; le fini ne s'y montre que dans l'infini et sous sa dépendance. Le principe de l'ancien monde a trouvé sa réalisation la plus complète dans le polythéisme grec, pour qui l'univers entier, y compris les dieux, n'était que nature. Pour le christianisme, au contraire, il est une manifestation de l'absolu ; chaque moment de la durée est un degré ou une phase de cette manifestation ; il est ainsi, par son essence même, historique. Ce qui le caractérise avant tout, c'est en effet de regarder l'univers comme *histoire*, comme un royaume moral, une œuvre de la Providence. Il a complété et en même temps aboli le vieux monde en enseignant l'incarnation de Dieu dans l'homme, incarnation qui réconcilie le fini avec l'infini, et il a inauguré le monde nouveau, la période de la Providence, en proclamant le retour de l'Homme-Dieu au sein de l'absolu après que le but de l'incarnation eut été atteint, et en promettant la venue de l'Esprit. C'est seulement, selon Schelling, en tant que nécessité historique, en tant que révolution complète dans l'histoire, que le christianisme peut être compris ; c'est seulement en se plaçant à ce point de vue que l'on peut étudier utilement la théologie ; et c'est aussi seulement du point de vue chrétien que l'histoire elle-même est intelligible [1].

La dixième leçon consiste en remarques générales sur

---

1. Une reproduction de cette prétendue *construction historique* du christianisme, avec quelques détails additionnels, se trouve dans la *Philosophie de l'art*, recueil de leçons faites pour la première fois en 1802-1803, mais qui ne furent pas publiées du vivant de Schelling. Voy. *Œuv. compl.*, I, v, 425-432.

l'étude de l'histoire et de la jurisprudence. Relativement à la première, qui seule ici nous concerne, Schelling commence par établir que, de même que l'absolu se manifeste comme un et identique sous la double forme de la nature et de l'histoire, de même la théologie, point commun d'où divergent toutes les sciences de la réalité, se bifurque en donnant naissance d'une part à l'histoire, de l'autre à la science de la nature, qui toutes les deux considèrent chacune son objet propre indépendamment de l'objet de l'autre et de l'unité suprême, mais qui peuvent toujours remonter à la connaissance primordiale et centrale. L'idée qu'on se fait d'ordinaire de la nature, c'est que tout s'y produit par nécessité, et celle de l'histoire, que tout s'y produit par la liberté; mais cette double conception ne tient pas compte de la connexion qui rattache à la fois la nature et l'histoire à l'absolu. L'histoire est une puissance plus haute que la nature; elle exprime idéalement ce que celle-ci exprime réellement; mais elles ne diffèrent que comme puissances ou formellement; mais elles sont identiques en essence, et, en vertu de cette identité, il y a dans la nature une certaine forme de liberté, et dans l'histoire une forme de nécessité. La fin de l'histoire, c'est en réalité la formation d'une nature idéale, l'État, organisme externe où, par l'opération de la liberté, la nécessité et la liberté sont harmonieusement unies.

Quant à ce qui concerne la question de savoir si l'histoire peut être une science, Schelling observe que l'histoire, en tant que telle, est l'antithèse de la science, et que, par suite, elle ne peut évidemment pas être en elle-même une science, et que, si les sciences sont des synthèses de la philosophie et de l'histoire, l'histoire toute seule ne peut pas plus être une science réelle qu'elle ne peut être la philosophie. Puis il marque les différents points de vue auxquels l'histoire peut être étudiée. Le plus élevé, c'est le point de vue religieux, duquel on considère toute l'histoire comme l'œuvre de la Providence. Ce point de vue ne diffère pas essentiellement du point de vue philosophique ; il appartient proprement à la théologie ou à la philosophie. Pour arriver à comprendre l'histoire religieusement ou philosophiquement, il faut nécessairement partir non de l'histoire, mais de la théologie ou de la philosophie. A ce point de vue absolu ou spéculatif, s'oppose le point de vue empirique, qui lui-même est double, critique et pragmatique : l'esprit, en effet, peut se contenter de connaître simplement ou de constater ce qui est arrivé, ou bien il peut, après s'être donné cette satisfaction, essayer de subordonner l'ensemble des événements à quelque vérité ou principe général, et de montrer qu'ils se sont produits en vue de l'accomplissement d'une certaine fin. Polybe et Tacite sont cités comme exemples d'historiens pragmatiques et rangés décidément au-dessous d'Hérodote et de Thucydide, mais bien au-dessus de ces faibles et indignes écrivains aux mains desquels est tombée en Allemagne la composition historique. Un troisième point de vue, le plus élevé et le plus vrai de tous, est celui de l'art, qui nous montre l'idéal dans le réel, et non séparé de lui, comme le fait la philosophie, et qui reproduit, avec plus de perfection que la philosophie ou la religion, l'harmonie de la nécessité et de la liberté, en la manifestant dans la sphère des événements actuels. L'art est la révélation dernière et la plus satisfaisante de la réalité et de l'action de ce principe suprême qui, bien qu'il soit la cause de tout ce qui est objectif, ne devient lui-même jamais objectif. L'art historique est la révélation la plus parfaite de l'opération du principe absolu dans le domaine des intérêts et des actes humains. Il est tenu de ne pas dédaigner les faits particuliers et de ne pas leur faire violence, d'en user honnêtement avec eux; mais, en même temps, il doit les embrasser et les reproduire dans leurs rapports les plus étendus et les plus intimes, de façon à montrer qu'ils font partie d'un système d'ordre éternel et qu'ils sont l'expression des idées les plus hautes. Un tel art doit rendre justice aux causes empiriques, tout en les exposant de telle sorte qu'elles apparaissent comme les moyens et les instruments d'une suprême nécessité; il doit tendre, en réalité, à être le miroir de l'esprit universel, de manière qu'en y jetant les yeux, de quelque point que ce soit, nous puissions apercevoir quelque acte du drame divin. Schelling termine ce qu'il a à dire sur l'histoire, dans cet ouvrage, par quelques courtes remarques qui ont pour objet de montrer qu'elle doit être étudiée et écrite comme si elle était un drame ou un poëme épique.

L'année suivante, il reprit ce même sujet dans un traité intitulé *Philosophie et Religion*. Avec cet opuscule commence ce qu'on appelle d'ordinaire la quatrième période de sa carrière philosophique ; depuis la date de sa publication, le mysticisme, qui se trouvait en germe dans ses autres écrits, fleurit au grand jour et pousse une végétation à mesure plus luxuriante. Le point de vue nouveau, la pensée fondamentale de ce traité, c'est une conception nouvelle du rapport de l'univers avec l'absolu, conception qui, naturellement, ouvrait des perspectives illimitées à toutes sortes de fantaisies théosophiques, théogoniques et cosmologiques, où l'esprit de Schelling s'égara, « perdu dans des labyrinthes inextricables, » pendant cinquante longues années. Cette conception, c'est que le monde fini et relatif ne peut être ni une émanation ou une évolution, ni un produit direct ou une manifestation immédiate de l'infini et de l'absolu, mais un quelque chose qui pourtant est essentiellement un néant, et qui est séparé radicalement de l'absolu, et n'a avec lui qu'une relation indirecte et négative. Les idées des choses sont dans l'absolu, mais les choses elles-mêmes doivent leur existence à ce qu'elles ont été violemment détachées, qu'elles sont tombées de l'absolu. Schelling essaye d'expliquer comment est arrivé ce triste accident, cette rupture ou chute, et il se flatte que son explication résout, entre autres mystérieux problèmes, celui de l'origine du mal. Je ne dois pas m'arrêter là-dessus ; je rappellerai seulement qu'il adopte « l'antique et sainte doctrine » de la préexistence et de la chute des âmes sous la forme poétique que lui a donnée Platon dans le *Phèdre* [1] ; il ne

---

1. *Œuv. compl.*, I, VI, 47.

se contente plus d'affirmer avec énergie, comme il l'avait fait auparavant à plusieurs reprises, que la race humaine reçut, à son origine, une révélation primitive de l'art, de la science, de la religion et de la civilisation ; il avance en outre qu'elle a été précédée sur la terre par des êtres d'ordre plus élevé, qui, après avoir semé la graine divine des idées, les éléments de toute culture, ont disparu [1] ; il soutient enfin que, après leur disparition, il y eut une détérioration graduelle du globe, une graduelle décadence des hommes [2].

Le passage suivant exprime l'idée générale qu'il se fait de l'histoire : « Dieu est l'harmonie absolue de la nécessité et de la liberté, et cette harmonie ne peut être exprimée dans l'individu, mais seulement dans l'histoire considérée dans sa totalité. En conséquence, l'histoire totale est seule une révélation de Dieu, et cette révélation s'accomplit par un développement successif. Bien que l'histoire ne représente qu'un côté des destinées de l'univers, elle ne doit pas être regardée comme un simple fragment ; elle est réellement le symbole de tous les autres aspects qui se reproduisent et se reflètent en elle, dans toute leur intégrité. C'est une épopée, composée dans l'intelligence de Dieu ; elle comprend deux parties principales : la première qui décrit le départ de l'humanité de son centre et la suit jusqu'au point qui en est le plus éloigné ; la seconde chante son retour. La première est, pour ainsi dire, l'iliade, la seconde l'odyssée

---

1. *Œuv. compl.*, I, VI, 57-58.
2. *Œuv. compl.*, I, VI, 59.

de l'histoire. Dans l'une, la direction est centrifuge ; dans l'autre, elle est centripète. Le grand dessein de tout l'univers phénoménal se marque de cette façon dans l'histoire. Les idées, les esprits doivent se détacher de leur centre et tomber pour devenir des êtres particuliers dans la nature, qui est la sphère générale de la chute, pour qu'ensuite, en tant qu'êtres particuliers, ils puissent revenir au sein de l'absolu, où nulle différence n'existe, et, réconciliés avec lui, puissent y demeurer sans le troubler [1]. »

Cette conception du cours de l'histoire implique évidemment que ce cours n'a pas été un progrès continu ; qu'à un certain endroit il y a eu une révolution brusque ; que la direction où s'avance aujourd'hui l'humanité est opposée à celle qu'elle a d'abord suivie. Dans un ouvrage écrit par Schelling la même année que *Philosophie et Religion*, mais qui ne fut publié qu'après la mort de l'auteur, je veux parler du *Système de la philosophie considérée dans son ensemble, et spécialement de la philosophie de la nature*, la notion d'un progrès historique continu est ouvertement attaquée et rejetée [2]. L'opinion de Schelling sur le progrès se trouve aussi étroitement unie à cette proposition que le but le plus élevé de tout être rationnel, individu ou espèce, est l'identité avec Dieu, proposition sur laquelle il insiste également dans *Philosophie et Religion* où elle est associée à la transmigration des âmes, à la vie dans les étoiles, et autres dogmes de même nature.

1. *Œuv. compl.*, I, VI, 57.
2. *Œuv. compl.*, I, VI, 563, 564.

Sur cette route aventureuse, Schelling alla plus loin encore. Cinq ans plus tard, dans ses *Recherches philosophiques sur l'essence de la liberté de l'homme*, nous le voyons, sous l'inspiration et la conduite du profond théosophe Jacob Böhme, appliquer à l'être même de Dieu sa méthode de construction *à priori* avec autant de confiance qu'il l'avait fait auparavant pour la nature et pour l'homme, et rattacher d'une manière assurément fort ingénieuse la totalité de l'univers fini, matière et esprit, ordre et chaos, bien et mal, à tel ou tel moment de la vie divine. Ce traité sur la liberté humaine est peut-être le plus profond des écrits de Schelling ; il est en tout cas celui par lequel notre auteur a exercé le plus d'influence sur le développement de la pensée théologique ; mais tout ce que je dois en dire ici, c'est qu'il représente l'histoire comme un long conflit entre la volonté personnelle et la volonté universelle, le mal et le bien, conflit qui se termine par la subordination et la réconciliation de toutes choses au sein du bien, et dont le point culminant est marqué par l'incarnation du Christ, l'opposition directe dans la personne humaine de la volonté universelle et de la volonté individuelle.

Peu après l'apparition de cet ouvrage, Schelling commença à montrer autant de souci à dérober ses spéculations au public, qu'il en avait témoigné jusque-là pour les répandre ; pendant quarante-cinq ans, il garda un silence presque ininterrompu et dont on trouverait peu d'exemples dans l'histoire littéraire. Le système qu'il expose à Berlin, après la mort de Hégel, sous le titre de *Philosophie positive*, ne peut pas, à proprement parler, être rapporté à cette époque, qui d'ailleurs marque un temps d'arrêt favorable pour jeter un coup d'œil sur les vues que nous venons d'exposer. Ce ne sont en effet que des vues, et même quand elles sont réunies et, autant que possible, combinées, elles ne forment pas un système. Elles sont vagues, incomplètes; parfois elles se contredisent. Elles sont tout au plus d'heureuses intuitions, comme on l'a dit; elles ne présentent jamais le caractère des conclusions démontrées de la science. Souvent, on n'y peut trouver autre chose que des fantaisies vaines et sans consistance; même quand elles sont des inductions obtenues par le raisonnement, elles sont tirées sans rigueur de principes arbitraires. L'objection fondamentale qu'elles provoquent est celle qui s'adresse également à toutes les autres spéculations de Schelling; c'est qu'elles ne sont ni prouvées ni vérifiées par une méthode qui ait quelque chance de conduire à la vérité. En fait de méthodes fécondes, il n'y en a que deux, l'induction et la déduction, qui soient réellement distinctes, bien qu'elles puissent et qu'elles doivent même souvent se combiner et se prêter un mutuel appui : or le procédé de Schelling n'est ni l'induction, ni la déduction, ni la combinaison légitime de l'une et de l'autre. C'est une méthode qui lui est toute personnelle, une invention de sa volonté particulière; par là même, une méthode fausse. L'induction, cette marche graduée et régulière de l'expérience à la science, des faits aux lois, il la rejette avec mépris, sous prétexte que les faits ou phénomènes, les objets des facultés de perception, les données ou matériaux de l'induction ne contiennent aucune vérité et n'ont aucune valeur. Schelling, comme ses contemporains Fichte et Hégel, s'est laissé dominer par cette idée, qui a égaré Platon et les platoniciens de l'antiquité : c'est à savoir que la science ne peut être atteinte par l'observation, l'analyse, la généralisation des faits ; qu'il ne peut y avoir une véritable science des lois des phénomènes, et que, pour arriver à la science, l'esprit cherche au delà des phénomènes et derrière eux, les traverse et les dépasse, jusqu'à ce qu'il soit parvenu à une région où le changement et la durée, la contingence et la particularité sont inconnus. Une telle notion est sans doute fort séduisante pour l'imagination ; elle sollicite vivement les sympathies les plus élevées de notre nature, mais elle ne supporte pas l'examen de la raison, et l'histoire entière de la science lui a infligé la réfutation la plus décisive. Elle n'a jamais conduit à aucune découverte réelle, et rejeter pour elle une méthode qui, comme l'induction, compte d'innombrables et glorieux triomphes, ce serait un acte de désastreuse folie. Mais la déduction est aussi maltraitée par Schelling que l'induction. Pour avoir quelque valeur, la méthode déductive doit prendre pour point de départ des principes évidents pour toute saine intelligence ou sérieusement établis par une précédente induction. Schelling, naturellement, ne part pas de principes inductivement démontrés ; mais ses principes ne sont pas davantage évidents par eux-mêmes. Il soutient que la philosophie doit se déduire tout entière de l'absolu, de l'identité du sujet et de l'objet, de l'effacement de toute différence entre l'idéal et le réel, et il avoue que, loin d'être évident pour toute saine intelligence, un tel principe est complétement en dehors des prises d'une intelligence ordinaire. Pour toute intelligence selon le sens vulgaire du mot, ce n'est pas là une absurdité, simplement parce que c'est l'insaisissable. Si l'intelligence tente la folle entreprise de chercher à la saisir, elle aboutira à l'absurde; c'est sa punition pour avoir voulu s'occuper d'un sujet trop élevé pour elle. Si nous demandons à Schelling comment il nous est possible d'atteindre à un principe qui n'est pas évident par lui-même et qui ne peut être obtenu par la logique ordinaire, il nous répond avec une candeur dont la naïveté est charmante : C'est par une intuition intellectuelle; c'est en s'enfonçant par delà la conscience et la réflexion dans les profondeurs où se consomme l'identification avec l'absolu, par un acte mystique qui transporte l'âme hors des régions de la pensée ordinaire et de l'être relatif; c'est par une fulguration du génie, une lueur d'inspiration comme celles qui jaillissent des âmes poétiques et prophétiques. Ainsi l'absolu est « comme une balle lancée par un pistolet »; le premier principe est suspendu bien haut dans les airs, et cependant tel est le fondement sur lequel Schelling voulait bâtir le temple de la science.

L'absolu saisi par un acte si étrange et si mystérieux d'intuition intellectuelle ne pouvait être lui-même qu'une existence étrange et mystérieuse; il est naturel que Schelling n'y ait vu qu'un véritable Protée. Ce n'était en effet ni une réalité objective, ni une vérité éternelle et immuable, mais une pure création de l'imagination : il était à peu près inévitable que, malgré sa dignité de premier principe, elle continuât à être moulée et façonnée en mille formes diverses, par la faculté qui l'avait produite. De là la succession rapide des systèmes édifiés par Schelling. De là « ces sauts brusques dans les directions les plus différentes, selon la dernière impulsion reçue », ce qui n'est certes pas, comme le dit le Dr Stirling, « un édifiant spectacle ». Ces constructions variées, ces sauts brusques, ces changements soudains, il ne faut pourtant pas, en somme, les regarder comme peu naturels ou peu logiques : peut-être même ne témoignent-ils pas plus contre la pénétration de Schelling et son amour du vrai que ne témoigne contre Hégel ce labeur pénible et obstiné, pendant toute sa carrière philosophique, pour élever un système unique et gigantesque au sommet du nuage sur lequel Schelling l'avait hissé. Ces variations étaient des conséquences naturelles de la tentative de construire ou même simplement de marcher sur un terrain qui, malgré une apparence de solidité, se dérobait toujours. Tel était le caractère de l'absolu de Schelling : une illusion, comme la forme d'un nuage, une apparence, non une vérité; et je crois qu'on en sera suffisamment convaincu par la courte argumentation de sir William Hamilton dans son célèbre *Essai sur la philosophie de l'Inconditionné*. Je sais, il est vrai, qu'un métaphysicien d'une rare habileté, le professeur Ferrier, a attaqué la solidité de cette argumentation; il a soutenu que Schelling avait au fond raison, si réellement, comme il l'affirme, il existe quelque chose qui soit vrai pour l'intelligence, simplement et en soi, quelque chose qui soit une vérité *commune à toutes les intelligences*, et non pas seulement *particulière à quelques-unes* [1]. Par là, le professeur Ferrier croyait défendre sa propre théorie de l'absolu contre les critiques de son illustre contemporain et ami; mais, par une étrange méprise, il n'a pas remarqué que l'on pouvait sans contradiction rejeter l'absolu au sens où l'ont entendu Kant, Schelling, Hégel et Cousin, et l'admettre au sens où il l'entend lui-même, et il a attribué, sans s'en douter, à Schelling et à Hamilton, des opinions précisément contraires à celles qu'ils ont soutenues. La doctrine d'Hamilton sur la relativité de la connaissance s'accorde très-bien avec celle de Ferrier sur l'existence d'un absolu dans la connaissance, tandis que l'opinion de Schelling ne s'accorde ni avec l'une ni avec l'autre. Dans sa réfutation de Schelling, ou pour mieux dire dans l'argumentation qui remplit tout son *Essai*, Hamilton part de ce postulatum, ou de ce principe, qu'il y a au moins une vérité commune à toutes les intelligences, *absolue* (dans le sens que Ferrier donne à ce mot) : c'est à savoir qu'aucune intelligence ne peut connaître ce qui n'a aucun rapport avec les facultés de connaissance; que tout acte de connaissance implique, comme condition, un sujet et un objet; qu'une unité de connaissance exclusive de ce dualisme du sujet et de l'objet est inconcevable et absurde. Il prouve la relativité du savoir, contre Schelling, parce qu'il suppose que celui-ci niait l'existence d'un absolu de

---

[1]. *Leçons et fragments philosophiques*, v, II, 551-555.

la connaissance, au sens de Ferrier, en affirmant l'existence d'un absolu réellement en dehors de toute relation avec l'intelligence, d'un absolu qui bien loin d'être commun à toutes les intelligences, présent dans toutes, est au contraire de telle nature que tout ce qu'on appelle ordinairement et proprement intelligence se trouve, par les lois mêmes de son essence, par sa seule constitution en tant qu'intelligence, exclu de toute possibilité de s'en faire une notion. Maintenant, on ne peut raisonnablement douter qu'Hamilton ne soit pleinement dans le vrai en regardant Schelling comme défenseur de l'absolu au sens qui vient d'être indiqué, et non au sens que lui prête généreusement Ferrier. L'emploi qui donne à ce mot d'absolu une signification raisonnable est peut-être bien celui que Schelling aurait dû en faire; mais il est certain qu'il ne l'a pas fait; il a préféré en faire un usage qui lui donne un sens souverainement absurde et chimérique, et, au lieu de lui attribuer le mérite de ce qu'il aurait dû faire, il faut lui demander compte de ce qu'il a fait.

Il serait facile de prouver que sa prétendue méthode de construction, ce procédé de raisonnement par lequel il essaye de montrer comment toutes choses sortent de l'absolu, manque entièrement de rigueur et est insuffisant au plus haut degré : ses arguments de détail sont souvent si faibles et si fantaisistes, que, dans toute discussion vraiment scientifique ou même dans une délibération quelconque sur un sujet pratique, des arguments analogues, loin de convaincre, paraîtraient ridicules et grotesques; mais je dois me borner ici à l'examen des opinions de Schelling sur le cours de l'histoire. Ces opinions n'empruntent aucune force du système sur lequel elles ont été greffées; bien plus, leur liaison avec le système les a rendues plus fausses encore, à différents points de vue. La principale erreur dont le système est responsable, c'est qu'il implique, comme conséquence immédiate et évidente, que le vrai sujet de l'histoire, c'est non pas l'homme, mais Dieu, non pas l'humanité, mais l'absolu. La philosophie de Schelling aborde l'histoire avec cette conclusion arrêtée d'avance qu'elle est une évolution que l'absolu accomplit par lui-même, une manifestation graduelle que Dieu fait de lui-même; qu'elle est le développement ou le *processus* par lequel Dieu cherche à prendre conscience de lui-même, à se réaliser lui-même; que l'humanité n'est qu'une sorte de miroir ou de masque de l'absolu; que les hommes, les êtres finis doués de liberté n'ont pas d'existence réelle, et leurs actes nulle réelle signification en dehors de l'Un Tout, de l'infini impersonnel. Or évidemment ce n'est pas là une notion qu'on puisse placer au début de l'histoire, qu'on puisse y introduire et lui imposer. Il est possible que cette conception soit vraie; mais l'impression première et naturelle que l'histoire produit sur l'esprit, c'est que l'homme en est le véritable sujet; que les actions humaines en sont les éléments; que les opérations de l'absolu sont entièrement inaccessibles à l'observation ordinaire; que l'histoire humaine a aussi manifestement affaire aux hommes exclusivement, que l'histoire naturelle aux bêtes exclusivement. Nous n'avons pas le droit de prendre pour accordé que cette impression est illusoire, bien que nous puissions avoir le droit de chercher à démontrer qu'elle l'est et de nous en débarrasser s'il est prouvé qu'elle est incomplète et fausse. Si Schelling avait essayé d'établir par l'analyse et l'examen des événements que la conception panthéistique de l'histoire est la vraie, que l'histoire, malgré toutes les apparences contraires, est réellement l'évolution de l'absolu, il n'eût rien fait que de fort légitime; mais poser cette assertion comme une prémisse ou un principe, en dehors de tout examen et en opposition avec ce qui semble être l'interprétation naturelle des faits, c'est là un procédé que rien ne peut justifier; c'est plier de force l'histoire à une philosophie, opération très-différente de celle qui consiste à faire sortir de l'histoire une philosophie. Malheureusement, cette différence, Schelling ne pouvait ni ne voulait la voir, ou plutôt il n'y avait pas, pour lui, de philosophie ni de science dans l'histoire; par suite, il n'y avait pas lieu de chercher à les en extraire; toute la philosophie, toute la science de l'histoire résidaient hors de celle-ci, dans la théologie ou la métaphysique.

Quand on représente l'histoire comme étant une évolution de l'absolu ou comme dérivant essentiellement de l'absolu soit par émanation, soit par séparation, on est la dupe d'une apparence d'explication qui n'a rien de sérieux. Nos yeux sont habitués à voir les rayons de lumière sortir par émanation du soleil, les plantes sortir de la graine par évolution, un morceau de matière d'un autre par séparation : nos esprits paresseux sont par là disposés à donner raison au panthéisme, qui explique par des relations de même nature le lien qui unit l'infini au fini, Dieu au monde et à l'homme ; comme si de la sorte on rendait compte, dans une certaine mesure et avec quelque clarté, de la manière dont le second de ces termes dérive du premier. En réalité, c'est là un procédé tout à fait illégitime qui substitue les images des sens aux vérités de la raison. Emanation, évolution, séparation, chute, autant de mots dénués de toute signification quand on les emploie à propos de l'absolu : le seul fait d'un tel usage prouve que l'absolu à qui on les applique n'est qu'une création grossière de l'imagination sensible. Schelling a fait de nombreux efforts pour unir l'infini au fini, pour présenter l'histoire comme une phase ou une *puissance* de l'existence unique et véritable, conformément à l'idéalisme pur : son mérite, c'est de n'avoir jamais été longtemps sans s'apercevoir de l'insuccès de ses tentatives ; son tort est de n'avoir jamais compris que sa tâche était impossible.

Il faut le louer d'avoir vu si clairement que l'histoire opère la combinaison de la liberté et de la nécessité, et qu'elle ne peut être comprise si l'on n'a pas déterminé rigoureusement en quel sens, dans quelle mesure et de quelle manière elle l'accomplit. Il a répété à plusieurs reprises que le problème de la philosophie de l'histoire, c'est de résoudre cette question, et il n'est pas douteux que ce ne soit là un des problèmes les plus importants de cette science, et le principal service que lui ait rendu Schelling me semble d'avoir posé nettement ce problème, et d'en avoir reconnu clairement toute la gravité. Mais la solution qu'il a indiquée est plus qu'une erreur. Il désirait sincèrement concilier la liberté et la nécessité; mais sa tentative d'y réussir en les rapportant l'une et l'autre à l'absolu n'a fait que rendre plus évident qu'il n'y avait aucune place dans son système pour la vraie liberté, pour les volontés indépendantes individuelles. Sa conception de l'absolu, son attachement exclusif à la méthode de construction comme seule méthode philosophique, l'obligeaient logiquement de sacrifier toutes les volontés particulières à la volonté universelle, de ne reconnaître comme réelle dans l'univers qu'une seule volonté, toutes les autres n'étant qu'apparentes et servant d'instruments passifs à celle-ci, de soutenir enfin que cette volonté unique, elle-même, n'était en soi ni libre ni éclairée par la conscience, qu'elle opérait à l'aveugle et fatalement, dans ses efforts pour s'élever de l'obscurité et presque du néant jusqu'à la conscience, et parvenir, sans l'avoir encore atteinte, à la condition de Divinité véritable et personnelle. Il a beau lutter avec énergie, avec vigueur, et s'y reprendre à plusieurs reprises, il ne réussit pas à briser la chaîne qui le rive à cette conséquence : négation de la vraie personnalité et de la vraie liberté en Dieu comme dans l'homme. Je n'ai pas besoin de rappeler les tentatives diverses qu'il a faites pour s'affranchir, ni d'en montrer toute l'inanité. Sa philosophie positive, quelque différente qu'elle soit de la philosophie toute négative à laquelle il s'était d'abord arrêté, est un aveu que celle-ci dans toutes ses phases avait été impuissante à s'élever jusqu'à un véritable théisme et qu'elle n'avait pu parvenir à donner une juste idée de la volonté et de son libre arbitre.

La division de l'histoire en trois périodes, celles du destin, de la nature et de la Providence, qu'il expose dans son *Système de l'idéalisme transcendantal*, n'a aucune valeur. Il ne prouve pas le moins du monde que l'Égypte, la Chine, l'Inde, la Perse et la Grèce aient été plus soumises à la loi du destin, et moins subordonnées à celle de la nature que Rome et les nations modernes; il ne prouve pas davantage que le règne de la Providence soit encore à venir. Et, par le fait, Schelling, dans ses leçons sur la *Méthode des études académiques*, renonce virtuellement à cette division ternaire pour lui substituer une division binaire; il s'était convaincu, dans l'intervalle, que le christianisme, dont il n'avait pas tenu compte auparavant, était le centre et en même temps la clef de l'histoire entière : fait qui montre avec quelle rapidité il improvisait les formules qu'il donnait comme l'expression des lois fondamentales du développement humain. Ce fut la mode chez les idéalistes allemands qui suivirent Kant de s'épargner la peine de contrôler, d'analyser, de généraliser les faits de l'histoire, sous prétexte qu'on peut faire tenir le résumé et la substance de la philosophie de l'histoire dans quelques formules, exprimant le développement ou les divisions du cours de l'humanité, et pouvant être déduites *à priori* de l'*idée* : cette mode, qui favorisait la paresse et conduisait à l'erreur, c'est malheureusement Schelling qui l'a inaugurée.

Cette assertion que la race humaine ne s'est pas civilisée elle-même, Schelling n'en donne d'autre preuve (si l'on met de côté la tradition) que cette autre assertion : à savoir qu'elle n'aurait pu se civiliser, et cette seconde proposition, évidemment plus difficile à établir que celle qu'elle était destinée à démontrer, il ne la prouve d'aucune manière. Ainsi sa doctrine relativement à l'état primitif de l'homme n'aurait que peu de valeur, même s'il ne l'eût pas compliquée, comme il l'a fait, de fantaisies sans fondement, l'existence, par exemple, d'une race plus élevée et plus noble d'êtres intelligents avant l'apparition de l'homme sur la terre.

On ne peut faire d'objection sérieuse à Schelling quand il affirme que l'histoire est un poëme divin, du genre épique ou tragique, pourvu qu'il soit entendu que c'est là une figure de rhétorique, une comparaison propres à rendre plus claire une idée. La foi et la raison s'accordent pour regarder l'histoire comme gouvernée, même là où elle paraît le plus remplie de désordre et de discordance, par des lois qui en font, dans son ensemble, une chose belle et harmonieuse; on peut, par suite, l'appeler, avec autant de justesse que d'énergie, un poëme, épique, par la continuité de son développement, tragique, à cause des incessantes catastrophes qu'elle présente, lyrique, en tant qu'elle est un hymne à la gloire de Dieu. Il y a longtemps que saint Augustin a comparé la série ordonnée des siècles à un hymne à deux parties, qui s'opposent parallèlement, d'un bout à l'autre; dans l'une, c'est Dieu qui appelle; dans l'autre, c'est l'homme qui répond : « Deus ordinem seculorum tanquam pulcherrimum carmen ex quibusdam quasi antithetis illustravit [1]. » Mais la

---

1. *Cité de Dieu*, XI, 18.

conception de Schelling n'est rien de plus qu'une belle et expressive figure de langage, une ingénieuse comparaison ; on a peine à croire que quelques-uns de ses disciples y aient vu une théorie de l'histoire, une formule contenant sa véritable signification. Elle n'a évidemment et ne peut avoir d'autre vérité que celle d'une figure ; si l'on en fait un autre usage, elle cesse d'être vraie, elle cesse d'avoir un sens. Appeler l'histoire un poëme, ce n'est pas se tromper, si l'on entend par là qu'elle est, et seulement à certains égards, semblable à un poëme ; on n'est déjà plus dans le vrai si l'on veut dire qu'elle est à tous égards semblable à un poëme, car à beaucoup de points de vue elle ne ressemble à rien de pareil ; enfin, on énonce une proposition non-seulement tout à fait erronée, mais positivement dénuée de sens, si l'on ne se contente pas de dire qu'elle est *semblable* à un poëme, mais qu'elle *est réellement* un poëme.

CHAPITRE VIII

ÉCOLE DE SCHELLING : STUTZMANN, STEFFENS ET GŒRRES.

L'influence de Fichte fut grande, celle de Schelling extraordinaire, sur toutes les manifestations de la pensée en Allemagne. Tous les deux changeaient de principes, ou tout au moins de points de vue, si souvent et si rapidement, qu'il leur était impossible de former autour d'eux un corps considérable et solide de disciples, avec un ensemble de doctrines définies et logiquement enchaînées ; mais ils ont donné naissance à diverses écoles ; ils ont imprimé une impulsion et une direction à de nombreux esprits. Dans ce chapitre, je me propose d'examiner les œuvres de quelques-uns des écrivains qui ont subi cette influence. Dans l'histoire littéraire, ils sont compris dans l'école qu'on désigne sous la dénomination vague et ambiguë d'école romantique [1]. Ce

---

[1]. Voir sur ce sujet l'ouvrage déjà cité de Haym. La meilleure exposition des théories des disciples de Schelling se trouve dans Erdmann, *Hist. de la philos. mod.*, vol. III, sect. 2.

sont des penseurs plus ou moins fantaisistes et mystiques, d'une hardiesse extraordinaire dans leurs assertions, d'une rare faiblesse pour la preuve, très-religieux, très-poétiques, sans aucune des qualités scientifiques.

I

Le premier que nous ayons à faire comparaître devant nous est Jean-Josué Stutzmann (1777-1816); il fut professeur à Erlangen, et il a écrit différents ouvrages philosophiques que personne ne doit avoir le regret de ne pas connaître [1]. Heureusement qu'il n'y en a qu'un seul dont nous ayons, nous et nos lecteurs, à nous occuper. C'est la *Philosophie de l'histoire du genre humain* (Philosophie der Geschichte der Menscheit), publiée à Nuremberg, en 1808. Les traces de l'influence de Herder, Heeren, Eichhorn, von Mülller, y sont visibles; mais cet ouvrage est essentiellement une tentative pour combiner et systématiser les vues historiques de Fichte et Schelling, afin d'arriver à une philosophie de l'histoire complète [2]. C'est là son mérite, mérite considérable, mais il n'en a guère d'autre; on ne peut dire qu'il ait de l'importance et de la valeur; aussi suffira-t-il d'indiquer brièvement ce qu'il contient.

1. Les plus importants sont peut-être la *Philosophie de l'univers* (1806) et l'*Esquisse de l'état présent, de l'esprit et de la loi de la philosophie universelle* (1811).
2. Ce qu'il essaye ici de faire pour l'histoire, il avait tenté de le faire auparavant pour la religion dans une *Introduction à la philosophie de la religion* et dans des *Réflexions sur la religion et le christianisme*.

Le premier chapitre du livre, le meilleur peut-être, traite de la possibilité d'une philosophie de l'histoire humaine. C'est en substance une argumentation qui a pour objet d'établir, d'après la nature même de la philosophie et celle de l'histoire, que la philosophie de l'histoire est possible, car la philosophie est la science de la raison, et la raison est la véritable essence, le contenu de la vie humaine et de l'histoire.

Le second chapitre parle de la nature de l'homme considérée comme sujet de l'histoire. La vraie nature de l'homme, selon Stutzmann, c'est la raison, et la raison a deux aspects, objectif et subjectif : le premier est ce qu'on appelle la sensation, et le second l'entendement. Cette psychologie paraît fort contestable ; mais l'application qu'en fait l'auteur à l'histoire l'est plus encore. Le principe de l'ancien monde, nous dit-il, c'était la sensation, ou la raison sous son aspect objectif ; celui du monde moderne est l'entendement ou la raison subjective. Primitivement, ces deux principes n'en faisaient qu'un, et ils finiront par revenir à l'unité sous une forme plus élevée. Il est à peine besoin de rappeler au lecteur que cette théorie est une reproduction presque identique des aperçus de Fichte sur le cours du développement historique, et il est inutile de montrer ce qu'elle a d'insuffisant et d'arbitraire.

Le troisième chapitre est sur l'essence de l'Éternel, considéré comme le principe de l'histoire. C'est une tentative pour opérer l'union de l'être absolu avec le monde phénoménal par le moyen des hypothèses que Schelling avait rendues populaires : virtualité infinie qui se détermine par elle-même, idées divines, types primitifs, dualisme de forces contraires, etc. En d'autres termes, cette partie du livre est d'un caractère théologico-métaphysique, au lieu d'être philosophique et historique : elle est obscure et n'éclaircit rien.

Le chapitre suivant serait le plus important, car il s'annonce comme devant rechercher quelle est l'essence de l'histoire humaine en général, et esquisser le cours entier et la philosophie de celle-ci. Stutzmann traite ce sujet à un point de vue théologique ; il affirme que l'idée divine est le véritable contenu de tout ce qui est réalisé dans le temps, c'est-à-dire de l'histoire entière ; que le temps est la forme de la manifestation de l'action divine, comme l'espace est la forme de la manifestation de l'Être divin ; que l'histoire est la vie et l'essence de l'Éternel, déployée dans la suite ou la succession de l'existence. — Toutes ces propositions peuvent être vraies, et la philosophie de l'histoire peut chercher à les prouver par elle-même, ou aider la théologie à les démontrer ; mais elle ne doit pas les prendre pour accordées ni même se contenter simplement de les affirmer. Quand la religion elle-même reconnaît l'obligation de fournir des motifs raisonnables à la foi qu'elle exige, une philosophie qui se donne pour la science de la raison elle-même ne doit pas certainement s'attendre à faire accepter ses dogmes comme articles de foi, sans donner de raisons. — Stutzmann divise ensuite le cours entier du développement humain en quatre âges ou périodes : la première est celle de l'innocence ou de l'instinct rationnel ; la seconde est celle de l'ancien monde ou de la raison dans sa direction objective ; la troisième, celle du monde moderne, ou de la raison dans sa direction subjective ; et la quatrième, celle où se combinent les principes de la seconde et de la troisième dans l'unité de la raison pleinement développée et réconciliée avec elle-même. Ces périodes, ajoute l'auteur, constituent l'enfance, la jeunesse, la virilité et la vieillesse de l'espèce humaine, d'après ce principe que l'histoire de la race peut être justement comparée à la vie de l'individu.

Le cinquième chapitre traite du rapport de l'histoire humaine avec l'univers extérieur, et spécialement avec la terre, qui est le théâtre où elle se déroule. Ce chapitre est plein d'hypothèses tirées par les cheveux et d'analogies chimériques ; il repose principalement sur cette notion bizarre que l'ancien monde était centrifuge, tandis que le monde moderne est centripète et que l'avenir conciliera ces deux tendances, comme l'Orient l'a fait à l'origine, mais sous une forme plus parfaite.

Dans les trois chapitres qui terminent l'ouvrage, l'auteur se sert des idées contenues dans les chapitres précédents pour expliquer les caractères et l'histoire des périodes orientale, classique et chrétienne. Les pensées sont assez ordinaires, et l'érudition n'a rien que de médiocre.

II

Henry Steffens (1773-1845) fut très-supérieur à Stutzmann pour l'intelligence, et son caractère fut si admirable et si intéressant, qu'on li tavec plaisir son autobiographie (Was Ich erlebte), bien qu'elle soit en dix volumes. Né en Norwége, et à moitié Scandinave d'origine, il fut néanmoins tout à fait Allemand de cœur, et même, à l'exception de Fichte, il fut de tous les professeurs allemands celui qui s'engagea avec le plus de dévouement dans la lutte contre Napoléon. Son ardent patriotisme contrastait avec l'indifférence philosophique de son maître et ami Schelling, qui lui écrivit plus d'une fois. « Pourquoi nous jeter au milieu du tumulte de ce monde ? Quel bien en résulterait-il ? N'est-ce donc pas le cas de dire que notre royaume n'est pas de ce monde ? » C'est surtout comme philosophie de la nature que la doctrine de Schelling le séduisit et le conquit. Ses études de minéralogie, de géologie et d'histoire naturelle, l'impression que produisirent sur lui divers poëtes et philosophes, particulièrement Spinoza, avaient préparé son esprit à la philosophie de la nature ; aussi, quand il eut entendu Schelling, dans sa leçon d'ouverture à Iéna, exposer sa théorie sur ce sujet et insister sur la nécessité de partir, dans l'étude de la nature, du point de vue de son unité essentielle, en montrant quelle lumière se répandrait sur toutes les parties de cette science, si ceux qui s'en occupent osaient s'établir dans cette position centrale de l'unité de la raison, il fut irrésistiblement entraîné et se rendit dès le lendemain chez le maître pour se déclarer son disciple. Il fut le premier naturaliste de profession qui s'attacha à Schelling sans condition et avec enthousiasme.

Les ouvrages dans lesquels Steffens expose ses idées sur

la nature inorganique et sur la nature organisée ne rentrent pas dans notre sujet ; cependant on peut dire que son *Anthropologie* donne une base à la philosophie de l'histoire en essayant de déterminer et de décrire la position de l'homme dans l'univers. Ce livre contient trois parties : la première traite de ce que l'auteur appelle l'anthropologie géologique ; la seconde, de l'anthropologie physiologique ; la troisième, de l'anthropologie psychologique. La première considère l'homme dans son rapport avec le développement entier de la terre dans le passé ; la seconde l'étudie dans son rapport avec le système entier de l'existence organisée et animée dans le présent ; la troisième, dans son rapport avec l'avenir. L'homme, pour Steffens, est l'achèvement et comme le couronnement du passé, le centre du présent, et le point de départ du futur.

Steffens fut un des naturalistes de l'école de Schelling, qui ont élaboré et répandu cette notion que l'homme est la synthèse vivante de la nature, un être qui résume en lui-même tous les *processus* antérieurs dans une harmonieuse perfection. L'origine de cette notion remonte à une haute antiquité ; elle a été formulée et développée par un grand nombre de penseurs à différentes époques et dans différents pays. Les mystiques, en particulier, tant païens que chrétiens, se sont complu dans cette croyance que l'homme est un microcosme, et ils l'ont prise comme objet de leurs méditations. Mais Steffens, Oken, Carus furent ceux qui, sous l'impulsion de la philosophie de la nature, ont les premiers tenté sérieusement de vérifier cette idée par des procédés scientifiques, et de la faire servir de principe fondamental pour la classification des forces physiques, des plantes et des animaux. Ils ont essayé d'établir que l'homme est l'harmonie, le type suprême, le but de la nature, et que c'est par rapport à ce type que tous les autres êtres de la création doivent avoir leur place, leur rang, leur valeur et leur signification déterminés. Pendant longtemps, on a cru, à peu près universellement, qu'ils avaient en somme réussi, malgré la multitude d'assertions et de conséquences extravagantes qu'ils ont mêlées à l'ensemble de leur démonstration. Aujourd'hui que la forme donnée par Darwin à la théorie du développement obtient toute faveur, ce succès est généralement contesté; nul critique impartial ne contestera néanmoins que leurs travaux n'aient exercé une influence considérable et, tout compte fait, bienfaisante sur les sciences biologiques. La science de l'histoire en a été aussi affectée et modifiée, quoiqu'à un degré moindre. Les recherches et les spéculations de Steffens, de Oken, de Carus, en ce qui concerne les rapports de l'homme avec la nature et de l'histoire humaine avec l'histoire naturelle, n'ont pas abouti à une conception qui ait été confirmée par les investigations subséquentes; mais elles ont contribué dans une large mesure à faire entrevoir combien ces rapports sont intimes et étendus.

Steffens soutient que l'homme enferme en lui-même toutes les qualités, tous les développements des créatures inférieures; qu'il les ennoblit et les concilie dans une synthèse harmonieuse; que la nature, dans toutes ses parties, préfigure l'homme, et qu'elle aspire dans toutes ses fonctions à ce qui trouve chez l'homme seul une satisfaction entière. Il ajoute que le cours entier de l'évolution du monde est un progrès vers l'individualité, un affranchissement graduel de la fatalité de l'espèce, affranchissement qui s'achève, dans ce qu'il appelle le talent de l'homme, c'est-à-dire ce qui est en lui fondamental, essentiel, exclusivement propre, ce qui constitue son individualité naturelle ; le principe par lequel Dieu se manifeste en nous, l'organe par où s'insinue la grâce divine, l'amour divin dont l'homme a besoin pour l'accomplissement de sa destinée. Le but de l'histoire, c'est la réalisation dans l'humanité de l'image divine, et le cours de l'histoire est une série de conflits qui ont été figurés par les phases successives du développement de la nature extérieure. Steffens, comme d'autres disciples de Schelling et comme Schelling, a établi de fréquentes comparaisons, très-curieuses, entre le macrocosme et le microcosme, entre l'univers et l'homme, l'histoire de l'un et celle de l'autre. C'était sa conviction que l'histoire de l'univers n'est pas seulement la condition de celle de l'homme, mais encore qu'elle manifeste un plan essentiellement identique, que par suite les deux histoires sont si exactement corrélatives qu'elles se réfléchissent l'une dans l'autre comme dans un miroir. C'était aussi sa conviction que l'homme a été disposé pour être le principe régulateur du monde, et qu'il existe entre eux une intime et mystérieuse sympathie ; que la paix spirituelle produit l'ordre dans la matière, et que la colère de l'homme engendre le pouvoir destructeur de la nature ;

que les vertus morales et le mal moral trouvent leur expression dans les bienfaits et les défectuosités du monde physique. « La nature ne vit que dans notre vie ; sa robe nuptiale est nôtre ; nôtre est son linceul. »

Mais l'ouvrage principal pour lequel Steffens est rangé parmi les philosophes de l'histoire, c'est celui qui est intitulé : *le Temps présent et comment il est devenu ce qu'il est* (Die gegenwärtige Zeit und wie sie geworden). Il fut publié en 1817. C'est un livre éloquent, religieux, poétique, débordant de pensées, rempli de peintures aux couleurs étincelantes ; mais l'histoire n'y est, je crois, ni bien exacte ni bien approfondie, et le tissu philosophique en est fait d'imagination plus que de raison. Il ne porte que d'une manière relativement assez faible l'empreinte des principes de Schelling, et est pénétré d'un souffle d'ardent patriotisme que Schelling n'a jamais connu. Il est tout plein de l'esprit de la guerre d'indépendance, esprit de réaction contre le cosmopolitisme superficiel qui avait cours auparavant, esprit de *nationalisme* vigoureux, d'amour brûlant pour la mère patrie, et de haine véhémente contre ce qui paraissait alors lui être hostile. L'Allemagne n'a pas secoué le joug français avant qu'un grand changement se fût produit en elle. Quand ses armées furent pour la première fois battues et chassées de France (en 1792), l'Allemagne avait aussi peu d'âme et de vie qu'une nation peut en avoir ; elle était sans foi, sans patriotisme, sans indépendance ; elle était la chose abjecte de ses méprisables petits potentats, au point que la conquête française fut probablement pour elle une grâce providentielle. Quand ses armées victorieuses à Waterloo envahirent la France, elle avait appris, à l'école du malheur et dans la prison de la servitude, le prix de la vie nationale et de la liberté qu'elle méprisait autrefois. Ce changement, cette réaction à la fois contre elle-même et contre ses oppresseurs, se manifestèrent aussi bien dans la littérature que dans la guerre, et nulle part en traits plus distincts que dans le *Gegenwärtige Zeit* de Steffens.

Le but de l'ouvrage est de suivre la voie dans laquelle Dieu a conduit le peuple allemand pendant les siècles de son existence historique et de montrer la signification de l'Allemagne pour l'avenir de l'humanité. Le principe inspirateur du livre, ce n'est pas l'amour de la science, mais l'amour du pays ; ce n'est pas la curiosité spéculative, mais le désir de prouver, par un regard en arrière sur l'histoire du passé, que la prospérité de l'Europe dépend d'une manière toute spéciale de la prospérité de la nation allemande.

Dans le premier chapitre, l'auteur caractérise par des traits que Hégel a rendus familiers aux esprits les trois grandes divisions de la race caucasienne, la branche orientale, la branche gréco-romaine et la branche germanique. La branche orientale, qui fleurit la première, mais qui fut aussi la première à s'épuiser, a pour principe l'universalité abstraite ; toutes les volontés individuelles sont dépossédées par une volonté extérieure, la volonté unique, absolue, du souverain, en sorte qu'il n'y a pas trace de liberté personnelle. Dans le monde gréco-romain, l'État prend la place qu'occupait dans l'Orient une seule volonté sans contrôle. Les

Germains vinrent en dernier lieu; mais ils apportèrent avec eux, comme trait de caractère original et essentiel, le principe le plus élevé, celui de l'indépendance personnelle. Ils sont dépeints comme la race d'hommes la plus brave, la plus sincère, la plus noble qui ait jamais vécu. Il faut remarquer ici que l'ouvrage de Steffens, qui est maintenant l'objet de notre examen, et celui où Hégel a esquissé pour la première fois le cours du développement historique, l'*Encyclopédie*, ont paru tous les deux la même année, 1817; on ne peut donc supposer que l'un des deux auteurs ait fait des emprunts à l'autre. La *Propédeutique philosophique*, écrite par Hégel pendant son rectorat à Nuremberg, bien que publiée seulement en 1840, prouve que, pour lui du moins, cette conception de la philosophie de l'histoire n'était pas nouvelle en 1817.

Le second chapitre a pour objet de montrer comment le christianisme répondait aux aspirations religieuses des anciens Germains, et comment il devint le principe de leur organisation sociale. Se plaçant à ce point de vue, Steffens décrit la vie du moyen âge comme une forme d'existence pleine de beauté et d'exaltation. Néanmoins, au commencement du chapitre suivant, il suppose un personnage, étudiant l'histoire, qui s'appesantit sur le mauvais côté des choses à cette époque, l'aridité et les égarements de la philosophie, l'imperfection des lois, l'oppression des pauvres, et qui soutient qu'à beaucoup d'égards l'ordre nouveau est bien préférable à l'ancien. Steffens accorde qu'on ne peut faire revivre le moyen âge, et que l'état qui lui a succédé présente sur lui quelques avantages décisifs; mais il insiste sur ce point qu'il n'est pas moins dangereux d'estimer le passé au-dessous de sa valeur que d'en faire plus de cas qu'il ne mérite ; il remarque en outre que le présent sait plaider sa propre cause, tandis qu'il y a relativement bien peu d'hommes capables de se représenter le vrai caractère du passé et son importance à l'égard du présent et de l'avenir. Cette réponse à l'objection est vraie, mais elle n'est pas toute la vérité. Méconnaître la valeur du passé est une aussi grande faute que de l'exagérer ; mais cela n'empêche pas que ce ne soit une faute. Ce fut un mérite chez Steffens et d'autres écrivains de l'école romantique d'insister pour que justice fût rendue au moyen âge; mais ils ne firent que du mal en fermant les yeux sur les défauts de cette époque, en lui attribuant des qualités qu'elle n'a jamais eues, d'un seul mot, en substituant au vrai moyen âge un autre moyen âge qui n'a jamais existé que dans leur imagination.

Le quatrième chapitre retrace la formation du monde moderne à partir du moyen âge jusqu'à la Réforme ; le cinquième, qui comprend tout le second volume, le plus considérable de l'ouvrage, décrit la manière dont le développement de l'histoire a produit la société telle qu'elle est aujourd'hui, surtout dans les pays allemands. Il est impossible de donner dans un court résumé une idée exacte de ces chapitres ; qu'il me suffise de dire qu'ils sont écrits d'un style éloquent et attrayant, malgré quelque diffusion et quelque surabondance d'ornements, et qu'ils renferment un nombre considérable d'observations exactes, d'aperçus ingénieux dont une philosophie de l'histoire ne devra pas dédaigner de faire son profit.

III

Joseph Gœrres (1776-1848), dont j'ai maintenant à parler, a exercé une influence très-considérable sur la vie politique et religieuse de l'Allemagne. Il fut dans sa jeunesse un républicain ardent, dans sa maturité un ardent constitutionnel, et dans sa vieillesse un non moins ardent ultramontain. Son zèle fut toujours supérieur à son jugement. Son langage vague, boursouflé, tumultueux, le déréglement de son imagination, l'emportement passionné de son esprit, ses contradictions fréquentes, il rachète tout cela, dans une certaine mesure, par sa sincérité, son honnêteté indiscutable, un génie réel quoique sans équilibre. Une *Histoire des mythes asiatiques*, tel est peut-être le plus important de ses ouvrages. Il appartient à la même école et à la même époque d'interprétation mythologique que la *Symbolique* de Creuzer ; il en a les mérites et les défauts ; mais presque en tout les mérites sont moindres et les défauts plus considérables. Quelques auteurs allemands ont cité ses ouvrages *l'Allemagne et la Révolution* (1819), *l'Europe et la Révolution* (1821) comme étant de quelque utilité pour la philosophie de l'histoire ; mais aucun lecteur impartial, qui se donnera la peine de prendre connaissance de ces livres, ne pourra admettre cette prétention. Ce sont simplement des pamphlets politiques écrits sous l'inspiration d'une sorte de fureur poétique et prophétique vraiment étrange, avec ce verset pour refrain : « Dominus confregit reges, judicabit in nationibus, implebit ruinas, conquassabit capita multorum. » Un tel refrain n'était pas naturellement pour plaire aux rois ; le roi de Prusse, en particulier, le goûta si peu, qu'il exila pour quelque temps en France le pauvre Gœrres.

Le seul de ses livres qui mérite d'être signalé ici se compose de trois leçons sur le fondement, la coordination et la suite de l'histoire du monde (Ueber die Grundlage, Gliederung, und Zeitfolge der Weltgeschichte), leçons qui furent faites à Munich dans la chaire d'histoire universelle créée pour lui en 1827. Dans cet ouvrage [1], qui fut publié en 1830, Gœrres a la prétention : 1° de déterminer et de formuler le principe fondamental de l'histoire ; 2° de montrer comment les principes secondaires et subordonnés sont unis aux principes premiers et essentiels ; 3° d'expliquer comment, par l'intime connexion des principes, l'histoire est un organisme articulé qui se développe graduellement lui-même, se divise en grandes périodes naturelles, en une série ordonnée de sphères qui comprennent la masse entière des faits.

A l'égard du premier point, c'est-à-dire relativement au principe fondamental de l'histoire, à la vérité autour de laquelle gravite l'histoire universelle, voici quelle est, en résumé, toute la doctrine de Gœrres. Dans la science de la nature, il y a deux conceptions essentiellement distinctes,

---

[1] Hégel en parle dans le 2ᵉ vol. de ses *Mélanges*.

qui déterminent et se surbordonnent toutes les autres : la première, la conception ancienne, qui faisait de la terre le centre de l'univers ; la seconde, la conception moderne, qui fait du soleil le centre et de la terre un satellite. De même, il y a dans l'histoire deux conceptions fondamentalement distinctes et opposées, l'une presque aussi ancienne que l'histoire elle-même, l'autre aussi ancienne ; l'une datant de l'origine du péché, l'autre propre à cet état primitif où l'homme était en communion intime avec Dieu ; l'une ignorant l'ordre des choses divines ou le subordonnant à celui des choses matérielles, l'autre rapportant tout ce qui est bon et vrai à la providence et à la volonté de Dieu. Cette dernière conception qui fait de Dieu le principe, le commencement, le milieu et la fin de l'histoire, qui en rapporte l'origine à sa puissance, le développement à son amour, l'ordre moral et les sanctions à sa justice, c'est celle-là qui mérite notre adhésion. — Qu'il y ait dans cette doctrine une vérité de la plus grande importance au point de vue pratique, peu de gens seront tentés de le nier ; mais, avant que cette vérité puisse devenir partie intégrante d'une philosophie de l'histoire, et surtout avant qu'elle puisse en devenir le vrai fondement, elle doit être autre chose qu'une simple assertion : elle doit être prouvée ; et les rapports qui l'unissent avec les faits qui lui servent de preuve doivent être mis dans une telle évidence, qu'on ne puisse douter qu'elle est la clef de voûte de tout l'édifice de l'histoire. Gœrres n'a rien fait, rien tenté de pareil. Non-seulement une rigoureuse démonstration fait défaut, mais on cherche vainement une preuve solide, de quelque nature qu'elle soit. Des assertions, des fantaisies, des phrases occupent la place que devraient remplir les faits et les arguments. De plus, il a complétement méconnu et même implicitement contredit l'importante vérité suggérée par ce fait qu'il y a deux conceptions relatives à la nature physique, l'une ancienne, l'autre moderne, ou, pour mieux dire, que depuis les temps anciens jusqu'aux plus modernes la conception du monde physique a été se modifiant et s'élargissant continuellement. Cette vérité, méconnue par Gœrres et à laquelle aurait dû le conduire l'analogie, c'est que la conception relative à l'histoire s'est de même continuellement modifiée et agrandie. Il a cru que les hommes primitifs ont été en possession de toute vérité spirituelle supérieure, laquelle aurait fait naufrage au moment de la chute originelle et dont les débris auraient surnagé jusqu'à nous à travers les traditions et les mystères : il a cru que le développement de la race humaine au point de vue de la connaissance religieuse a consisté seulement à reconquérir graduellement ce qui avait été perdu : c'est ce qui l'a empêché d'apercevoir le parallélisme que nous signalions tout à l'heure, et l'a forcé à se faire une fausse idée de l'évolution générale de l'histoire.

En ce qui regarde le second point, c'est-à-dire la relation des principes secondaires avec le principe premier et fondamental de l'histoire, Gœrres insiste sur l'harmonie du monde physique, si propre à servir de base et de modèle à l'harmonie du monde spirituel; il soutient que la puissance divine et la liberté humaine ne sont pas naturellement en antagonisme l'une avec l'autre et ne s'excluent pas mutuellement ; il nous parle de trois règnes : celui de l'absolue liberté, c'est la Divinité ; celui de la liberté combinée avec la nécessité, c'est l'âme humaine ; celui de la nécessité pure, c'est la nature. Chacun de ces règnes a ses lois propres : celles du premier résident au sein de Dieu ; celles du second gouvernent les opérations de l'âme humaine ; celles du troisième sont impliquées dans la constitution de la matière. Il nous parle aussi de trois Bibles : la Bible de la nature, la Bible de l'esprit, la Bible de l'histoire. Il affirme que les lois de ces trois règnes se rencontrent et mêlent leur action dans l'histoire, et que les enseignements de ces trois Bibles sont en concordance et en harmonie. — Tout cela, sans doute, est vrai ; mais la science n'a que peu ou point de profit à retirer de telles formules tant qu'elles restent, comme chez Gœrres, à l'état de vagues assertions de rhétorique. Quant à une véritable exposition philosophique de la liaison réciproque et de la subordination des principes de l'histoire, on n'en trouve nulle trace dans l'ouvrage de Gœrres.

La division qu'il établit entre les époques de l'histoire repose sur cette hypothèse que la vie de l'espèce correspond à celle de l'individu, de sorte que l'une passe par les mêmes phases que l'autre. C'est là une pure analogie, qui est déjà bien vague quand les termes comparés sont l'individu et une nation, qui est plus vague encore quand on met en parallèle l'individu et l'espèce. Cette analogie, on en a souvent usé et aussi souvent abusé ; on l'a présentée sous les formes les plus diverses ; mais rarement on en a tiré une conception plus fausse que celle qui se trouve dans la seconde des leçons que nous examinons en ce moment. La première phase de l'individu, selon Gœrres, est celle de son *existence naturelle*, la période de sa jeunesse ; la seconde est celle où s'exercent les différentes puissances de vie qu'il possède : elle comprend les rapports de l'individu avec la famille, la tribu et la nation ; la troisième est celle où se déploie l'activité des facultés morales ; la quatrième enfin est celle de la culture des principes religieux. De même, pense notre auteur, la phase primitive et inférieure du développement de la race doit être cherchée dans les divisions et distinctions que produisent les conditions physiques, comme le climat, le caractère géologique et la position géographique des lieux ; la seconde, dans les divisions ethnologiques, c'est-à-dire dans la distribution des hommes en races, tribus, nations, chacune avec son mode d'existence particulier, ses instincts et ses dispositions propres. La troisième phase se manifeste par la vie morale et politique : elle est représentée par les États civilisés qui sont gouvernés par des codes de lois ; enfin la quatrième est celle de la vie religieuse ou ecclésiastique que les nations puisent, plus ou moins pure, dans cette partie du Verbe divin qu'elles ont eu le privilége de recevoir.

Hégel remarque que les sphères de la vie sont ici mêlées et confondues avec les phases de la vie ; que, par exemple, la première époque du développement individuel est seule une phase, tandis que les trois autres, improprement appelées de ce nom, sont en réalité des sphères ; que, par suite, le parallélisme essayé par Gœrres entre l'histoire de l'individu et celle de la race est illusoire. Mais cette remarque, au moins dans la forme que lui donne Hégel, n'est peut-être pas aussi vraie qu'elle semble à première vue. Gœrres a certainement supposé que toutes ses périodes étaient des phases de la nature humaine, se manifestant l'une après l'autre, parce que les puissances ou éléments qui les produisent se manifestent selon un ordre fixe de succession. Qu'un penseur puisse ainsi admettre que les principes de la nature humaine se développent successivement en groupes distincts et séparés, c'est là en vérité quelque chose de fort étrange ; mais cela s'est vu souvent, et, même aujourd'hui, un homme tel que M. Littré, nous en avons déjà fait la remarque, peut regarder comme une découverte scientifique importante qu'on lui doit, cette même absurdité présentée sous une autre forme. On peut faire à Gœrres une objection plus solide et plus décisive que de lui reprocher la confusion entre les phases et les sphères ; on peut lui dire que des phases telles que celles qu'ils a admises n'existent pas, puisque l'évolution de l'individu, comme celle de l'humanité, est un développement continu de toutes leurs facultés, de tous leurs principes, et non pas une apparition successive de classes distinctes de ces facultés et de ces principes dans des périodes successives et distinctes.

La dernière leçon est encore plus remplie que les autres d'opinions arbitraires et fantaisistes. Elle a pour objet d'esquisser le cours entier du développement de l'histoire. L'auteur commence par traiter de l'éternité et du développement de Dieu par lui-même ; puis il passe à la création du monde par séparations et combinaisons successives accomplies pendant les six jours du récit mosaïque, jours qui sont autant d'ères de cette première période de la durée. Ensuite il expose la genèse du mal en six actes qui remplissent la seconde période ; il passe de là aux différentes phases du conflit entre le bien et le mal, les fils de Seth et ceux de Caïn, depuis la chute jusqu'au déluge, qui termine l'histoire de l'ancien monde. L'histoire du monde nouveau se divise en trois périodes. La première commence dans l'arche de Noé pour finir avec la Grèce et Rome ; elle comprend six ères, qui correspondent aux six jours de Moïse. La seconde période est le nouveau Sabbath, ou période du second Adam. La troisième est celle du combat de la vie et de la lumière apportées par Dieu dans le monde, contre les ténèbres et la mort qui les environnent. Cette période, Gœrres y retrouve également des époques correspondant aux six jours de Moïse. Ainsi la diffusion du christianisme marque le matin, et celle du mahométisme le soir du premier jour. Nous vivons maintenant dans le troisième. Il est inutile d'exposer plus en détail un pareille théorie, et ce serait évidemment peine perdue que de la discuter et de la réfuter. Une subdivision des périodes de l'histoire conformément aux six jours du récit mosaïque peut être fort ingénieuse, mais ne peut à aucun titre être considérée comme une véritable distribution scientifique des ères de l'histoire. On a rarement fait de ces six jours un plus déplorable **abus**.

CHAPITRE IX

FRÉDÉRIC SCHLÉGEL [1]

C'est un sujet d'étude intéressant et embarrassant à la fois, que le caractère de Frédéric Schlégel (1772-1829); on ne peut l'esquisser en un petit nombre de phrases générales. Cela est vrai également de son esprit, plein de force et plein de faiblesse, doué des dons les plus riches et qui n'arriva jamais à pleine maturité, esprit d'une vaste culture, remarquablement prompt, ouvert à toutes les impressions, capable de pénétrer jusqu'aux profondeurs, et qui pourtant, d'une manière ou d'une autre, laisse toujours son œuvre imparfaite et n'accomplit jamais qu'une petite partie de ses promesses. La correspondance de son ami de collège Schleier-

---

[1]. L'édition complète des œuvres de Schlégel comprend 15 vol., dont la *Philosophie de la vie* forme le douzième, et la *Philosophie de l'histoire* le treizième. Ce dernier est l'objet d'un examen dans l'ouvrage de Rosenkranz : *Ce que la philosophie de l'histoire doit aux Allemands*. La théorie historique exposée par le comte de Crawford dans *Progression par antagonisme et le Scepticisme et l'Eglise d'Angleterre*, bien qu'elle soit indépendante et originale, contient presque tous les principes les plus importants que l'on trouve dans la *Philosophie de l'histoire* de Schlégel. Elle ne présente qu'un petit nombre des défauts que j'ai signalés dans la doctrine de Schlégel.

macher, ses propres articles dans l'*Athénée*, nous montrent que, dès le commencement de sa carrière littéraire, l'idée d'une philosophie de l'histoire flottait dans son esprit [1]. Il semble qu'elle ne l'ait jamais abandonnée, bien qu'elle n'ait reçu un semblant d'exécution que dans une suite de leçons faites à Vienne par Schlégel l'année qui précéda sa mort.

Mais, dans l'intervalle, une longue série d'études remarquables sur certaines périodes, sur certains points particuliers de l'histoire, lui avaient acquis la préparation et les éléments nécessaires pour traiter le sujet dans son ensemble. Au début même de sa carrière littéraire, ses recherches sur l'histoire et la poésie chez les Grecs et les Romains lui avaient mérité l'approbation d'hommes tels que Heyne et Wolf, de Humboldt et Bœckh. Il s'adonna ensuite à l'étude du sanscrit, de la littérature et de la philosophie indiennes; il le fit avec assez de succès pour convaincre les érudits de l'Allemagne que ces travaux récompensaient largement ceux qui s'y livraient, et avec assez d'enthousiasme pour enflammer d'une même ardeur quelques esprits animés des mêmes dispositions que lui. Il publia ensuite un ensemble de leçons sur l'histoire moderne, dont la science et le mérite ne furent pas contestés par ceux-là mêmes qui étaient le plus loin de partager les idées qu'elles renfermaient. Puis il passa en revue les grands monuments littéraires de tous les âges et

---

[1]. Pour des détails fort intéressants sur ce point, voy. Dilthey, *Vie de Schleiermacher*, p. 226-230 et 354-361. Ce que le professeur Dilthey dit de Schlégel dans cet ouvrage a été en grande partie puisé à des sources inédites et éclaire d'une vive lumière la première partie de la vie de ce philosophe.

en fit l'appréciation non-seulement par rapport aux exigences générales de l'art, mais encore par rapport à l'état de la société, de la religion, de la morale, des idées et des sentiments dans les différents pays et aux différentes époques où ils se sont produits. Un ouvrage sur la philosophie de l'histoire était le couronnement naturel de cette série d'études historiques. On ne peut accuser Schlégel d'avoir négligé, comme tant d'autres théoriciens de l'histoire, ce qui est la première et la plus indispensable condition de toute spéculation historique, à savoir l'acquisition d'une somme suffisante de connaissances ordinaires relatives à cette science. Il fut, en outre, un homme que de fortes tendances naturelles portaient vers la spéculation, dont les investigations dans le champ de l'histoire étaient toujours aiguillonnées par la curiosité philosophique et se changeaient promptement en sujets de méditation abstraite. Chacune des parties de l'histoire auxquelles il appliquait son intelligence lui suggérait des pensées sur l'humanité elle-même et sur les problèmes que soulève sa destinée. On en peut trouver d'abondantes preuves dans tous les ouvrages que j'ai mentionnés. Peut-être son talent pour la spéculation ne fut-il pas à la hauteur de ses désirs et de son ambition; mais il dépassa encore de beaucoup la moyenne ordinaire. Sa mémoire était richement meublée, son expérience de la vie variée et étendue, son imagination vigoureuse, son intelligence fertile et profonde, son génie poétique et illuminé d'heureuses intuitions; les questions et théories philosophiques lui étaient familières; il a traversé une époque presque sans rivale pour l'activité philosophique : il en partagea les tendances; il en fut même, à bien des égards, un des principaux représentants.

Il est donc naturel que l'étude de la philosophie de l'histoire de Schlégel, où nous allons entrer, éveille en nous de grandes espérances, et elles ne sont pas démenties si l'on considère que l'ouvrage est rempli de science, que le sujet est traité dans son entier et avec un talent remarquable. Et cependant l'impression générale qu'il laisse dans la plupart des esprits, c'est décidément celle du désappointement : l'examen du livre lui-même va nous montrer pourquoi.

L'ensemble des leçons sur la philosophie de l'histoire a d'étroits rapports avec un cours que Schlégel avait fait l'année précédente sur ce qu'il appelle la philosophie de la vie. Ces deux cours peuvent passer en réalité pour les deux divisions d'un seul et même ouvrage; ils traitent les deux côtés d'un même sujet. La philosophie, selon Schlégel, est la science de la vie intérieure de l'homme; elle n'a besoin, et il insiste sur ce point, que d'une seule hypothèse, à savoir l'existence de la vie intérieure; son problème essentiel et fondamental, c'est de déterminer comment on peut donner à cette vie l'unité et l'harmonie, comment on peut rétablir en elle l'image de Dieu qu'elle a perdue. Exposer les moyens qui permettent d'accomplir cette œuvre dans la conscience individuelle, c'est la tâche de la philosophie pure, proprement appelée philosophie de la vie. Montrer comment, à ce point de vue, le progrès s'est réalisé jusqu'à nos jours chez les différents peuples et aux différents âges du monde, voilà l'objet de la philosophie de l'histoire.

Tel est le point de départ de Schlégel, qui me semble débuter par un faux pas. Cette assertion que la philosophie n'a besoin que d'une seule hypothèse, l'existence de la vie intérieure, est contredite par son énoncé même. Que la philosophie soit la science de la vie intérieure, c'est une autre hypothèse, et beaucoup plus contestable que cette proposition même qu'il existe une vie intérieure. Je ne vois pas qu'on puisse appeler hypothèse la vie intérieure, c'est-à-dire ce dont nous avons conscience : le fait de la vie intérieure, de quelque manière qu'on l'exprime, est admis à l'instant même. Peut-on raisonnablement admettre avec autant de facilité la définition de la philosophie comme science de la vie intérieure? Ne doit-on pas même la rejeter absolument? N'est-ce pas un peu caprice que de détacher arbitrairement la vie intérieure de toutes les autres choses et d'en faire l'objet unique et total de la philosophie?

Schlégel admet encore une autre hypothèse, celle de la chute, c'est-à-dire que l'âme a perdu l'image de Dieu. Sans élever de doute sur l'exactitude de cette proposition, on peut nier que la science ait le droit de la prendre pour accordée. Si la philosophie de l'histoire est une science, elle peut à la rigueur montrer qu'il y a certains faits que l'hypothèse d'une chute explique seule d'une manière satisfaisante, des faits, en d'autres termes, aboutissant à cette conclusion qu'une *chute* a eu lieu; mais, si elle prétend posséder un caractère vraiment scientifique, il ne lui est pas permis de supposer dans sa définition le dogme de la chute. Aucune science ne doit admettre *à priori* et accepter comme vérité démontrée ce qui doit servir à expliquer les phénomènes dont elle s'occupe. Je ne puis me dispenser de faire cette objection à Schlégel ; mais je serais désolé d'en exagérer la portée et de condamner pour cela tout son système historique, comme malheureusement on l'a fait plus d'une fois. Je trouve qu'il a déjà payé beaucoup trop cher son erreur. Il lui en a coûté, aux yeux de bien des gens, toute sa réputation d'historien philosophe. Gans, dans sa préface à la première édition de la *Philosophie de l'histoire* de Hégel, a fait principalement sur ce fondement une critique sévère de l'ouvrage de Schlégel ; son jugement, qui néglige tout un côté des choses et qui est manifestement injuste, a été reçu comme complet et définitif, sans restriction et d'un accord à peu près unanime : on ne peut que s'en étonner et le regretter. Voici comment il s'exprime : « Dans la *Philosophie de l'histoire* de Frédéric de Schlégel, nous trouvons, si nous cherchons bien, une pensée fondamentale qu'on peut appeler philosophique : c'est que l'homme a été créé libre, et que devant lui s'ouvraient deux routes entre lesquelles il pouvait choisir. La première le conduisait en haut, vers la lumière, la seconde dans les profondeurs ténébreuses. S'il fût resté fermement et fidèlement attaché à la volonté primitive émanée de Dieu, sa liberté eût été celle des esprits bienheureux, attendu que, eu égard à cette liberté, il est tout à fait faux de concevoir la condition paradisiaque comme un état de paresseuse béatitude. Mais l'homme ayant malheureusement choisi la seconde route, il y a maintenant en lui une volonté divine et une volonté naturelle ; et le problème pour la vie individuelle comme pour celle de l'espèce tout entière, c'est de changer et de convertir de plus en plus la volonté la plus basse, la volonté terrestre et naturelle en la volonté supérieure et divine. Ainsi le point véritable par où débute cette philosophie de l'histoire, c'est, chose monstrueuse ! de déplorer qu'il y ait eu une histoire, et que la condition des esprits bienheureux, qui rendait toute histoire impossible, n'ait pas duré. L'histoire est une apostasie, un obscurcissement de l'être pur et divin ; loin que Dieu s'y découvre, c'est plutôt la négation de Dieu qui s'y reflète. La race humaine réussira-t-elle finalement à retourner entièrement et complétement à Dieu ? Ce n'est là, dans le système de Schlégel, qu'une attente, une espérance qui, une première fois assombrie par le protestantisme, doit sembler à l'auteur au moins fort incertaine. Quand il exprime les traits distinctifs du caractère et de l'histoire des différentes nations, il laisse un peu à l'arrière-plan l'idée fondamentale de son système, mais il montre une platitude intellectuelle qui cherche à compenser par les douceurs du langage la faiblesse et l'absence fréquente de la pensée. »

Il m'a semblé nécessaire de mettre sous les yeux du lecteur les paroles mêmes qui ont eu tant d'influence sur la réputation de l'ouvrage que nous examinons en ce moment. La critique qu'elles renferment est loin d'être juste.

Gans aurait dû déterminer d'une façon plus claire et plus explicite le point auquel son objection s'adressait : il aurait dû montrer en quoi la pensée fondamentale de Schlégel était erronée. L'erreur consistait-elle dans cette assertion que l'homme a été créé libre? ou dans cette autre que deux routes fort différentes s'ouvraient devant lui? ou encore dans celle-ci qu'il a choisi la plus mauvaise voie et qu'il a souvent désobéi à la volonté de Dieu? Est-ce pour avoir énoncé l'une ou l'autre de ces propositions, ou toutes les trois prises ensemble, que l'on peut dire de Schlégel qu'il a fait comme s'il eût déploré l'existence de l'histoire? Ce trait d'esprit de Gans a eu le plus grand succès; mais ce qui est plus amusant encore, c'est le raisonnement par lequel il y arrive. Certainement, il obligeait Gans à soutenir que l'homme n'avait pas été créé libre, qu'il n'avait jamais eu devant lui qu'une seule route ouverte, qu'il ne s'était jamais fourvoyé, qu'il n'avait jamais péché. Mais si Gans était résolu à défendre ces contre-propositions, il aurait dû marquer avec précision qu'elles sont impliquées dans l'idée fondamentale qu'il voulait opposer à celle de Schlégel; le lecteur aurait pu ainsi comparer ces deux idées et décider en connaissance de cause si elles ont plus de droits l'une que l'autre à être appelées philosophiques. On le remarquera, la raison qui m'a fait déclarer illégitime et antiscientifique de commencer la philosophie de l'histoire par l'affirmation de la chute prouve qu'il est tout aussi illégitime et tout aussi antiscientifique de commencer par la nier. Elle pèse du même poids sur Gans et sur Schlégel. Evidemment Schlégel n'a pas déploré qu'il y ait eu une histoire, mais seulement qu'il y ait eu une histoire dont le péché a souillé l'origine et empoisonné tout le cours. Il n'a pas été jusqu'à admirer la chute comme un événement heureux et héroïque, et à regarder le mal en général comme un « bien à un point de vue différent de celui auquel nous sommes habitués ».

Dire que, pour Schlégel, l'histoire n'est que le développement de l'apostasie humaine, et qu'elle reflète non pas Dieu, mais sa négation, c'est là une accusation entièrement fausse. Il a accepté de tout cœur l'idée de Lessing d'une éducation progressive de la race humaine par la Providence ; il l'a pleinement exposée, il l'a fortifiée de preuves nouvelles dans les septième et huitième leçons de la *Philosophie de la vie ;* il y revient à plusieurs reprises dans la *Philosophie de l'histoire.* Il ne nie pas la perfectibilité indéfinie de l'homme, mais il affirme qu'il est aussi corruptible que perfectible. Il rejette l'hypothèse d'après laquelle le développement de l'homme aurait eu pour point de départ une condition entièrement animale ; il n'admet pas que son histoire ait été d'un bout à l'autre un progrès sans brusques interruptions et sans de longs repos, sans déviations ni retours en arrière, mais il pense que le progrès est le résultat naturel des facultés dont l'homme a été doué, et qu'on peut en marquer nettement le cours en tant que fait général de l'histoire. Sans doute il tâche de prouver qu'une révélation primitive a été faite au genre humain, et il essaye d'en suivre les altérations successives, dues au mélange d'erreurs diverses ; mais ce qui est l'objet principal de ses efforts, c'est, comme il le dit lui-même, « de montrer la restauration progressive dans l'humanité de l'image effacée de Dieu, par la grâce sans cesse croissante aux différentes périodes du monde, depuis la révélation primitive jusqu'à la révélation de rédemption et d'amour qui marque le milieu de l'histoire, et depuis cette seconde révélation jusqu'à la consommation des temps. »

Schlégel nous avertit d'abord que la philosophie de l'histoire est l'esprit ou l'idée de l'histoire, et qu'elle doit être tirée de l'histoire elle-même ; que son but, c'est d'exposer les principaux faits du passé et leur liaison, d'en apprécier l'importance relativement au progrès collectif du genre humain, de manière à pouvoir dérouler, dans une certaine mesure, le plan général de l'histoire universelle ; que, dans l'accomplissement de ce dessein, il fixera son attention sur le sujet principal, l'esquisse générale du développement humain, sans se laisser distraire et disperser par la multitude des petits détails ; qu'il ne cherchera pas à tout expliquer ni à combler toutes les lacunes de l'histoire. Malheureusement, à cette admirable déclaration, il en substitue une autre toute différente et qui ne peut se concilier avec la précédente. « Dans l'histoire, dit-il, comme dans toute science, le point autour duquel tout gravite, le problème qui décide de tout le reste, c'est de savoir si l'on déduira tout de Dieu, et si Dieu lui-même sera considéré comme la première existence et la nature comme la seconde, bien qu'occupant sans contredit une place très-importante, ou si inversement la prééminence sera donnée à la nature et si, comme il arrive alors invariablement, toutes choses seront déduites de la nature seule, tandis que la Divinité, non pas peut-être en termes exprès et formels, mais indirectement et en fait, est laissée de côté, ou tout au moins reste inconnue. Cette question ne peut être résolue par la pure discussion dialectique, qui rarement atteint son but ; c'est la volonté qui décide ici presque toujours et qui amène l'individu, selon la nature et les dispositions de son caractère, à choisir entre les deux routes opposées celle qu'il suivra dans la spéculation et dans la science, dans ses croyances et dans sa vie. » Schlégel aurait dû expliquer comment, en admettant, ainsi qu'il l'a dit tout à l'heure, que la philosophie de l'histoire est simplement l'esprit ou l'idée de l'histoire et ne peut être connue que par l'histoire elle-même, le premier problème de cette philosophie, celui qui décide de tout le reste, pourrait être la déduction des choses, soit de Dieu, soit de la nature ; comment il serait possible de prendre à la fois pour point de départ les faits historiques et un principe théologique ou ontologique ; comment l'induction pourrait être au début, si la déduction doit la précéder. Cette explication, il n'a pas essayé de la donner ; l'eût-il fait, qu'il eût échoué, car les deux doctrines sont inconciliables ; si l'une est vraie, l'autre doit être fausse.

Dans les deux premières leçons, Schlégel traite de la relation entre la terre et l'homme, de la condition primitive de l'humanité et de la division du genre humain en races et en classes, qui donnèrent plus tard naissance à la pluralité des nations. Il rejette l'hypothèse que l'homme soit sorti du singe et soutient qu'il a été établi le seigneur et le maître de la terre, parce qu'il a reçu un principe divin, le verbe intérieur de Dieu, qui est la lumière de la conscience supérieure, la racine de la pensée et du langage, le lien qui unit et le pouvoir qui dirige toutes les perfections caractéristiques de la nature humaine. Il affirme que la condition primitive de l'homme a été une condition d'innocence; qu'il était doué de hautes facultés ; que l'état sauvage est un état de décadence et de dégradation ; qu'en conséquence il marque, non pas la première, mais la seconde phase de l'histoire humaine. L'origine de la discorde entre les hommes est pour lui le premier fait de l'histoire, et l'antagonisme des fils de Seth et des fils de Caïn, l'axe autour duquel tourne toute l'histoire primitive : il voit dans cet antagonisme une lutte de principes beaucoup plus que de races, et, en réalité, un combat entre la religion et l'impiété, dans les proportions grandioses du monde primitif. Il fait valoir des arguments en faveur des traditions qui attribuent aux premiers hommes une stature gigantesque, une longévité prodigieuse, une grande puissance intellectuelle pour le bien comme pour le mal. Il essaye, mais sans aucun succès, d'appuyer cette hypothèse sur les découvertes des sciences naturelles. Les pages qui terminent la seconde leçon ressemblent beaucoup à quelques-unes de celles qui se trouvent dans la *Philosophie de l'histoire* de Hégel; nous discuterons les idées qu'elles renferment quand nous parlerons de ce dernier. Schlégel y soutient que, de même qu'on ne peut proprement appeler *historiques* qu'un petit nombre d'individus, de même en est-il pour les nations; quinze seulement ont droit, en réalité, à cette qualification, et elles forment une chaîne ou un courant depuis le sud-est de l'Asie jusqu'aux extrémités septentrionales et occidentales de l'Europe, courant fort large en lui-même, mais assez étroit en proportion des deux continents qu'il traverse.

Les quatre leçons suivantes traitent de la constitution de l'empire chinois et du caractère de l'esprit de ce peuple; — des institutions, des doctrines, de la culture intellectuelle et morale des Hindous; — de la science et de la religion des Egyptiens; — du gouvernement théocratique et de la mission providentielle des Hébreux. Ce que Schlégel dit de l'Égypte est fort court; la principale autorité sur laquelle il s'appuie est celle de Champollion; il parle avec beaucoup de détails de la Chine, sur la foi d'Abel de Rémusat et surtout du Dr Windischmann; il insiste plus encore sur l'Inde, d'après les données de Colebrooke, Auguste William de Schlégel, etc. Relativement à la place d'Israël dans l'histoire, il fait de larges emprunts à la *Philosophie de la tradition*, de Molitos. Comparant ces quatre nations, Schlégel prétend découvrir que chacune est caractérisée par la prépondérance de l'une des quatre facultés qu'il déclare primitives dans l'âme et l'esprit de l'homme et qui, selon lui, ont été désunies et tournées l'une contre l'autre par le péché qui a détruit l'harmonie et la perfection originelles de la nature humaine. L'esprit chinois, lui semble-t-il, se distingue par la prédominance de la *raison*, faculté d'analyse et de coordination, mais par elle-même dépourvue de puissance inventive et de fécondité, et

inclinant facilement à l'égoïsme, au formalisme, à l'athéisme.
Ce qui caractérise l'esprit hindou, c'est la prédominance de
l'*imagination*, faculté d'invention dans l'art, la poésie et même
la science, mais portée à tomber dans la sensualité et le mysticisme. La faculté maîtresse de l'esprit égyptien, c'est l'*entendement*, faculté d'appréhension ou d'intuition, qui pénètre
jusqu'à l'essence intime et à la signification scientifique des
choses, mais qui, sans un cœur pur et ferme, ne met pas à
l'abri des illusions pleines de ténèbres et des pratiques méprisables. Enfin, ce qui domine dans l'esprit hébreu, c'est la
volonté, une volonté qui cherchait son Dieu avec sincérité,
avec énergie, avec ardeur, et qui se laissait guider par lui
avec foi, courage et résignation. — On remarquera qu'il y
a là deux choses : une théorie psychologique et une généralisation historique; bien qu'elles aient été réunies par
Schlégel, on peut les séparer. Je crois, quant à moi, qu'on
le doit. La théorie psychologique — à savoir que la raison,
l'imagination, l'entendement et la volonté, définis comme ils
viennent de l'être, sont les quatre facultés primitives de l'esprit — sera rejetée par quiconque aura donné quelque attention à la science mentale. La généralisation historique, —
c'est-à-dire que les Chinois, les Hindous, les Egyptiens et les
Hébreux se sont distingués les uns des autres par les traits
de caractère mentionnés plus haut, — cette généralisation,
dis-je, renferme probablement une grande part de vérité.

De plus, selon Schlégel, le Verbe extérieur s'est divisé et
diversifié entre ces nations tout autant que le Verbe intérieur. Il nous apprend à plusieurs reprises que son but prin-

cipal, en ce qui concerne la première période de l'histoire universelle, c'est de prouver l'existence d'une révélation primitive de la vérité divine, qui a précédé les fables si diverses du paganisme et qui se cache sous leurs symboles. Il m'est impossible de trouver que, même avec l'aide de son ami Windischmann et du Dr Molitor, il ait le moins du monde réussi à établir cette thèse; mais une telle croyance était évidemment fort naturelle chez un catholique romain comme Schlégel, et, en cette qualité, il était plus excusable que tout autre de l'accepter sans preuves suffisantes. Il est néanmoins remarquable qu'il y ait des auteurs protestants, et en assez grand nombre, qui font ressortir sévèrement l'absurdité des catholiques romains quand ils admettent que des vérités et des pratiques aient pu être transmises depuis l'époque comparativement récente des premiers apôtres du christianisme, à travers des siècles comparativement éclairés, et dans un petit nombre de pays qui ont toujours été unis entre eux par des relations comparativement étroites, — tandis qu'eux-mêmes, protestants, croient à l'existence de traditions primitives qui ont dû traverser quatre périodes aussi longues, se sont répandues sur toute la terre et ont été, à travers les mille vicissitudes de la fortune, l'objet de l'attachement de tous les peuples et de toutes les tribus; ils voient dans ces traditions une explication de presque tous les faits de la vie païenne. Ces auteurs, comme dit l'Écriture, rejettent le moucheron et avalent le chameau. Les recherches les plus authentiques sur le développement de la religion ne confirment pas l'opinion que la connaissance d'un seul Dieu et des autres vérités spirituelles ait été répandue dans le monde par tradition; elles nous montrent au contraire que, chez toutes les nations les plus civilisées du paganisme, l'unité est non le point du départ, mais le but de la pensée religieuse, et que chez les nations les plus barbares on trouve rarement la conception du monothéisme. Dans la période védique de l'histoire indienne, le naturalisme exista d'abord seul; puis vint l'anthropomorphisme, et enfin, par le long travail de la réflexion, on s'éleva jusqu'à la notion d'un Dieu unique; mais cette notion fut exclusivement le produit de la spéculation, et, dans son essence, fut une conception panthéistique. De même en Grèce, où la religion populaire commença par le naturalisme et finit par l'anthropomorphisme sans arriver jamais à la connaissance d'un seul Dieu; car, bien que les philosophes, par leurs spéculations sur le monde et sur l'homme, s'en soient approchés, Platon lui-même et Aristote, comme les sages aryens, ne sont jamais allés au delà d'une forme raffinée du panthéisme qui ramène à l'unité toute multiplicité.

Des quatre nations qui viennent d'être mentionnées, Schlégel passe à celle des Perses, qui, selon lui, doit être classée parmi les précédentes, si l'on ne considère que la religion, les traditions sacrées, le caractère et la situation géographique, mais qui néanmoins forme la transition de la première à la seconde époque du monde. Avec elle commence le cours de la conquête universelle, poursuivie plus tard par les Grecs, presque achevée par les Romains; la Perse ouvre ainsi la série des nations qui eurent dans l'his-

toire une influence réellement prépondérante. Schlégel
rappelle brièvement le sentiment intense et profond de la
nature, le culte antique des ancêtres, les mœurs pures des
anciens Perses, l'esprit d'ambition et l'enthousiasme guer-
rier qui se développèrent parmi eux, le caractère de la monarchie nouvelle fondée par Cyrus, l'institution des mages,
les priviléges de la noblesse, le système d'éducation morale
et militaire, les conquêtes rapides de l'empire, sa décadence
et sa chute, causée par l'orgueil et le luxe (Leçon VII). Il
retrace ensuite, d'une part, la richesse et la variété pro-
digieuses de la vie et de l'intelligence chez les Grecs, manifestées par leurs établissements et leurs colonies partout
répandus ; les formes si diverses de gouvernement et de civilisation qu'on trouve chez ce peuple, les traits distinctifs de
leur état politique, de leur religion, de leur art, de leur
science et de leur philosophie (Leçon VIII) ; — il décrit
d'autre part le caractère énergique et austère des Romains,
leur simplicité primitive, leur piété sérieuse, leur sens pratique si perspicace, leur coup d'œil politique si pénétrant,
leur persévérance et leur vigueur dans la conquête, leurs
guerres civiles si sanglantes, les mérites de leur poésie,
de leur littérature historique, de leur jurisprudence, supérieure à tout ce que le monde avait vu jusque-là, mais imparfaite pour avoir méconnu la distinction entre la loi stricte
ou absolue et la loi d'équité, que modifient les circonstances; il marque enfin les progrès, la dissolution lente, la
monstrueuse et irrémédiable corruption, la chute de l'empire (Leçon IX). Il n'essaye pas de réunir en une formule

générale l'histoire de ces trois nations ; ou du moins il s'en tient à cette vague formule, que toutes les trois ont déployé une grande énergie et aspiré à l'empire universel. Dans les pages qu'il leur consacre, on ne voit aucune préoccupation dogmatique, aucune conclusion, obtenue *a priori*, qu'il s'agisse d'établir ; c'est peut-être la seule partie de l'ouvrage où l'on puisse appliquer cette remarque.

La dixième leçon, la première du second volume, nous amène à la crise qui marque le milieu de l'histoire, la naissance du christianisme. La manière dont Schlégel divise et caractérise les grandes époques du développement humain est superficielle et chimérique à un degré presque incroyable. Le principe déterminant, dans chaque époque, c'est, pour lui, l'impulsion divine, communiquant une vie nouvelle. « Le Verbe de la vérité divine, qui a été primitivement communiqué à l'homme, et qu'attestent de tant de manières si diverses les traditions sacrées de toutes les nations, est le fil conducteur de toute investigation et de toute appréciation historiques pendant la première phase du progrès de la société. Mais, dans la seconde phase du développement historique, phase dont l'époque doit être fixée à ce qu'on pourrait appeler le plein midi de la civilisation, quand la puissance victorieuse se manifeste avec tant d'évidence par la suprématie qu'obtiennent les nations à qui fut accordé l'empire du monde, c'est la question de savoir jusqu'à quel point l'exercice de cette puissance a été juste ou injuste, conforme ou contraire à la volonté divine, ou tout au moins dans quelle mesure se sont combinés ces caractères opposés; c'est là, dis-je, ce qui doit constituer le véritable principe dirigeant de la recherche historique. Dans la troisième et dernière phase du développement humain, qui coïncide avec la période moderne du monde, les pures vérités du christianisme, en tant que leur influence se fait sentir sur la science et la vie elle-même, peuvent seules fournir le vrai fil d'investigation et peuvent seules apporter quelques indications relativement aux progrès ultérieurs de la société dans l'avenir. Ainsi, le *Verbe*, la *Puissance*, la *Lumière*, forment le triple principe divin selon lequel doit s'opérer la classification morale des phénomènes historiques. » Une telle formule est évidemment au-dessous de toute critique sérieuse, et nous pouvons passer outre en nous consolant avec cette réflexion qu'une formule plus spécieuse et plus précise aurait très-probablement été plus nuisible encore.

Dans les cinq premières leçons de son second volume, Schlégel expose l'état social et politique du monde au moment de l'apparition du christianisme, le déclin de la puissance romaine, les invasions des peuples germaniques, la diffusion de la religion chrétienne, la naissance, les conquêtes, le caractère de l'islamisme, l'organisation nouvelle de l'Europe occidentale sous l'influence de l'Église, l'établissement de l'empire d'Allemagne, les luttes des Guelfes et des Gibelins, les croisades, la poésie et l'art de l'époque romane, la science et la jurisprudence scolastiques, l'éveil de l'esprit d'inquiétude et d'indépendance qui conduisit à la Réforme (Leçons X-XIV). L'influence de ses convictions de catholique romain devient très-visible dans ces leçons.

Pour glorifier l'Église du moyen âge, c'est-à-dire le système théocratique de la papauté, il en exagère beaucoup les mérites réels, et il méconnaît entièrement et le mal qu'elle a produit et le bien qui s'est fait malgré elle. Il se tait sur la condition de la masse immense du peuple, sur l'oppression et les vexations dont les serfs étaient victimes, et ne dit presque rien des violences et des brutalités sans nombre de la noblesse. Malgré la corruption, l'avarice, l'ambition, la fausseté qui dominaient alors dans le clergé, il ne le dépeint que sous les couleurs les plus favorables, oubliant que ceux qui furent les témoins oculaires de la conduite des prêtres les ont représentés sous des couleurs tout autres. Il tâche de montrer que le défaut capital du moyen âge fut le rationalisme, ou, comme il l'appelle, l'esprit de l'absolu. Il pense que la philosophie scolastique fut essentiellement l'expression de cet esprit, et que, malgré les efforts d'hommes comme saint Thomas d'Aquin pour la rendre aussi peu dangereuse que possible, il eût mieux valu qu'elle n'eût pas existé et que la raison n'eût jamais interrogé la foi. Il croit que la première période du moyen âge fut, en somme, une belle et heureuse phase dans la vie de l'humanité, jusqu'à l'apparition de l'individualité ou de la libre recherche, qui fut une inspiration de l'Antechrist. En fait, il représente le principe du progrès du genre humain comme le principe de sa décadence. Si, du point de vue catholique romain où il se place, l'histoire du moyen âge lui apparaît beaucoup plus belle qu'elle ne fut réellement, il voit en revanche l'histoire moderne sous un jour très-défavorable : la vie nationale de tous les peuples qui ont subi profondément l'impulsion donnée par la Réforme devait nécessairement avoir à ses yeux un caractère maladif et anti-chrétien. Tel fut cependant le point de départ des spéculations théoriques de Schlégel sur l'histoire. Défendre le catholicisme romain, montrer en lui la vraie source de toute vraie prospérité pour les nations, de tout progrès historique réel, c'est là l'une de ses plus évidentes et de ses plus chères préoccupations. Je suis loin de lui en faire un reproche. Un catholique romain est manifestement dans son droit quand il cherche à montrer que l'histoire est pour lui : c'est même un devoir qui s'impose à lui, et, j'ajoute, un devoir que les protestants devraient se réjouir de voir rempli; car, si le protestantisme est plus d'accord avec l'enseignement de l'histoire que le catholicisme romain, l'étude de l'histoire doit tendre à élargir et à affranchir l'esprit des catholiques et à les préparer à l'adoption des principes protestants. Ce fait seul que la philosophie de l'histoire de Schlégel est une tentative pour expliquer le mouvement de l'humanité du point de vue de la foi catholique donne à cette philosophie un intérêt et un prix tout particuliers. Le caractère distinctif de cet ouvrage, c'est d'avoir appliqué à l'histoire, prise dans son ensemble, la conception que le catholicisme romain se fait de la vie humaine d'une manière plus rigoureuse et plus large qu'on ne l'avait tenté jusqu'alors ; il serait injuste de contester que ce ne soit là un mérite. Nous n'en sommes pas moins libres de soutenir que le service rendu ainsi par Schlégel à la philosophie de l'histoire consiste, pour une bonne part, à avoir montré indirectement et involontairement que le catholicisme romain est impuissant à fournir les principes d'une vraie théorie de l'histoire. Pour Schlégel, comme pour tous les auteurs qui ont essayé de construire un système sur de telles bases, l'histoire, depuis la Réforme, est une source non de lumières, mais d'incertitude et d'embarras. On ne l'explique pas ; on se contente d'y voir une énigme qu'il faut rapporter « aux secrets insondables des décrets divins touchant la conduite du genre humain ». On ne la fait pas rentrer dans la sphère de la philosophie ; on avoue qu'elle est en dehors.

Dans les leçons consacrées à la Réforme, aux guerres de religion, à l'illuminisme, à la Révolution française (Leçons XV-XVII), Schlégel, tout en se montrant plus libéral que la logique ne le permet à un catholique romain, est contraint, par le caractère étroit et exclusif de sa théorie, de fermer les yeux sur beaucoup de faits, de défigurer et d'apprécier à faux beaucoup d'autres. Il fait précéder ces leçons de quelques observations générales sur la philosophie de l'histoire. Il ne faut pas, selon lui, la chercher dans les faits historiques particuliers, mais dans les principes de la science sociale ; et ces principes, ce ne sont pas les lois naturelles de l'organisme, mais les manifestations du libre arbitre, la faculté de se déterminer moralement entre le bien et le mal ; les lois naturelles n'en sont que le fondement physique, ou, pour mieux dire, elles ne constituent qu'une disposition dont la direction dépend de l'usage que l'homme fait de sa liberté. Ce n'est que lorsque le principe supérieur de la liberté a été altéré ou détruit, que les lois de la nature, les lois de la nécessité, prédominent, et que les progrès et les symptômes de maladie organique dans les corps politiques peuvent être suivis par la science de l'histoire avec presque autant de précision qu'ils le sont par la science médicale dans les corps des individus. A côté de la liberté, il est un autre principe divin que l'on doit reconnaître dans le développement des nations : c'est la direction d'une Providence dont l'amour et le gouvernement s'étendent sur toutes choses ; c'est la puissance active et rédemptrice de Dieu s'exerçant dans l'histoire ; elle rétablit l'individu et l'espèce dans leur liberté perdue, et leur rend en même temps le pouvoir de faire le bien. Sans cette idée d'une Providence universelle, du pouvoir rédempteur de Dieu, l'histoire serait un labyrinthe sans fil et sans issue, une grande tragédie qui n'aurait proprement ni commencement ni fin, un entassement confus de siècles sur des siècles. Parallèlement à la liberté et à la Providence, existe un troisième principe, la permission du mal ; c'est l'énigme la plus obscure et la plus compliquée du monde ; la seule solution qu'on en puisse donner, c'est qu'elle est une épreuve, préparée par Dieu même, pour la faculté du libre arbitre. Celui-là seul qui a une vue claire et profonde de la nature et des opérations de ce mystérieux élément, le mal, peut pénétrer assez avant au delà de la surface des événements historiques. Ces trois grands principes, les voies cachées de la Providence pour délivrer et émanciper la race humaine, la libre volonté de l'homme destinée à faire un choix décisif dans le combat de la vie, la puissance laissée par Dieu au mal, constituent la triple loi du monde historique. On ne peut les déduire comme étant absolument nécessaires, ainsi que le sont les lois de la nature ou de la raison, mais ils doivent être tirés de la multitude des faits historiques et jaillir, en quelque sorte, de l'observation toute seule.

Après avoir posé ces principes, Schlégel passe à l'appréciation de la Réforme. Il reconnaît la grandeur de Luther; il admet l'urgence d'une réforme au seizième siècle, et qualifie ce qui s'est fait alors de révolution considérable et décisive, qui, depuis cette époque jusqu'à nos jours, a déterminé par une influence prépondérante le mouvement des temps modernes et le caractère de la science moderne. Mais en même temps il déclare que la Réforme a été une entreprise purement humaine, dépourvue de toute garantie; qu'elle a produit dans le genre humain une scission profonde, prolongée et sans remède, qu'elle n'a pas été ce qu'elle aurait dû être, une réforme *divine*, étendue, radicale, efficace, une réforme qui aurait renouvelé et revivifié l'Église sans la séparer du centre sacré de la tradition chrétienne, et sans introduire la discorde dans la société. — Or je m'inscris énergiquement en faux contre cette assertion commode, présomptueuse, méprisante, que la Réforme fut l'œuvre de l'homme en opposition à l'œuvre de Dieu, car mes lumières religieuses, comme celles de Schlégel, me portent à croire qu'une œuvre humaine opposée à une œuvre divine est une œuvre de Satan. Tout bien a sa source en Dieu; de même, Satan est la source de tout mal. Le bien est un effet dont

Dieu est dans tous les cas la cause première ; le mal est un effet dont Satan est la première cause dans tous les cas. Entre les événements bons ou mauvais que nous pouvons saisir, et leurs causes premières, il y a néanmoins une cause seconde, la volonté humaine, qui intervient toujours : ce qui revient à dire que dans l'histoire Dieu est l'auteur de tout bien, Satan l'auteur de tout mal, par l'intermédiaire de la volonté de l'homme. Dans toute circonstance donnée, nous pouvons donc décider d'une manière satisfaisante si l'action de Dieu ou celle de Satan se sont fait ou non sentir ; le procédé légitime, c'est alors une induction fondée sur l'examen du caractère moral des faits dont il s'agit. On n'a pas le droit, par pure divination ou par dogmatisme *à priori,* de les attribuer soit à l'un, soit à l'autre ; on n'a pas le droit d'énoncer des assertions relatives à la cause première des phénomènes si l'on n'a pas patiemment, scrupuleusement étudié leurs causes secondes et leurs conséquences, connaissance indispensable pour arriver à celle de la vraie cause première. Avant de pouvoir légitimement rattacher le nom de Dieu ou le nom de Satan à un mouvement aussi vaste que celui de la Réforme, il faut l'avoir ramené par l'analyse à ses éléments ; il faut en avoir déterminé et étudié avec soin les causes secondaires et les résultats, avoir scrupuleusement fait la part du bien et celle du mal ; cela fait, on doit se contenter de rapporter le bien à Dieu et le mal à Satan. Ce n'est certainement pas ainsi qu'a procédé Schlégel ; au contraire, il a déclaré la Réforme une œuvre humaine en opposition avec une œuvre divine, sans avoir donné la moindre preuve qu'elle ait été exclusivement mauvaise, ou même que le mal y ait prédominé. Quant à cette autre Réforme qui, selon lui, eût dû être tout autre que celle qui s'est réellement produite, je ne ferai qu'une remarque : c'est qu'elle n'aurait pas seulement été une œuvre de Dieu, mais une œuvre miraculeuse. Le pape et les autres membres de la hiérarchie sacerdotale ont nettement refusé de sortir des voies perverses où ils étaient engagés ; ils ont résisté résolûment aux besoins les plus urgents de réformes ; ils ont, en un mot, résolûment désobéi à Dieu, qui leur parlait par la bouche des hommes ; et comme Dieu n'a pas jugé bon de leur parler par miracles et de les rendre malgré eux honnêtes, pieux, éclairés, la Réforme dut nécessairement se produire en dépit de leurs efforts et au milieu des troubles les plus profonds. Peut-être une Réforme miraculeuse et à l'eau de rose eût-elle été préférable ; à coup sûr, elle se fût fait aimer davantage ; mais le miracle n'a pas eu lieu, et l'eau de rose toute seule n'eût certainement pas suffi.

En suivant le développement et la diffusion du protestantisme dans les différents pays de l'Europe, Schlégel condamne toutes les persécutions ; il soutient que là où le protestantisme a été supprimé à la surface, ce qui en constitue la partie essentielle, c'est-à-dire l'esprit de destruction négative et d'innovation révolutionnaire, a subsisté à l'état de fureur concentrée ; et que cet esprit, s'infiltrant dans le système moral d'une nation catholique, est beaucoup plus fatal à son bonheur et à celui de ses voisins que ne serait une constitution protestante régulièrement établie. Les trois grands résultats historiques du protestantisme sont, selon lui : en Allemagne, la paix religieuse, ratifiée par le traité de Westphalie ; en Angleterre, la constitution de 1688 et le système important de la balance des pouvoirs ; en France, le développement des lumières qui aboutit à la Révolution. La première de ces conséquence, il l'apprécie en toute équité ; il juge fort imparfaitement les deux autres.

La dernière leçon n'a peut-être pas une grande valeur intrinsèque ; mais elle présente un grand intérêt. Elle montre que l'auteur n'a pas trouvé dans l'Église catholique romaine la satisfaction qu'il y cherchait. Elle montre qu'il avait conscience que sa philosophie de l'histoire était fort loin d'être une théorie parfaite ; que, en particulier, plus de trois siècles restaient pour lui un mystère embarrassant. Dans cette leçon, Schlégel manifeste un vif désir d'arriver à la solution de l'énigme, l'espérance anxieuse d'une Réforme divine devant laquelle s'affaisserait et s'évanouirait la Réforme humaine, d'une lumière divine en face de laquelle s'éteindrait l'éclat trompeur de tous les systèmes de rationalisme philosophique ; de la destruction de l'esprit de l'absolu ; du développement, de l'établissement, du triomphe d'un gouvernement chrétien et d'une science chrétienne. C'est en formulant l'espérance religieuse d'une prompte réalisation de toutes ces choses, que Schlégel termine sa philosophie de l'histoire ; mais comme, pour lui, l'esprit de l'absolu ou la cause du mal ne sont autre chose que l'esprit de la liberté guidée par la raison ; comme la cause du bien, dont il souhaite le triomphe dans la science et dans la vie, n'est que la soumission sans restriction et sans condition à une autorité extérieure, il m'est impossible de trouver à son espérance aucun fondement satisfaisant.

CHAPITRE X

KRAUSE.

Charles-Christian-Frédéric Krause (1781-1832) est peu connu en Angleterre. Il étudia la philosophie à Iéna sous Fichte et Schelling; l'influence de tous les deux, du second surtout, se reconnaît distinctement dans ses ouvrages. On ne peut pourtant pas dire proprement de lui qu'il fut disciple de Schelling, ni même qu'il fut disciple de personne; il suivit une voie qui n'est qu'à lui. N'ayant pas trouvé satisfaction pour son esprit et pour son cœur dans les doctrines de ses maîtres ni dans aucun système antérieur, il se fit, avec une tranquille indépendance et une persévérance digne de tout éloge, une philosophie qu'on peut appeler originale à aussi juste titre que celle de Fichte, de Schelling ou de Hégel. Il eut une foi profonde et fervente dans la vérité et la valeur de cette philosophie, et consacra un zèle infatigable à l'élaborer et à la répandre. Ses travaux restèrent longtemps sans résultats appréciables. Ses nombreux ouvrages de philosophie attirèrent peu d'attention, et ceux qu'il écrivit sur la franc-maçonnerie lui suscitèrent des persécutions.

Il eut à lutter toute sa vie contre la pauvreté et l'adversité. Il ne dépassa jamais le rang de *privat docent*; ce défaut de succès populaire s'explique peut-être assez naturellement[1]. Il était le contemporain de Schelling et de Hégel, et sa voix avait peu de chance d'être entendue tant que les oreilles des hommes seraient ensorcelées par les déclarations et les promesses magnifiques de ces deux grands enchanteurs, qui entraînaient alors derrière eux presque tout le monde philosophique, ravi d'admiration et d'étonnement, et qui, « savants trop épris de leur science, frappés d'une folie sublime par l'amour de leurs nouvelles pensées, semblables à des Titans, se sont plongés dans l'océan de la nature, et, dans leur invasion violente, se sont précipités jusqu'à ces autels du sanctuaire où les hommes ont toujours gardé leurs rêves les plus saints, comme des hiérophantes devant la foule avide. »

[1]. Voici comme s'exprime là-dessus le professeur Zeller : « Si l'on veut être lu, il faut écrire de manière à être compris. C'est vraiment trop exiger du lecteur que de lui imposer la tâche d'apprendre une langue nouvelle pour parvenir à pénétrer le sens de deux ou trois volumes, sans qu'il puisse savoir d'avance si sous cette écorce dure et rugueuse se cache un fruit qui vaille la peine d'être mis à découvert. Toute science doit avoir sans doute sa terminologie, et, quand on découvre de nouvelles idées, la création de signes nouveaux appropriés à ces idées est chose nécessaire et qui se justifie par elle-même. Mais il faut en tout une mesure. S'il se trouve un écrivain qui reste toujours guindé sur les échasses de sa terminologie, qui, sous prétexte de purisme, écrive un allemand aussi inintelligible aux Allemands eux-mêmes que du sanscrit ; si l'on rencontre chez lui à chaque pas, et souvent à la douzaine dans une même période, des expressions comme *principialité, primo-principialité, toto-principialité, judiciabilité, compréhensibilité* et *intelligibilité, primo-unité de l'essentialité, totalité de l'essentialité, essentialité du rapport, de la manière d'être ;* si l'on ne peut espérer de saisir sa pensée avant d'avoir compris la différence qui existe entre conscience de l'être premier, conscience de l'être en soi, conscience de l'être total, conscience de l'être à la fois en soi et total et sentiment de l'intuition de la totalité, etc. *, on comprend que tout le monde ne se décide pas à chercher à déchiffrer de tels hiéroglyphes. »

* Nous supprimons ici quelques mots qui nous ont paru intraduisibles.

Dans un tel état d'excitation, les pieuses spéculations de Krause n'étaient pas de nature à se recommander aux esprits. Avant que ses prétentions pussent être examinées avec impartialité, il fallait que le charme fût rompu, le délire calmé. De plus, Krause diminua considérablement les chances qu'il avait d'attirer l'attention sur lui-même, ou mieux sur ce qui lui était plus cher que lui-même, sa doctrine, en adoptant la plus embarrassante et la plus rebutante terminologie. Il conçut le projet de réformer la langue aussi bien que la philosophie de l'Allemagne, de la purger de tout élément étranger, d'écrire dans un allemand absolument pur. En même temps, loin de juger qu'il fût nécessaire d'éviter le plus possible l'emploi des termes techniques, il en usa avec plus de prodigalité que ceux qui les empruntaient le plus librement au grec et au latin. Le résultat fut un allemand si pur, que les Allemands les plus instruits ont déclaré ne pas le comprendre mieux que l'arabe ou le sanscrit. Évidemment, ils ont un peu exagéré; mais c'est trop de dire un peu; c'est à peine s'il y a exagération, et, dans beaucoup de cas, le pur allemand de Krause est horrible au delà de toute expression. Mainte et mainte fois, quand je me suis vu en présence de certaines phrases [1], il me semblait que mon étude de la philosophie faisait de moi, sinon un martyr, au moins une victime, et je me suis dit, non sans gratitude, que la langue anglaise n'avait jamais été torturée de la sorte, même par un philosophe. Ce qui rend

---

[1]. Nous supprimons ici une citation de Krause qui nous a paru intraduisible.

encore plus inexcusable le procédé de Krause, c'est qu'il était capable d'écrire admirablement, et qu'il l'a fait quelquefois, en dépit de son purisme. On ne peut lire, par exemple, son *Idéal de l'humanité* sans y trouver les plus douces jouissances esthétiques, en même temps que les satisfactions morales les plus élevées.

Ceux qui les premiers subirent pleinement l'influence de Krause furent quelques-uns de ses élèves à Gœttingue, en petit nombre, et sa renommée est due en grande partie au zèle de leur propagande. L'un des plus enthousiastes fut Henry Ahrens, aujourd'hui professeur de philosophie et de science politique à Leipzig, auparavant professeur de droit naturel à l'Université de Bruxelles, après avoir été étudiant et *privat docent* à Gœttingue. Il introduisit la doctrine de son maître en Belgique, où elle fleurit encore. Un cours de philosophie qu'il fit à Paris sous les auspices du gouvernement français (1836-38) attira sur le système l'attention des esprits philosophiques; quelques-uns, MM. Bouchitté, Duprat, etc., s'y rallièrent. Le *Cours de droit naturel*, du même auteur, qui a été réédité ou traduit plus de vingt fois, a fait favorablement connaître aux jurisconsultes de tous les pays la philosophie de Krause. Son principal défenseur en Belgique est aujourd'hui M. Tiberghien, qui a beaucoup contribué, comme professeur et comme écrivain, à en exposer et en répandre les principes. Le baron de Leonhardi, auparavant professeur à Heidelberg, maintenant professeur à Prague, est généralement regardé comme le principal représentant de l'école en Allemagne. A côté d'Ahrens, les professeurs Rœder et Schliephake, tous deux d'Heidelberg, sont, parmi les jurisconsultes allemands, ceux qui la continuent avec le plus de distinction. M. S. Lindemann a publié des expositions fort utiles de la *Théorie de la science*, de l'*Anthropologie* et de la *Logique* de Krause. Frœbel, le célèbre réformateur de l'éducation, le fondateur du *Jardin d'enfants* (Kindergärten), subit l'influence de Krause presque autant que celle de Pestalozzi. Les congrès pour l'avancement de la philosophie, qui se sont tenus en Allemagne depuis 1868, prouvent que la doctrine de Krause y est florissante, que ses adeptes y sont pleins de conviction et d'énergie. En tout cas, elle ne donne aucun signe de mort prochaine, et, selon toute probabilité, elle a devant elle une longue et honorable carrière, non-seulement comme système dans l'enceinte des écoles, mais comme puissance au sein de la société. Il est peut-être assez étrange qu'elle ait pu prendre racine et se développer en Espagne. Elle y fut transplantée par Julio Sans del Rio, qui avait appris à l'apprécier pendant un long séjour qu'il fit à Heidelberg, et qui l'enseigna ensuite pendant près de vingt ans à l'Université de Madrid, jusqu'en 1868, où, par l'influence du pape et des prêtres, il fut destitué de la manière la plus brutale et la plus illégale pour avoir traduit en espagnol l'*Idéal de l'humanité* de Krause. Ni del Rio, ni le gouvernement qui le persécuta n'avaient plus bien longtemps à vivre; mais le premier a fait une œuvre des plus honorables et qui témoigne d'un zèle ardent; il a laissé derrière lui de nombreux disciples, à qui il a inspiré son admiration pour Krause et dont quelques-uns sont devenus eux-mêmes professeurs aux Universités de Madrid et de Séville. Quelque triste et troublée que soit aujourd'hui l'existence de la malheureuse Espagne, *nous pouvons espérer*, quand les eaux bourbeuses qui se sont élevées si haut se seront retirées, que le grain qu'il y a semé se retrouvera. Je ne connais personne dans la Grande-Bretagne qui ait étudié Krause, excepté le professeur Lorimer, d'Edimbourg, qui, dans son livre *les Instituts des lois*, se montre appréciateur sympathique des mérites qui distinguent la philosophie juridique du penseur allemand, tout en signalant avec pénétration ses défauts.

Krause a laissé son système presque complétement développé et organisé ; c'est un tout dont il a plusieurs fois déterminé et élaboré les parties avec le plus grand soin ; il en a marqué, avec un rare degré de précision, le commencement et la fin, les divisions et les subdivisions, les principes, la méthode, le plan, les doctrines particulières. Comme les systèmes de Fichte, de Schelling, de Hégel, c'est une vaste théorie monistique, avec une vérité unique et fondamentale, à laquelle on peut tout ramener et d'où l'on peut tout déduire. Cette vérité, c'est l'existence de l'Être un et absolu qui comprend tout être, l'essence (Wesen), qui est la substance de tout ce qui est, de Dieu, en qui, par qui et par rapport à qui toutes les choses sont. La connaissance de Dieu, selon Krause, est la véritable et vivante racine de toute connaissance ; la théologie est la science fondamentale. Le seul objet de la science consiste à saisir Dieu en lui-même et à déterminer comment il se manifeste et se reflète dans le monde, la raison et l'humanité. La philosophie, comme science universelle, doit donc être la reproduction de l'organisme de la vie divine. Comme ses contemporains Jacobi et Baader, Krause niait que l'existence de Dieu pût, à proprement parler, être démontrée, car elle est nécessaire et immédiatement certaine, et en réalité toute démonstration la suppose. Il admet en même temps que les prétendues preuves qu'on en donne sont très-utiles pour réveiller l'esprit et l'élever à la conscience de ce qui est la lumière de toute intuition, la condition de toute connaissance ; loin de commencer, comme le firent Schelling et Hégel, par poser d'un seul coup le premier principe objectif et absolu, il répète avec insistance que la philosophie est tenue de prendre pour point de départ ce qui est subjectivement certain, la conscience qu'a le moi de lui-même, pour s'élever méthodiquement, par un procédé d'analyse dont il fait une description minutieuse, à la vérité la plus haute ; ce n'est qu'après l'achèvement de cette marche analytique, ce n'est que quand l'idée de Dieu a été par suite saisie avec une clarté et une certitude entières, que l'esprit peut espérer déduire de cette idée la science universelle qu'elle enferme. Il faut que la raison se soit élevée à Dieu par une méthode subjective et analytique, pour qu'elle puisse en redescendre ensuite par un procédé objectif et synthétique qui lui permette d'embrasser et de reproduire l'organisme entier de l'existence. Ce qu'il y a de plus caractéristique dans sa manière de saisir l'être et la cause absolus, c'est l'énergie avec laquelle il s'efforce de tenir le milieu entre le panthéisme et le théisme, et de combiner la vérité qu'il croyait exister dans les deux systèmes en une conception plus complète, le panenthéisme. Il ne pouvait regarder l'Etre divin comme un être unique au milieu d'une foule d'autres êtres, comme un être qui serait simplement plus grand sans comparaison que tous les autres ; il voyait en lui le seul être, comprenant tout être, l'essence de tout ce qui est, la vie de tout ce qui vit ; et, d'autre part, il soutenait très-explicitement que Dieu est une personne libre, intelligente, pleine d'amour, infiniment juste ; et il essaya de montrer que les existences finies possèdent une vie relative qui leur appartient en propre, qui est contenue dans la vie divine, qui en sort et qui en est la ressemblance ou l'image. Comment l'histoire dépend-elle de la vie divine et y trouve-t-elle sa loi et son explication ? C'est ce que Krause a essayé d'exposer dans son ouvrage : *Science vitale pure, c'est-à-dire universelle, et Philosophie de l'histoire pour contribuer à la fondation d'un art scientifique de la vie* (Reine, *i. e.* allgemeine Lebenlehre und Philosophie der Geschichte zu Begründung der Lebenkunstwissenschaft). — C'est de cet ouvrage que nous allons donner un résumé succinct.

L'introduction est consacrée à éclaircir ce qu'il faut entendre par histoire, philosophie et philosophie de l'histoire, et à indiquer les avantages intellectuels et spirituels que la philosophie de l'histoire peut procurer. Krause affirme que le sujet de l'histoire, c'est le développement de la vie, ou, plus précisément, de la vie unique et divine, puisque toute la vie qui se révèle dans la nature, la raison ou l'humanité est comprise dans la vie universelle. L'histoire elle-même est en conséquence infinie ; elle est l'œuvre infinie de Dieu. La connaissance ou la science de l'histoire est néanmoins enfermée dans d'étroites limites, car elle n'enferme que cette partie de la vie divine qui se révèle à nos intelligences finies dans la vie qui est en nous ou autour de nous. La philosophie consiste, pour Krause, dans la connaissance non sensible et, plus spécialement, suprasensible ; tout homme, ajoute-t-il, qui réfléchit là-dessus, reconnaîtra qu'il possède une telle connaissance. Selon notre auteur, ces deux conceptions de la philosophie et de l'histoire semblent, à première vue, s'exclure ; mais elles peuvent se combiner et s'accorder, si l'on définit la philosophie de l'histoire la connaissance de la vie et de son évolution, en prenant l'une et l'autre en soi, ou conformément et en rapport avec l'idée de la vie telle qu'elle se réalise empiriquement, ou, ce qui revient au même, avec l'idée de l'histoire prise en soi. On ne doit pas y voir la connaissance de la série ou de l'agglomération des événements qui se sont produits, mais celle de la nature spirituelle et éternelle de la vie, des lois de son évolution, et de l'application qu'on peut faire d'une telle science pour expliquer et apprécier le cours réel de l'histoire. La philosophie de l'histoire doit donc être pure ou appliquée. La pure philosophie de l'histoire est une science purement philosophique. Elle peut de temps en temps s'éclairer d'exemples empruntés à l'histoire réelle ; mais chercher là des preuves pour les conclusions qu'elle pose serait de sa part un procédé aussi illégitime que celui du géomètre qui prétendrait établir les démonstrations de ses théorèmes sur les propriétés individuelles de ses carrés ou de ses triangles. Une telle philosophie consiste entièrement en une connnaissance d'idées : l'idée de la nature considérée comme un tout vivant, celle de l'esprit considéré comme la raison unique et vivante, celle de l'humanité, prise comme l'union la plus intime de l'esprit et de la nature, et celle de Dieu, être infiniment absolu et absolument infini. La philosophie de l'histoire appliquée reçoit la vérité idéale qui constitue la philosophie de l'histoire pure; elle s'en sert comme d'une mesure et d'un principe d'appréciation pour le cours actuel des événements humains; elle détermine ainsi comment et jusqu'à quel point cette philosophie de l'histoire pure a été réalisée dans les faits positifs, dans les événements que les sens peuvent saisir. — Toutes ces vues de Krause me semblent entièrement erronées. Néanmoins, l'exposition qu'en donne Krause a le mérite de nous préparer à ce qui suit. Longtemps avant d'avoir lu jusqu'au bout l'introduction, nous savons que la philosophie de l'histoire à laquelle nous allons être initiés présuppose la connaissance de presque toutes choses, excepté une, qui, par une bizarrerie assez peu explicable, se trouve être l'histoire elle-même.

Krause divise le reste de son ouvrage en deux parties: dans la première, il entreprend de poser le fondement scientifique de la philosophie de l'histoire; dans la seconde, de tracer une esquisse de cette philosophie en tant qu'elle est renfermée dans les lim̃ ̀ de l'humanité. Je ne puis que donner un résumé très-sommaire de la première partie, car elle est elle-même un résumé de presque tout ce qu'il y a de plus caractéristique et de plus important dans le système de Krause. Il faut en recommander l'étude à ceux qui veulent pénétrer jusqu'au cœur même de la doctrine de Krause en perdant le moins de temps et en se donnant le moins de peine possible. Elle contient une exposition des théories que suppose, selon l'auteur, une philosophie de l'histoire; ce sont les théories fondamentales de la métaphysique (Grundwissenschaft) et des sciences philosophiques particulières. La philosophie de l'histoire paraissait à Krause être le complément et la conclusion de la philosophie et impliquer les résultats de toutes les autres parties de cette science. Dieu, le monde et ses rapports avec Dieu, la vie, tels sont les sujets métaphysiques qu'il discute, les deux premiers brièvement, le troisième avec des développements considérables. Il commence par Dieu, parce qu'il affirme que toute connaissance est, dans son essence dernière, la connaissance de Dieu, et que les attributs divers sont les catégories suprêmes de la pensée et les principes fondamentaux de l'existence. Dans les catégories premières de la totalité, de l'existence en soi, et de leur réunion harmonieuse (Ganzheit, Selbheit, et Gans-verein-selbheit), il trouve les éléments substantiels de tout ce qui est, fini ou infini; tandis que les catégories secondaires de la thèse, de l'antithèse et de la synthèse, qui correspondent aux premières, sont les éléments formels de toute réalité. Il représente Dieu comme une personnalité infinie et absolue,

comme existant seul pour soi, et pour soi seul; mais il est
en même temps tellement présent dans toutes choses et
toutes choses sont tellement présentes en lui, qu'il n'est pas
seulement la cause du monde, mais qu'il en est l'essence
active, le principe immanent. Le monde n'est pour Krause
ni identique à Dieu, ni séparé de lui; il en est l'expression
et l'image finies. Voici maintenant les points qu'il essaye
d'établir : la vie est fondée sur les attributs essentiels de la
nature divine; elle implique tous ces attributs; par suite,
elle est, même en Dieu, un tout organique. La vie divine est
une vie infinie et universelle, qui comprend la vie de la
nature, celle de l'esprit, celle de l'humanité, toutes vies qui
sont des organismes, mais reliés organiquement entre elles.
La vie de Dieu est la réalisation de son essence, qui est le
bien, bien unique et absolu, qui pour l'homme n'est que la
fin à laquelle il aspire. Dieu agit avec une liberté éternelle
et inconditionnée, l'homme avec une liberté soumise à des
conditions et à des limites, dépendante de la liberté absolue
de Dieu et, jusqu'à un certain point, de la liberté des
autres. Le mal a sa source dans la volonté finie, dans le
défaut ou l'abus de la liberté; et, s'il n'est pas une pure
négation, il n'a de réalité qu'en tant qu'il est un rapport.
Dans la mesure où l'infini fait partie de la constitution de
notre nature finie, nous résistons au mal, nous le repoussons;
l'Être divin doit nécessairement et sans cesse le combattre,
le vaincre, et à la fin en délivrer toutes les créatures et
l'anéantir. Le développement des vies individuelles passe
par une multitude sans fin de cycles ou périodes finies, en

sorte que l'idéal, au lieu d'être une limite dont on approche toujours sans jamais l'atteindre, se trouve réalisé dans une infinie variété de formes. Chacune de ces périodes comprend une série déterminée d'âges qui ne sont pas seulement séparés dans la durée, mais qui sont distincts par l'idée qu'ils expriment. La vie est un processus organique qui, par son ensemble et par chacune de ses parties, tend à la louange et à la glorification de Dieu.

Krause expose ensuite, dans la mesure où cela lui semble nécessaire pour constituer une philosophie de l'histoire, les vérités fondamentales des sciences spéculatives de la nature de l'esprit et de l'humanité. Il représente la nature et l'esprit comme existant en Dieu et retraçant son image, car chacune représente principalement, mais non exclusivement, une phase différente ou un attribut de son être. Il rejette avec énergie toute explication atomistique ou mécanique du monde; il soutient que le monde est un organisme vivant que pénètre une sorte de pensée et de volonté; il insiste avec force sur l'harmonie qui l'unit à l'esprit, sur les rapports et corrélations si intimes, si variés qui existent entre eux, tout en accordant au monde une valeur propre réelle, une valeur comme fin et non comme moyen. Il conçoit l'esprit, comme la contre-partie de la nature, comme un tout qui renferme des esprits et des sociétés d'esprits innombrables; c'est le royaume des esprits. La nature et l'esprit, selon lui, se combinent, sous une forme inférieure, dans les animaux; l'humanité est la manifestation la plus complète de leur union en Dieu. Dans le genre humain, les esprits individuels de l'ordre le plus élevé sont unis aux corps dont l'organisme est le plus parfait. L'homme est, par son corps, la représentation harmonieuse, le type, l'achèvement de l'organisation tout entière et de la vie de la nature; il l'est, par son esprit, de la vie et de l'organisation entières de l'esprit; il est ainsi la synthèse la plus complète de l'univers, aussi bien que l'image la plus fidèle de Dieu. — Krause nous montre l'humanité remplissant de sa vie tout l'espace et toute la durée; elle est composée d'une infinité d'âmes individuelles, dont le nombre ne peut être ni augmenté ni diminué et dont chacune doit atteindre sa destinée rationnelle; à chaque moment, elle réalise parfaitement sa nature, mais seulement de la manière qui est appropriée à ce moment; elle est une vaste société, dont l'humanité terrestre tout entière n'est qu'un membre, vivant actuellement dans une relation qu'elle ignore avec des sociétés supérieures. Chaque individu a pour mission de réaliser à sa façon l'idée totale de l'homme; chacun est en soi une fin; tous sont essentiellement égaux. Néanmoins l'individu ne peut entrer en possession de son véritable *moi* et remplir sa destinée que par l'association et le commerce avec ses semblables. — D'autre part, la société entière du genre humain doit être considérée comme un seul grand individu, et chaque société plus restreinte, comme un individu moindre. La fin de ces sociétés, personnes morales collectives, c'est de développer, de cultiver tous les éléments de la nature humaine et de réaliser toutes les aspirations de la vie humaine avec ordre et harmonie. L'humanité de l'univers, et, par suite, l'humanité terrestre, doivent devenir de plus en plus organisées et prendre une conscience de plus en plus claire de leur unité sociale. Toutes les nations du globe finiront par être reliées entre elles par les liens étroits de l'association et de la fédération.

Notre auteur passe ensuite à l'analyse et à la description de l'organisme interne de la société. Une société est composée de sociétés plus restreintes; une association, d'associations. Il y a deux principales sortes d'associations : celles dont les fins sont générales et celles dont les fins sont spéciales, et, comme ces dernières peuvent se diviser en deux classes, on peut dire qu'il y a trois séries d'associations. La famille, la communauté des amis, le groupe formé par les habitants d'une même contrée, la race elle-même, appartiennent à la première série, car leur fin n'est rien moins que d'aider l'individu à réaliser la destinée de tout son être. Il y a ainsi de nombreuses sphères, de plus en plus générales et compréhensives, et telles que les individus qu'elles enferment leur appartiennent, pour ainsi dire, par toutes les facultés de leur être, et que leur coopération n'a pas seulement pour objet quelque fin spéciale et déterminée, mais toutes les fins supérieures de la vie. Il y a une autre classe d'associations: ce sont celles qui existent expressément pour accomplir certaines œuvres imposées à l'humanité : par exemple, l'éducation, la science, l'art. Enfin, il y a, ou il devrait y avoir une troisième classe d'associations, correspondant à toutes les phases essentielles de la vie humaine, à toutes les fins distinctes de notre nature : la justice, la moralité, la beauté et la religion. Ces trois séries d'associations ne sont pas simplement juxtaposées dans le monde, qui présenterait ainsi le spectacle d'une confusion inextricable ; les associations de la première série sont unies les unes aux autres comme formant des degrés successifs dans l'évolution de l'humanité collective ; mais, de plus, elles comprennent les associations des autres séries, et toutes sont unies et coordonnées par leur relation avec l'homme et avec la fin suprême de l'humanité, de telle sorte que le développement harmonieux de la vie est assuré. Krause termine cette partie de son ouvrage par une exposition de ses idées sur les deux grandes associations qui ont respectivement pour objet de réaliser la justice et la religion : c'est l'Etat et l'Église (Rechtbund et Gottinnigkeitbund).

La seconde partie est intitulée : « Science philosophique du développement de la vie dans le temps, ou Philosophie générale de l'histoire. » Cette partie se divise elle-même en deux sections. La première est simplement une exposition nouvelle et plus complète de la théorie de la vie. Partant de ce qu'il a déjà établi sur ce sujet, Krause cherche à préciser et à définir avec plus de rigueur l'idée générale de la vie, le caractère organique de son développement total dans tous les êtres, sa différenciation selon une succession d'époques et d'âges ; il cherche en même temps à déterminer plus exactement quelles en sont les lois générales. Sur ces différents points, il suffit, je crois, de prêter quelque attention aux idées relatives aux degrés par où la vie doit passer. La vie de tout être fini doit, selon Krause, traverser un nombre infini de sphères ou périodes ; on entre par la porte de la naissance et on sort par

celle de la mort. Dans chaque période, la direction suivie est
d'abord de bas en haut, puis de haut en bas; les deux mar-
ches, ascendante et descendante, se divisent en trois âges
dont les caractères sont déterminés *à priori* par la formule :
Ganzheit, Selbheit et *Ganz-verein-selbheit*. Dans le premier
âge de la vie, un être existe à l'état de germe, soit à l'intérieur, soit dans la dépendance étroite d'un autre être, qui
constitue à son égard un tout supérieur. Dans le second âge,
il se distingue de cet être et de tous les autres, s'oppose à
eux, et arrive à l'indépendance et à l'individualité, au prix, il
est vrai, de beaucoup de mal et d'erreur; dans le troisième
âge, il prend conscience de ses relations avec les autres
êtres, se conforme à ce qu'elles exigent, entre en possession
de toutes ses puissances et de toutes ses harmonies; dans cet
état, il est entièrement maître de toutes ses facultés; il les
exerce de la manière la plus convenable et pour le plus grand
bien de lui-même et des autres. Après avoir atteint sa maturité et être parvenu au point le plus élevé qu'il soit destiné à
atteindre dans un seul cycle de vie, il commence à descendre,
et passe par trois âges qui sont la contre-partie de ceux qu'il
a traversés en montant, mais qui se succèdent dans un ordre
inverse. Chaque âge, d'après la même formule qui a établi
une division entre les différents âges d'un même cycle, peut
se partager à son tour en trois âges secondaires. Tout âge est
précédé par une longue préparation; et en même temps
aucun ne peut s'expliquer entièrement par des considérations
relatives au passé, parce que chacun apporte avec lui des
principes entièrement nouveaux et distinctifs qui sont insé-

parables de l'idée particulière et caractéristique dont il est l'expression.

La théorie de la vie et du développement, ainsi exposée par Krause, s'applique aussi bien, selon lui, à l'histoire de la formation d'une nouvelle goutte d'eau ou d'un système solaire qu'à l'histoire de la formation d'un individu humain, d'une société ou de l'humanité. — Dans la dernière division de la seconde partie, la dernière section de l'ouvrage, Krause arrive à la philosophie de l'histoire de l'humanité (la philosophie *pure*, on doit se le rappeler). C'est la théorie du développement humain dans toutes les parties de l'univers, et non pas seulement de l'humanité sur cette terre. L'histoire de l'humanité terrestre est amenée surtout pour servir d'exemple. Cette section de son traité, Krause la subdivise en deux parties; dans la première, il établit certains théorèmes relatifs au développement historique de l'homme individuel, puis au développement historique de l'humanité considérée comme individualité collective. Il cherche à prouver que chaque homme apporte en naissant un génie, des dispositions, un caractère qui lui sont propres (*Urgeist* et *Urgemüth*, — *alleineigenthümliche Anlagen des Geistes und Herzens*); il les apporte des profondeurs de l'éternité, des états antérieurs d'existence qu'il a traversés. Chaque âge de la vie de l'homme, poursuit-il, a par lui-même sa valeur et sa dignité, indépendamment du but auquel il peut conduire; de plus, le nombre des âges et l'ordre dans lequel ils se succèdent sont tels que la méthode *à priori* les a déterminés dans les limites de chaque vie particulière. — Krause montre ensuite comment la vie d'une humanité particulière est en relation avec la vie dans les sphères environnantes en Dieu, dans la nature, dans les humanités partielles qui existent à côté d'elle, et comment elle se développe comme un tout indépendant et organique. Son exposition des trois âges dans l'histoire de l'humanité est particulièrement intéressante : elle remplit le dernier chapitre du traité que nous examinons et peut se résumer brièvement ainsi qu'il suit :

Le premier âge (*das Keimalter*) est celui de l'enfance et de l'innocence, celui où l'humanité forme une société encore faible, mais sans divisions, protégée et guidée par des puissances supérieures, et extrêmement sensible à l'influence de la nature physique et de Dieu. Dans cet âge, l'homme était doué d'une clairvoyance singulière à l'égard du monde naturel et du monde surnaturel : il voyait Dieu en toutes choses; sa religion était, par là même, un monothéisme vague et indéfini. A cette époque, l'humanité n'avait pas, à proprement parler, de conscience historique; et il n'en est parvenu jusqu'à nous que quelques mythes ou traditions obscures sur un paradis ou un âge d'or. Quoique l'homme soit produit selon les lois de la nature organique sur chacune des planètes qui est arrivée à sa maturité, il n'est pourtant pas un singe développé et perfectionné; des distinctions profondes, essentielles, le séparent des animaux supérieurs; les sauvages ne sont pas des hommes à l'état primitif, mais à l'état déchu et dégénéré.

Le second âge (*das Wachsalter*) est celui de la jeunesse et de la croissance. Ce qui le caractérise, c'est la rupture de l'unité primitive du genre humain, l'acquisition de l'indépendance et de la claire conscience de soi, la séparation de la société en tribus et en nations, en castes et en classes, la division du travail par les manifestations diverses de l'activité. Ce second âge comprend trois périodes. Dans la première, la clairvoyance primitive cesse presque entièrement; une faible connaissance d'un Dieu unique se conserve seulement dans des associations secrètes et se communique dans les mystères; le polythéisme domine, la fureur des guerres se déchaîne, l'esclavage et les castes sont institués. L'histoire des nations orientales, celle de la Grèce et de Rome sont comprises dans cette période. Dans la suivante, le polythéisme est remplacé par le monothéisme, mais par un monothéisme abstrait, étroitement compris, qui conduit au fanatisme, au mépris du monde, à l'asservissement de la science et de l'art sous le joug de la théologie et du despotisme clérical. C'est le moyen âge. Dans la troisième période, l'humanité rejette toute autorité qui s'interpose entre elle et les sources primitives de la vérité, toutes les entraves qui tendent à restreindre sa liberté naturelle d'action. Cet amour de la lumière et de la liberté est accompagné par les vertus de la tolérance et de la philanthropie, par la reconnaissance des droits d'autrui, par la diffusion de la science, par le développement de vues plus larges et plus profondes sur la religion et la philosophie; mais il y a lutte ardente entre l'ancien ordre et le nouveau, le bien et le mal; l'existence est pleine de contradictions, de corruption, de difficultés accablantes Telle est la période où nous vivons actuellement.

Le troisième âge de l'humanité (*das Reifalter*) est celui où toutes ses puissances sont entièrement et harmonieusement développées, où elle exerce une domination complète sur la nature physique et sur elle-même, où toutes les sociétés qui la composent s'unissent pour former une vaste individualité collective à organisation complexe, où le panenthéisme est accepté universellement et du fond du cœur comme la seule doctrine véritable et adéquate soit de la science, soit de la société. La totalité du genre humain sur terre ne formera plus qu'un grand Etat pacifique et prospère. Les hommes ne prendront pas seulement pleine conscience de leur unité en Dieu et dans l'humanité; ils la réaliseront pratiquement et extérieurement dans chacune des sphères de la vie : sphères morale, politique, industrielle, esthétique, scientifique et religieuse. La science et l'art, la religion et la morale, la jurisprudence et la politique, deviendront cosmopolites quand elles auront atteint leur maturité et contribueront à relier étroitement, à unir notre race terrestre, qui formera une cité, un royaume de Dieu. Ce ne sera même pas encore la fin. Aux yeux de la foi, se déroule une perspective plus vaste et plus grandiose. Il est bien vrai que, après avoir atteint le point culminant d'une époque de la vie, l'humanité (qu'on la prenne dans sa totalité ou dans l'une de ses parties) doit descendre jusqu'au plus bas niveau du côté opposé; pourtant chacune des périodes qu'elle traverse dans sa course descendante peut être vertueuse et heureuse; chacune peut avoir ses charmes et sa valeur propre, et la dernière doit être la plus honorable, la plus respectable de toutes, comme la vieillesse d'un individu qui a bien vécu ; il y a plus : chaque période est un échelon qui nous élève à une époque nouvelle et plus parfaite, nous fait pénétrer dans un cycle de l'existence plus large et plus heureux. L'humanité terrestre peut devenir une humanité solaire, former des relations étroites avec les humanités de bien d'autres planètes et de bien d'autres soleils, et hâter ainsi l'avénement du jour où toute l'humanité sera réellement une, où les hommes non-seulement de tous les pays, mais de tous les systèmes solaires, se connaîtront, s'aimeront les uns les autres, et d'un même esprit travailleront à la même œuvre.

Nous venons de présenter une exposition générale de la philosophie de l'histoire de Krause ; nous allons maintenant en discuter quelques-uns des points les plus saillants et les plus caractéristiques. Et d'abord, la méthode. Le système se donne pour synthétique déductif, *à priori ;* il a la prétention de ne pas être tiré de l'histoire, mais des catégories de l'être et de la pensée, de l'idée même de la vie : la partie même que Krause a laissée la moins imparfaite, la philosophie de l'histoire *appliquée,* il nous la représente comme une vérité purement idéale, obtenue par déduction ; comme un *criterium* qui doit servir à juger l'histoire, mais nullement comme une théorie dont les éléments seraient empruntés à l'histoire et qui n'aurait de valeur qu'à la condition d'être vérifiée par elle. J'ajoute que le système de Krause est une des tentatives les plus sérieuses et les plus laborieuses qui aient jamais été faites jusqu'ici pour embrasser ainsi *à priori* l'ensemble de l'histoire, et, à ce point de vue, il forme un heureux contraste avec les philosophies de l'histoire de Fichte, de Schelling, de Hégel, etc. Fichte assurait qu'il était capable de déduire *à priori* le plan du monde de l'idée philosophique du temps universel; mais il n'a donné aucune preuve de cette capacité, et il n'a pas fait le moindre effort pour opérer sa déduction. Schelling a introduit dans l'histoire nombre de formules qui, selon lui, se trouvaient nécessairement impliquées dans l'évolution de la vérité absolue; mais comment se trouvaient-elles ainsi logiquement impliquées? Il n'a pas même essayé de le montrer, et ses lecteurs en sont réduits à ne voir dans ces formules que des aperçus de hasard, plus ou moins heureux, de simples vues qui n'ont rien de rigoureux ni d'approfondi. Hégel admet virtuellement que l'œuvre de la déduction est achevée quand il a posé le développement de la raison comme le sujet de la philosophie de l'histoire, et, par suite, il s'applique à se rendre maître de la matière empirique, à l'approfondir et à la couler en même temps, pour ainsi dire, dans le moule dialectique préparé pour elle. Le procédé de Krause est tout différent, et il est en parfait accord avec la notion qu'il propose de la philosophie de l'histoire considérée comme une science qui consiste en un système de vérités purement idéales et *à priori*. Il fait les plus grands efforts pour construire une philosophie de l'histoire qui réponde à ce que devrait être une telle science selon la description qu'il en a présentée. Il travaille hardiment à déduire avec méthode la loi et le plan du développement humain du premier principe absolu, et il procède lentement à travers les principes qu'il regarde comme intermédiaires et qui constituent, selon lui, les vérités primitives et essentielles de toutes les sciences fondamentales. Sa démonstration est si prolongée, si approfondie, qu'elle contient, on peut presque le dire, sa philosophie synthétique tout entière. Honneur à lui pour avoir montré tant d'énergie dans l'accomplissement de sa tâche, dût-elle nous paraître justement le développement d'une idée fausse! La rigueur logique, la persévérance qui mène une œuvre jusqu'au bout sont toujours des mérites considérables, même quand elles ne réussissent pas à assurer le succès. Dans le cas particulier qui nous occupe, ces qualités n'ont eu d'autre résultat que de faire ressortir le caractère chimérique de la tentative, l'impossibilité de conduire l'entreprise à bonne fin. Krause emploie à cette tâche toutes les facultés d'un esprit vigoureux et original, et il aboutit à une œuvre qui paraît le résultat du procédé déductif le plus approfondi; mais, pour peu qu'on examine ce procédé, on s'apercevra que son apparence déductive est entièrement illusoire. Il ne faut pas une analyse bien minutieuse ni bien subtile pour montrer que, à chaque pas de la prétendue déduction, la vérité empirique s'est glissée subrepticement, et qu'on nous la présente ensuite, sans en avoir conscience, comme une vérité fondée *à priori* sur l'idée pure. Ainsi l'idée même de la vie, à ne prendre que ce que l'exposition qu'en donne Krause renferme de vrai, est une simple généralisation de notre expérience de la vie, telle qu'elle se déploie dans le monde physique en dehors de nous, dans nos âmes et dans l'histoire; de même, ce qu'on nous présente comme lois de la vie, ce sont de pures inductions, qui ne valent que dans la mesure où elles s'appuient sur l'observation et les conclusions tirées de l'observation. Par exemple, la prétendue loi des âges de la vie a été principalement dérivée de l'observation du cours de la vie individuelle; par suite, elle s'y applique avec une suffisante exactitude; mais, comme elle ne résulte que dans une très-faible mesure de l'étude des phases à travers lesquelles passent graduellement les sociétés, elle n'est pas vraie du développement social.

Mais si Krause a échoué dans l'accomplissement de l'œuvre qu'il avait immédiatement en vue, il n'en faudrait pas conclure qu'on ne puisse louer que les bonnes intentions et un zèle laborieux dans cette tentative de démontrer *à priori* le plan idéal et l'ordre nécessaire de l'évolution historique. Les vérités qui font successivement leur apparition dans ce qui devrait être une déduction ne sont réellement, il est vrai, que des inductions; elles n'en ont pas moins, prises ensemble ou isolément, une importance considérable pour la science historique. Ce sont des inductions tirées d'une sphère d'expérience beaucoup plus large que l'histoire proprement dite, et ce n'est qu'à l'aide de telles inductions que la science de l'histoire peut s'élever à une certaine hauteur. Il est vain de supposer que l'histoire puisse être comprise à quelque degré indépendamment de l'étude des événements qu'elle renferme; et pourtant l'étude la plus approfondie, l'analyse la plus minutieuse de ces événements ne suffiront pas pour nous élever à l'intelligence vraiment scientifique de l'histoire. Celle-ci est tellement complexe, que nous ne pouvons espérer d'en découvrir les lois particulières et distinctives, si nous ne sommes en possession de lois plus larges, suggérées par des phénomènes analogues dans des parties moins compliquées de la science, et dont on puisse suivre l'effet à travers toute l'histoire, qu'on puisse même convertir en principes d'explication assez puissants pour qu'il ne reste plus qu'une quantité relativement petite de phénomènes explicables seulement par des causes qui n'agissent pas au delà des limites de la société humaine et de son développement. Or, les lois de la vie, telles que Krause les détermine, ont ce caractère, dans la mesure du moins où elles sont exactes : ce sont des généralisations inductives, d'ordre plus élevé, et pourtant, à tout prendre, plus faciles à découvrir que tous les principes généraux que l'histoire toute seule pourrait fournir. Elles s'appliquent à l'histoire, parce qu'elles s'appliquent à la vie en général. En d'autres termes, Krause a vu qu'il y avait la liaison la plus étroite entre la vie et l'histoire, entre la science de l'une et celle de l'autre. Il a vu, il a proclamé expressément et à plusieurs reprises, que la théorie de l'histoire doit, pour une grande part, être comprise dans une théorie générale de la vie, que la philosophie de l'histoire doit être édifiée sur la large base de la biologie universelle (allgemeine Biotik). Il était réservé à un philosophe contemporain, M. Herbert Spencer, de populariser cette idée; mais il ne l'a pas embrassée d'une manière plus compréhensive et plus éner-

gique, et il n'en a pas mieux senti toute l'importance. Krause
a vu aussi clairement, et il a répété avec autant de force que
M. Spencer, que le progrès de la vie et le progrès de la
société sont des processus parallèles et même identiques, et
que les pages de l'histoire doivent rester en grande partie
indéchiffrables et inexplicables tant qu'on n'en a pas trouvé
la clef dans la nature et les lois de la vie. Selon moi,
M. Spencer n'a fait entrer dans l'idée de la vie rien qui en
ait été exclu par Krause. Celui-ci, on n'en saurait douter, a
compris parmi les lois générales de la vie que présuppose, à
l'en croire, une philosophie de l'histoire, les vérités sur
lesquelles M. Spencer a le plus insisté : par exemple, que le
développement de toute vie implique une série de changements successifs et une pluralité de changements simul-
tanés; — que ce développement va, d'un côté, par un
processus de division et de différenciation, de la simplicité
à la complexité, et, d'un autre côté, par un processus de
combinaison et d'ajustement ou d'intégration, de l'indétermination à la détermination; — qu'il y a enfin une corré-
lation qui s'établit continuellement entre les états internes
ou facultés de l'être vivant, et son milieu. Il est vrai que
Krause a mêlé confusément ces vérités avec d'autres, et
aussi avec des erreurs et de pures fantaisies, et à peine
peut-on dire qu'il en ait donné une preuve digne de ce
nom; tandis que M. Spencer les a distinguées et définies
avec précision; il les a vérifiées et démontrées par des exemples avec une merveilleuse abondance de connaissances
scientifiques. J'essayerai en même temps de montrer, quand

j'en viendrai à examiner les services rendus par M. Spencer dans cet ordre de généralisations fameuses, qu'il est tombé dans quelques erreurs que Krause avait su éviter.

Je ne puis que faire un mérite à celui-ci d'avoir écarté toute explication purement mécanique du progrès et de n'avoir pas éliminé, dans sa théorie de l'histoire, les caractères distinctifs de l'esprit. Quoi qu'il en soit, ce fut certainement un mérite d'associer aussi intimement qu'il l'a fait la science de la vie et celle de l'histoire. En effet, s'il est vrai que la science de l'histoire est en rapport avec toutes les sciences physiques, et même avec toutes les sciences, ce n'est pourtant que dans la sphère des sciences de l'organisation et de la vie que nous commençons à rencontrer ces vérités générales qui, avec les précautions et les restrictions voulues, peuvent être directement appliquées à la science de l'histoire. Transporter dans l'histoire une loi de la nature inorganique, dire par exemple, avec Saint-Simon, que les états sociaux sont déterminés par la gravitation, ou par l'attraction, comme Fourier, ou, comme Azaïs, par l'expansion, c'est tout simplement abuser soi-même et les autres par des métaphores; mais, dans la nature organique, nous sommes réellement en face de faits impliquant des vérités qui, dans une certaine mesure et sous certaines déterminations, sont vraies aussi de l'homme et de la société, et qu'il est presque indispensable d'étudier d'abord si l'on veut saisir dans leur vraie nature les faits de la vie individuelle et sociale qui leur correspondent. C'est particulièrement là que nous rencontrons pour la première fois le grand fait du développement, de la croissance, du progrès : nous pouvons transporter de la biologie dans l'histoire plus qu'il n'est légitime et fausser ainsi cette dernière science ; mais il est tout aussi certain que, si nous ne faisons pas beaucoup d'emprunts à la biologie, nous n'arriverons jamais à une intelligence adéquate de l'histoire.

Nous devons remarquer en outre que Krause a travaillé avec un zèle tout particulier à prouver que la société est un organisme et que l'évolution sociale est, par essence, organique. Schelling, je l'ai déjà dit, a employé dans la philosophie générale l'idée d'évolution organique de manière à lui donner une extension et une popularité inconnues jusquelà. Néanmoins il a laissé à d'autres le soin de la définir, de la développer, de l'appliquer; et pour ne pas parler de la philosophie, de la théologie, ou de l'art, cette tâche a été remplie, dans le domaine de la physique générale, par Steffens, Troxler, etc., en zoologie, par Oken, Carus et beaucoup d'autres, et, dans toutes les parties de la science sociale, par Krause, tous obéissant directement à l'impulsion de Schelling; de leur côté, Von Baer et les embryologistes, Savigny et les écoles historiques de jurisprudence et d'économie politique, avaient élaboré et appliqué cette idée, chacun dans la sphère spéciale de ses investigations; et, s'ils n'avaient pas obéi à l'influence immédiate de Schelling, ils l'avaient sans aucun doute indirectement subie. Chez Krause, la notion d'organisme était une idée fixe; il s'est probablement figuré plus d'une fois voir une *totalité organique*, un *développement organique*, là où il n'y en avait pas; mais ce n'est pas une raison pour lui refuser le mérite d'avoir, dans son *Idéal de l'humanité*, représenté la société comme un tout organique, formé de diverses institutions, chacune représentant une phase de la vie humaine, distincte, quoique inséparable de toutes les autres; d'avoir vu dans la société une multiplicité de parties coordonnées et subordonnées en vue de la conservation et du développement de l'ensemble. On ne niera pas non plus que, dans sa *Philosophie de l'histoire*, il n'ait montré comment, dans une société qui progresse, la différenciation et l'intégration, la complexité, l'accord réciproque des éléments, la conformité avec les milieux environnants, l'organisation, en un mot, vont toujours croissant; et cette démonstration, Krause l'a faite avec un talent, une précision dans les détails, une exactitude générale dans l'ensemble, une fécondité d'aperçus inconnus jusque-là.

Selon moi, la notion d'organisme doit être étendue de manière à comprendre la société, et celle de développement organique de manière à embrasser le développement social; mais, à ce point, ces notions peuvent sans contredit devenir obscures et induire en erreur. On court grand risque de méconnaître les différences qui existent entre un organisme physique et un organisme spirituel, un organisme individuel et un organisme collectif; on risque en particulier de ne pas tenir compte de cette circonstance que, « parmi les organismes physiologiques supérieurs, il n'en est aucun qui se développe par la réunion en un tout complexe d'une multitude d'existences primitivement indépendantes, tandis que l'essence et le principe de tout organisme social, simple ou complexe, c'est que chacun des membres de la société renonce volontairement à sa liberté dans certaines directions, en retour des avantages qu'il attend des autres membres de cette société [1]. » Il est donc fort à craindre que l'esprit ne prenne des analogies chimériques pour des vérités scientifiques, et que surtout il méconnaisse ce fait que le progrès humain, à la différence du développement physique,

[1]. Huxley, *le Nihilisme administratif* (*Fortnightly Review*, nov. 1, 1871). — M. Huxley ajoute : « Le processus de l'organisation sociale est comparable, non pas tant au processus du développement organique qu'à la synthèse chimique par laquelle des éléments indépendants sont graduellement combinés sous forme d'agrégats complexes où chaque élément conserve une individualité indépendante, bien qu'il soit maintenu en subordination à l'égard de l'ensemble. Les atomes de carbone et d'hydrogène, d'oxygène, d'azote, qui entrent dans la constitution d'une molécule complexe, ne perdent pas les propriétés qui leur sont originellement inhérentes, quand ils s'unissent pour former cette molécule dont les propriétés expriment celles des forces de l'agrégation totale qui ne se neutralisent pas et ne se balancent pas réciproquement. Chaque atome a donné quelque chose pour que la société atomique ou molécule puisse subsister. Et, dès qu'un ou plusieurs des atomes ainsi associés reprend la liberté qu'il avait abandonnée et obéit à quelque attraction extérieure, la molécule est brisée, et toutes les propriétés particulières qui dépendaient de sa constitution s'évanouissent. Toute société, grande ou petite, ressemble à une molécule complexe de cette nature : les atomes y sont représentés par des hommes, avec toutes ces attractions et répulsions si diverses qui se manifestent par leurs désirs et leurs volitions ; et nous appelons liberté le pouvoir illimité de les satisfaire. La molécule sociale existe par l'abandon que fait chaque individu d'une part plus ou moins grande de cette liberté. Elle se décompose quand l'attraction du désir conduit chacun à reprendre cette liberté, dont l'expression est nécessaire à l'existence de la molécule sociale. Et le grand problème de cette chimie sociale que nous appelons politique, c'est de découvrir quels sont les désirs du genre humain qui peuvent être satisfaits, quels sont ceux qui doivent être réprimés, pour que ce composé complexe, la société, puisse échapper à la décomposition. » Si ces mots n'ont d'autre objet que d'éclaircir et de confirmer ceux que j'ai cités plus haut, je suis pleinement d'accord avec l'auteur ; mais, s'ils ont pour but de montrer qu'il y a d'une manière absolue, ou d'une manière générale, une ressemblance plus grande entre la synthèse chimique et le développement social qu'entre celui-ci et le développement organique, je suis d'un avis entièrement opposé. Entre ces deux derniers développements, il y a des lois communes, par cela seul que l'un et l'autre sont des développements, et cette identité de lois est d'une bien autre importance que de simples analogies telles que celle que développe ici le professeur Huxley. Il est sans doute inutile de remarquer que dire d'un atome « qu'il reprend la liberté qu'il avait d'abord abandonnée », c'est se servir d'un langage tout à fait métaphorique.

a pour fondement la liberté; que la société est capable de progrès tout autant que de décadence, parce qu'elle est toujours libre de se mouvoir dans plus d'une direction, de choisir entre deux routes opposées, et qu'ainsi, tout en reconnaissant que, partout où une société progresse, sont impliquées certaines conditions identiques à celles qu'on peut découvrir dans le développement d'une plante ou d'un animal, il serait illégitime de conclure, de la nécessité du développement chez la plante ou chez l'animal, à la nécessité du progrès dans la société. Ces périls, Krause n'y a pas complétement échappé. Il n'a pas, il est vrai, poussé au delà de toute mesure le parallélisme entre l'organisme individuel et l'organisme social; il a ainsi évité un excès où tant d'autres sont tombés, M. Spencer, par exemple, quand il compare la classe des gouvernants, celle des commerçants et celle des travailleurs dans la communauté aux systèmes nervoso-musculaire, circulatoire et nutritif de l'organisme animal, les richesses au sang, et la monnaie aux globules rouges : mais sa théorie des âges de l'humanité suppose néanmoins que le développement de la race ressemble à celui de l'individu beaucoup plus que les faits ne nous autorisent à le croire. Ce qu'il appelle l'âge d'enfance de l'humanité est, d'après la description qu'il en donne, sans aucun caractère historique; tous les souvenirs de cette époque ont disparu, rien ne reste sur terre qui y réponde, la seule tradition qui s'y rapporte, et qui commande le respect à l'Europe savante (la tradition biblique), justifie fort peu des traits que Krause emploie pour la décrire. L'auteur passe entièrement sous silence les tribus sauvages qui restent stationnaires, et il y était bien obligé, puisque, contrairement à tous les enfants de l'espèce humaine que nous connaissons, elles ne sont pas mortes et ne sont pas davantage parvenues à l'âge viril; pourtant elles n'en sont pas moins des sociétés humaines. De plus, si l'humanité a eu réellement un âge embryonnaire (*Keimalter*) pendant lequel son existence ressemblait à celle des mammifères supérieurs avant et peu de temps après leur naissance, les diverses sociétés sauvages qui existent encore aujourd'hui peuvent être justement regardées comme représentant la période primitive et l'enfance de la vie; or cette conclusion impliquerait une théorie de tout ce premier âge toute autre que celle qu'a donnée Krause. On aura remarqué en outre que la totalité de l'histoire proprement dite — la totalité qui nous est connue et qui s'est déroulée jusqu'ici — coïncide, d'après le système de notre auteur, avec un seul des âges qui constituent la série ascendante ou progressive. Elle est contenue tout entière dans le second âge (*Wachsalter*), puisque le premier âge a précédé l'existence de la conscience historique et que les autres sont encore à venir. L'histoire ne peut donc vérifier que les assertions relatives à un seul de ces âges, ce qui revient à dire qu'elle ne peut vérifier ni garantir aucune division en ce qui concerne les âges; la division doit ainsi dépendre uniquement de l'idée *à priori;* c'est là un principe bien peu solide. Quant aux périodes comprises dans le second âge, on remarquera que les nations qu'on nous donne comme les représentants de périodes déjà passées existent encore; de telle sorte que l'humanité nous apparaît comme un individu dont quelques parties ne vieillissent pas pendant que quelques autres vieillissent, dont certains membres sont plus âgés que certains autres, sans avoir vécu plus longtemps : conception qui ne laisse pas que d'être embarrassante.

Le second et le plus redoutable danger, c'était d'ignorer, de nier implicitement ou de ne reconnaître que d'une manière imparfaite la liberté qui est au fond et circule, pour ainsi dire, au travers de tout le progrès humain. On doit avouer que Krause a eu conscience de la gravité du péril, qu'il a eu souci de l'éviter et qu'il y a réussi. Avoir fait dans l'histoire sa place au libre arbitre, c'est là un mérite qu'il peut revendiquer pour lui-même et que revendiquent pour lui ses disciples, l'opposant par là non-seulement à Hégel, mais aussi à l'école historique. Les fondateurs de cette école eurent en égale aversion les propositions abstraites des philosophes du dix-huitième siècle et les formules grandioses des penseurs qui furent leurs contemporains. Aussi, en face des *droits de l'homme*, de la *loi de nature*, des *constitutions* improvisées des théoriciens de la révolution, et, d'autre part, en face des constructions chimériques d'un Schelling, des tours de passe-passe dialectiques d'un Hégel, ils placèrent ce qui était pour eux la réalité historique. Balayons, disaient-ils, toutes ces abstractions, toutes ces formules sur les nations et leurs gouvernements, et attachons-nous au fait; et nous verrons que le fait, c'est qu'il n'y a pas de lois absolues ni de formules idéales universelles; que toute vérité et tout bien, en matière sociale et politique, sont choses relatives et particulières; que ce qui bon et convenable pour un temps et pour un peuple ne l'est pas pour d'autres époques et d'autres nations; « *qu'on ne fait pas les institutions, mais qu'elles deviennent;* » que les lois, pour avoir quelque valeur, doivent être le produit de la vie instinctive et émotionnelle, le résultat des habitudes et des besoins qui prédominent dans une communauté, et non celui des mûres délibérations et de la sagesse réfléchie d'un petit nombre de citoyens. La généralisation historique la plus haute à laquelle cette école pût s'élever, la seule de quelque largeur qu'elle pût risquer tout en restant d'accord avec elle-même, c'est précisément celle à laquelle Krause attachait une si grande importance : c'est à savoir que le développement social est une croissance organique, en analogie étroite avec le développement individuel. Cette pensée est le résumé et la substance de tout ce que renferme de général la philosophie historique de cette école, quelques services qu'elle ait rendus d'ailleurs à l'étude de l'histoire, et l'on peut dire qu'on ne saurait ni les énumérer tous ni les louer comme ils le méritent. Aussi ne doit-on pas s'étonner si quelques-uns, la plupart même des membres de cette école, ont abusé de cette conception, et il n'est guère douteux qu'il y ait eu abus. Les disciples de Krause leur reprochent avec raison d'avoir traité l'organisme doué de liberté et de moralité comme un organisme soumis à la nécessité des lois physiques; d'avoir éliminé le libre arbitre de la vie sociale, et d'avoir attribué aux instincts aveugles, à l'activité fatale de l'habitude ce qui est l'œuvre de la raison et de la volonté.

Mais, d'autre part, on peut, je crois, soutenir avec vérité que la négation implicite de la liberté et de la moralité comme caractères du développement historique ne découlait pas nécessairement et logiquement des principes ou de la méthode de Savigny et de ses disciples, et que réciproquement Krause ne reconnaissait ces caractères qu'au prix d'une inconséquence. Si nous considérons le milieu où ils ont vécu, les dispositions qui les animaient, nous trouverons naturel que les représentants de l'école historique, au moins les plus anciens d'entre eux, aient méconnu cette vérité que le développement social peut être ou n'être pas organique, mais qu'il est très-certainement volontaire; néanmoins aucune nécessité logique ne leur imposait cette erreur; ils n'étaient tenus à aucune conclusion qui ne fût pas le résultat de la méthode comparative et inductive, et ce simple *fait* eût pu et eût dû les conduire tous à accepter pleinement, comme ce fut le cas pour plusieurs d'entre eux, le fait de la liberté et de la responsabilité des nations. — Mais Krause déclare ouvertement que sa théorie des âges de l'humanité est dérivée de la seule idée *à priori* de la vie; et il est difficile de voir comment, sans se mettre en contradiction avec ce principe, l'évolution, la succession, l'ensemble des caractères de ces différents âges pourraient ne pas être nécessaires. La liberté est un fait qui ne peut être déduit *à priori*. De plus, la liberté finie est, selon Krause, dans une dépendance tellement absolue à l'égard de la liberté infinie de Dieu, la vie humaine est tellement enveloppée dans la vie divine, que toutes ses déclarations sur la liberté de l'homme, sur la responsabilité qui lui incombe pour le mal résultant de l'abus de cette liberté, jettent le lecteur dans un singulier embarras. En réalité, son panenthéisme n'a pas réussi, je le crains, à éliminer tout ce que le panthéisme a de mauvais, en retenant ce qu'il a de bon; il est inconséquent et défectueux juste sur les mêmes points où le panthéisme a été si généralement convaincu d'aboutir à des conséquences funestes pour la morale. Krause a ouvertement et sans restriction accepté le témoignage authentique du sens intime et de la conscience en faveur de la liberté, de la responsabilité, de la personnalité; mais il a aussi accepté une méthode de raisonnement et un certain nombre de principes qui ne peuvent se concilier avec ce témoignage.

Il est à peine besoin de remarquer que la philosophie de l'histoire de Krause contient plusieurs éléments qui sont de pure fantaisie. On a dû s'en convaincre par l'exposé sommaire que nous avons donné. Le lecteur familier avec les spéculations d'Origène n'aura pas été sans s'apercevoir que Krause s'est approprié les plus téméraires d'entre elles, comme si elles étaient des vérités démontrées. La pensée consiste, selon lui, en ce qu'il appelle *Schauen*, l'intuition, la vision; certainement, si tout ce qu'il nous dit des humanités solaires et planétaires est vrai, sa *Schauen* ou vision a dû être d'une pénétration bien singulière, à couvrir de confusion les astronomes avec tous leurs télescopes.

CHAPITRE XI

HÉGEL [1].

J'arrive à l'examen de la philosophie de l'histoire de Hégel. Elle est une partie du plus grand système de philosophie qui ait paru depuis Kant. Quelque éloigné que l'on soit d'être disciple de Hégel, on ne peut se refuser à reconnaître qu'il n'existe guère de trésor plus riche en pensées philosophiques que celui que forment ses dix-huit volumes. Sir Alex. Grant a dit heureusement : « Emprunter de la philosophie à l'*Histoire de la philosophie* de Hégel, c'est comme emprunter de la poésie à Shakespeare : c'est une dette presque inévitable. » Et cette remarque peut être étendue à tous les autres grands ouvrages de Hégel, à la *Phénoméno-*

---

1. Les deux meilleures biographies de Hégel sont : *Vie de Hégel*, supplément aux œuvres de *Hégel*, 1844, par Rosenkranz, et *Hégel et son Temps*, 1857, par R. Haym. Sa philosophie a été l'objet d'ouvrages sans nombre, explicatifs, critiques, apologétiques, hostiles, etc. Un des plus originaux et des plus approfondis est le *Secret de Hégel* du Dr Hutchison Stirling ; il a donné une impulsion très-heureuse à l'étude de Hégel en Angleterre. Ce que le Dr Stirling regarde comme le *Secret de Hégel* pourrait bien pourtant n'être qu'une image bien imparfaite.

logie de l'esprit, à la *Logique*, à l'*Encyclopédie de la science*, à la *Philosophie du droit*, à la *Philosophie de l'histoire*, à l'*Esthétique* et à la *Philosophie de la religion*. Il est fort possible, après une étude consciencieuse de Hégel, de douter entièrement de la légitimité de sa méthode, de désapprouver beaucoup de ses conclusions, de s'apercevoir de grands défauts, d'être souvent incapable de déterminer ce qu'il veut dire; mais il est absolument impossible de lui refuser une richesse prodigieuse de pensées qui peuvent être comprises et qui sont d'une grande profondeur et d'un grand prix. On ne fait que remplir un devoir en recommandant à ceux qui étudient la philosophie de se familiariser avec Hégel ; ils pourront, il est vrai, trouver de bonnes raisons pour devenir anti-hégéliens; mais, s'ils veulent jamais se faire une philosophie digne de ce nom, Hégel est encore de tous les penseurs de ce siècle celui auquel ils devront faire le plus d'emprunts; et en philosophie, tout autant que dans les sciences spéciales, ceux-là mêmes qui sont le plus originaux doivent emprunter beaucoup. Cette vérité, Hégel la connaissait bien, et il l'a mise largement en pratique; il a emprunté les pensées de quiconque lui semblait en posséder beaucoup; il les a repensées, les a rendues toujours siennes, et souvent plus vraies et plus complètes qu'elles n'étaient auparavant.

La philosophie hégélienne est, de toutes, celle où l'esprit de système est le plus puissant. Elle a la prétention de tout embrasser et de trouver pour chaque chose la seule place qui lui convienne. Selon cette doctrine, chaque chose, en fait, n'est qu'une phase particulière, un *moment* déterminé d'une seule chose, d'un seul *processus;* et elle ne peut apparaître que là où elle apparaît. La pensée seule existe, car elle se meut elle-même par un principe qui lui est inhérent, depuis l'absolu primordial de l'être pur, à travers toutes choses. Tout ce qui est, le monde physique et le monde moral, la nature et l'histoire, l'art et la religion ne sont que les phases successives d'une idée, en dehors de laquelle ils n'ont pas d'existence; ce sont les parties d'une pensée que la philosophie nous rend capables de repenser et ainsi, d'une certaine manière, de recréer. Il y a trois phases principales dans l'évolution de cette pensée : d'abord, elle se meut à travers toutes ces notions universelles qui sont communes à la nature et à l'esprit, impliquées et supposées par tous deux à la fois : à cette phase, la pensée est l'objet de la science de la logique. Puis, cette même pensée se particularise, se projette hors d'elle-même et traverse les sphères diverses de la nature : celles de la mécanique, de la physique, de l'organisme ; dans cette partie de son évolution, elle est l'objet de la philosophie de la nature. Enfin, elle s'affranchit de la nature, forme d'existence où elle est étrangère à elle-même; elle revient à elle-même comme libre esprit, raison consciente; néanmoins, elle n'accomplit son entière délivrance, elle n'atteint à la liberté parfaite et à la connaissance d'elle-même en tant que vérité de toutes choses, qu'après avoir traversé toutes les phases de la vie individuelle et s'être réalisée en plusieurs formes extérieures; ces phases et ces formes, tel est l'objet de la philosophie de l'esprit. L'une des formes dans lesquelles l'esprit concret, conscient de lui-même, se réalise, est l'Etat, et la philosophie de l'histoire est la partie de la philosophie qui marque et suit l'évolution de la raison se manifestant elle-même en tant qu'Etat.

La philosophie hégélienne est ainsi, comme on peut le remarquer, profondément et essentiellement historique d'un bout à l'autre. Son objet unique, c'est un vaste processus ou mouvement, dont ce qu'on appelle l'histoire n'est qu'une phase particulière. La logique, où l'on peut faire rentrer la métaphysique et même la mathématique, est une histoire élevée, il est vrai, au-dessus de la durée et de la particularité: c'est l'histoire du processus éternel et universel de l'idée pure. Chacune des sciences physiques est l'histoire de quelque partie du progrès de l'idée dans sa marche à travers la nature pour arriver à la conscience; de même, chacune des sciences de l'esprit est l'histoire de quelque partie de son cours à travers la vie humaine et la société pour aboutir à la plénitude et à la perfection absolues de la connaissance et de l'existence. Il y a peut-être une vérité et même une grande vérité dans cette conception. Par delà le monde créé existe un monde de notions, accessibles à quelque degré à l'intelligence de l'homme; des vérités absolues existent qu'on ne peut penser sans leur attribuer le caractère de l'évidence, et cela avant que quelque atome de matière, que quelque esprit fini aient été appelés à l'existence; vérités qui sont essentielles à l'intelligence en tant que telle et qui, par là, doivent avoir appartenu de toute éternité à l'intelligence qui existe par soi. Ensuite, la matière cosmique a sans doute traversé différentes phases avant que les corps célestes et notre planète aient pris leurs formes et leurs dispositions actuelles, et, dans ces époques d'une antiquité prodigieuse, les lois de l'ordre mécanique et chimique ont probablement dominé seules ; les premières ont peut-être régné avant les secondes ; en tout cas, il est certain que l'inverse n'a pu se produire. L'ordre de choses que nous représente l'astronomie a dû prendre naissance antérieurement à toutes les périodes de la durée auxquelles peut remonter la géologie ; la géologie, à son tour, ainsi que les branches diverses de la paléontologie, s'occupent d'une longue série d'époques qui dans l'histoire de la terre ont précédé l'histoire de l'homme. En conséquence, il n'est pas déraisonnable de considérer, avec Hégel, la nature et l'esprit comme un vaste *processus*, une évolution, une histoire ; il n'est pas déraisonnable non plus de penser que les sciences, par la puissance coordinatrice d'une philosophie supérieure, puissent être disposées de manière à reproduire la série régulière et logique de toutes les phases de ce processus ; en sorte que, pour un esprit scientifique, elles formeraient les chapitres successifs du livre de l'histoire de l'univers, et, pour un esprit religieux, les chapitres successifs du livre de la révélation de Dieu dans la création. Tout nous porte à croire qu'une telle conception est vraie et que, précieuse pour la philosophie générale, elle a une valeur toute spéciale pour la philosophie de l'histoire. Il ne peut être indifférent à l'historien philosophe d'apprendre à voir dans l'histoire qu'il étudie, dans le progrès dont il retrace le développement, une forme et comme un échantillon d'une histoire, d'un progrès plus vastes ; il lui est utile de connaître que, dans l'exercice de sa liberté, l'homme suit une direction, qui en somme est d'accord avec celle qu'a suivie la nature, depuis qu'elle est créée, sous la contrainte de lois physiques inflexibles ; d'être enfin convaincu que, malgré des différences essentielles, l'histoire plus récente et plus restreinte, celle de l'humanité, présente de nombreuses et remarquables ressemblances, soutient des rapports étroits et multiples avec cette autre histoire, plus ancienne et plus vaste, celle de l'univers.

Mais Hégel va plus loin, et il prend une position beaucoup plus risquée quand il ramène tout ce qui existe aux moments ou phases diverses de l'*idée*. Ici, nous ne pouvons plus le suivre; bien loin qu'il nous fasse mieux comprendre la place et la signification de l'histoire en nous disant qu'elle est une de ces phases de l'idée, il nous plonge au contraire, par là, dans de graves perplexités de plus d'une sorte. Les hégéliens, Gans et Rosenkranz, par exemple, nous affirment que la philosophie de l'histoire de Hégel a sur toutes les autres un grand avantage, en ce qu'elle est liée à un système de conceptions logiquement élaboré, même dans ses plus petites parties, et qu'elle peut ainsi représenter le *logos* de l'histoire comme une phase du même processus, obéissant au même mouvement dialectique que le *logos* de la nature, de l'esprit, du droit, de l'art, etc. Mais faut-il voir là un avantage? Oui, si l'élaboration logique du système général de conceptions est exact, si surtout le principe fondamental sur lequel il repose est vrai; non, dans le cas contraire. S'il nous est impossible d'accepter le système en tant que système, si nous contestons la solidité de sa base, la légitimité de sa méthode de construction, la rigueur même de l'enchaînement qui unit le tout à ses parties devient nécessairement un *désavantage* ; elle nous est un obstacle à pouvoir étudier d'une manière satisfaisante l'une quelconque des parties, puisqu'en ce cas, dans chaque partie, se trouvent impliquées les difficultés du tout. L'histoire, nous dit-on, est une phase particulière dans le mouvement qu'accomplit *l'idée selon un certain processus logique* : ce n'est pas là pour nous un avantage, bien au contraire, si nous ne pouvons admettre qu'il existe quelque chose qui ressemble à cette idée dont on fait la substance de toute pensée et de tout être, et si nous ne pouvons reconnaître la légitimité d'aucun processus analogue à celui par lequel on prétend que cette pensée se détermine elle-même. Sans doute, on aime à entendre Hégel lui-même déclarer, au commencement de sa *Philosophie de l'histoire*, que la seule supposition dont il ait besoin, la seule chose qu'il prenne pour accordée, c'est qu'il y a de la raison dans l'histoire, que l'histoire est un processus rationnel. Mais on s'aperçoit bien vite que ce ne sont là que des mots, car cette raison dont il fait son seul postulat, c'est la raison au sens hégélien, c'est précisément *l'idée au moment où elle devient consciente et construit sa propre liberté*. C'est une raison qui n'est autre chose qu'une forme de ce qui est l'objet unique de sa philosophie. En faire un postulat, c'est en conséquence prendre pour accordée cette philosophie tout entière, ou tout au moins la partie entière de cette philosophie qui va jusqu'au point auquel est parvenue l'idée avant de devenir l'objet de la *Philosophie de l'histoire*.

La philosophie de Hégel prétend tout ramener à la raison ; elle prétend être démontrée depuis le commencement jusqu'à la fin, partir de l'absolu primordial, de la plus simple notion de la raison, de l'être pur (si pur qu'il n'est rien du tout), et de là dériver toute connaissance, faire sortir toute réalité, par un procédé continu de raisonnement qui va de l'abstrait au concret, de l'indétermination qui enferme tout implicitement à la détermination explicite, détermination qui à tous les échelons s'opère par le principe de l'identité des contradictoires. Ce principe revient à ceci : que chaque pensée, chaque chose contient en soi son contraire; que toute assertion est aussi négation; que, en s'affirmant elle-même, une pensée ou une chose se nie également elle-même, mais que, au lieu de se détruire par cette contradiction, elle se réconcilie en quelque sorte avec elle-même, dans une nouvelle pensée, dans une réalité nouvelle et concrète, plus riche et plus complexe à tous égards par la négation de ce qu'elle remplace, et qui, à son tour, n'est pas plus tôt posée, qu'elle est rejetée, elle aussi, avec le même résultat, en sorte que le processus ne s'arrête pas avant que la vérité de toute connaissance et de toute existence se soit entièrement déployée. Ainsi, selon Hégel et ses disciples, il y a comme un *réseau de diamant* dont les mailles enveloppent l'univers, une dialectique savante qui enchaîne, dispose, explique tous les éléments de la pensée et de l'existence, la nature dans toutes ses parties, l'esprit dans toutes ses phases, l'histoire à toutes ses époques, la politique, l'art, la religion, la science.

Je n'ai pas à discuter ici de telles prétentions. Mon but est simplement d'apprécier la valeur de la philosophie de l'histoire de Hégel, et je voudrais autant que possible la séparer de sa philosophie générale. En même temps, je ne veux pas laisser ignorer que je rejette absolument la conception hégélienne de la raison et de son évolution. Pour moi, une telle raison n'est pas seulement quelque chose qui échappe aux prises de l'esprit humain; c'est encore la contradiction et la destruction de toute intelligence humaine; et son évolution, comme la conçoit Hégel, me paraît précisément l'inverse des lois essentielles de toute saine pensée. La dialectique hégélienne me semble d'un bout à l'autre, non pas un réseau de diamant, non pas quelque chose de solide et de substantiel, mais une toile d'araignée intellectuelle, une corde pourrie et qui tombe en poussière. J'ai lu ce que les hégéliens les plus distingués ont écrit pour soutenir la thèse contraire; mais, avec tout le respect possible pour le zèle et le talent d'hommes tels que Rosenkranz, Erdmann, Michelet, Kuno Fischer, Véra, Stirling, je crois qu'ils ont peu réussi à éclaircir, encore moins à justifier la singulière méthode de raisonner de Hégel [1]. Ce n'est là, il

1. Parmi les ouvrages où se trouve exposée l'insuffisance des principes essentiels de la méthode et du système de Hégel, on peut citer les suivants : Trendelenburg, *Recherches logiques* (1840; 3e édit., 1870) et la *Question logique dans le système de Hégel* (1843); la défense récente et fort remarquable de ces *Recherches* par Kym sous le titre de *les Recherches logiques de Trendelenburg et leurs Adversaires* (dans les *Zeitsch. für Phil.*, Bd, LIV, hft. 2, et les *Phil. Monatshefte*, IV, 6); le livre d'Ulrici : *le Principe et la Méthode de la philosophie de Hégel* (1841); celui de Karl Ph. Fischer :

est vrai, que l'énoncé de mon opinion personnelle, et mon seul but est d'informer le lecteur qu'à mon sens la philosophie de l'histoire de Hégel perd, au lieu de gagner, à être liée avec la dialectique et la philosophie générale de ce penseur; aussi je ne désire pas qu'on attribue quelque valeur à ma déclaration prise en elle-même. Et pourtant cette déclaration n'est-elle pas confirmée par l'histoire? N'est-il pas manifeste que le jour de l'hégélianisme est arrivé déjà à son déclin? En Allemagne, ce système a encore des adhérents nombreux et distingués, plus peut-être que tout autre système philosophique; mais, sauf de très-rares exceptions, ce sont des hommes avancés en âge, connus depuis longtemps comme écrivains; des hommes dont le caractère s'est formé sous certaines influences sociales qui ont perdu leur puissance; avec tout leur talent, ils ne peuvent faire de disciples; ce sont de vieux officiers sans armée et incapables de recruter un conscrit. L'hégélianisme se meurt rapidement en Allemagne. Il opère quelques conversions à Naples; on l'étudie à Saint-Louis; on s'en occupe à Oxford [1]; mais il a peu de chance de prendre nulle part solidement racine et de pousser de larges rameaux.

Les objections qui peuvent être soulevées contre l'hégélia-

Caractéristique et Critique spéculatives du système de Hégel (1845); celui de Hartmann : *de la Méthode dialectique* (1868); et l'ouvrage déjà cité de Haym : *Hégel et son Temps*. Je dois dire cependant qu'en ce qui concerne l'opinion de Haym, qui nous représente Hégel comme inspiré par *l'idéal du monde grec*, la critique du Dr Stirling est aussi juste que vigoureuse.

1. La *Presse de Clarendon* a publié récemment une excellente traduction de la *Logique*, qui forme la première partie de l'*Encyclopédie* de Hégel, avec des *Prolégomènes* fort intéressants et fort bien écrits, par W. Wallace, M. A. *Fellow et Tutor* du collége Merton, à Oxford.

nisme ne sont pas toutes, malheureusement, de l'ordre spéculatif. On peut y faire rentrer logiquement (autant du moins qu'il peut être question de logique dans un pareil système) toute doctrine morale et religieuse; on peut en déduire la doctrine catholique de la Trinité, la doctrine luthérienne des sacrements, et même la doctrine romaine de l'Immaculée-Conception (cette dernière déduction n'est pas, cela va sans dire, de Hégel lui-même); et pourtant, malgré tout cela, le même système peut, logiquement aussi, conduire à douter de l'existence de Dieu et de la persistance après la mort de l'âme individuelle. Hégel revendiquait pour sa philosophie le mérite de fournir une base non-seulement aux doctrines conservatrices en politique, mais encore à l'orthodoxie en religion; néanmoins ses disciples eux-mêmes sont aussi partagés que ses ennemis sur la question de savoir s'il fut théiste, panthéiste ou athée; et vous avez de la sorte des hégéliens appartenant à toutes les nuances d'opinions religieuses, chacun restant convaincu qu'il est fidèle au système du maître. La faute doit en être au système lui-même. Il est absurde de dire que l'hégélianisme n'est pas responsable des aberrations religieuses de ses adhérents, et que la *gauche* hégélienne, qui comprend à la fois les disciples les plus nombreux et les plus distingués, a rejeté de parti pris toutes les lumières contenues dans les écrits de Hégel. Il est absolument impossible qu'un grand nombre d'hommes remarquables, dont les jours et les nuits se sont consumés dans une étude enthousiaste de Hégel, aient pu nier le caractère théiste de sa doctrine, si cette doctrine n'était pas ambiguë et obscure à l'excès précisément sur les points où l'ambiguïté et l'obscurité sont le moins excusables. Après un examen scrupuleux des prétendues déclarations de Hégel en faveur de la personnalité divine, et des arguments de Rosenkranz, Stirling et autres pour établir qu'il fut théiste, je persiste à croire que les hégéliens de la gauche sont sur cette question les interprètes les plus fidèles de leur maître; et comme cette conclusion est aussi celle de Ahrens, Baader, Chalybäus, J.-H. Fichte, C.-Ph. Fischer, Herbart, Hoffmann, Krause, Léonhardi, H. Ritter, Sengler, Sigwart, Staudenmaier, Trendelenburg, Ulrici et Weisse, c'est-à-dire de ceux qui ont étudié Hégel avec le plus de zèle et le plus de compétence, je ne puis m'empêcher de penser qu'une telle opinion, fût-elle fausse, a sa source dans quelque grave défaut qu'on doit imputer à Hégel lui-même, dans quelque confusion intime et inexplicable, dans quelque ambiguïté essentielle. Et en fait, telle est la condition singulière de l'hégélianisme que, de tous les systèmes idéalistes le plus savamment élaboré, il se trouve opposer la plus faible barrière au matérialisme. Il est bien vrai qu'il place la pensée avant la matière et qu'il représente celle-ci comme une phase du processus de la pensée; mais comme la pensée, ainsi placée avant la matière, est une pensée inconsciente, une pensée qui n'est ni sujet ni objet, qui n'est par conséquent pas une pensée réelle, ni même un fantôme, une ombre de pensée, il s'ensuit que la matière est encore la réalité première, la première existence en acte, et que la puissance qui est en elle, cette tendance qui la pousse à s'élever au-dessus d'elle-même, est la racine et la base de l'esprit subjectif, de l'esprit objectif et de l'esprit absolu. Ce n'est qu'en s'en tenant fortement à une raison personnelle et consciente, vivante et parfaite comme première vérité, qu'on peut se garantir efficacement contre le matérialisme, et une pensée qui échappe à la pensée comme la pensée pure de Hégel n'est pas une barrière réelle; que Feuerbach et tant d'autres aient été des hégéliens idéalistes la première année pour devenir l'année suivante des matérialistes, voilà ce que l'on pouvait parfaitement prévoir. J'irais plus loin : le grand Être de Comte me paraît tout aussi digne d'être substitué au vrai Dieu que l'*Idée* de Hégel, qui à son point de départ est un être égal au non-être, et à son point d'arrivée est esprit absolu, résultat suprême du processus du devenir universel; esprit qui, de même qu'il est sorti du néant par son développement, peut, comme Bouddha, rentrer par évolution dans le néant, dans le Nirvana. Nous serions réduits à un triste choix s'il nous fallait, en dernière analyse, accepter comme Divinité soit cette conception vide et contradictoire au sein de laquelle commence, selon Hégel, l'univers de la matière et de l'esprit, soit cette autre conception, l'esprit absolu qui est le dernier terme de leur évolution, soit même l'une et l'autre avec tout le processus qui remplit l'intervalle. On pourrait dire, il est vrai, et on dira certainement, que l'être pur n'est *premier* que relativement à l'explication logique de Hégel, mais que ce n'est pas le *premier* réel; la réponse s'offre d'elle-même : l'assertion que l'ordre de la raison n'est pas le même que celui de la réalité est pour un hégélien un suicide intellectuel; ce serait avouer qu'il est prêt à traiter la pensée absolue aussi mal que ses adversaires prétendent qu'il traite la pensée vulgaire; qu'il se fait volontairement un jeu de la raison, tout comme ils soutiennent qu'il se fait un jeu de l'entendement; qu'enfin il est aussi peu respectueux à l'égard de sa propre logique qu'il l'est peu, au dire des mêmes adversaires, à l'égard de la logique formelle. Or, un tel aveu ramènerait l'hégélianisme à une grossière et mauvaise plaisanterie.

Le résultat de l'obscurité, de l'ambiguïté (peu importe le mot) de l'idée hégélienne de Dieu, ç'a été naturellement que les hégéliens nous ont donné des philosophies de l'histoire, ou tout au moins des aperçus de cette science, des points de vue religieux les plus divers, orthodoxe, hétérodoxe, théiste, panthéiste, athée, selon qu'ils appartenaient à la droite, au centre ou à la gauche du parti. A l'extrême droite, plus d'un système historique en est arrivé à être nettement clérical et même catholique romain, tandis que l'extrême gauche en a produit d'autres violemment anti-chrétiens et même tristement irréligieux, et, entre ces deux extrêmes, tous les degrés intermédiaires de croyances religieuses ont trouvé leur expression dans des conceptions générales relatives au cours et à la signification de l'histoire humaine. Quant à Hégel lui-même, un profond sentiment religieux circule à travers sa philosophie de l'histoire, ce qui s'accorde parfaitement avec ce que j'ai dit tout à l'heure du caractère religieux et de la portée de son système. La plus répandue, la plus extraordinaire des religions de l'Orient, le bouddhisme, est regardée par beaucoup de juges compétents comme essentiellement athée ; mais le bouddhisme pourrait-il se ramener, ainsi que j'en ai la conviction, à l'athéisme, l'athéisme serait-il impliqué par ses principes fondamentaux, qu'il serait encore injuste de ne voir dans ses sectateurs que des athées de cœur et d'esprit. Nulle part, peut-être, en dehors des limites de la chrétienté, le sentiment religieux n'a trouvé une expression plus vraie que chez les saints du bouddhisme. Si des millions d'hommes peuvent ainsi s'abrutir eux-mêmes et accepter une croyance dont les principes essentiels contredisent aussi manifestement l'esprit pratique, on peut admettre sans trop d'invraisemblance que la même chose soit arrivée même à un Hégel. Je suis donc loin de faire peser sur Hégel, en tant qu'homme, l'accusation qui, je crois, a été portée justement contre Hégel en tant que philosophe, ou plutôt contre son système. Je veux dire simplement que, s'il a voulu faire sortir le théisme de ses déductions, son système ne lui a pas permis d'exprimer nettement et distinctement ses intentions, et que ses disciples en ont souvent tiré des conclusions fort différentes qu'ils ont tenté d'appliquer à l'éclaircissement philosophique de l'histoire. La raison dont il parle comme se manifestant dans l'histoire est, en tant que phase de l'idée, une raison à laquelle je ne puis croire et que je puis encore moins regarder comme la raison providentielle qui préside aux affaires humaines ; cependant, je le reconnais volontiers, presque tout ce qu'il dit de cette raison est admirablement vrai de la divine Providence, du *logos* réel de l'histoire; je reconnais que sa philosophie de l'histoire doit être rangée parmi celles qui ont le mieux justifié leur prétention à être une théodicée, à glorifier les voies de Dieu sur l'homme, et qui ont le plus fait pour montrer que l'histoire du monde est le produit d'une raison agissante et infinie, raison qui a mis en œuvre toutes les volontés, tous les intérêts, toutes les activités finies, comme autant d'instruments pour l'accomplissement d'une fin grande et sainte.

Comme je l'ai déjà dit, je n'ai pas à discuter ici la méthode hégélienne en elle-même, mais seulement à montrer l'influence qu'elle a pu exercer sur la philosophie de l'histoire de Hégel. Un des résultats de cette influence a été de séparer arbitrairement les uns des autres les principaux développements de l'histoire, et d'exclure, non moins arbitrairement, quelques-uns des plus importants, du domaine de la philosophie de l'histoire. Une conséquence de la méthode hégélienne, c'est que partout, dans ce système, nous trouvons la division par trois. Le système a trois grandes divisions : la logique, la philosophie de la nature et la philosophie de l'esprit; chacune se divise elle-même en trois parties qui, à leur tour, se partagent en trois. Ainsi la philosophie de l'esprit comprend les doctrines de l'esprit subjectif, de l'esprit objectif et de l'esprit absolu, et la doctrine de l'esprit subjectif embrasse l'anthropologie, la phénoménologie et la psychologie; la doctrine de l'esprit objectif contient le droit légal, la moralité et l'obéissance morale; celle de l'esprit absolu, l'art, la religion et la philosophie. — La philosophie de l'histoire est cette partie de la philosophie de l'esprit qui reproduit l'évolution de la raison dans l'État, c'est-à-dire qu'elle est une partie de la doctrine de l'esprit objectif, et qu'en conséquence elle n'a proprement rien à faire avec l'histoire de chacune des phases de l'esprit absolu, avec les développements de l'art, de la religion et de la philosophie. Ces développements sont en dehors du domaine de la philosophie de l'histoire, laquelle, d'après la place qu'elle occupe dans le système de Hégel, doit logiquement s'abstenir tout à fait d'en parler; c'est le rôle, et le rôle exclusif de l'esthétique, de la philosophie de la religion et de l'histoire de la philosophie. Or ce n'est pas là seulement une erreur, mais une erreur de l'espèce la plus grave, et qui rend impossible une philosophie de l'histoire assez large pour embrasser la totalité de son objet. Elle prouve que si l'on veut rester d'accord avec le principe de l'hégélianisme, avec le procédé trichotomique de sa dialectique, il faut renoncer à écrire une philosophie de l'histoire, car s'il est essentiel de suivre séparément tous les développements principaux de l'activité humaine, il ne l'est pas moins de montrer comment ils s'unissent et se pénètrent. En fait, la grande difficulté, le problème fondamental de la philosophie de l'histoire, ce n'est pas de déterminer par l'analyse les développements distinctifs qui la constituent ni de suivre le cours de chacun d'eux, bien que ce soit là déjà une tâche ardue et importante : c'est d'en faire ensuite la synthèse; c'est de montrer leurs actions et réactions réciproques, leur concours vers un but commun; c'est de découvrir les lois qui sont impliquées dans le mouvement général de l'histoire humaine. Mais une telle synthèse n'est possible dans la philosophie de l'histoire qu'à la condition que la méthode et le système hégéliens, pris dans leur ensemble, soient faux. Toute tentative d'y atteindre doit être, pour l'hégélianisme, une inconséquence. On peut, il est vrai, affirmer que les développements séparés coïncideront et se correspondront; que l'art et la religion, tout au moins, sinon la philosophie, auront les mêmes époques, traverseront les mêmes phases, comme la vie politique : c'est ce que Hégel s'est efforcé de montrer dans son *Esthétique* et sa *Philosophie de la religion*; mais cela ne suffit pas. L'affirmation ou même la preuve qu'il existe un parallélisme entre les développements séparés ne constituent pas une synthèse historique; celle-ci suppose en outre une combinaison réelle de tous les éléments et de tous les développements de la vie humaine, de manière à reproduire à travers la succession entière des générations et des faits leur dépendance et leurs réactions mutuelles. Voilà ce qu'on ne peut s'attendre à trouver dans Hégel, et si on l'y trouvait, ce serait au prix d'une inconséquence. A ce point de vue, l'infériorité de Hégel à l'égard de Comte est manifeste.

La conception de la philosophie de l'histoire de Hégel est donc, par la cause qui vient d'être indiquée, essentiellement étroite et imparfaite, et elle ne peut être ni élargie ni corrigée. Il est vrai qu'un hégélien bien connu, le professeur Michelet, de Berlin, dans une correspondance avec un hégélien suédois, Borellius, a essayé de remédier à ce défaut, de résoudre cette difficulté. Il voudrait considérer la phénoménologie de l'esprit comme la première partie de la philosophie hégélienne, le système entier de la science comme la seconde, et l'histoire comme la troisième et dernière partie. Mais, si l'on se délivre ainsi d'une difficulté, on se trouve *embarrassé dans une autre plus grave encore*. Car, à moins que la phénoménologie de l'esprit et la philosophie de l'histoire, outre les positions nouvelles qu'on leur assigne, ne soient maintenues en même temps dans celles qu'elles occupaient d'abord, le système entier est désorganisé, et au lieu d'y avoir trois *sciences de l'esprit subjectif* et trois *sciences de l'esprit objectif*, il ne peut plus y en avoir que deux. Michelet voudrait leur donner à chacune deux places; mais c'est là, à coup sûr, une sorte de pluralité de fonctions en faveur de laquelle on ne peut donner aucune bonne raison. Nous n'avons pas besoin de deux philosophies de l'histoire, mais d'une seule, *pourvu qu'elle soit complète*. De plus, il est tout à fait antihégélien de terminer par la philosophie de l'histoire; c'est une contradiction manifeste de supposer que, après avoir atteint la pleine réalisation de l'absolu, l'idée ait encore à traverser les phases de l'histoire. Représenter l'absolu comme aboutissant à l'histoire, c'est le représenter comme absorbé dans l'histoire, comme un absolu qui n'est plus du tout absolu.

Après avoir insisté sur ce défaut de la théorie de Hégel, il faut ajouter, pour être juste envers lui, que ce sont précisément ces phases de l'humanité, qui ont été ainsi séparées du domaine de la philosophie de l'histoire par une évolution spontanée de la dialectique, dont il a tracé l'histoire de la manière la plus remarquable et la plus instructive. L'art, la religion, la philosophie, sont conçus par lui dans un esprit essentiellement historique, et il en a parlé d'une façon à enrichir, sans contredit, la science de l'histoire. L'*Esthétique* est le plus attrayant de ses ouvrages et renferme une merveilleuse abondance de science positive et de remarques originales. De tous les grands philosophes spéculatifs, Hégel est probablement celui qui entretint le plus large commerce avec toutes les formes de l'art; aucun ne connut aussi bien les principaux poëtes des différentes époques et des différentes nations, ne voyagea autant, simplement pour jouir des beaux paysages, des monuments, des statues, des tableaux, ne fréquenta aussi assidûment concerts, théâtres, musées, etc., et probablement aucun n'eut une âme aussi ouverte aux sensations les plus diverses, aussi profondément impressionnable. C'est dans la manière magistrale de traiter le sujet dans son ensemble, résultat de la connaissance qu'il avait acquise des détails, c'est dans le contact direct et vivant de son esprit avec un nombre extraordinaire des produits de l'art dans chacune de ses branches, que réside son principal mérite. Il connaissait certainement les *faits* bien autrement qu'un Hutcheson, un Alison, un Jeffrey; et il s'efforce de traiter l'ensemble des faits, au lieu de chercher à imaginer des réponses à ces deux questions abstraites : Qu'est-ce que la beauté? Comment est-elle perçue? La partie de l'ouvrage de Hégel qui correspond à ceux des auteurs que je viens de citer ne me paraît ni bien originale ni bien remarquable; ce n'est guère, au fond, qu'une exposition nouvelle et pleine de talent d'idées précédemment exprimées par Schiller, W. de Humboldt, Solger et surtout Schelling. Ce qu'il y a d'abstrait et de général, c'est ce qui lui appartient le moins et ce qui a le moins de valeur; plus il se tient aux détails, plus ses remarques sont intéressantes et précieuses. Il y a cependant une simple grandeur dans la généralisation principale relativement au développement de l'art, généralisation qui a rendu l'ouvrage célèbre. Hégel regarde l'art comme l'effort par lequel l'esprit cherche à réaliser l'idée par un intermédiaire sensible, et il trouve que l'élément idéal et l'élément matériel sont dans un rapport tel que l'art doit avoir trois formes distinctes, correspondant aux trois grandes époques de l'histoire. Quand la matière prédomine, quand le colossal et le bizarre sont les caractères les plus saillants et que la pensée lutte péniblement, faiblement, confusément au travers, c'est la forme symbolique de l'art; tel est l'art du monde oriental, de l'Inde et de l'Egypte. Quand l'idée trouve pour elle-même dans la matière une expression claire et adéquate, qu'elle est en équilibre avec le milieu où elle se manifeste, de façon qu'il y ait parfaite beauté de forme, sans que néanmoins ce qu'il y a de plus profond et de plus beau dans la vie spirituelle se révèle encore, l'art est classique dans sa forme; tel fut celui de la Grèce et de Rome. Quand cet équilibre est rompu, mais au profit de l'esprit, quand l'esprit prédomine et réduit de plus en plus la matière au rôle de simple signe, déployant de plus en plus sa vie la plus intime et la plus raffinée, l'art est alors romantique, et tel est celui du monde moderne ou chrétien. Les différents arts, pris en eux-mêmes, correspondent également plus ou moins à ces trois formes et aux époques qu'elles représentent; ainsi l'architecture est l'expression caractéristique de la forme obscure, symbolique, orientale; la sculpture, de la forme claire, déterminée, pleine de beauté, de l'art grec; la peinture, la musique et la poésie sont celle de la forme multiple, profonde, subtile, de l'art romantique ou chrétien. Cela n'empêche pas l'esprit de chaque époque de pénétrer toutes les variétés de l'art et de les marquer de son empreinte. — Il y a dans cette généralisation une grandeur et une élévation qu'il est impossible de ne pas admirer. Mais est-elle vraie et s'applique-t-elle à tous les faits? Cela est probablement plus que douteux. L'art, par essence, tend à la perfection dans l'exécution et à l'expression complète de la pensée ou du sentiment par la combinaison et la figure qu'il impose à des éléments matériels, par les couleurs, les sons ou le langage; selon qu'il y réussit plus ou moins, l'art est bon ou mauvais; mais quant à sa forme ou à son espèce particulières, ce n'est pas là ce qui les détermine.

Les idées que traduisent une forme ou un genre peuvent être plus simples que celles d'une autre forme ou d'un autre genre, comme celles de l'art classique par rapport à celles de l'art moderne; le travail d'expression peut être, en conséquence, plus facile et en général plus réussi; mais que les idées soient frustes ou raffinées, simples ou complexes, le but de l'art, c'est toujours d'en chercher l'expression parfaite par un intermédiaire sensible. L'élément matériel et l'élément idéal de l'art changent ensemble, de sorte que leur rapport est toujours essentiellement mobile; d'où il suit que le principe qui servira à déterminer quelles sont les grandes époques du développement de l'art doit être tiré, non de ce rapport, mais de la nature de l'idéal lui-même, et cet idéal, on ne peut le connaître par dialectique, mais seulement par l'étude historique de ses différentes phases. Les faits confirment, je crois, ce jugement sur l'inexactitude ou, tout au moins, l'insuffisance de la formule hégélienne. La poésie des Hébreux, des Arabes, des Persans, une grande partie de celle des Hindous ne répondent pas à la description de l'art symbolique, et une portion considérable de ce qu'il y a de plus caractéristique dans toutes les variétés de l'art moderne ne peut être ramenée naturellement à la catégorie du romantisme. Cette assertion que les différents arts représentent des époques différentes est absolument insoutenable. Il n'est vrai à aucun degré que l'architecture, par exemple, appartienne plus au monde oriental qu'au monde classique ou au monde germanique, ni que la musique et la poésie caractérisent plutôt ce dernier que les deux autres. La formule hégélienne, bien qu'elle puisse suggérer des idées et conduire à des recherches singulièrement fécondes, n'est donc qu'une magnifique erreur. La valeur véritable de l'ouvrage de Hégel est néanmoins indépendante de la vérité de cette formule; elle tient à la rare profondeur des aperçus relativement à la diversité des phases plus spéciales de l'art, et aux conditions morales ou physiques qui leur ont historiquement donné naissance [1].

[1]. Peut-être n'y a-t-il aucune partie de la science où les hégéliens se

La *Philosophie de la religion* ne me paraît ni aussi profonde ni aussi remarquable que l'*Esthétique* ; elle a pourtant une grande valeur, et l'on devra toujours en parler avec reconnaissance et respect, quelque convaincu que l'on soit que la religion ne peut être convenablement étudiée que si l'on se conforme aux lois de l'induction scientifique ordinaire. Hégel regarde la religion comme l'effort de l'âme pour réaliser son unité avec l'absolu ou le divin.

Les phases de la religion sont considérées comme autant de degrés dans le développement de la conscience de cette unité ; Hégel prétend naturellement que les principaux de ces degrés sont au nombre de trois : ce sont les religions de la nature, de l'esprit individuel et de l'esprit absolu. Au premier de ces degrés, Dieu ou l'absolu est senti comme un être naturel, une puissance physique ; et cette première phase comprend elle-même trois degrés : celui du *magisme*, représenté par le fétichisme, le shamanisme, le lamaïsme et le bouddhisme ; dans toutes ces religions, Dieu est confondu avec la nature ou avec l'homme individuel ; — celui de l'*imagination*, représenté par le brahmanisme, où Dieu est distingué de la nature et de l'homme, comme la substance une et identique de ses manifestations transitoires et multi-

---

soient plus distingués que dans l'esthétique. Hotho, Rosenkranz, Rötscher, Ruge, Schasler, Vischer, ont écrit des ouvrages d'une valeur durable sur la beauté et sur l'art. Le *Système de l'esthétique* de Weisse a été publié avant l'*Esthétique* de Hégel et est en grande partie un ouvrage original. Il est fort à regretter qu'il n'y ait pas en anglais une exposition de ce que les Allemands ont fait pour l'esthétique. Ceux qui connaissent l'allemand et qui s'intéressent à ces questions trouveront d'amples informations dans l'*Histoire de l'esthétique* (1858) de Zimmermann, dans l'*Histoire de l'esthétique en Allemagne* de Lotze (1868) et dans l'*Histoire critique de l'esthétique* de Schasler.

ples; — enfin le degré de la *lumière* ou du *symbole*, représenté par les religions de la Perse et de l'Egypte, espèce de dualisme, où Dieu affirme sa suprématie spirituelle sur la nature et devient ainsi l'objet des religions de l'individualité spirituelle. — Cette seconde classe de religions, où Dieu est considéré comme un sujet, ayant conscience de lui-même, est également représentée par trois formes : le judaïsme, religion de la sublimité; le polythéisme grec, religion de la beauté; le polythéisme romain, religion de l'entendement pratique. L'esprit absolu, après avoir traversé ces formes, en vient à se connaître lui-même comme absolu, et dans cette connaissance de soi, Dieu est réconcilié avec le monde et avec l'homme et est saisi comme essentiellement Triple et Un, Père, Fils et Esprit. Cette religion absolue est le christianisme, et elle ne diffère de la philosophie absolue que par la forme ou l'expression; en substance, elle lui est identique. — Là aussi, sans doute, ni les divisions principales, ni les divisions secondaires ne sont exactes, ni par suite les notions qui leur servent de fondement; mais la pénétration avec laquelle Hégel détermine le caractère et la signification des religions qu'il passe en revue, la manière dont il saisit les rapports qui les unissent l'une à l'autre sont toujours propres à ouvrir de nombreux aperçus et atteignent très-souvent la vérité. Malheureusement, la partie de beaucoup la moins satisfaisante de son ouvrage est celle qui concerne le judaïsme et le christianisme; elle est gâtée par des omissions graves et des erreurs positives importantes. Dans l'*Esthétique*, comme dans la *Philosophie de l'histoire*, il donne une idée singulièrement mesquine de la signification du peuple juif; mais son injustice atteint le comble dans la *Philosophie de la religion*, quand il place le monothéisme juif au-dessous du polythéisme classique. Son explication du christianisme me paraît essentiellement fausse par son esprit, par sa méthode, par son objet, et pourtant une admirable lumière en jaillit à maint endroit.

Quant à l'histoire de la philosophie, les adversaires les plus déclarés de Hégel, ceux qui attribuent le moins de valeur à ce qu'il a fait dans les autres parties du domaine philosophique, s'accordent à reconnaître chaleureusement les services qu'il a rendus dans celui-ci. Il a inauguré une ère nouvelle dans l'étude de cette science, ère qui a été merveilleusement fertile en travaux de premier ordre, et pourtant l'ouvrage de Hégel reste encore sans rival, après que tous les autres se sont librement inspirés de son esprit et enrichi de sa substance. La partie consacrée à la philosophie grecque est un immortel chef-d'œuvre; et, quoique le principe que la succession des systèmes philosophiques dans l'histoire est identique à celle des catégories en logique soit certainement faux, comme l'évidence des faits a forcé certains hégéliens à le reconnaître[1]; quelque peu fondée, quelque

---

1. Par exemple, Schwegler et Zeller, qui, en faisant cette concession, tombent dans une contradiction qu'a signalée Stirling dans ses *Annotations* à sa traduction de l'*Histoire de la philosophie* de Schwegler. Elle a été mise en lumière plus complétement encore par M. C. Monrad dans une lettre en latin adressée à Zeller : « De vi logicæ rationis in describenda philosophiæ historia. » Si les Drs Stirling et Monrad avaient entrepris d'examiner et de réfuter le livre du professeur Kym : *la Dialectique de Hégel dans son application à l'histoire de la philosophie*, ils auraient probablement trouvé leur tâche un peu plus difficile.

funeste que soit l'admission d'un tel principe, nul encore n'a mieux que Hégel retracé la marche générale de l'esprit humain à la poursuite de l'absolu.

Si donc Hégel a été conduit par les évolutions de sa dialectique à séparer faussement les différents éléments de l'histoire, et à faussement détacher du domaine de la philosophie de l'histoire quelques-uns des plus importants, il a amplement racheté cette erreur par la manière magistrale dont il a traité de ces éléments ainsi séparés et détachés. Souvent aussi, il a laissé la vérité l'emporter sur le système. *Logiquement*, il eût dû exclure de son exposition de l'histoire la considération de la religion, de l'art, de la philosophie; *en réalité*, il ne l'a pas fait; non-seulement on trouve quelques belles pages qui ont expressément pour objet de montrer les rapports de ces éléments avec l'histoire [1], mais encore, quand il décrit le monde oriental, c'est surtout à sa religion qu'il emprunte les traits du tableau, et c'est principalement par l'art grec qu'il caractérise le monde grec.

Nous arrivons maintenant à l'examen direct de ce qu'il a lui-même regardé comme la philosophie de l'histoire. Il en a donné une première esquisse dans les vingt derniers paragraphes de la *Philosophie du droit*, publiée en 1821, et il en a fait le sujet de son cours pendant les années 1822-23, 1824-25, 1826-27, 1828-29, 1830-31. C'est d'après les fragments manuscrits de ces leçons et les notes de ses élèves, que la première édition de la *Philosophie de l'histoire* fut

---

1. *Philosophie de l'histoire*, 60-66.

publiée après la mort de Hégel, par Gans, en 1837; une seconde édition, augmentée et améliorée, fut donnée en 1840 par le fils du philosophe, Charles Hégel, qui fut depuis un historien distingué. Nous avons eu sous les yeux les deux éditions; mais la seconde, qui renferme l'importante préface que Gans a mise à la première, est seule nécessaire. Nous devons résumer le contenu de l'ouvrage avant d'en aborder la critique.

L'histoire est de trois sortes : originale, réflexive et philosophique; originale, quand elle est tirée directement de l'observation, quand un auteur décrit ce qu'il a vu ou entendu par lui-même, les événements au milieu desquels il a vécu. Elle est réflexive quand elle dépasse l'expérience personnelle et que le rôle de l'historien se borne à exercer ses facultés d'industrie, de perspicacité, de critique et de généralisation sur les matériaux fournis par d'autres pour disposer et présenter le tableau de quelqu'une des époques du passé, de quelque phase spéciale de la vie humaine, du cours général des événements dans un pays ou même dans le monde. Elle est philosophique quand elle suit le développement rationnel de l'esprit universel dans la société. L'esprit est l'opposé de la matière, et son essence est la liberté, comme celle de la matière est la pesanteur. La cause finale de l'histoire, c'est que l'esprit puisse se connaître lui-même comme libre, et, pour atteindre ce but, l'esprit tourne à son profit les appétits, les passions, les intérêts privés, les opinions des individus et des peuples, avec tant de ruse, que toujours il tire avantage pour lui-même de leur dommage, faisant sortir de leur satisfaction et de leurs excès les principes de vérité et de justice destinés à les gouverner et à les réprimer. De temps en temps, il se manifeste dans les grands hommes, dans des individualités qui appartiennent à l'histoire du monde, et dont les buts privés sont identiques à ses propres desseins; et ces hommes ne doivent pas être jugés d'après les mêmes règles de conduite que les autres; manifestations sublimes de l'esprit, il faut qu'ils foulent et brisent sous leurs pieds mainte fleur innocente. Et en vérité, le bonheur ou la misère des individus ne sont pas des éléments essentiels de l'ordre de l'univers; la raison livre aux grands hommes l'accident, le particulier, pour exercer leur monstrueuse puissance. Ceux qui se forment des conceptions idéales de vérité, de justice et de liberté, les déclarant applicables aux unités individuelles de la masse sociale, et qui, en conséquence, condamnent ce qui est comme ne devant pas être, sont des esprits superficiels, envieux, aimant à critiquer et à reprendre; le monde réel est précisément ce qu'il doit être; ce qui est réel est rationnel, et ce qui est rationnel est réel. La raison éternelle étant immanente dans les esprits des hommes, les idées générales ou principes substantiels de la religion, de l'art, de la philosophie, de l'État, sont immanents dans leurs actions; ils sont simples et éternels par essence, bien que dans leurs formes ils soient variables et temporaires. La dernière de ces idées, l'État, est le fondement de toutes les autres, le centre de tous les éléments concrets de la vie sociale, la totalité morale en dehors de laquelle les individus n'ont aucune valeur propre. L'État, c'est la liberté manifestée et organisée; car c'est seulement quand la volonté individuelle s'unit à la volonté générale, comme cela se produit dans les lois et les institutions d'une nation, c'est seulement quand les convictions personnelles ne sont pas souveraines, mais que l'esprit se réalise extérieurement dans quelque forme positive, définie, spéciale, qui est comme sa loi propre, c'est seulement alors qu'il y a liberté véritable et rationnelle; et ainsi cette liberté n'est pas en conséquence une simple propriété naturelle, une opération ou un résultat du libre choix uniquement déterminé par la réflexion, un principe abstrait et indéterminé, mais une condition réelle et définie de l'être, qui n'est possible que dans un *État*, une incarnation d'un esprit déterminé et particulier, l'esprit ou le génie d'un peuple, une phase dans le développement de l'esprit universel. Il suit de là que l'État peut être appelé l'objet de l'histoire, et la succession des États, l'objet de l'histoire universelle. L'esprit du monde, en vertu de son caractère et de l'activité qui lui est inhérente, ne donne pas naissance à de simples changements, ni à une série de changements, à un cycle de changements, ramenant périodiquement des événements semblables; il ne se développe pas non plus régulièrement et tranquillement, comme un organisme vivant; mais il poursuit la manifestation complète de sa propre substance, la pleine conscience de lui-même à travers une lutte opiniâtre et violente contre lui-même, par une marche lente, pénible, par un progrès insensible; et les nations, les États sont comme les pierres qui marquent les étapes de sa route à travers le temps, les phases de sa carrière de combat et de victoire. A peine en a-t-il quitté une, qu'il arrive à la suivante, et, dès qu'il s'est pleinement développé dans les limites d'une nationalité, il commence à les briser comme trop étroites; de là le déclin et la mort de cette nation; mais l'esprit y gagne une nouvelle force, une intelligence plus large et plus compréhensible de lui-même. Là où il n'y a pas d'États proprement dits, il peut y avoir des familles, des clans, des peuples; il peut y avoir des migrations, des guerres, des révolutions, mais il ne peut y avoir d'histoire. L'histoire commence à être écrite dès qu'apparaissent les vrais États, dès que, par suite, l'histoire a commencé, et les périodes, siècles ou dizaines de siècles, que les peuples ont auparavant traversées, doivent être regardées, dans leur essence, comme anté-historiques. Elles sont en dehors de la sphère de l'histoire et de celle de la philosophie de l'histoire.

Le caractère des peuples est préfiguré dans le caractère de la terre, et, de même qu'il y a des peuples non historiques, il y a des pays non historiques. La nature, qui est extérieure à l'histoire, ne laisse pas d'en être la base nécessaire; on ne doit en estimer l'influence ni trop haut ni trop bas. Les extrêmes de la chaleur et du froid mettent obstacle au développement de l'esprit, d'où vient que la zone tempérée est le vrai théâtre de l'histoire. Dans l'Australie et les îles de l'Océan austral et du Pacifique, la nature n'a pas atteint cette maturité qui permet le développement de l'histoire; l'Amérique est tout au plus un écho de l'ancien monde; l'Afrique nous présente l'esprit encore à l'état d'enveloppement et asservi aux puissances de la nature; l'Asie et l'Europe sont les seules terres historiques. Laissons de côté la Sibérie, qui appartient à la zone glaciale; le reste de l'Asie se partage en un plateau massif, de grandes plaines arrosées par des fleuves, et une combinaison de plateaux et de vallées dans les régions maritimes qui avoisinent l'Europe et l'Afrique. L'élevage des troupeaux est l'occupation des habitants des plateaux; là, c'est le principe patriarcal qui gouverne la société; l'agriculture est la grande affaire des plaines arrosées par les rivières; là, la propriété divise les hommes en seigneurs et en serfs; l'activité commerciale caractérise les pays des côtes et produit la liberté civile. Les distinctions géographiques sont moins marquées dans l'Europe, qui par suite s'accommode plus facilement à tous les mouvements de l'esprit.

La marche du soleil symbolise la marche de l'esprit; comme la lumière du soleil physique va de l'est à l'ouest, ainsi fait la lumière du soleil de la conscience. L'Asie est le point précis où il se lève, le commencement absolu de l'histoire; l'Europe marque l'occident ou la fin de l'histoire; le monde oriental, le monde gréco-romain, le monde moderne ou germanique, en sont les trois grands *moments*, les trois grandes phases ou époques. Dans le monde oriental, l'esprit sommeille, ignorant que la liberté est son essence propre, et se soumet patiemment au despotisme civil et religieux, en sorte qu'un *seul* homme est libre et que les droits individuels sont inconnus. Dans le monde gréco-romain, l'esprit s'éveille et reconnaît ces droits, mais sous quelques-unes seulement de leurs formes; il a une conscience partielle de sa vraie nature, et *quelques-uns* sont libres, mais non pas tous. Dans le monde moderne, l'esprit se connaît lui-même dans sa nature, en tant que libre par essence, et sait que *tous* ont des droits inhérents à la liberté rationnelle. Dans le premier monde dominent l'infini et la substance; dans le second, le fini et l'individualité; dans le troisième, le fini et l'infini, le substantiel et l'individuel s'unissent et se réconcilient.

L'histoire du monde oriental commence avec la Chine, dont le principe caractéristique est une unité matérielle d'organisation qui exclut en toute sphère de la vie la réflexion, la volonté et l'énergie individuelles. Tout ce qu'on peut appeler subjectivité ou individualité est absorbé dans la personne et la volonté de l'empereur, le père de la nation, qui a le même pouvoir absolu sur ses sujets que chaque père sur les membres de sa famille. Il en résulte que si la science est, dans certaines directions, poursuivie avec ardeur, il n'y a pas de libre recherche scientifique; si l'art, dans quelques-unes de ses branches, est cultivé avec un goût très-ingénieux et un zèle remarquable, il reste servile et imitateur ; si le code des mœurs et des usages est savamment élaboré, il n'y a pas de moralité réelle du cœur et de la conscience; et s'il existe un cérémonial religieux très-compliqué qu'on observe scrupuleusement, on y chercherait vainement le sens de la vie spirituelle, de la relation personnelle de l'âme avec le monde supra-sensible : l'empereur seul est en rapport avec le Ciel, et ce rapport n'est pas un rapport spirituel, mais physique et magique; ou encore, Fo, le pur non-être, est considéré comme Dieu, et le mépris de l'existence personnelle comme la plus haute perfection.

Au lieu de l'unité matérielle et extérieure qui caractérise la Chine, on trouve dans l'Inde la diversité la plus marquée. Mais cette diversité est encore matérielle et extérieure; c'est une division de la société en classes, selon les différences extérieures d'occupation et de condition civile, en *castes* arbitrairement et éternellement fixées par le seul fait de la naissance; ces distinctions, loin d'être le résultat naturel de l'individualité, prouvent que dans l'Inde l'esprit n'est pas encore arrivé à la conscience d'une vie personnelle proprement dite, de la liberté, de la moralité intérieure. Cette rigoureuse séparation des hommes d'après des distinctions extérieures s'appliquant à la morale et à la religion aussi bien qu'à la vie civile, au point que ce qui est vertu et piété dans une caste est vice et impiété dans une autre, ferme aux Hindous toutes les avenues de la vérité et les condamne à un esclavage du corps et de l'âme si complet, qu'il n'y a pour eux aucun moyen d'en sortir. — De plus, tandis que la Chine est le pays du prosaïsme et du lieu commun intellectuel, l'Inde est celui de la sensibilité extrême et de l'imagination déréglée. L'esprit y est dans un rêve d'ivresse et de délire, s'étourdissant lui-même dans un débordement de la plus sauvage extravagance, n'ayant clairement conscience de rien, confondant ce qu'il y a de plus sacré avec ce qu'il y a de plus grotesque, les vérités sublimes avec les absurdités ridicules, spiritualisant les sens et matérialisant l'esprit, regardant l'universel comme particulier et le particulier comme universel, incapable de rien saisir avec assurance et fermeté, prenant toute chose pour différente de ce qu'elle est réellement. Ce rêve s'est incarné dans ce mélange monstrueux de panthéisme, de naturalisme et d'idolâtrie qui constitue le brahmanisme. Dans le bouddhisme, celle de toutes les religions qui est la plus répandue, on trouve le même principe fondamental sous une forme qui n'est que modifiée; l'esprit s'y manifeste aussi dans un état de rêve, mais naturel et sans ivresse, et toute la vie sociale et politique, comme la vie religieuse, est plus calme et mieux assise. Cette croyance s'est propagée à travers la Chine et a donné à l'esprit chinois une faible dose de spiritualisme qu'il n'avait pas à l'origine. Elle regarde l'existence suprême et dernière comme un néant abstrait; s'y abîmer, c'est la plus haute perfection, et l'on n'y parvient que par l'annihilation de tout désir et de toute activité; et elle présente, comme types de cette perfection et objets de culte des êtres humains, les bouddhas morts ou les lamas vivants, qui sont adorés, non pas en raison de leur individualité propre, mais à cause de l'essence universelle qui s'est incarnée en eux.

Les peuples de l'Asie orientale sont isolés et immobiles; l'Asie occidentale est en relations avec l'Europe, et, comme l'Europe, le théâtre des révolutions politiques et sociales. La Perse est la première nation réellement historique. Ce fut

un empire tout comme celui d'Allemagne ou celui de
Napoléon, composé d'un certain nombre d'États unis entre
eux par quelques lois générales, mais dont chacun cependant conservait son caractère propre, sa législation et ses
habitudes particulières. En Perse, l'esprit s'affranchit pour
la première fois de l'unité substantielle de la nature, qui
est inintelligible, inconditionnée, indéterminée; il se reconnaît comme *lumière*. Cette lumière n'est pas seulement une
réalité concrète, mais une pure manifestation; ce n'est pas
seulement l'élément matériel le plus universel : c'est encore
un principe de pureté et de bonté spirituelle, un principe
qui renferme la conscience de son contraire, les ténèbres,
le mal, et aussi la conscience du pouvoir et de l'obligation
de préférer la lumière aux ténèbres, le bien au mal. Dans
l'Inde, la plus haute notion spirituelle, Brahma, est celle
d'une unité abstraite qui n'est pas objet de conscience;
mais, dans la Perse, cet être abstrait devient objet de conscience sous la forme d'une intuition sensible, et cette intuition étant celle de la lumière, de ce qui manifeste seulement
ce que les corps sont en eux-mêmes, de la substance qui
laisse intact ce qui est propre à chacun d'eux, de l'unité
qui gouverne les individus, mais uniquement pour qu'ils
puissent développer et réaliser leur individualité, — cette
intuition sert de lien à plusieurs nations à la fois, tout en
leur permettant une libre croissance et le plein épanouis-
sement de leurs caractères particuliers et distinctifs. Parmi
les nations diverses qui appartiennent à l'empire perse, il en
est une, la nation juive, qui fait ce progrès remarquable de

franchir les limites de l'intuition sensible, tout en continuant de saisir clairement l'absolu comme objet de conscience. La nature et l'esprit sont séparés ; la première est détrônée, entièrement subordonnée ; la prééminence est donnée au second, qui devient l'unique vérité essentielle ; on ne songe pas encore à les concilier. Distinguer l'esprit de la nature et donner la prééminence à l'esprit, c'était là certainement un progrès important ; ce fut néanmoins une conséquence de la rigueur et du caractère exclusif de ce mode de distinction, que toutes les religions précédentes, toutes les autres divinités fussent condamnées comme entièrement fausses, qu'un seul peuple fût reconnu comme le peuple de Dieu, que la moralité, rigide et exaltée, fût en même temps étroite et intolérante, et que la vie politique fût à la fois remplie d'orgueil et de faiblesse.

L'Égypte unit les éléments qui, dans l'empire perse, apparaissent isolément, l'élément sensible chez les Babyloniens et les Syriens, l'élément spirituel chez les Phéniciens et les Juifs. Le stoïcien Chœrémon pensait que la religion égyptienne était purement matérialiste ; les néoplatoniciens la regardaient comme un spiritualisme allégorique ; et, quelque contradictoires que puissent paraître ces deux opinions, il faut les concilier pour avoir la vérité tout entière. En Égypte, l'esprit est matière et la matière esprit ; l'esprit se sent emprisonné dans la matière, et, avec une aveugle et incessante inquiétude, il s'efforce d'en sortir. Le symbole nous offre cette contradiction et le problème qu'elle implique ; aussi le rencontrons-nous partout, dans l'architecture, dans les hiéroglyphes, dans les coutumes et dans la religion de l'Égypte. Par sa nature même, l'Égypte est une énigme. Son vrai symbole, c'est le sphinx, qui est lui-même une forme énigmatique, ambiguë, moitié bête et moitié homme, et nous montre l'esprit commençant à s'élever au-dessus et à regarder au delà de la nature, où il est cependant encore enfoncé et comme animalisé. Le dernier mot de l'Égypte est l'inscription de la déesse de Saïs : « Je suis ce qui est, ce qui a été, ce qui sera, et personne n'a encore soulevé mon voile. Le fruit que j'ai produit est Hélios. »

Le voile fut levé par le Grec Apollon. Homme, connais-toi toi-même ; Hélios, c'est-à-dire ce qui est clair pour soi-même, voilà la solution de l'énigme de l'Égypte. Quand, dit la légende, OEdipe résolut l'énigme du sphinx avec le mot *homme*, le monstre se précipita du haut de son rocher. Le mystère de l'Égypte — le mystère de tout l'Orient — arrive à la lumière et trouve son explication en Grèce. Désormais, l'enfance de l'histoire est finie, avec son vague, son défaut de pénétration, sa dépendance et sa crédulité, et l'esprit se manifeste dans toute la fraîcheur et la plénitude de sa jeunesse. La Grèce est la jeunesse du monde, et ce n'est point hasard que son histoire commence par Achille, le jeune héros idéal de la poésie, et finisse par Alexandre, le jeune héros idéal de la réalité. C'est en Grèce que nous nous sentons pour la première fois chez nous, car c'est là que, pour la première fois, l'homme s'est senti homme, que pour la première fois il a brisé les liens dont l'enchaînaient les puissances ténébreuses de la nature, que pour la première fois il a osé, d'un esprit clair et d'un cœur non troublé, étudier les causes, les lois et les fins de la nature, et façonner à sa volonté les matériaux qu'elle lui fournissait. C'est là que l'esprit a pu s'émanciper et atteindre à la libre *individualité*; c'est là le mot propre à désigner ce qui est fondamental et caractéristique en Grèce. La formation de l'individualité grecque a été singulièrement favorisée par la configuration du pays, la proximité de la mer, le mélange des races, le grand nombre des villes indépendantes; par le commerce, la colonisation, la guerre, par toutes les conditions physiques, politiques et sociales. Aussi n'est-elle jamais devenue absolument libre, maîtresse d'elle-même, vraiment spirituelle; elle est restée sous l'influence de la nature et des circonstances extérieures; elle ne s'est déployée qu'en s'appliquant à la transformation des matériaux naturels en expression de ses idées et de ses dispositions; en d'autres termes, le génie grec a été essentiellement artistique. L'impulsion d'une idée centrale, d'une nécessité intérieure, l'a poussé incessamment à élaborer les matériaux naturels, marbre et métal, couleurs et sons, mouvements du corps, langage, pensées, pour en tirer des images de beautés, d'harmonieux monuments, de véritables œuvres d'art. Tous les produits de l'activité grecque, même la culture individuelle, la religion et les constitutions politiques, peuvent être appelés des œuvres d'art. Le Grec dressait et façonnait son corps et en faisait une œuvre d'art par le même motif qui le portait à façonner une pierre en statue. Les dieux du mystère ont été chassés de la Grèce par les dieux de l'art, par ces types concrets, particuliers, humains, par ces formes déterminées et plastiques, qui ne gardent plus rien de la difformité et de la monstruosité orientales, mais qui pourtant, par les charmes de la beauté, sont capables d'exercer une étrange attraction sur les natures imaginatrices, et, habitant les régions de la poésie, sont encore les objets d'une dévotion esthétique. L'œuvre d'art en politique, l'État, fut nécessairement démocratique dans sa forme, ses membres ne se sentant pas dépendants de quelque volonté individuelle, comme en Orient, ni de la volonté abstraite et universelle de l'État lui-même, comme à Rome. La notion abstraite de l'État leur était étrangère ; ce qu'ils connaissaient, ce qui leur était cher, c'était Athènes, Sparte, telle forme définie de vie sociale, telle union particulière de citoyens, d'hommes libres ayant pour but de se posséder et de s'instruire eux-mêmes et pouvant abandonner les travaux manuels à des esclaves. Dans la forme primitive et naturelle de leur liberté, les Grecs vivaient dans et pour leur pays, sans réflexion, sans être tentés de soumettre les lois et les coutumes publiques à l'examen de la conscience et du jugement individuels ; mais on en arriva bientôt à cette phase nouvelle de la pensée ; elle fut commencée par les sophistes, continuée par les philosophes ; par suite, la Grèce marcha promptement à la décadence et à la dissolution. Tous voulaient gouverner, et personne ne consentait à obéir. Les villes furent déchirées par les factions, et le pays tout entier fut en proie à la guerre civile. Un talent, un mérite remarquables suffirent pour désigner infailliblement un citoyen à l'exil ou à l'emprisonnement. La fleur accomplie de la vie grecque ne dura guère que soixante ans. L'histoire entière de cette nation, comme de toutes les nations historiques du monde, comprit une période de croissance, une période de maturité et une période de décadence; dans la première, la Grèce développa graduellement le principe propre de son individualité; dans la seconde, elle défendit et propagea ce principe par la conquête extérieure; dans la troisième, ayant cessé de croire à son principe et laissé pénétrer dans son sein un principe étranger, elle tomba dans un état de malaise qui ne fit qu'empirer.

Passer de la Grèce à Rome, c'est passer de la poésie à la prose, d'une vie gracieuse et idéale à une vie d'obéissance à une loi positive avec un but défini, de la joyeuse jeunesse à l'austère virilité. Rome rassemble tous les dieux en un panthéon et toutes les unités humaines en un État; elle incorpore individus et nations en une vaste personne et subordonne et sacrifie tout à cette existence universelle, au développement de l'organisation politique de Rome. Ce qui caractérise Rome, c'est la combinaison de l'universalité abstraite avec l'extrême personnalité. Le conflit des deux principes fait de l'histoire intérieure de la nation une longue lutte entre deux factions de son histoire extérieure, une poursuite impitoyable et incessante de la domination universelle. Dès le début s'opposent ces deux éléments essentiellement contradictoires, dont l'incompatibilité grandit et s'accuse de plus en plus; finalement, l'individualité l'emporte à ce point que la communauté ne peut être préservée de la dissolution que par la contrainte extérieure, par le despotisme, par le pouvoir absolu d'un seul. Ce n'est pas César qui a détruit la république, mais la nécessité. L'empire continue et achève ce que la république a commencé. Il brise le cœur du monde, lui fait sentir le néant de la vie naturelle, l'amène et l'habitue à prendre en aversion ce que lui offre la réalité, par là pousse l'esprit à se replier dans les profondeurs de son être intérieur, à se connaître lui-même dans sa nature essentielle comme esprit, et à chercher satisfaction dans un empire spirituel. Cet empire fut révélé et fondé par le Christ, un homme qui est Dieu, un Dieu qui est homme, — le Christ, en qui Dieu est reconnu comme Esprit, et la réconciliation du monde accomplie. En lui, l'idée de la vérité éternelle est saisie, l'essence de l'homme perçue comme esprit; en lui trouve son accomplissement ce principe que la vérité, fin suprême de la vie, ne peut être atteinte que par l'affranchissement à l'égard du fini, par la purification de tout élément particulier, par un abandon absolu et volontaire à la pure conscience de soi-même; et cette fin de la vie, c'est désormais non pas de connaître l'homme, comme à Athènes, mais de connaître l'esprit, de vivre en tant qu'esprit. Ceux qui voudront vivre ainsi sont les membres de l'Église chrétienne; ils forment le royaume de l'esprit, la cité de Dieu. Mais ce n'est que lentement et difficilement que l'esprit chrétien pénètre la société. Les hommes sont encore dépourvus de la véritable intuition, de la vraie moralité; ils sont encore incapables, surtout dans les relations séculières de la vie, d'agir selon la vérité avec la liberté qui doit appartenir à des êtres spirituels, et c'est pourquoi le *royaume spirituel* doit prendre la forme d'un *royaume ecclésiastique* avec des maîtres revêtus d'une autorité extérieure.

Le germe déposé par le christianisme ne pouvait se développer que dans le monde germanique, lorsqu'il se serait propagé à travers le monde romain et qu'il s'en serait approprié la culture. Cette dernière phase peut être appelée la vieillesse de l'esprit; mais cette vieillesse n'est pas un âge de faiblesse comme celle de la nature; c'est un âge de maturité et de force; c'est la plénitude du temps, la fin des jours; car dans son principe, la vérité dans le Christ, toutes les aspirations de l'âme trouvent leur satisfaction. Cependant, au commencement de cette époque, ce principe reste encore à l'état abstrait; il n'est encore reconnu que dans la sphère purement religieuse, dans le sanctuaire intime du cœur; il n'a pas encore pénétré dans l'existence séculière; encore moins l'a-t-il remplie tout entière de son esprit et profondément transformée. Dans cette époque du monde moderne, il faut distinguer trois périodes. La première commence par les migrations germaniques et se termine magnifiquement par le vaste empire de Charlemagne. Elle est caractérisée par l'union grossière, la combinaison superficielle et extérieure de l'élément spirituel et de l'élément séculier, par le défaut de cohésion et de consistance, par une puissante tendance au particularisme, par une disposition à rompre toutes les relations sociales vraiment humaines et universelles, pour y substituer des groupements accidentels et artificiels, des droits privés et des priviléges spéciaux. Pendant que cette tendance exerce son action dans l'Occident, un mouvement supplémentaire et en sens opposé se produit en Orient : c'est le mouvement de l'islamisme, dont le principe est le fanatisme pour une idée abstraite, le désir exclusif de voir la volonté de l'Être absolument un, Allah, — devant qui s'évanouissent comme de nul prix toutes les limites et les distinctions, sauf celle qu'établit la foi, — prédominer par l'anéantissement ou l'asservissement de tout le reste. — Dans la seconde période, l'unité grossière de la première est brisée; l'empire franc se divise en nations; les individus se révoltent contre l'autorité de la loi, mais sont forcés de demander protection aux hommes puissants qui deviennent leurs seigneurs féodaux; l'Église, qui représente l'élément spirituel, se sépare de l'État, qui représente l'élément séculier; mais elle se montre encore entièrement séculière par son esprit, sensuelle et égoïste. Tout roule, dans l'histoire du moyen âge, sur l'opposition de l'Église et de l'État, sur la lutte de la théocratie et de la monarchie féodale; mais les deux institutions sont encore en elles-mêmes radicalement incohérentes et contradictoires : l'Église, parce que, matérialisant l'absolu jusqu'à présenter le Christ dans un morceau de pain consacré, elle maintient la dépendance des laïques à l'égard des prêtres et des saints pour entrer en communication avec Dieu, et cela en violation directe de la vérité fondamentale du christianisme, l'unité essentielle du divin et de l'humain, et travaille par des moyens honteux à acquérir des richesses tout en faisant profession de les mépriser; l'État, parce que son chef nominal, l'empereur, n'a pas d'autorité réelle, que rien n'est moins sûr que la prétendue fidélité féodale, fondement de cette autorité, dépendante, comme elle l'est, du choix arbitraire ou du sentiment, et aussi parce que ses membres offrent le révoltant spectacle de la piété unie au crime, de la dévotion la plus sincère jointe à l'ignorance barbare, aux passions les plus sauvages et les plus viles. Ainsi, au lieu de la liberté chrétienne, on vit régner dans l'Église le plus dégradant esclavage, dans l'État la plus immorale anarchie. L'histoire de la chrétienté au moyen âge est celle du développement de ces contradictions intérieures, et elle atteint son point culminant dans les croisades, lorsque l'Europe, aveugle, va chercher la vérité vivante de l'esprit dans un tombeau. Elle trouve le tombeau, mais on dirait qu'elle entend retentir ces mots de l'Évangile : « Pourquoi cherchez-vous le vivant parmi les morts? Il n'est pas ici, il est ressuscité. » Le résultat immédiat des croisades fut le mécontentement et le doute, auxquels succédèrent bientôt un réveil général des intelligences, un intérêt nouveau pour la science et pour l'art, de hardies aventures, de grandes découvertes géographiques; de remarquables inventions, et à la longue une révolution dans le système entier des pensées des hommes. C'est ainsi que s'ouvre la troisième et dernière période du monde moderne ou germanique. Voilà l'esprit qui devient conscient de sa liberté, l'opposition de l'Église et de l'État qui commence à s'évanouir. L'homme reconnaît que l'élément spirituel ne peut être réalisé que par des institutions séculières, et que l'élément séculier ne peut progresser que par une influence spirituelle; que les Etats et les lois sont simplement les manifestations de la religion dans les relations du monde réel. Cette vérité a été proclamée d'abord par la Réformation protestante, puis par la Révolution française; la faire passer dans les faits est la tâche des nations européennes, tâche que chacune remplit avec plus ou moins de succès dans la direction qui lui est propre.

Nous avons maintenant sous les yeux un tableau général de la philosophie de l'histoire de Hégel. Il est impossible d'en nier la grandeur et l'importance; mais les critiques et les objections se présentent comme d'elles-mêmes sur tous les points. Nous ne pouvons en formuler ici qu'un petit nombre, ce qui ne doit pas nous empêcher de commencer par le commencement.

Quel est l'objet de la philosophie de l'histoire? C'est, répond Hégel, l'histoire universelle elle-même. Cette réponse au moins n'est pas fausse, à la condition que Hégel veuille s'y tenir, ce qu'il se gardera bien de faire, attendu que sa formule est déjà beaucoup trop étroite pour contenir même beaucoup moins que l'histoire universelle. Mais laissons cela pour le moment. Qu'est-ce que l'histoire? Hégel répond : C'est le développement de l'esprit. L'esprit est la base, la substance de l'histoire; et la matière ou la nature physique ne doit attirer l'attention de celui qui étudie l'histoire en philosophie que dans la mesure où elle est en rapport avec l'esprit. Hégel oublie de se demander jusqu'à quel point elle est en rapport avec l'esprit, comment et à quel degré le climat, le sol, la nourriture, les aspects de la nature, la situation géographique, et les qualités physiologiques influent sur le développement de l'esprit humain et déterminent la marche de l'histoire universelle. Les pages qui traitent de la base géographique de l'histoire universelle ne peuvent être vraiment citées comme contenant une investigation de ce genre, car elles ne renferment qu'une série d'assertions ingénieuses, mais dogmatiques, relativement aux analogies et affinités qui existent entre les traits extérieurs des diverses contrées et les particularités mentales de leurs habitants. Quelques-unes de ces assertions sont certainement exactes et peuvent conduire à d'utiles recherches; mais la plupart semblent chimériques et trompeuses. Dans la *Philosophie de l'histoire* de Hégel, il n'y a, relativement à l'influence des agents physiques sur l'histoire, aucune investigation scientifique sérieuse; il n'y a même absolument rien que l'on puisse appeler proprement une investigation. Au lieu d'entreprendre une enquête sur ce difficile sujet, Hégel se contente de déclarer, en manière d'oracle, que « la nature ne doit être estimée ni trop haut ni trop bas » (Die natur darf nicht zu hoch und nicht zu niedrig angeschlagen werden), affirmation, sans contredit, irréprochable, mais qui ne laisse pas de causer quelque désappointement quand on voit que c'est tout ce qu'un aussi habile homme a à dire sur une pareille question. En réalité, il a si complétement négligé ce que cette question implique, ou il a traité d'une manière si arbitraire et si peu scientifique le petit nombre de points qu'il a compris être impliqués dans cette question, que tous ceux qui sont disposés à croire que les facteurs physiques de l'histoire ont une puissance considérable et exercent une action profonde et continue, ne peuvent que regarder la philosophie de l'histoire comme une construction en l'air. Loin de prouver, ainsi que le disent ses apologistes, la vanité et l'insignifiance de certaines philosophies de l'histoire comme celles de Comte, de Buckle, de Draper, elle est en quelque sorte un plaidoyer en faveur de leur existence, une démonstration de leur nécessité. Tant qu'on écrira des philosophies de l'histoire qui traiteront des rapports de la nature avec l'histoire d'une manière aussi superficielle que l'a fait Hégel, on en écrira d'autres qui ramèneront tous les faits et tous les mouvements de l'histoire à des causes et à des lois physiques.

Qu'est-ce ensuite que cet esprit dont parle Hégel, et qu'est-ce qu'il développe? C'est, nous dit-on, l'*idée*, ou la *raison*, la substance infinie et l'énergie de l'univers, l'essence et la vérité des choses; et ce qu'il développe, c'est la conscience de lui-même dans le temps. Ainsi, quand on nous représente l'histoire comme le développement de l'esprit, cela revient à dire qu'elle est la croissance, dans la conscience de soi, de l'*idée*, ce *quelque chose* étrange qui est égal au néant, mais possède le pouvoir de devenir toutes choses et est en train d'accomplir la série de ses métamorphoses. Par suite, ce n'est pas avec l'histoire des hommes et des femmes, ni avec celle des peuples, que la philosophie de l'histoire a affaire, mais avec l'histoire de la conscience de l'idée, si nous parlons le langage de la métaphysique, ou de Dieu, si nous parlons celui de la religion. Cette idée, ou Dieu, ou l'idée en marche pour devenir Dieu, ou Dieu traversant les phases de l'idée pour parvenir à la connaissance de soi-même ou de l'idée, doit prendre le caractère du fini dans les hommes, ou plutôt dans les grands hommes, — Socrate, Périclès, Alexandre, César, Luther, — et dans les nations, ou plutôt dans les nations célèbres, — la Chine, l'Inde, la Grèce, Rome et les Germains; et son histoire est l'unique sujet de la philosophie de l'histoire. Quelle conception monstrueuse et absurde! Et pourtant voilà le point de départ dans sa *Philosophie de l'histoire*, voilà ce qu'il prétend avoir le droit de prendre pour accordé, comme ayant été déjà démontré dans ses autres ouvrages. Heureusement, nous savons ce que c'est qu'une démonstration hégélienne. Ce n'est pas une preuve, une déduction, dans le sens ordinaire et légitime des termes; cela ne peut se ramener aux formes syllogistiques; cela n'obéit pas aux lois du syllogisme : la démonstration hégélienne se fonde sur une fausse séparation de la raison et de l'entendement, et sous le prétexte de rabaisser la présomption de celui-ci, elle accorde à celle-là les libertés les plus extraordinaires, et, en particulier, elle l'affranchit de toutes les lois logiques de la pensée, du principe d'identité et du principe de contradiction. Hégel ne pouvait manquer de s'apercevoir que, dans la série de ses démonstrations, il mettait de côté l'autorité du syllogisme, et qu'à chaque minute il violait l'une ou l'autre de ses lois; mais, en homme qui ne s'intimide pas aisément; il prétendait avec tranquillité qu'il avait le droit d'agir ainsi. Ce n'était pas lui qui était dans son tort; c'était le syllogisme, qui, bon peut-être pour l'entendement vulgaire et pour le commun des martyrs, n'était pas un critérium suffisant pour la raison spéculative, ni une règle obligatoire pour les vrais philosophes. Avec un courage digne d'une meilleure cause, trouvant un ennemi dans le syllogisme, il lui déclara guerre ouverte et dirigea contre lui une attaque de vive force. Mais, comme on pouvait s'y attendre, il se fit plus de mal à lui-même qu'il n'en fit au syllogisme. Le raisonnement qu'il employa contre lui est si sophistique et si faible, qu'on voit bien qu'une cause qu'il faut ainsi défendre est une cause désespérée, et que la dialectique qui prétend se mettre au-dessus de la nécessité de se conformer aux lois du syllogisme est une illusion. Les prétendues démonstrations de la logique particulière de Hégel n'ont rien de redoutable ni qui leur donne droit à une confiance exceptionnelle. Leurs conclusions doivent être jugées en elles-mêmes et pour elles-mêmes. Apprécions de cette manière la conclusion spéciale qui, d'après le philosophe, nous révèle la nature de l'esprit.

L'esprit, nous dit Hégel, est l'antithèse de la matière; l'essence de l'esprit est la liberté, tandis que celle de la matière est la pesanteur. L'esprit est libre parce qu'il a son centre en lui-même, et la matière est pesante, parce qu'elle tend vers un centre qui n'est pas en elle. L'esprit a son essence en lui-même; la matière a son essence en dehors d'elle-même. — Or, ce sont là des assertions que, non-seulement Hégel n'a pas prouvées, mais qui probablement ne le seront jamais. Mais que penser quand Hégel ajoute que la liberté, l'essence de l'esprit, n'est pas actuellement et réellement dans l'esprit, mais n'y est qu'en puissance ; — que l'esprit tend à être libre, mais que pendant fort longtemps il ne l'est pas ; — qu'il a pour la première fois atteint la liberté, parmi les nations germaniques, sous l'influence du christianisme ? Nous sommes déjà suffisamment embarrassés quand on nous dit que l'essence de la matière n'est pas dans la matière, que cette essence est le résultat d'une tendance de la matière à l'unité, qu'elle est un effort pour atteindre un centre ; mais on nous embarrasserait bien plus encore si l'on nous disait que l'essence de la matière n'appartient qu'à quelques parties de la matière propres à la Chine ou au Japon, et qu'elle n'existe qu'en puissance, c'est-à-dire pas du tout, dans le reste de la matière : or c'est précisément ce que nous dit Hégel de l'esprit. Il y a, en fait, une contradiction directe à dire que la liberté est l'essence, l'unique vérité de l'esprit, et qu'elle est en même temps le résultat du processus de développement de l'esprit. La contradiction aurait pu être évitée si Hégel n'avait pas identifié la liberté avec la conscience de la liberté, car alors il eût pu dire que l'essence de l'esprit est la liberté, et le but ou la fin de l'esprit, la conscience de la liberté ; mais il affirme expressément que *la liberté est la conscience de la liberté* et que *la conscience de la liberté est la liberté*. Cette théorie est la conséquence naturelle d'une doctrine psychologique qu'il a exposée dans la section IV de l'Introduction à la *Philosophie du droit;* c'est à savoir que la volonté est une espèce de pensée, et non pas une faculté spéciale ou distincte.

Hégel affirme énergiquement et à plusieurs reprises que la fin ou l'objet du développement historique, c'est la liberté, et il représente invariablement le cours de ce développement comme une série de phases dans la croissance de la liberté. Comment se fait-il donc que, d'après tant d'écrivains, l'objection la plus sérieuse qu'on puisse adresser à sa philosophie de l'histoire, c'est d'être fataliste, de tout plier sous la loi de la nécessité? Est-ce ignorance? Est-ce pure malice? Quelques hégéliens le croient. Mais non; il n'y a ignorance que de la part de ceux qui ont la simplicité de s'en tenir aux mots mêmes de Hégel, comme s'il les employait à la manière franche et loyale d'un Hobbes ou d'un Locke. Sans doute il nous dit que la volonté est libre; mais il est tout aussi certain que ces mots : la volonté est libre, signifient : la volonté est la volonté. La volonté est libre en tant que volonté. De même que la pesanteur ne peut être séparée de la matière, que la pesanteur est la matière, de même la liberté ne peut être séparée de la volonté, la liberté est la volonté. Or, s'il en est ainsi, il est certainement extraordinaire qu'il puisse y avoir quelque défaut de liberté dans l'histoire, ou qu'il soit possible que la liberté s'accroisse; mais, quand on fait un tel emploi des mots, il n'est pas le moins du monde étonnant que beaucoup de gens soutiennent que le mot *nécessité* aurait pu être substitué à celui de *liberté* et être tout aussi bien le mot propre. Il y a plus : non-seulement, pour Hégel, la liberté est la volonté, mais la volonté elle-même est la pensée; la liberté n'est pas ce que l'on appelle ordinairement de ce nom; elle est la conscience de la liberté, et même la conscience d'une espèce particulière de conscience, — la conscience qu'a de soi-même l'absolu. Or, quand un homme joue aussi cavalièrement avec les mots, il n'importe plus guère de quels mots il use, et, bien qu'il puisse produire des effets merveilleux en faisant prendre une chose pour une autre, on ne peut avoir aucune confiance dans un procédé qui est manifestement une jonglerie intellectuelle. Il y a plus encore : ce ne sont pas les hommes ni les nations qui, selon Hégel, sont libres, mais l'esprit, qui ne se révèle que dans un petit nombre d'hommes et de nations. D'après ces considérations et d'autres encore, on voit qu'il faut attacher bien peu de prix aux professions de foi, même les plus explicites, à l'existence de la liberté. Y a-t-il cru réellement ou non, dans le sens vrai du mot liberté? C'est ce que l'on doit déterminer, surtout par l'examen de l'exposition tout entière qu'il fait du cours des événements. Mais, quand on en arrive là, il me semble que ses défenseurs ne trouvent plus grand'chose à dire, tandis que l'avantage de ceux qui l'accusent de supprimer la liberté dans l'histoire devient écrasant. Sans doute il parle de la liberté partout; mais néanmoins il explique toutes choses comme nécessaires; il n'y a place pour aucun événement historique en dehors de la sphère de l'évolution logique de l'esprit, seule réalité substantielle dans l'histoire; la liberté de l'idée paraît n'être tout au plus que la spontanéité de l'idée, et la vraie liberté n'être réellement, selon Hégel, autre chose que l'absolue nécessité.

Dans quelques pages remarquables, Hégel insiste sur cette idée que la cause finale de l'histoire se réalise graduellement à travers l'opposition des passions, des buts particuliers, des désirs égoïstes, des individus et des nations que la raison universelle, dans sa ruse, emploie et sacrifie à son profit. Sous les passions et les idées individuelles, il y a des principes universels se développant graduellement par l'action même des désirs et des intelligences qui entrent en conflit. Cette vérité générale conduit Hégel à affirmer que l'État résulte de l'évolution de ces principes objectifs et universels, qui, d'abord latents, se développent du sein des passions et des intérêts subjectifs et particuliers, et que les grands hommes sont les fondateurs des États; et, de ces assertions, le philosophe passe à certaines considérations du caractère le plus équivoque sur les États et les grands hommes. De la manière la plus dangereuse, parce que c'est d'une manière vague et obscure, il nous présente comme de profondes vérités philosophiques l'optimisme, le culte des héros, l'acceptation du fait comme droit, la nécessité de la guerre. Au service des mêmes dogmes, Cousin en France et Carlyle en Angleterre ont mis un talent littéraire plus considérable et même une force plus grande de raison; il est vrai que, sur tous ces points, il est impossible d'être plus superficiel et plus sophiste que Hégel. Comme il faut être juste, même envers de telles erreurs, je crois qu'il conviendrait de les discuter sous la forme dont les revêtent Cousin où Carlyle plutôt que sous celle que leur donne Hégel.

La cause finale de l'histoire, c'est, nous dit-on, la liberté. Si Hégel prenait ce mot dans son sens ordinaire, on pourrait lui objecter avec raison que la liberté est essentiellement un moyen, non une fin ; que l'esprit est libre, non pas simplement et uniquement pour être libre, mais pour rechercher le vrai et accomplir le bien. Mais, comme il prend le mot dans un sens qu'il est seul à lui donner, Hégel échappe à cette objection. Il entend par liberté l'idée de l'esprit du monde, et, par réalisation de la liberté, l'évolution de tout ce que renferme l'esprit du monde, la manifestation de toutes ses virtualités. Pourtant l'esprit du monde ne paraît contenir que des pensées, bien qu'il puisse faire usage de désirs et de passions pour développer et exprimer ses pensées. Il semble n'être en lui-même qu'une pure intelligence ; sa liberté n'est que l'évolution d'une intelligence, un processus et un produit de la conscience. Il est libre parce qu'il a conscience de sa liberté, au lieu d'avoir conscience de sa liberté parce qu'il est libre. Or, la réalisation de sa liberté étant, selon Hégel, l'histoire du monde, celle-ci se réduit ainsi à un développement de conscience, à un processus de pensée, à l'appréhension successive d'un petit nombre de grandes idées par le moyen desquelles l'absolu atteint la connaissance de soi. Les millions d'individus, la foule des nations en qui ne se sont pas incarnées ces idées, n'ont pas de valeur historique ; le petit nombre d'individus et de nations qui sont dans le cas contraire n'ont de valeur historique que dans la mesure où ils donnent une expression et, pour ainsi dire, un corps à ces idées. Sentiments, désirs, actions, institutions, n'ont pas en soi et directement d'importance historique. Vraiment il faut que l'esprit soit bien rusé, et de plus bien cruel et bien égoïste, car ce qu'il s'efforce de sacrifier à son profit, c'est presque la totalité du genre humain et de l'histoire. Et pour quel but? Tout cela, pour que l'esprit pût apprendre que deux propositions relatives à lui-même ne sont pas entièrement vraies, tandis qu'une troisième est vraie, et ces propositions sont telles, qu'il est fort extraordinaire qu'un esprit aussi rusé ait jamais pu ignorer leur caractère. Pourquoi toute cette prodigalité inutile? Pourquoi, au lieu de créer l'humanité, d'en sacrifier la plus grande partie, et de travailler lentement et péniblement à travers les nations et les âges, l'esprit n'a-t-il pas créé Hégel tout seul, pour trouver d'un seul coup ce qui lui manquait?

La philosophie de l'histoire de Hégel est étroitement et indissolublement liée à sa philosophie politique. Il regarde l'Etat comme l'objet de l'histoire, et la succession des Etats comme l'objet de l'histoire universelle. J'ai déjà eu l'occasion de critiquer cette théorie chez Kant et chez d'autres encore; je me contenterai de dire ici que pour Hégel elle était la conséquence nécessaire d'une conception absolument fausse des rapports de l'Etat avec la société. Voulant résister au libéralisme et le combattre, parce qu'il se figurait que son principe était la suprématie de la pure volonté individuelle, il rétrograda jusqu'à cette notion discréditée du paganisme que l'homme existe pour l'Etat, et non l'Etat pour l'homme, et il soutint que la volonté générale réalisée dans l'Etat est la loi essentielle de la raison, que l'essence de la moralité c'est l'abdication de la volonté individuelle devant cette volonté générale et collective, et que cette abdication même constitue toute la vraie liberté. Dans la sphère politique, il transforma son idéalisme absolu en un grossier réalisme ; il affirma avec énergie que la philosophie n'a pas le droit de dépasser ce qui est, mais qu'elle doit seulement chercher à le comprendre ; ceux qui se risquaient à critiquer les institutions politiques et à dire que ceci ou cela devait ou ne devait pas être, il les dénonça comme des sophistes superficiels, et il avertit le gouvernement — un gouvernement qui certes n'avait pas besoin d'un avis de ce genre — d'avoir l'œil sur eux. Ce qui est rationnel est réel, ce qui est réel est rationnel [1]. Il n'est pas étonnant que le gouvernement prussien d'alors ait fort admiré cette manière de voir la réalité tout en rose, et cette façon cavalière de traiter les radicaux et les réformateurs, et qu'il ait rempli les églises et les chaires de philosophie dans les universités d'hommes disposés à enseigner une doctrine aussi agréable et aussi complaisante ; mais il y a longtemps que la futilité d'un tel procédé aurait dû être percée à jour, et ceux qui croient encore que Hégel a fait beaucoup soit pour réfuter le faux libéralisme, soit pour servir

---

1. Si je fais des objections contre l'usage que Hégel fait de cette maxime dans sa *Philosophie du Droit*, ce n'est pas parce que je méconnais ce qu'il a dit sur la *réalité* ou l'*actualité* dans la logique, mais parce que, selon moi, ce qu'il a écrit là ne justifie pas les applications politiques qu'en ont tirées Fries et quelques autres ; ce n'est pas parce que j'ai négligé de prêter attention à ce qu'il a dit en manière d'éclaircissement dans l'introduction à l'*Encyclopédie*, mais parce que je trouve cette explication tout à fait insuffisante.

la cause du véritable ordre social, ne peuvent être d'une perspicacité politique bien remarquable. Quand Hégel enseignait la suprématie de la volonté de l'Etat, quand, en fait, comme Hobbes, il déifiait l'Etat, il enseignait simplement, sous une forme différente, l'erreur qu'il prétendait combattre. Il y a fort peu de démocrates qui aient soutenu d'une manière aussi explicite que lui la suprématie de la volonté particulière, car il y en a fort peu qui aient manqué de soutenir, au moins en paroles, que ce n'est pas la volonté des individus, mais les lois de la raison universelle qui doivent être souveraines dans les affaires humaines ; tandis que Hégel identifie expressément avec ces lois, avec la volonté divine, la volonté de l'Etat, volonté qui peut être tout aussi peu scrupuleuse, tout aussi capricieuse, égoïste, cruelle, que celle d'un méchant homme, et qui peut-être est rarement aussi conforme à l'honneur et à la justice que celle d'un vrai sage, d'un véritable homme de bien. Le *credo* de Hégel, ce n'était pas un sage conservatisme, exigeant le respect qui est dû à l'autorité morale, mais une sorte de panthéisme politique où s'engloutissent tous les droits et toutes les libertés et qui conduit logiquement au fatalisme, à l'acceptation du fait comme droit, à la glorification de tous les succès, même de ceux qui sont conquis par la force brutale et au mépris de toute justice [1].

Selon la doctrine de Hégel, l'esprit du monde ou l'esprit de l'histoire ne se trouve pas partout où il y a des hommes,

[1]. Dans les remarques qui précèdent, je n'ai en vue que les principes et l'esprit de la philosophie politique de Hégel, et non son contenu, où il y a beaucoup à admirer.

mais il est toujours en train d'élever ou de renverser quelque nation particulière qu'il rencontre dans sa marche d'orient en occident. Il existe toujours sous quelque forme positive et définie, dans quelque Etat déterminé, et toujours il se meut en avant selon une simple ligne droite. Il est le sujet unique qui produit, en les traversant successivement, les différentes phases de la religion et de la civilisation, dépouillant toujours sa vieille enveloppe avant d'en revêtir une nouvelle. Il a quitté la Chine pour l'Inde, l'Inde pour la Perse, etc., il n'a jamais habité deux endroits à la fois, ni deux fois à la même place. — Tout cela est-il vrai ou faux? Est-ce réalité ou fiction? Est-ce une conclusion que la pensée ait établie et qu'elle puisse soutenir, ou une représentation poétique et illusoire, une *Vorstellung* dont la pensée scientifique ne peut ni ne veut accepter la responsabilité? J'incline vers la seconde alternative. L'esprit qui anime toute l'histoire se meut, selon moi, non pas suivant une simple ligne droite, mais sur une large surface. Il est présent dans toute l'humanité, et toute l'humanité se meut de son mouvement. Il n'avait pas besoin de quitter la Chine pour s'occuper de l'Inde, d'abandonner l'Egypte pour la Grèce, l'Italie pour la Germanie. L'histoire comprend la coexistence aussi bien que la succession des Etats. Elle est le vaste ensemble des événements humains dans l'espace et le temps, et quoiqu'elle puisse présenter un intérêt particulier, ici à telle époque et ailleurs à telle autre époque, l'intérêt du tout est toujours plus grand que celui d'une partie, quelle qu'elle soit. Hégel cherche à tort les principes du progrès non dans les principes qui déterminent l'élévation

générale de la condition morale et intellectuelle du genre
humain, mais dans ceux qui déterminent la division de l'humanité en nations. Pour lui, le progrès est un fait qui se produit non pas en vue du bien commun de tous les hommes,
mais seulement pour l'avantage particulier du dernier venu;
en sorte que la Chine avec ses centaines de millions d'habitants doit pour toujours rester au plus bas degré de l'échelle
de l'histoire, et que les autres nations doivent rester de
même aux degrés particuliers où l'esprit a élevé chacune
d'elles pendant sa rapide visite, cet esprit (Geist) ayant finalement fixé sa demeure dans l'esprit allemand. Plus une
nation se trouve à l'ouest, plus son rang doit être élevé, bien
que telle nation plus à l'occident puisse avoir disparu depuis
des siècles, et que telle autre plus à l'orient puisse être
aussi florissante aujourd'hui que jamais. Hégel se trouvait
ainsi réduit à parler de l'Egypte comme si elle était plus
moderne que toutes les autres nations historiques de l'Asie,
de la civilisation de la Chine comme si elle était inférieure
à celle de l'Assyrie, et de la mythologie grecque comme d'un
produit de l'esprit plus noble que la théologie de l'Inde ou
même de la Judée. Les phases de la civilisation, telles qu'il
les représente, sont plutôt juxtaposées dans l'espace qu'elles
ne se succèdent naturellement dans le temps, en ce sens
qu'une phase donnée n'est pas le développement historique,
mais seulement la suite logique de la précédente. Et ainsi
l'évolution logique se trouve ne pas coïncider avec l'évolution
historique. En réalité, toute la conception hégélienne du
progrès historique comme évolution logique dont les

moments sont représentés par une série linéaire de nations, est d'un bout à l'autre un tissu d'absurdités.

Nous avons maintenant à nous demander s'il a réussi à déterminer exactement les époques de l'histoire. Il distingue quelquefois quatre âges du monde, celui de l'Orient, celui de la Grèce, l'âge romain, l'âge germain; quelquefois il n'en reconnaît que trois, confondant en un seul et même âge la période grecque et la période romaine. La division en trois ne me paraît pas seulement exigée par le rhythme dialectique, mais absolument préférable en elle-même. Prenez au hasard deux grandes nations asiatiques : vous les trouverez plus profondément distinctes l'une de l'autre que Rome ne le fut de la Grèce. Une classification qui représente l'Inde comme moins différente de la Chine que le monde romain du monde grec ne mérite guère d'être prise en sérieuse considération. La division en quatre parties s'accorde mieux avec le parallélisme que, d'après Herder, Hégel établit entre le cours de l'histoire humaine et la vie individuelle : l'Orient semble correspondre à l'enfance, la Grèce à la jeunesse, Rome à la maturité, le monde germanique à la vieillesse; mais une telle division s'accorde moins avec la réalité. C'est donc la division en trois parties qui doit fixer notre attention, d'autant plus que les principales objections qu'on peut soulever contre elle s'adressent également à l'autre. Selon la première, les grandes phases de l'histoire sont : le monde oriental, où la *substantialité* prédomine au point qu'un seul homme est libre; le monde classique, où prédomine l'individualité et où quelques-uns sont libres; le monde moderne ou germanique, où l'individualité et la substantialité se combinent et s'harmonisent et où tous sont libres. Cette formule est-elle l'expression exacte et complète de la réalité? Je ne le pense pas, et cela pour différentes raisons. D'abord elle réduit l'histoire et la renferme dans l'étude des actions et des destinées d'un petit nombre de nations qui sont elles-mêmes contenues dans les limites relativement étroites d'une bande de la surface terrestre, la zone tempérée. C'est là une erreur analogue à celle que commettrait un astronome qui voudrait prétendre qu'un petit nombre d'étoiles seulement, les plus grandes et les plus brillantes, sont, dans une région déterminée du ciel, l'objet propre de la science dont il s'occupe; ou un zoologiste qui soutiendrait qu'il ne doit étudier que les lions et les tigres, et non les rats et les souris. Aucune science n'a le droit de faire des exclusions comme celles que se permet la philosophie de l'histoire de Hégel. L'histoire tout entière de la science nous enseigne que si nous voulons comprendre ce qui est grand, nous ne devons pas mépriser ce qui est petit. Ce ne sont pas les mammouths et les mastodontes, mais les nummulites, qui révèlent au géologue l'ancienneté des Alpes.

De plus, pour appliquer sa formule, Hégel retranche de l'histoire primitive du genre humain nombre de siècles ignorés; cela non plus, il n'a pas le droit de le faire. Il commence par la Chine, quand, d'après sa propre exposition, le caractère de ce peuple était complètement fixé et immobilisé; mais certainement l'histoire ne peut avoir commencé par une unité de cent ou deux cents millions d'hommes. L'humanité doit avoir eu une longue existence avant ce que Hégel appelle son enfance. Cette existence primitive, la formule la laisse complétement en dehors. Hégel ne veut pas en entendre parler, non plus que des recherches ethnologiques, philologiques, historiques, qui seules peuvent nous donner l'espoir d'en savoir quelque chose. Il exclut de parti pris toute investigation relative aux origines. — On dira que du temps de Hégel ce genre de recherches était encore peu connu et peu pratiqué; mais cela n'excuse qu'en partie son erreur, car plusieurs de ses contemporains acceptaient la lumière qu'il rejetait; ils s'en servaient pour vivifier leur esprit et éclairer leurs travaux. Ce sont des contemporains de Hégel qui les premiers ont appliqué, avec pleine conscience de ce qu'ils faisaient, la méthode critique et comparative à la biologie, à la philologie, au droit et à l'histoire; et l'on éprouve quelque désappointement à trouver Hégel si fort en arrière sur ce sujet, si complétement étranger à la vérité, et cela par sa propre faute, par son propre système. Une philosophie de l'histoire qui refuse de rechercher les commencements de la vie humaine, du droit, du langage, de l'art et de la religion, prononce sa propre condamnation. Sa méthode est irrévocablement anti-scientifique.

En troisième lieu, la formule de Hégel est défectueuse parce qu'elle suppose que l'histoire est près de sa fin et qu'elle ne doit point passer par une nouvelle phase. Cette supposition est celle qui s'accorde le mieux avec la dialectique et le doctrinarisme politique du philosophe, ce qui n'empêche pas qu'il était quelque peu présomptueux de la faire et qu'il y a quelque difficulté à l'accepter. Pour croire que l'histoire soit près de finir, nous avons naturellement besoin de raisons meilleures que celles qui se tirent de l'impuissance de la dialectique à déterminer le principe de l'avenir, ou de la difficulté qu'aurait l'humanité dans une période nouvelle, étant donnée la répugnance de l'esprit à se répéter, à accepter pour *credo* politique ce qui était « rationnel et réel » à Berlin en 1820. Si Hégel avait reconnu l'incompétence de sa philosophie relativement à toute détermination de l'avenir, il n'y aurait pas grand'chose à dire; mais nier implicitement cet avenir, construire l'histoire et la réduire en formule comme si elle était complète, voilà qui est singulièrement téméraire. Herbart a soutenu que l'humanité est encore dans l'enfance, que l'histoire n'a encore parcouru qu'une petite partie de sa carrière. Je ne me risque pas à dire qu'il avait raison, mais je demande si nous pouvons prouver qu'il ait eu tort, si nous pouvons déterminer et mesurer la courbe de l'histoire de façon à connaître, avec une approximation un peu rigoureuse, à quel point précis nous nous trouvons maintenant par rapport à l'ensemble, ou si même nous sommes plus près de la fin que du commencement. Je crains bien que nous n'ayons ici à confesser notre impuissance et que, sur ce sujet, nous ne puissions avoir que la foi sans la science. Il me semble même qu'il y a de fortes raisons de croire que la fin de l'histoire est encore éloignée. La terre, quand elle est interrogée par la science, nous révèle les annales d'une antiquité si prodigieuse que les nombres sont à peine suffisants pour l'exprimer; mais à travers chaque âge, chaque époque, on découvre un dessein travaillant directement ou indirectement en vue de l'homme, préparant tout pour son apparition, sa conservation, son bien-être, et disposant toutes les conditions de sa destinée. Il est peu croyable que, quand il a fallu tant de siècles pour élever le théâtre, le drame lui-même soit aussi court et aussi mesquin qu'il le serait, si l'histoire de l'humanité se terminait brusquement aujourd'hui. Mais que parlons-nous de l'histoire de l'humanité? L'humanité n'a pas encore eu d'histoire. Les hommes, les nations ont eu une histoire, mais non l'humanité. Il n'y a que les nations de l'Europe qui aient une vie commune, qui soient en possession de caractères communs, d'une civilisation commune, et qui marchent toutes ensemble sur la même route et dans la même direction, bien que l'une puisse être de quelque cent ans en arrière de l'autre; il est ainsi, dans une certaine mesure, possible d'écrire une histoire générale de ces nations, de suivre le développement de la civilisation européenne. Mais, en dehors de l'Europe, il n'y a rien de semblable. Les nations se tiennent complétement isolées l'une de l'autre ou n'ont entre elles que des contacts purement extérieurs, chacune ayant sa forme de vie propre et reconnaissant des principes distincts, chacune obéissant à des impulsions qui lui sont particulières et marchant dans une route et dans une direction différentes de celles de ses voisines. C'est dans l'Europe seule que nous voyons l'aurore d'une histoire supérieure à celle des individus ou des peuples, d'une histoire vraiment humaine, comprenant plusieurs nations unies par les liens de la fraternité et accomplissant une destinée commune. Il y a des raisons néanmoins pour croire que toutes les nations seront unies ensemble et appelées à contribuer pour leur part au développement de la race et au bien de tous ses membres. Le cours tout entier des événements tend manifestement à cette fin et s'en rapproche. Jusqu'à une époque comparativement récente, l'Europe a été morcelée en sociétés isolées, qui n'avaient ni les mêmes intérêts ni les mêmes sympathies les unes à l'égard des autres; la noblesse féodale, le clergé, la bourgeoisie vivaient suivant des lois essentiellement différentes; leurs mœurs différaient également; il n'y avait pas, à proprement parler, de nations; il n'y avait pas d'intérêts généraux, pas d'union, pas de vie commune. Tout cela cependant a disparu; les barrières qui séparaient les classes ont été renversées; les nationalités et les peuples se sont élevés sur leurs ruines, et maintenant peu à peu les aspirations des hommes s'étendent bien au delà des limites mêmes des nations; la fraternité des peuples européens, leur solidarité est un fait généralement reconnu. Ce progrès s'arrêtera-t-il là, ou bien, comme tous les autres *processus* de l'ordre physique ou moral, le verrons-nous se continuer régulièrement, jusqu'à ce qu'il ait atteint sa pleine réalisation? Je ne puis comprendre pourquoi l'humanité seule ne réussirait pas à accomplir l'œuvre à laquelle elle est destinée par sa constitution et par le caractère de son développement. Au contraire, il me semble que, de même qu'un homme d'une intelligence suffisamment clairvoyante et profonde, vivant au XIV° ou au XV° siècle, ces deux grands siècles de transition, aurait pu prédire à coup sûr la chute de la féodalité du moyen âge et l'élévation sur ses ruines des nationalités modernes; — de même un homme dont le coup d'œil peut se rendre un compte exact de la nature et des tendances des mouvements religieux, sociaux et politiques du présent, et embrasser à la fois le passé et les principes qui en ont dirigé le développement, pourrait très-nettement apercevoir que la vie humaine se manifestera dans l'avenir sous la forme de l'unité et de l'universalité. « Car, de même que la terre fait pousser ses bourgeons et que le jardin fait fleurir tout ce qu'on y a semé, de même le Seigneur Dieu fera fleurir la droiture et l'honneur devant toutes les nations. » S'il en est ainsi, néanmoins, l'humanité doit être encore bien loin du terme de sa carrière; et dire qu'aucun changement ne peut se produire dans l'avenir qui soit aussi considérable que celui qui s'est produit du monde oriental au monde classique, de l'Égypte, c'est là une assertion sans preuves, sinon fort improbable.

Enfin la formule hégélienne s'applique mal même à cette partie relativement petite de l'histoire qu'elle a la prétention de comprendre et de caractériser. Hégel a montré beaucoup plus de prudence et de bon sens que de logique et de profondeur en restreignant le rôle de l'histoire comme il l'a fait. Quoique ce soit un principe fondamental de sa philosophie que toutes les catégories de la logique doivent se retrouver dans la nature et dans l'esprit, et que la logique tout entière les pénètre et les enserre comme un « réseau de diamant », il s'est sagement abstenu de la tentative d'appliquer ce principe en détail, ou, en d'autres termes, de montrer comment le système des catégories détermine et explique les faits de l'histoire. Il a laissé cette tâche à ceux dont le sens historique était moins pénétrant et moins clairvoyant que le sien. Non-seulement il n'impose pas de force à l'histoire toutes les catégories et toutes les formules qu'il devait logiquement lui appliquer, mais encore il les abandonne, sans le dire, presque toutes, au grand profit, selon moi, du sujet, mais au grand regret des hégéliens purs, dont quelques-uns se sont donné un mal plus qu'inutile pour introduire dans l'histoire les catégories que Hégel avait prudemment laissées de côté. Du reste, en ce qui regarde les subdivisions de la philosophie de l'histoire, Hégel, nous le savons par son fils, faisait quelque changement à chaque lecture de son cours, « quelquefois, par exemple, mettant le bouddhisme et le lamaïsme avant l'Inde, et quelquefois après; quelquefois ramenant le monde chrétien à peu près exclusivement au monde germanique, et quelquefois y faisant rentrer l'empire byzantin, et ainsi de suite. » Mais si Hégel préserva ainsi sa philosophie, dans une mesure beaucoup plus large qu'on ne pouvait s'y attendre, d'un mélange dangereux avec certains points particuliers et certaines théories spéciales de sa logique, il n'était malheureusement pas libre de l'en garantir entièrement. Il était tenu de convaincre et lui-même et les autres que le monde social, aussi bien que le monde physique, peut s'ordonner d'après les principes qu'il avait posés et peut être contraint de révéler ses secrets au seul contact de sa méthode. Il était tenu de montrer que l'esprit universel, dans sa marche, à travers le temps, vers la réalisation de son but, la liberté rationnelle, se meut selon une loi et un rhythme dialectique, et se manifeste ainsi dans trois grandes phases ou époques, telles que celles qui ont été décrites. Une formule générale en trois parties, c'était beaucoup moins que ce qu'exigeait le système, et certes c'était le moins que pût offrir Hégel. Maintenant, d'où est tirée la formule particulière qu'il nous a présentée? En partie de l'expérience, en partie de la logique hégélienne. C'est une généralisation grossière des faits de l'histoire, et cependant il fallait découvrir une généralisation de cette nature, ou bien l'hégélianisme n'eût pas été le vrai. Nous touchons ici à un défaut qui se fait sentir à travers les deux philosophies hégéliennes tout entières, celle de la nature et celle de l'esprit. Dans l'une et l'autre, la méthode n'est ni *à priori* ni *à posteriori*, ni déductive ni inductive; elle est un mauvais mélange des deux procédés. Au sens rigoureux et propre du mot, elle n'est certainement pas *à priori* ou déductive, car on observe les faits; même c'est par là que l'on commence, et les formules par lesquelles on les ramène peu à peu à l'unité sont en quelque manière suggérées par les faits eux-mêmes. D'un autre côté, cette méthode n'est pas non plus proprement inductive, car si l'on consulte les faits, c'est pour en obtenir une réponse d'une nature particulière, et qui est exigée par les nécessités du système. Le procédé que suit Hégel pour aboutir à ses généralités est donc radicalement mauvais, ni ceci ni cela, ni chair ni poisson, mais un mélange et par suite une confusion de deux procédés qui sont l'un et l'autre légitimes en soi, qui peuvent se servir l'un à l'autre de vérification, mais à la condition expresse qu'ils ne coïncident qu'après avoir été tous deux appliqués d'une manière indépendante. C'est sans aucun doute cette méthode irrégulière et vicieuse qui a fait aux hégéliens une si mauvaise réputation auprès des physiciens, auprès des physiologistes, ceux du moins qui sont prudents et amis de l'induction, et aussi auprès des historiens qui se consacrent aux recherches minutieuses et exactes. Nous pouvons, par suite, comprendre facilement pourquoi les grands fondateurs de l'école appelée historique, un Savigny, un Niebuhr, un Müller, un Dahlman, furent, dès le début, des adversaires décidés de l'hégélianisme au point de vue des conceptions et des principes historiques, bien qu'en général leurs sympathies politiques les aient rapprochés de Hégel, et nous comprenons encore pourquoi ceux que l'on peut le plus justement regarder comme leurs successeurs manifestent les mêmes dispositions, quelles que puissent être leurs tendances politiques.

Quant à la formule générale que Hégel donne de l'histoire, la loi des trois états, je l'ai déjà examinée en elle-même, quand j'ai parlé de Cousin, qui l'a adoptée, et j'ai montré, je crois, que quand on fait de la substantialité et de l'infinité le caractère distinctif de l'Orient, de l'individualité et du fini celui de la Grèce et de Rome, de la conciliation entre le substantiel et l'individuel, l'infini et le fini, celui de l'Europe moderne, on emploie un langage des plus vagues et des plus équivoques, langage auquel on ne peut donner quelque rigueur et quelque précision qu'à la condition d'en faire voir la fausseté. Dire que dans l'Orient *un seul* est libre, qu'en Grèce et à Rome *quelques-uns* sont libres, que dans l'Europe moderne *tous* le sont, c'est là une assertion (est-il besoin de le prouver?) absolument superficielle et insuffisante. Le monde oriental, le monde classique, le monde chrétien ne peuvent pas être ainsi résumés en quelques mots et en quelques phrases. Le mot *substantialité*, par exemple, est tout à fait impropre pour caractériser exactement l'Asie. Pour en rendre l'application vraisemblable même à la Chine, Hégel est forcé de nous présenter un tableau fort incomplet et très-chimérique de la vie chinoise; de multiplier les assertions les plus fabuleuses, prétendant que la volonté de l'empereur est regardée dans ce pays comme la seule loi morale et politique, que l'on n'y tient nul compte, dans l'appréciation des actes, de l'intention, du motif, des dispositions subjectives, et qu'on n'attribue aucune valeur, aucune signification à l'individu séparé de l'Etat, à l'homme en tant qu'homme. Il se trouve amené à négliger l'époque féodale de l'histoire chinoise et celle de la division du pays en principautés distinctes, à ignorer que Lao-tse et ses disciples attribuaient à l'Etat un rang très-secondaire et enseignaient l'indépendance de l'individu à peu près comme les stoïciens; — que Yang-Choo alla jusqu'à exprimer la vraie loi de la vie par cette formule : « Chaque homme pour soi; » — que Mih-Teih ramenait toute vertu au principe intérieur de « l'amour mutuel universel » ; — que Confucius lui-même n'a prétendu inspirer le respect de la tradition et des institutions établies qu'en se fondant sur cette considération qu'elles manifestent et expriment les principes moraux que chacun peut aisément trouver au-dedans de soi-même ; et que le même Confucius ne cessait de répéter que la sincérité d'esprit et la droiture de cœur sont les conditions indispensables de toute conduite vertueuse, soit au point de vue individuel, soit au point de vue domestique et social ; — que c'est une doctrine profondément gravée dans les livres sacrés de la Chine, que « le ciel voit comme le peuple voit, que le ciel entend comme le peuple entend » ; — que le vénéré Mencius fut un démocrate très-avancé ; — qu'en un mot la conception que la Chine se fit de l'Etat ne fut nullement celle que Hégel lui a attribuée, bien qu'elle ait été remarquablement hégélienne, et que la conception chinoise du ciel fut analogue à la conception hégélienne de l'esprit (*Geist*) : « Celui qui connaît sa propre nature et celle de toutes les choses connaît ce qu'est le ciel, car le ciel est, en vérité, l'essence intime et la vie de toutes les choses. » — Si le mot *substantialité* caractérise aussi mal la Chine, cela est vrai à bien plus forte raison pour les autres nations de l'Asie. Il ne s'applique avec aucune apparence d'exactitude à l'Inde védique ; et même l'Inde brahmanique, si l'on juge de sa vie supérieure par ses productions mêmes, et non par l'exposé qu'en a donné Hégel, devrait trouver place, non dans la première, mais dans la troisième des prétendues époques de l'histoire. Enfin le mot *substantialité* ne convient nullement à la Judée, nation où la liberté, soit sous les Juges, soit sous les Rois, n'était certainement pas concentrée sur une seule personne.

Au fond, le principal défaut de la philosophie de l'histoire de Hégel vient directement de la méthode; en d'autres termes, il est dans l'importance excessive qu'il met à caractériser les nations par des mots comme *substantialité, individualité, unité matérielle, diversité matérielle, lumière, symbole,* etc. Les nations ne peuvent pas être ainsi rangées et étiquetées comme les bocaux et les boîtes d'une pharmacie. Une pareille entreprise doit conduire, et ce fut le cas pour Hégel, à beaucoup de jugements étroits et injustes. Elle n'est pas cependant incompatible avec un nombre plus grand encore de jugements d'une grande profondeur et d'une grande vérité, et ceux-là abondent sans aucun doute dans l'ouvrage de Hégel. Il avait une rare puissance pour se rendre maître des faits, et il est vraiment merveilleux de voir à quel point il a fait preuve de cette puissance, avec une méthode aussi embarrassante et aussi vicieuse.

Les disciples de Hégel ont cultivé le champ de l'histoire avec autant de zèle que les autres domaines de la science. Ainsi, pour l'histoire de la philosophie, Rosenkranz [1], Michelet [2], Schwegler [3], Marbach [4], Lassalle [5], Feuerbach (pendant le temps qu'il fut hégélien) [6], et plus encore Erd-

---

1. *Histoire de la philosophie de Kant,* 1840. — *Schelling,* 1843. — *Vie de Hégel,* 1844. — *Diderot, sa vie et ses œuvres,* 1866, etc.
2. *Histoire des derniers systèmes de philosophie en Allemagne,* 1837-38, etc.
3. *Histoire de la philosophie dans ses traits essentiels,* 1848.
4. *Manuel de l'histoire de la philosophie,* 1838-41.
5. *La philosophie d'Héraclite,* 2 vol. 1845.
6. *Histoire de la philosophie moderne depuis Bacon jusqu'à Spinoza,* 1833. — *Développement, exposition et critique de la philosophie de Leibnitz,* 1837. — *Pierre Bayle,* 1838.

mann [1], Zeller [2] et Kuno Fischer [3], ont rendu des services qui méritent toute reconnaissance. Prantl [4] a écrit le seul ouvrage digne d'être appelé une histoire de la logique : c'est un livre d'une immense érudition. Henning [5], Müller [6], Hinrichs [7], Michelet [8], Feuerlein [9], Saling [10], et surtout Gans [11] et Lassalle [12], ont répandu la lumière sur l'histoire des idées morales et politiques. L'histoire de l'esthétique et des arts a été élucidée par les ouvrages de Hotho [13], Rosenkranz [14], Shasler [15], etc. Les rapports de Baur et de Strauss avec Hégel sont bien connus. Leurs recherches critiques sur l'histoire de la religion ont inauguré un mouvement qui, s'il n'a pas abouti à des résultats bien précis et bien certains, a été tout au moins merveilleusement fécond en théories et en questions nouvelles. Tout en essayant d'appliquer les principes de leur maître aux développements séparés de l'histoire, les hégéliens ont aussi tenté de comprendre et d'exposer philosophiquement l'histoire générale. Quelquefois

1. *Histoire de la philosophie moderne*, 1834-53, etc.
2. *La philosophie des Grecs*, 1858, etc.
3. *Histoire de la philosophie moderne*, 1865, etc.
4. *Histoire de la logique en Occident*, 1855-1870.
5. *Principes de l'éthique dans leur développement historique*, 1824.
6. *De l'Organisme et du Développement des idées politiques dans l'antiquité*, 1839.
7. *Histoire des principes du droit et de l'État depuis la Réforme*, etc. 1843-52. — *Les Rois*, 1852.
8. *Le Droit naturel*, 2 vol. — *Histoire universelle du droit*, etc.
9. *Philosophie de la morale dans ses principales formes historiques*, 1857-59.
10. *La Jurisprudence dans son développement à travers l'histoire de l'esprit*, 1827.
11. *L'Hérédité dans son développement historique*, 4 vol., 1824-35.
12. *Système du droit positif*, 1861.
13. *Histoire de la peinture en Allemagne et en Hollande*, 1842-43.
14. *La Poésie et son Histoire*, 1855.
15. *Histoire critique de l'esthétique*, 1872.

ils ont concentré leur attention sur une partie seulement de ce vaste champ ; Carové [1], par exemple, s'est borné à l'histoire de la Révolution française, Sietze [2] à celle de la Prusse, Gans [3] et Michelet [4] à celle des temps modernes. Quelquefois aussi, ils ont appliqué la philosophie à l'histoire tout entière, comme par exemple Christian Kapp dans l'*Universalité concrète de l'histoire du monde* (*das concrete Allgemeine der Weltgeschichte*, 1826,) et Cieszkowski dans ses ingénieux *Prolégomènes à l'historiosophie*, 1828. Dans l'appendice C, je donnerai une exposition sommaire de ces deux derniers ouvrages. J'y indiquerai aussi à quels points de vue les conceptions historico-philosophiques de Rosenkranz, de Michelet et de Lassalle diffèrent de celles de Hégel [5].

1. *Coup d'œil sur les causes de la Révolution française et la signification de sa destination historique*, 1834.
2. *Principe de l'histoire de l'État et du droit prussiens*, 1829.
3. *Cours sur l'histoire des cinquante dernières années*, 1833-34.
4. *Histoire de l'humanité dans son développement depuis l'année 1755 jusqu'au temps présent*, 1859-60.
5. M. Véra, professeur à l'université de Naples, a traduit en français les ouvrages suivants de Hégel : *Logique* (2 vol.), *Philosophie de la nature* (3 vol.), *Philosophie de l'esprit* (2 vol.), *Philosophie de la religion* (2 vol.). M. Ch. Bénard a traduit, du même philosophe : *La poétique* (2 vol.), *Esthétique* (2 vol.).

CHAPITRE XII

SCHELLING, BUNSEN ET LASAULX

I

Revenons pour un moment à Schelling. Nous avons vu comment, entre ses mains, la philosophie avait traversé, en fort peu de temps, un nombre remarquable de phases, comment, dans l'intervalle d'environ seize ans, elle avait revêtu cinq ou six formes tellement distinctes qu'elles peuvent être presque regardées comme des philosophies séparées. Il commença sa carrière philosophique en qualité de disciple de Fichte, se contentant d'exposer le système d'idéalisme subjectif de ce penseur, système dont le caractère distinctif consiste à déduire l'univers du *moi*. Mais il étendit promptement l'idéalisme subjectif aux proportions de l'idéalisme de la *Philosophie de la nature*, qui prétend que le moi peut être déduit de la nature tout comme la nature du moi, et que la raison est tenue d'opérer cette double déduction. C'était là manifestement une position d'équilibre fort instable; c'était, pour ainsi parler, vouloir se tenir entre les deux selles de l'idéalisme subjectif et de l'idéalisme objectif;

il était naturel que Schelling cherchât bientôt une assiette plus sûre : il la chercha, et crut pour un temps l'avoir trouvée, dans un idéalisme absolu, reposant sur l'absolue raison, sur une raison parfaitement une et identique à elle-même et dont le principe est l'identité complète du sujet et de l'objet, de l'idéal et du réel. S'il eût essayé de montrer la légitimité de ce point de vue que tout existe dans la raison et peut être déduit de la raison, — j'entends la vraie, — s'il eût déterminé les relations réciproques de la nature et de l'esprit, celles de l'une et l'autre avec l'identité, s'il eût, en un mot, tenté l'explication logique de l'univers, il eût trouvé là une tâche suffisante pour le reste de sa vie, et les écrits de Hégel le prouvent surabondamment ; mais, dans les traités mêmes où il expose cette phase de sa philosophie, on voit apparaître un élément qui l'entraîna promptement dans une voie toute différente de celle qui fut suivie par Hégel. De l'*intuition intellectuelle*, il passa à la *vision* en Dieu, et de là il s'abandonna sans mesure à la fantaisie théosophique.

Pendant les trente années qui suivirent les *Recherches sur la nature de la liberté humaine*, Schelling, qui jusque-là avait publié ses compositions avec une fécondité prodigue, ne fit plus paraître qu'un petit nombre d'écrits très-courts et relativement peu importants, et il témoigna une grande répugnance à laisser rapporter ses paroles mêmes. Mais, quelque rares et courtes que fussent les déclarations qui rompirent son silence et sa retraite, elles suffisaient pour montrer qu'il persévérait dans la voie de la théosophie, et qu'en même temps il visait à construire un système qui fût le couronnement de sa philosophie antérieure et se substituât à l'hégélianisme, lequel, pendant toute la durée de sa retraite, avait régné sans rival. En 1841, dix ans après la mort de Hégel, et à l'âge de soixante-sept ans, il se décida à quitter Munich pour Berlin, à attaquer l'hégélianisme dans sa forteresse, et à exposer les résultats de ses méditations prolongées et tenues soigneusement secrètes. Le moment était opportun : la dissension avait déjà commencé à régner dans le camp hégélien, et des juges impartiaux avaient commencé à s'apercevoir que l'histoire de la philosophie ne devait pas finir avec Hégel, bien que personne n'eût paru pour le remplacer. Je ne dirai rien de l'immense sensation causée par la présence de Schelling dans la capitale prussienne, de l'enthousiasme et de l'envie dont il fut l'objet, des espérances qu'il ne justifia qu'imparfaitement, de l'hostilité peu équitable à laquelle il fut en butte. Il mourut le 20 août 1854. Nous possédons maintenant, dans les quatre volumes qui composent la seconde série de ses œuvres complètes, d'amples matériaux pour étudier la dernière phase de sa philosophie, cette doctrine si longtemps méditée [1]. Les

---

[1]. Il y a une bonne exposition de la philosophie positive de Schelling, par Eggel, *Philosophie de la révélation de Schelling*, dans le premier volume des *Etudes et Critiques* pour 1863 ; et une autre, meilleure encore, par le professeur H. Beckers, de Munich : *Sur la signification de la métaphysique de Schelling, contribution à une intelligence plus approfondie de la doctrine des puissances ou principes de Schelling*, dans le vol. IX des Mémoires de l'Académie des sciences de Bavière. De Hartmann a très-ingénieusement marqué les ressemblances et les différences qui existent entre ce système et ceux de Hégel et de Schopenhauer dans un Essai publié dans les *Philosophische Monatshefte* et réimprimé à part en 1869 sous le titre de : « la Philosophie positive de Schelling considérée comme trait d'union entre Hégel et Schopenhauer. » Il n'y a pas de preuves que Schelling ait fait des emprunts à Schopenhauer. Qu'il ait été grandement influencé par les doctrines de Baader, c'est ce qu'a montré abondamment et à plusieurs reprises le professeur Fr. Hoffmann.

quelques remarques très-courtes et très-générales que je vais présenter sur le système exposé dans ces quatre volumes ont uniquement pour but d'indiquer les rapports qui l'unissent à la philosophie de l'histoire.

Ce système, comme je l'ai dit, devait, dans l'intention de Schelling, continuer et achever le développement de sa philosophie antérieure. Il ne devait ni contredire ni exclure la philosophie de la nature ou celle de l'identité, mais les unir dans une synthèse plus haute et en combler les lacunes. Sa philosophie antérieure, disait-il, était vraie jusqu'au point où elle allait; mais elle s'arrêtait à moitié chemin d'une explication de l'univers. C'était une philosophie purement rationnelle, par suite purement négative, pouvant seulement expliquer les relations logiques des choses, et nécessairement incapable de rendre compte de ce qu'elles renferment de réel. Pour avoir méconnu cela, Hégel, au dire de Schelling, s'était embarrassé dans des erreurs sans nombre et avait mis la philosophie dans la plus fâcheuse position. Homme d'une intelligence toute mécanique, sans originalité ni génie, Hégel, après avoir emprunté les principes que lui, Schelling, avait découverts, s'était laborieusement attelé à la tâche d'en tirer une philosophie complète, sans voir qu'il est impossible qu'une simple philosophie de la pensée soit complète. Aussi, tentant l'impossible, a-t-il été souvent forcé d'abandonner la pensée pure pour des imaginations arbitraires et d'avoir recours à d'étranges expédients et à une sophistique manifeste pour dissimuler ses erreurs. Par là, son système a été en partie un plagiat, en partie une caricature, tout au plus un simple épisode dans l'histoire de la spéculation. Le mal qu'il avait fait, Schelling se proposait de le dissiper et de le guérir en apportant le complément nécessaire de sa propre philosophie antérieure et négative, à savoir une philosophie positive qui, unie avec l'autre, constituerait la vérité entière et absolue. La philosophie négative, prenant la raison pour point de départ et procédant uniquement selon les lois nécessaires de la raison, ne pouvait atteindre, en ce qui concerne l'existence (la raison étant impuissante à créer la réalité), qu'un résultat négatif, Dieu seulement en idée. — Au contraire, cette philosophie positive — partant du point auquel avait conduit la philosophie négative sans être capable de le saisir et d'en assurer la possession, je veux dire l'Être primitif et transcendantal qui en dernière analyse et dans son essence est volonté [1] — devra procéder comme philosophie de la volonté aussi bien que de la pensée, pour s'incorporer en quelque sorte et expliquer par voie de genèse non-seulement l'expérience sensible, mais l'expérience prise dans sa totalité; pour recevoir, comme son objet propre, un Dieu réel et agissant, le Seigneur de tout être; pour suivre la religion à travers toutes ses phases, tant dans sa forme complète que dans sa forme incomplète, ou, en d'autres termes, en tant que mythologie comme en tant que révélation. En conséquence, elle a, beaucoup mieux que la philosophie hégélienne elle-même, le droit de se proclamer une philosophie de l'his-

---

1. L'accord entre Schelling et Schopenhauer sur la place qu'on doit donner à la volonté dans la philosophie, est le principe de presque toutes les autres ressemblances que l'on peut signaler entre ces deux philosophes.

toire. Elle représente l'univers comme un processus réel et non purement logique, libre, en même temps que nécessaire, ou, ce qui revient au même, comme une histoire qui se développe en Dieu et par Dieu. C'est ce que fait Schelling, avec un talent et une sincérité, une science et une fécondité d'aperçus auxquels on n'a pas, selon moi, rendu ordinairement justice, mais aussi avec une témérité et une fantaisie extrêmes. Dans l'histoire de la philosophie religieuse, et dans la philosophie de l'histoire religieuse, ce système méritera toujours d'occuper une place considérable. Aucune philosophie n'a jamais assigné à l'histoire religieuse une importance égale. Il cherche à chaque pas sa confirmation dans la conscience religieuse de l'humanité, et s'efforce de nous enseigner à comprendre l'histoire de cette conscience conformément à son essence intime et à ses premiers principes. En même temps, il est très-loin d'être une philosophie de l'histoire ou même d'en contenir une, au sens ordinaire et propre de cette expression ; et je ne puis me proposer autre chose que d'indiquer de la manière la plus brève les points dont aurait à tenir compte pour ses spéculations un théoricien de l'histoire et que renferment les quatre volumes consacrés à l'exposition de la phase dernière ou positive de la philosophie de Schelling.

Le premier volume comprend deux livres, l'un qui est une *Introduction historique et critique à la philosophie de la mythologie*, et l'autre, une *Introduction à la philosophie rationnelle*. L'*Introduction à la mythologie* se compose de dix leçons faites par Schelling dans les dernières années de son

séjour à Munich et les premières années de sa résidence à
Berlin. Il y expose et critique les différentes manières dont
la mythologie avait été traitée jusqu'alors; il montre, avec
beaucoup de clarté et de talent, les erreurs où ses prédécesseurs sont tombés, et il reconnaît, avec un remarquable
esprit de justice et même de générosité, ce qu'ils ont fait pour
la science. On y trouve la preuve que Schelling avait lu soigneusement et profondément étudié tous les ouvrages les plus dignes
d'être lus sur le sujet de la mythologie, et qu'il n'avait formulé
ses propres conclusions qu'avec beaucoup de lenteur et de travail. Ces deux livres suggèrent de nouveaux problèmes avec
une singulière abondance; ils soulèvent une foule de questions qui n'avaient pas encore été posées, et Schelling ne se
trompait pas en pensant qu'on rend quelquefois plus de service à la science en agitant des problèmes nouveaux qu'en
résolvant des difficultés anciennes et reconnues. Il est certain
que le développement de la mythologie est par lui-même un
fait historique d'une grandeur et d'une importance que l'on
peut difficilement exagérer, et toutes les tentatives pour
expliquer ce fait, en d'autres termes, toutes les philosophies
de la mythologie, appartiennent de plein droit à la philosophie de l'histoire. Elles sont toutes des solutions plus ou
moins heureuses de quelques-uns des plus obscurs mais des
plus graves problèmes historiques. Un exposé critique de ces
tentatives, aussi érudit, aussi ingénieux, aussi capable d'ouvrir des aperçus profonds, aussi généralement juste que celui
de Schelling, doit, en conséquence, être d'une valeur considérable pour l'historien philosophe, quels que soient d'ail-

leurs les mérites ou les défauts de la théorie particulière explicitement soutenue ou implicitement supposée comme étant la vraie.

Après examen critique, Schelling rejette l'opinion que la mythologie est une poésie (qu'elle ne renferme aucune vérité), aussi bien que toutes les formes de la théorie qui prétend la ramener à une allégorie (c'est-à-dire qui reconnaît une vérité dans la mythologie, mais non en tant qu'elle est mythologie). Il repousse par là l'évhémérisme, tant moral que physique, tant le système d'interprétation cosmogonique ou philosophique proposé par Heyne, que le système philosophico-philologique d'Hermann. Il soutient que la mythologie n'est une invention ni des individus ni des nations; qu'elle est vraie en tant que mythologie, en tant que réalité et expérience de l'ordre religieux, en tant que doctrine et histoire des dieux; et pour mettre en pleine lumière la signification de cette thèse, il soumet à une enquête scrupuleuse les vues de Hume, de Voss, de Creuzer, etc.; signalant spécialement les travaux de Creuzer comme renfermant la preuve historique que toutes les formes diverses du polythéisme n'ont été que le développement d'une religion monothéiste primitive. Il établit ensuite que la séparation des langues et la formation des nations n'ont pas été les causes, mais les effets du passage du monothéisme primitif au polythéisme, et que la mythologie est un processus théogonique nécessaire, au sein duquel s'est développée graduellement la doctrine des dieux, et se sont formés en même temps, dans un ordre régulier, les peuples et les langues. Ce qu'il y a d'essentiel dans son raisonnement sur l'origine des nations a été reproduit par le professeur Max Müller en des termes dont je chercherais vainement à égaler la concision et l'élégance. Aussi ferai-je mon profit de ce qu'il a écrit sur ce sujet : « Ce fut Schelling, l'un des plus profonds penseurs de l'Allemagne, qui, le premier, posa cette question : Qu'est-ce qui fait un peuple ? Quelle est la vraie origine d'un peuple ? Comment des êtres humains isolés sont-ils devenus un peuple ? Et la réponse qu'il y donnait, quoiqu'elle me surprît un peu quand, en 1845, j'entendais à Berlin les leçons du vieux philosophe, s'est trouvée confirmée de plus en plus par les recherches ultérieures sur l'histoire du langage et de la religion. Dire que l'homme est un animal qui vit en troupes, et que, comme les essaims des abeilles ou les bandes d'éléphants sauvages, les hommes restent unis par instinct, et qu'ainsi ils forment d'eux-mêmes des peuples, c'est dire bien peu de chose. On peut expliquer par là l'agglomération d'un vaste troupeau d'êtres humains ; on n'expliquera jamais la formation de peuples ayant leur individualité propre. On n'avancera pas beaucoup la solution du problème si l'on dit que les hommes se partagent en peuples comme les abeilles se partagent en essaims, celles-ci parce qu'elles suivent différentes reines, ceux-là parce qu'ils prêtent leur obéissance à différents gouvernements. L'obéissance au même gouvernement, surtout dans les temps anciens, est l'effet plutôt que la cause de la nationalité; tandis que dans les temps historiques, telle a été la confusion produite par les influences étrangères, par la force brutale ou les combinaisons dynastiques, que le développement naturel des peuples a été entièrement arrêté, et l'on trouve fréquemment un seul et même peuple partagé entre différents gouvernements, et des peuples divers unis sous le même chef. Notre question : Qu'est-ce qui fait un peuple? doit être examinée par rapport aux temps les plus anciens. Comment les hommes se sont-ils d'eux-mêmes formés en peuples avant qu'il n'y eût des rois ou des pasteurs d'hommes? Est-ce par la communauté du sang? J'en doute. La communauté du sang produit les familles, les clans, peut-être les races; mais elle ne produit pas ce sentiment supérieur et purement moral qui unit les hommes les uns aux autres et fait d'eux un peuple. C'est la langue et la religion qui font un peuple; mais la religion est un facteur plus puissant encore que la langue. Les langues de beaucoup des habitants aborigènes de l'Amérique du Nord ne sont guère que des dialectes à peine différents d'un même type, et pourtant ceux qui parlent ces dialectes ne se sont jamais réunis en un peuple. Ils sont restés à l'état de clans ou de tribus errantes; ils n'ont jamais connu le sentiment qui porte à rendre un culte aux mêmes dieux. Les Grecs, au contraire, bien que parlant leurs dialectes si distincts et probablement inintelligibles d'une tribu à l'autre, dialectes éolien, dorien, ionien, se sont sentis à toutes les époques — même quand ils étaient gouvernés par des tyrans différents, ou morcelés en un grand nombre de républiques — les fils d'un seul grand peuple hellénique. Qu'est-ce donc qui, en dépit des dialectes, en dépit des dynasties, en dépit même des haines de tribus ou des rivalités d'Etats, a maintenu intact dans leurs cœurs le sentiment profond de cette unité idéale qui constitue un peuple? Ce fut leur religion primitive; ce fut un souvenir obscur de l'obéissance commune qu'ils avaient rendue de temps immémorial au père auguste des dieux et des hommes; ce fut leur croyance au vieux Zeus de Dodone, au Zeus panhellénique. Peut-être la confirmation la plus éclatante de cette idée, que c'est la religion plus encore que la langue qui constitue le fondement de la nationalité, se trouve-t-elle dans l'histoire des Juifs, le peuple élu de Dieu. La langue des Juifs différait de celle des Phéniciens, des Moabites et des autres tribus voisines, beaucoup moins que les dialectes grecs ne différaient entre eux. Mais le culte de Jéhovah a fait des Juifs un peuple distinct, le peuple de Jéhovah, séparé par son Dieu, et non par sa langue, du peuple de Chemosh (les Moabites), et des adorateurs de Baal et d'Ashtaroth. Ce fut leur foi en Jéhovah qui changea en nation les tribus errantes d'Israël. Un peuple, comme dit Schelling, n'existe que du moment où il s'est déterminé lui-même par rapport à sa mythologie. Cette mythologie ne peut, par suite, prendre naissance après que la séparation qui constitue la nation s'est produite, après qu'un peuple est devenu un peuple; elle ne pouvait non plus germer tant que ce peuple était encore contenu, comme une partie indiscernable, dans le sein de l'humanité totale; son origine doit donc être rapportée précisément à cette période de transition qui précède le moment où un peuple a commencé à avoir une existence déterminée et où il est sur le point de se séparer et de se constituer. La même conclusion est applicable à la langue d'un peuple; elle devient définie en même temps que ce peuple devient lui-même défini [1]. »

Le système historique que Max Müller résume ainsi avec talent, on le trouvera présenté par Schelling lui-même d'une manière remarquablement ingénieuse et habile, pour peu que l'on parcoure les pages de son livre. Le soin qu'il met à édifier sa théorie, l'adresse qu'il apporte à la défendre sont également admirables; il n'a presque rien laissé à faire de ce qui pourrait entraîner l'assentiment du lecteur. A-t-il établi sans réplique la vérité de son système? C'est là une question que je n'examinerai pas avant de traiter spécialement, dans mon volume de conclusion, des rapports de la mythologie et des philosophies de la mythologie avec la science de l'histoire.

Dans la dernière leçon de l'*Introduction*, Schelling lui-même traite du lien qui unit la philosophie de la mythologie et la philosophie de l'histoire. Voici comme on peut résumer ses vues sur ce sujet. — Personne n'a encore saisi clairement ce qu'est la science ou philosophie de l'histoire. Il est vrai qu'il ne peut y avoir de philosophie de l'histoire, si l'histoire elle-même ne forme un tout, c'est-à-dire si elle n'est pas enfermée dans des limites, si elle n'a pas un commencement et une fin; et aucune philosophie de l'histoire ne s'est encore montrée capable d'assigner à l'histoire soit un commencement soit une fin. La philosophie de la mythologie est le premier système qui ait réussi à distinguer le temps historique de celui qui l'a précédé et, par suite, à

[1]. *Introduction à la science de la religion,* p. 145-149.

fixer le commencement de l'histoire. La distinction du temps en historique et préhistorique est insuffisante, parce que, telle qu'elle est comprise d'ordinaire, elle n'est pas une distinction réelle, elle ne signifie pas qu'il y ait quelque différence essentielle ou inhérente entre ces deux portions du temps, mais simplement que nous avons une connaissance moindre de l'une que de l'autre, que pour l'une manquent des documents que nous pouvons trouver pour l'autre. L'histoire présentant ainsi une régression indéfinie dans le passé, toutes les divisions en époques, que l'on peut introduire dans son cours selon des formules comme celles de Hégel, sont nécessairement sans valeur, et, en fait, il doit être impossible de l'embrasser véritablement dans son ensemble. Cependant une étude suffisamment profonde de la mythologie résout la difficulté en montrant que le temps historique commence avec l'accomplissement de la séparation des peuples et que le temps préhistorique est la période durant laquelle cette séparation se produit et durant laquelle s'accomplit le passage du monothéisme au polythéisme. Le contenu du temps préhistorique est la mythologie elle-même, processus théogonique nécessaire; le contenu du temps historique est une succession de faits et d'événements libres d'un caractère plus extérieur et plus profane. Le temps historique se sépare ainsi réellement et essentiellement du temps préhistorique, et, au lieu de remonter indéfiniment dans le passé, il a un commencement déterminé. Le temps préhistorique est lui-même également précédé par un temps qui en diffère essentiellement, le temps du monothéisme primitif, antérieur à toute division et à toute altération, temps de complète immobilité historique, où tous les jours se ressemblaient. On peut l'appeler temps préhistorique absolu, tandis qu'on peut en distinguer sous le nom de temps préhistorique relatif celui où se manifestent les effets du processus mythologique, où apparaissent le progrès réel ou, en d'autres termes, l'histoire, quelque différent qu'il soit, dans son essence, de celui qui nous est familier. Le temps au sein duquel se déroule l'histoire est ainsi un système organique, avec des parties ou membres réellement différenciés les uns des autres; et, à prendre l'histoire dans son sens le plus large, la philosophie de la mythologie est simplement la première et la plus indispensable partie d'une philosophie de l'histoire. Si les problèmes qu'elle contient peuvent être résolus, une lumière nouvelle et brillante peut être répandue sur le cours entier et le but du développement humain, puisque toutes les spéculations, toutes les recherches historiques, conduisent, en remontant en arrière, à l'obscure région qui est le domaine de la mythologie, la région du χρόνος ἄδηλος. Le second livre du premier volume, intitulé « Exposition de la philosophie rationnelle, » se compose de quatorze leçons qui furent faites du haut de la chaire professorale, mais qui ne furent écrites que peu de temps avant la mort de l'auteur. C'est une exposition des possibilités que la raison trouve être impliquées nécessairement dans la notion d'*être* (abstraction faite de l'affirmation de l'existence), et, comme ces possibilités constituent l'essence et les conditions de la réalité, cette partie de l'ouvrage peut être regardée comme le fondement de la philosophie positive. Elle est par suite de première importance pour l'intelligence de la dernière phase de la philosophie générale de Schelling; mais elle renferme fort peu de chose qui se rapporte à une philosophie de l'histoire ou en contienne les éléments; pour mieux dire, elle ne renferme rien sur ce sujet, excepté, dans la vingt et unième leçon, l'argumentation curieuse par laquelle l'auteur essaye de concilier la croyance à la pluralité de l'espèce humaine avec la croyance à l'unité de cette même espèce, au moyen de l'hypothèse d'espèces ayant un rapport commun avec un homme qui lui-même n'appartient à aucune, mais était l'homme vrai, typique, exclusivement individuel. Signalons encore les arguments de la vingt-troisième leçon, qui ont pour but d'établir que l'État n'est pas un produit, mais une condition de la liberté; que son origine doit être cherchée non dans un contact, mais dans une extension naturelle de l'autorité exercée par le père de famille; que la diversité de ses formes est la conséquence de ses rapports variables avec la société; qu'il est un moyen, non une fin (vérité que le christianisme mit pour la première fois en pleine lumière); et que l'État même le plus parfait ne peut être la cause finale de l'histoire.

Le premier livre du second volume, qui se compose de six leçons sur le monothéisme, contient à proprement parler aussi peu de spéculation historique que celui dont il vient d'être question. L'auteur y compare et y oppose l'idée du monothéisme avec celles du théisme abstrait et du panthéisme. Il essaye de faire voir que le théisme abstrait est une notion vide et contradictoire qui doit logiquement aboutir soit au dualisme, soit au panthéisme ; — que le panthéisme est une notion défectueuse et superficielle qui confond un simple moment, une simple phase de l'existence de la Divinité, avec son existence totale et parfaite ; — et que le vrai monothéisme remplace et dépasse le panthéisme, parce qu'il le comprend tout en en montrant l'insuffisance et parce qu'il distingue en Dieu ce qui est Dieu de ce qui ne l'est pas. Comment s'opère cette séparation ? Comment Schelling distingue-t-il en Dieu un fonds, une nature éternelle qui est en soi obscure et inintelligente, trois moments ou puissances, et trois personnes, le Père, le Fils et l'Esprit, qui procèdent des trois puissances qui se manifestent dans le processus par lequel la Pensée divine se déploie en exerçant sur sa propre nature un pouvoir créateur ? C'est ce que je dois laisser sans explication. Je ne dois pas exposer davantage comment l'existence d'un monde archétype, antérieur au monde visible, immanent à l'essence divine, s'explique par la coopération des puissances, tandis que l'existence du monde réel qu'atteint l'expérience s'explique par leur séparation et leur conflit. Qu'il me suffise de dire que le processus théogonique tout entier, au sein de la création, s'achève, selon Schelling, dans l'homme, qu'il représente comme l'unité et le produit des puissances divines. Dans la création, ces puissances, s'étant manifestées séparément hors de l'absolue existence, paraissaient en antagonisme ; mais, dans l'homme, elles sont combinées et réconciliées ; dans l'homme, Dieu achève la nature et la met en harmonie avec elle-même, en même temps qu'il produit et exprime une image de lui-même. Comme Dieu, l'homme est libre; il a en soi un certain degré de puissance créatrice, et le désir s'élève en lui d'exercer ce pouvoir comme s'il lui appartenait en propre, d'exister et d'agir dans et pour lui-même. Il cède à ce désir, et par là il perd son autorité sur lui-même et sur les puissances qui sont en lui. Par cette chute, celles-ci sont de nouveau séparées; elles entrent de nouveau en conflit et commencent un nouveau processus créateur, le processus mythologique, analogue à celui qui a donné naissance à la première création, bien qu'il se produise non au sein de Dieu, mais au sein de l'homme. Les mêmes puissances qui ont apparu successivement dans la création première surgissent et dominent, suivant le même ordre, dans la seconde création, et demandent, à leur tour, à être réconciliées. L'histoire de la conscience répète ainsi celle du monde. La mythologie est une reproduction idéale de la cosmogonie. Voilà pourquoi tant d'autres ont supposé qu'elle n'était qu'une philosophie de la nature, déguisée.

Dans le livre suivant, qui se compose de vingt-deux leçons, nous trouvons une exposition détaillée du processus mythologique lui-même. Le point de départ de ce processus a été, selon Schelling, une forme imparfaite de monothéisme, où Dieu était conçu simplement comme un, parce que d'autres dieux ne s'étaient pas encore présentés à l'esprit, mais sans que le concept de ce Dieu unique enveloppât la négation de plusieurs dieux et exclût positivement toute pluralité. Si c'eût été un vrai monothéisme, la série entière des mythologies ne pourrait être conçue que comme une succession de phases d'un processus qui ne serait susceptible ni d'une explication rationnelle ni d'une justification morale. Il faut de nécessité que ce monothéisme ait été tel que le polythéisme n'en fût pas la contradiction, mais le développement naturel. Le vrai monothéisme ne doit pas être cherché au commencement, mais à la fin du processus mythologique. Ce processus, on l'a dit, se produit dans la conscience. Ce n'est pourtant pas un simple processus de conscience, dont les moments successifs soient simplement des phases de la conscience, des degrés de la connaissance ou de la foi; c'est un processus que la conscience doit nécessairement suivre par cela et en tant qu'elle vient à subir l'influence d'une succession de pouvoirs réels, de puissances divines. L'histoire des dieux est ainsi, selon Schelling, une histoire non purement subjective, mais objective, dont la clef doit être cherchée non dans l'imagination, les sentiments, les opinions conjecturales des hommes, mais dans la nature de l'Être absolu. Autour de cette conception, il groupe et combine en un vaste système, avec une ingéniosité merveilleuse et une adresse pleine de l'érudition la plus variée, le sabéisme préhistorique, les croyances et la constitution de la Chine, les cultes de Babylone, de la Perse et de l'Arabie, les mythologies de la Phénicie, de l'Égypte, de l'Inde et de la Grèce, « entendant partout, dans le jeu bizarre de l'imagination qui enfante des fables, la voix prophétique de l'Être primordial, et, dans le poëme tissu par la pensée humaine, suivant l'image du Dieu éternel. »

Les deux derniers volumes renferment l'exposition de la *Philosophie de la révélation*. Ce sujet est abordé dans le troisième volume, dont le premier livre traite du rapport entre la philosophie négative et la philosophie positive, dont le second parle de la relation qui existe entre la philosophie de la mythologie et celle de la révélation. La révélation ne peut être comprise sans la mythologie, qui est le processus graduel de développement qui introduit et prépare la révélation. La conscience, qui est d'abord absolument sous l'empire des puissances et qui se meut par leur impulsion ou l'attraction qu'elles exercent, sans intelligence ni choix, s'affranchit peu à peu, apprend à raisonner et à douter, à se mettre au-dessus de ses objets, à se rendre compte à la fois d'eux et d'elle-même. Dans la mythologie grecque, se trouve répété, reproduit, résumé le processus mythologique tout entier; mais les dieux ne règnent plus despotiquement sur l'esprit; et, quand dans les mystères grecs l'histoire de ces dieux devient un sujet de contemplation philosophique, la mythologie commence à se dépasser elle-même en prenant l'intelligence d'elle-même, et la délivrance de l'esprit enfin affranchi des puissances et soumis non plus à la nature, mais à l'esprit même, est un fait accompli. La considération des mystères grecs est donc l'introduction la plus convenable à la philosophie de la révélation. Cette philosophie, telle qu'elle est exposée dans le quatrième volume, a pour objet spécial d'expliquer, par le moyen des principes mis en lumière dans la philosophie de la mythologie, la personne et l'œuvre du Christ. Schelling insiste sur la préexistence du Christ dans le paganisme et le judaïsme, en tant que seconde puissance ou Logos, dont l'œuvre est de contrôler, de soumettre et de réorganiser la première puissance ou nature jusqu'à ce qu'elle soit parfaitement conforme à la volonté du Père : il y représente le christianisme comme l'unité du judaïsme et du paganisme, mais avec un contenu vraiment surnaturel et révélé que la raison ne peut saisir *à priori* et qu'elle ne peut comprendre qu'à la condition de le recevoir d'une foi aveugle. Il nous montre enfin dans le développement de l'Eglise, fondée sur la vie, la doctrine et la mort du Christ, et dirigée par l'Esprit, une sorte de processus allant du dedans au dehors suivant un cours qui présente une image et un reflet de l'histoire intérieure, et ayant pour but la rédemption de toutes les créatures du péché et leur réintégration parfaite avec Dieu. Ce développement traverse trois époques ou phases : celle de l'unité négative, celle de la division, celle de l'unité positive, phases qui sont préfigurées par les apôtres Pierre, Paul et Jean, Pierre représentant l'Eglise catholique, Paul l'Eglise protestante et Jean le christianisme de l'avenir.

La philosophie *positive* de Schelling cherchait ainsi à comprendre en les ramenant à une unité supérieure toute religion et toute histoire. Elle voyait dans la religion le contenu essentiel ou la substance de l'histoire et se proposait pour but d'être la philosophie de l'histoire en étant la philosophie de la religion. Tout en considérant l'histoire comme dépassant, selon les expressions de Chalybäus, « les limites ordinaires du domaine historique, et se déployant depuis le commencement jusqu'à la fin, depuis l'éternité jusqu'à l'éternité »,

Schelling la divise encore — selon le caractère essentiel du processus religieux qui se développe à travers toute sa durée et la constitue — en deux grandes périodes, la période antérieure et la période postérieure au Christ, chacune se divisant elle-même en trois époques principales. La philosophie de la mythologie était, en conséquence, pour Schelling, au terme de sa carrière, la philosophie de l'histoire avant le Christ, la philosophie de la révélation était la philosophie de l'histoire après le Christ, et les deux philosophies, celle de la religion et celle de l'histoire, se confondaient en une seule.

J'ai peut-être insisté trop longtemps sur une philosophie de l'histoire d'un caractère aussi particulier que la philosophie positive de Schelling, et je laisserai entièrement le lecteur juger de sa valeur, me contentant de remarquer qu'elle a exercé un empire considérable sur la spéculation théologique en Allemagne ; qu'un ouvrage français, tout au moins, plein d'un talent original, la *Philosophie de la liberté*, de M. Charles Secrétan, porte des traces profondes de son influence ; que l'un des maîtres les plus distingués de la science du langage et de celle de la religion, le professeur Max Müller, a reconnu chaudement les obligations qu'il avait envers elle ; qu'enfin ce grand érudit, ce noble caractère, le baron Bunsen, dont nous allons avoir à examiner la philosophie de l'histoire, fut un de ceux qui la tinrent en plus haute estime, bien qu'il ne l'ait jamais acceptée dans son ensemble et qu'il n'ait jamais essayé d'imiter les élans trop hardis de son illustre auteur. « Ma sphère était plus modeste : c'était de regarder dans l'âme humaine, et de suivre d'en bas ta marche sublime; de recueillir, d'une oreille respectueuse, les vieux échos du récit des destinées humaines ; de chercher, dans la loi du progrès, le sens du progrès achevé ; d'épeler les fragments du langage humain primitif, dispersés de l'Asie à la terre du Nil, lignes rigides de pierre, voilées de mystères, bizarres hiéroglyphes de l'âme, d'où la lumière a découlé pour de longs siècles, d'où a jailli, pour les peuples aux générations pressées, et la religieuse espérance, et la crainte, mère de la sagesse, qui, dans l'âme et la nature, sentait la plénitude de la Divinité. Tout cet enseignement sacré, qui remplissait d'admiration et de pieuse crainte les sages de l'Hellade et que traitèrent longtemps de folie les froids railleurs de la Rome barbare, — la Muse m'en a révélé quelque chose ; elle m'a donné de pouvoir connaître un bras de cette mer du temps à l'étendue immense, de pouvoir toucher un des anneaux qui chargent la main, couverte de bagues, de la Vérité : ce qu'elle m'a montré, les premières actions, la pensée primitive des hommes, tiens, je te le dédie. Puisse ton âme se retrouver elle-même dans ce qui est aussi bien à toi qu'à moi et, s'élançant du champ agrandi qui s'offre à elle, tenter un vol nouveau vers les royaumes plus vastes de la pensée [1]. »

II

A l'exception du bon et sage prince qui a longtemps vécu parmi nous une belle et irréprochable vie en plein dans

1. Extrait de la *Dédicace à Schelling*, mise par Bunsen en tête du quatrième

cette « noble lumière dont les flots viennent battre au pied d'un trône », aucun homme peut-être n'a plus fait pour fortifier l'union de la Grande-Bretagne et de l'Allemagne que le baron Christian-Charles-Josiah Bunsen (1791-1860); et les incidents de sa carrière sont probablement aussi connus, ses écrits étudiés avec autant de zèle, sa mémoire entourée d'autant de respect en Angleterre que dans son pays natal. Il suffira donc de renvoyer simplement ceux qui seraient avides de détails biographiques, au Mémoire publié par sa veuve, un de ces ouvrages, comme l'a si bien dit Max Müller, « qui ont toute l'importance d'un *Ecce homo*, montrant au monde ce que les hommes peuvent être, et élevant constamment l'idéal de la vie humaine. »

Dieu dans l'histoire, ou le Progrès de la foi dans l'ordre moral du monde (1857-1859), de Bunsen, est un des premiers ouvrages qu'il conçut, s'il fut le dernier qu'il acheva. La pensée fondamentale de ce livre fut la pensée fondamentale de la vie de l'auteur, celle qui donna la vie et l'unité à tous ses travaux intellectuels, malgré leur diversité, celle qui dirigea, presque depuis l'enfance jusqu'à la mort, les facultés de cet esprit d'une rare perfection, et inspira les desseins de cette âme aux tendances si pures et si élevées. Ce fut ce vœu sublime enraciné « profondément au sanctuaire le plus sacré de son cœur, de pouvoir employer ses forces à la louange de Dieu, saisissant quelque aperçu lointain de ses voies glorieuses à travers la longue marche des jours innombrables [1]. »

---

volume de son livre : *Place de l'Egypte dans l'histoire universelle*, et traduit par C. H. Cottrell.

1. Voy. *Mémoire*, I, 32.

C'est la pensée à laquelle il a donné une expression solennelle, dans une prière écrite à l'âge de vingt-cinq ans, peu de jours après son mariage : « Dieu éternel, omniprésent, éclaire-moi de ton Esprit-Saint, et remplis-moi de ta lumière céleste. Ce que j'ai senti et ce que j'ai désiré avec tant d'émotion dans mon enfance, ce qui pendant les années de ma jeunesse a grandi, entouré d'une clarté croissante, devant mon âme, je veux maintenant tâcher de le saisir d'une vigoureuse étreinte, l'examiner, le reproduire. La révélation de ta présence dans les énergies et les efforts de l'homme, ta marche inébranlable à travers le courant des âges, j'aspire à les reconnaître et à les suivre, autant que cela m'est permis dans ce corps terrestre. L'hymne de glorification qui s'élève vers toi de toute l'humanité, dans les temps anciens comme dans les temps récents, les douleurs et les lamentations de la terre, les consolations qu'elles trouvent en toi, je veux leur donner une voix et les faire éclater en plein jour. Envoie sur moi ton Esprit de vérité, pour que je puisse contempler les choses terrestres comme elles sont, sans voiles et sans masques, sans les oripeaux et les vains ornements humains, et que, dans la paix silencieuse de la vérité, je puisse te sentir et te reconnaître. » Le plan de sa vie d'études, qu'il soumit à Niebuhr, l'année précédente, montre combien, même à cette époque, étaient larges et précises ses vues relativement à la méthode à laquelle il se proposait de demander la réalisation de son dessein, combien il comprenait qu'il ne pouvait atteindre son but qu'en combinant d'une façon beaucoup plus scrupuleuse et plus laborieuse qu'on n'avait tenté de le faire jusque-là, les ressources de la philologie, de l'histoire et de la philosophie. Son livre sur la *Place de l'Égypte dans l'histoire universelle*, ses différents traités sur l'histoire ecclésiastique, ses collections liturgiques, ses essais linguistiques, ses commentaires sur la Bible, etc., peuvent être regardés comme autant de parties d'un ensemble qui ne s'est jamais complétement développé hors du germe idéal qui s'y trouve dessiné. Les *aphorismes philosophiques*, dans la première édition de *Hippolyte et son Epoque* ; les deux volumes d'*Esquisses de la philosophie de l'histoire universelle appliquée au langage et à la religion*, dans lesquels ces aphorismes ont reçu une plus grande étendue sous le titre de *Christianisme et Humanité*, enfin l'ouvrage en trois volumes *Dieu dans l'histoire* peuvent être regardés comme des phases successives dans le développement de l'idée elle-même, la dernière œuvre étant la plus parfaite, celle dans laquelle il convient le mieux de considérer cette idée. Il est clair que nous n'avons à nous occuper que des principes essentiels du livre, et, comme Bunsen a lui-même présenté ces principes sous une forme systématique dans l'*Introduction philosophique générale*, notre tâche sera ici beaucoup plus facile que d'habitude.

Voici ce que prétend établir l'argumentation de Bunsen. Si nous ne considérons dans les systèmes des philosophes que ce qu'ils renferment d'essentiel, l'univers est toujours pour eux soit un produit du hasard, soit une manifestation extérieure de la pensée. Dans le premier cas, leur conception de l'univers est athée et ne laisse aucune place à l'existence d'une puissance de détermination morale; elle implique nécessairement non-seulement la négation de la présence et de la pensée divines dans la création, mais aussi la négation d'une loi morale, d'un ordre moral dans l'histoire. Dans le second cas, la conception est théiste ; elle suppose qu'une idée créatrice unit et pénètre la variété des phénomènes. La conception théiste enferme néanmoins deux doctrines différentes et même contradictoires l'une de l'autre : le déisme, et ce qu'on appelle, d'une manière plus rigoureuse, le panthéisme. Le déisme, tout en faisant de Dieu la cause du monde et de l'homme, établit entre eux et lui un abîme infini, et le considère comme existant tout à fait à part et dans des conditions absolument exclusives de tout développement dans l'espace et dans la durée, de la nature et de l'histoire. Le panthéisme, dans l'acception propre du mot, méconnaît que Dieu ait une réalité substantielle, agissant par elle-même, consciente et placée au-dessus du temps et de l'espace; il l'identifie avec la totalité des choses qui remplissent l'étendue et se produisent dans le temps. Sous cette forme, il ne satisfait ni la raison ni la conscience. Mais le mot panthéisme est souvent employé pour désigner cette doctrine que Dieu, bien qu'il soit la raison et la volonté éternelles, immuables, toujours égales à elles-mêmes, vit pourtant et agit sans cesse dans la nature et dans l'histoire, avec cette seule différence qu'elles sont finies et qu'il est infini. Cette doctrine, dit Bunsen, est seule la vérité.

Pour découvrir comment Dieu vit et opère dans l'humanité, pour découvrir la loi qui gouverne la succession des événements, la philosophie est indispensable ; car, sans son secours, on ne peut déterminer en quoi consiste le progrès ni où il faut le chercher, et l'on ne peut davantage isoler, dans les faits, ce qui est essentiel de ce qui est accidentel. Mais la philosophie ne peut accomplir cette tâche avec succès si elle n'est organiquement combinée avec la philologie et l'histoire. « Le principe du progrès de l'humanité a nécessairement sa racine dans la loi de la manifestation spontanée du divin. Découvrir et formuler cette loi, voilà l'objet suprême de la théorie philosophique du genre humain. Mais la solution de ce problème dans une forme concrète suppose le concours méthodique et organique de trois opérations distinctes. La première est l'opération philosophique ou spéculative ; elle s'applique à la détermination des principes fondamentaux et de la méthode générale. La seconde est l'opération philologique, pour contrôler et organiser les faits contenus dans les annales de l'histoire, dont le langage n'est pas seulement le véhicule, mais le principe et le premier monument. La troisième est l'opération historique, qui organise définitivement les faits, selon le principe de développement. » L'école moderne allemande, selon Bunsen, fut la première à proposer, avec une conscience claire de ce qu'elles impliquent, ces questions : Y a-t-il quelque chose qu'on puisse appeler progrès dans l'histoire de l'espèce humaine? Si cette chose existe, où peut-on l'apercevoir? quelle en est la formule? « Trouver une solution vraie et positive, et non pas seulement négative, du problème de la philosophie de l'histoire, voilà, peut-on dire, ce qui a été et continue d'être, consciemment ou inconsciemment, l'objet suprême de ce grand effort de l'esprit allemand qui a produit Gœthe et Schiller dans la littérature, Kant, Fichte, Schelling et Hégel dans la philosophie, Lessing, Schlégel et Niebuhr dans la critique et l'investigation historiques... » Cette fin est telle qu'on ne peut l'atteindre qu'en partant de l'hypothèse d'un ordre moral du monde et de l'unité essentielle de la race humaine, et qu'en suivant une méthode qui ne soit ni purement spéculative ni purement historique, car, dans le premier cas, elle ne nous mettrait pas en contact avec les faits réels, et, dans le second, elle ne nous découvrirait pas la loi de leur développement. Les procédés anglais et allemand doivent être réunis. La philosophie allemande de l'esprit doit être appliquée aux réalités historiques, et nulle autre méthode ne peut servir ici que celle qui est exclusivement baconienne. Les lois de l'évolution doivent être cherchées dans les phénomènes historiques qui sont devant nos yeux et dont il faut les dégager par un procédé graduel d'analyse et de synthèse ; mais elles ne peuvent être essentiellement et en elles-mêmes qu'une application de la raison et de la conscience de Dieu à ces grands faits universels qui témoignent de la conscience qu'a l'homme de la présence de Dieu dans l'histoire.

Notre auteur est ainsi conduit à traiter immédiatement après de la conscience de soi et de la conscience de Dieu, et à développer avec insistance ce qui peut être regardé comme le principe fondamental de la philosophie de l'histoire, à savoir que la conscience qu'a l'homme de Dieu est la force motrice primordiale et constante dans l'histoire des nations, le souffle vital du progrès qui porte la race humaine vers la vérité et la justice, l'instinct originel de l'humanité, qui, se développant progressivement de l'inconscience à la conscience, donne naissance au langage, aux formes d'organisation politique, à la civilisation. L'humanité n'est pas simplement un agrégat d'individus, car elle a un principe d'évolution qui lui appartient en propre, et elle avance conformément à l'idée placée dans son sein par Dieu même; mais elle n'avance que par le moyen des individus. « La personnalité est le levier de l'histoire du monde. » Comme les phénomènes de la conscience de Dieu se développent d'eux-mêmes dans l'humanité en une série organique, ainsi les différents individus qui d'époque en époque ont communiqué une vie nouvelle à la race forment une série progressive. « L'histoire n'a été féconde pour le bien que dans la mesure où elle a été le résultat de l'action et de la réaction harmonieuses de deux pôles, la vie de l'individu et celle de la communauté. La conscience de la race réside seulement dans les individus, mais elle n'y réside que dans la proportion où la vraie conscience collective du genre humain pris dans son ensemble se révèle à eux. Tout ce qui est grand sort de l'individu, mais seulement dans la mesure où celui-ci fait de son *moi* individuel une offrande à la communauté... » Le processus du développement historique est aussi caractérisé par l'action et la réaction, le concours et l'antagonisme de l'intuition et de la réflexion, de la conscience religieuse populaire et de l'investigation religieuse des philosophes. La relation de ces deux éléments l'un avec l'autre détermine une division de l'histoire en trois époques : la première est celle de la formation du langage et des mythes ; la seconde, celle de la formation des nations, de la science, de l'art : l'individualité s'y trouve en conflit avec l'intuition commune ; la troisième est celle de la réconciliation de la réflexion avec la foi par l'intermédiaire de la science et de l'art, en d'autres termes, l'époque où s'accomplit l'union du bien, du vrai et du beau.

Bunsen continue en montrant avec insistance que l'antithèse entre la pensée et la volonté, le contraste entre la prépondérance du côté spéculatif de la nature humaine et celle du côté pratique, sont manifestes dans le développement des nations. La conscience religieuse ne donne pas seulement naissance à la connaissance, aux arts, aux lettres et aux sciences, mais elle se révèle aussi dans la vie de la société et dans l'État, considérée comme l'expression suprême de la société organisée et légale. « On ne contestera pas, dit-il, que dans le cours de l'histoire l'idéal de cette conscience n'ait trouvé trois grands dépositaires dans trois nationalités : dans le peuple hébreu, pendant la période la plus ancienne; chez les Grecs, pendant la seconde époque ; chez les Allemands, pendant la troisième. Mais c'est également un fait historique que, dans chacune de ces trois époques, ces trois dépositaires des pensées maîtresses de l'humanité se sont trouvés en présence de trois grands peuples représentants de l'action. A côté des Sémites Hébreux, marchent, à travers les phases successives de leur développement national, les Iraniens de la religion de Zoroastre, les Bactriens d'abord, puis les Mèdes et les Perses. Le sémitisme prend pour la première fois une forme prédominante et active dans ce produit de l'intuition sémitique, le mahométisme arabe conquérant du monde. A côté des Hellènes, avec leur puissance créatrice dans l'ordre intellectuel et leur dévouement à la liberté, se tiennent les Romains, avec leur génie d'organisation légale et de gouvernement universel. Enfin, à côté des Germains, nous voyons les races latines, puis, à un degré de parenté plus rapproché, les Anglais. Et, à cet égard, un autre fait remarquable saute immédiatement aux yeux : c'est que tous les dépositaires de la *pensée*, choisis par la Providence, ont été des nations fédérées, tandis que ceux de l'*action* ont été des nations vivant sous un même gouvernement ; cela est d'accord avec une loi de l'histoire universelle qui ne pourra trouver son entier accomplissement que dans une véritable confédération d'États. »

A la fin de son *Introduction philosophique générale*, Bunsen trace une esquisse du reste de l'ouvrage : « Notre second livre exposera les principales formes de la conscience religieuse chez les Hébreux ; le troisième sera spécialement consacré à l'étude de cette même conscience chez les Aryas de l'Asie orientale, antérieurs au christianisme, et, comme introduction, on passera rapidement en revue leurs précurseurs dans le monde asiatique primitif, les Égyptiens, les Touraniens et les Chinois ; le quatrième livre suivra la même investigation chez les Aryas de l'Asie Mineure et de l'Europe, antérieurs au christianisme, y compris les Grecs, les Romains et les Teutons ou Germains. Dans le cinquième livre, nous étudierons la conscience religieuse des Aryas chrétiens, et, dans le sixième, nous jetterons un coup d'œil général sur la route parcourue et nous résumerons les résultats auxquels nos recherches nous auront conduits. Dans nos expositions, nous adopterons, autant que possible, la méthode suivante. Notre tableau de chaque type national de la conscience religieuse commencera par l'*intuition populaire* du Cosmos et se terminera (autant que, dans chaque cas particulier, nous pourrons la déterminer) par la *spéculation philosophique* sur l'ensemble de l'univers. Mais entre ces deux points extrêmes se place l'exposé des institutions politiques, des créations de l'art, de la culture littéraire, en entendant par là soit la littérature philosophique, soit la poésie ou la prose. » Bunsen explique très-nettement que l'ouvrage ne doit pas être regardé comme une philosophie de l'histoire universelle fondée sur les principes qu'il a posés. La philosophie de l'histoire doit être à la fois moins et plus que l'exposition historique du développement de la conscience religieuse de l'homme. « Elle doit être plus, en ce sens que, partant du point le plus élevé où l'on puisse se placer, elle se propose de découvrir et de formuler les lois universelles qui régissent le développement de la nature humaine, et de montrer comment elles s'appliquent non-seulement à la religion, mais aussi au langage, à l'art, à la science, à la politique ; elle doit être moins, en ce sens que son but n'est pas de marquer le rôle des principaux personnages et des principales idées, dont l'histoire de la conscience religieuse chez l'homme ne peut se dispenser de s'occuper. » Si donc Bunsen croyait avoir exposé, dans l'introduction dont j'ai donné le sommaire, les principes et le plan d'une philosophie de l'histoire, il se rendait parfaitement compte que dans son ouvrage même, dans l'exposition qu'il avait présentée du développement de la conscience religieuse, il n'avait pas réalisé le programme d'une telle philosophie. Il ne donne pas son livre pour une philosophie de l'histoire, et nous ne lui ferons pas un reproche de n'avoir pas fait autre chose que ce qu'il voulait faire. En même temps, il croyait avoir fait beaucoup plus que de suivre simplement l'histoire d'une phase spéciale du développement humain. La conscience religieuse lui paraissait non pas seulement l'une quelconque des nombreuses forces historiques dont l'action se coordonne et se combine, mais le principe essentiel, régulateur et même créateur de l'histoire, et la vérité objective qui lui correspond n'est rien moins, selon lui, que la Divinité se manifestant et s'incarnant elle-même dans l'humanité. Le développement de la conscience religieuse, c'est-à-dire de la croyance à la présence divine dans le monde, à un ordre moral, effet de cette présence, contient nécessairement le progrès dans toutes les autres sphères ; il lui donne l'impulsion, la direction, lui impose une loi et un but, qu'il s'agisse du vrai, du beau ou du bien, ou, en d'autres termes, qu'il s'agisse du progrès dans la science, dans l'art, dans la morale ou la politique. Telle est la doctrine de Bunsen. En conséquence, suivre l'histoire de la conscience religieuse de l'humanité d'une nation à l'autre, c'était, à ses yeux, se rapprocher en quelque manière et de très-près de l'exposition de la philosophie de l'histoire. Quant à la façon dont il a suivi cette histoire, dont il en a décrit les différentes phases, dont il a marqué la série organique des phénomènes qui la constituent, tels qu'ils se présentent dans les croyances et les cultes des principaux peuples du monde, il est à peine besoin de dire qu'il y a là beaucoup à admirer : largeur de conception, esprit sincèrement religieux et vraiment ouvert à la vérité, sympathie profonde et ardente pour tout ce qui est bon, critique libre et hardie, fécondité d'aperçus et de vues originales, intelligence prompte à s'assimiler une masse énorme de connaissances. Et pourtant, je le crains, on peut dire que l'exécution est loin d'être irréprochable. L'ouvrage de Bunsen, avec tous ses mérites, est très-éloigné de la perfection. Même au point de vue de la recherche et de la constatation exacte des faits, il est fort inégal, et la pensée, souvent si saine et si vraie, est, dans maints autres passages, confuse et capricieuse ; parfois elle se perd entièrement dans la phraséologie métaphysique la plus aride, comme un courant d'eau se tarit dans un désert. Il est empreint d'une forte teinte panthéistique, et de simples *conjectures* sont trop fréquemment présentées comme des résultats définitivement acquis de l'investigation critique et historique.

Au point de vue de la science de l'histoire, le principal mérite de Bunsen fut peut-être d'avoir aperçu si clairement la nécessité d'appliquer, en les combinant méthodiquement, l'histoire, la philologie et la philosophie, pour résoudre les principaux problèmes de cette science ; et en particulier d'avoir si pleinement montré par la pratique la puissance et la signification de la philologie comparée comme instrument d'investigation historique. Doué à un haut degré du génie linguistique, familiarisé de bonne heure avec les résultats de cette merveilleuse suite de recherches philologiques accomplies par une succession ininterrompue d'explorateurs depuis Leibnitz jusqu'à M. de Humboldt, possédant à fond plusieurs des langues humaines, ayant une connaissance suffisante de presque toutes, — Bunsen comprit, avec une largeur et une netteté d'intuition qui n'avaient pas encore été égalées jusque-là, que le langage, convenablement étudié, fournirait une moisson de résultats historiques d'une richesse et d'un intérêt extrêmes, qu'il était par lui-même un document historique beaucoup plus ancien, plus digne de foi et plus important que tous ceux qui furent plus tard fixés par l'écriture, et que, soumis à une méthode exacte d'investigation, il dévoilerait des époques de vie intellectuelle et d'activité créatrice qui autrement seraient restées enveloppées d'un mystère impénétrable. Cette conviction, il ne la laissa pas demeurer stérilement au fond de son esprit ; il ne se contenta pas de lui donner verbalement une expression générale ; mais il consacra de longues années de sa laborieuse jeunesse à étudier les langues de l'Égypte, de l'Asie, de l'Europe, et il appela à son aide le talent d'hommes plus jeunes et moins engagés que lui dans une diversité écrasante de travaux, tels que Max Müller, Aufrecht, Charles Meyer, Lepsius, etc., dans l'intention expresse d'être en état de prouver que dans les dépôts successifs du langage se sont conservées comme des couches de l'existence mentale, dont quelques-unes sont beaucoup plus anciennes que tous les documents écrits ou monuments historiques, qui sont de plus « aussi parfaitement déterminées que celles de la géologie tout en étant infiniment plus intelligibles, parce qu'elles sont elles-mêmes intellectuelles et qu'elles manifestent elles-mêmes leur ordre de succession par la loi propre de leur développement. » Son enthousiasme, son talent merveilleux ne pouvaient être mieux employés (bien que peut-être le succès ne les ait pas complétement récompensés sur tous les points), qu'à la tentative de montrer, par la comparaison et l'analyse des différentes formes du langage humain, que celui-ci n'a qu'un seul principe de formation et une seule loi de développement, que son unité fondamentale démontre le fait que supposent nos traditions religieuses : c'est à savoir que la race humaine a une seule et même origine, un tronc commun, et que la civilisation est un tout organique, et non un composé artificiel de fragments sans liens naturels entre eux ; « non un ensemble inorganique de développements divers, partis de commencements innombrables, suivant chacun un courant isolé et destinés simplement à disparaître pour faire place à d'autres qui fourniraient la même carrière, par une rotation monotone. » Par cette méthode, Bunsen fait voir encore que l'origine du langage ne peut s'expliquer ni par un matérialisme ni par un spiritualisme exclusifs, car elle suppose l'antériorité de la pensée à l'égard de la matière, l'action de l'intelligence sur la sensation ; qu'il fut dès le début un produit de la raison et non une simple imitation des sons naturels ou une manifestation extérieure de la joie ou de la douleur, du désir ou de la crainte, et que le cours de son évolution n'a fait que reproduire et continuer cette création même, allant de l'état inorganique à l'état organique, et, dans l'état organique, de l'inconscience et de la généralité vague à la conscience et à l'individualité. Les langues de formation primitive, les langues monosyllabiques, comme le chinois, sont, selon Bunsen, véritablement inorganisées, chaque mot contenant implicitement en soi la signification et la valeur d'une phrase complète, en sorte que la pensée est pour ainsi dire contenue tout entière et dispersée à l'état de poussière dans les molécules isolées et inertes qui constituent le vocabulaire. Les langues de formation secondaire, les langues agglutinatives ou touraniennes, présentent des particularités analogues aux caractères qui distinguent l'organisation incomplète des végétaux, et les langues à inflexions sémitiques ou iraniennes sont complétement et intellectuellement organisées. Telle est peut-être la pensée qui sert comme de lien à toutes les recherches linguistiques de Bunsen dans ses deux livres : la *Place de l'Égypte dans l'histoire universelle*, et le *Christianisme et l'Humanité*. Ces recherches ont en conséquence un but commun, et l'un des plus élevés que l'on puisse concevoir. Qu'elles n'aient été, en réalité, que l'œuvre d'un pionnier, c'est ce que Bunsen lui-même comprit parfaitement ; qu'elles aient ouvert à d'autres une voie vers des régions qui passaient avec quelque raison pour inaccessibles, voilà ce qu'il n'est pas permis de mettre en doute, pas plus qu'on ne peut justement contester la merveilleuse puissance de conception et d'exécution dont elles témoignent.

Toutes compréhensives qu'aient été les vues de Bunsen sur la méthode de la philosophie de l'histoire, elles ne l'ont pas été assez. Il a trop exclusivement regardé l'homme comme un être spirituel, et n'a donné qu'une attention insuffisante à sa nature physique et aux rapports qui en résultent ; il l'a simplement étudié tel que le langage et la religion nous le montrent ; il a négligé les enseignements que peuvent nous fournir sur lui la géologie, la biologie et particulièrement l'ethnologie. Il a été pleinement dans le vrai en pensant que nous pouvons trouver dans le langage et la religion des documents sur une période de l'histoire humaine antérieure de beaucoup à l'existence des monuments écrits les plus rudimentaires ; mais, quant à l'hypothèse que nous ayons là d'une manière absolue les plus anciens monuments historiques, et que nous y trouvions ce que l'on peut savoir de la vie primitive de l'homme (hypothèse qui est certainement contenue dans l'argumentation de Bunsen), elle ne repose évidemment sur aucune preuve. Il est hors de doute que la terre a conservé dans ses tablettes de pierre d'innombrables créatures faibles et chétives qui ont vécu des millions de siècles avant que l'homme ait apparu à sa surface; il n'y a donc rien d'improbable en soi dans la supposition qu'elle ait pu conserver des traces de manifestations de l'activité humaine beaucoup plus anciennes que tous les mots ou toutes les croyances que pourraient découvrir la philologie ou la science des religions. En fait, les problèmes de la philosophie de l'histoire, je l'établirai soigneusement dans le volume suivant, ne peuvent être résolus que par l'application méthodique et combinée des ressources de toutes les sciences et non de trois seulement d'entre elles.

Il me suffira de signaler comme erronée cette idée de Bunsen que la philosophie de l'histoire est une science spécialement allemande, parce que l'école allemande moderne en a la première saisi le problème fondamental avec clarté et profondeur. Il n'est pas vrai que cette école ait compris la première, ni qu'elle ait compris clairement le problème de la philosophie de l'histoire. Le présent ouvrage est d'ailleurs une preuve suffisante que la philosophie de l'histoire, quelque peu avancée qu'elle soit encore jusqu'ici, n'est pas exclusivement l'œuvre de l'Allemagne, mais le produit des efforts intellectuels tout au moins des quatre nations les plus civilisées de l'Europe durant les deux derniers siècles. La partie la moins satisfaisante des spéculations historiques de Bunsen est celle qui est relative aux lois générales du développement humain. La division de l'histoire en trois époques, dont la première est représentée par les Hébreux et les Iraniens de Zoroastre, la seconde par les Grecs et les Romains, la troisième par les Allemands, les peuples latins et les Anglais; l'attribution du langage et de la mythologie à la première époque, comme caractère essentiel, de la poésie, de la statuaire, de l'art politique à la seconde, de la science à la troisième; la classification des nations en nations créatrices dans l'ordre spéculatif et intellectuel et en nations actives dans l'ordre pratique, en dépositaires de la pensée et dépositaires de l'action, selon qu'elles sont fédérées ou qu'elles vivent sous un gouvernement unique, ce sont là évidemment autant de conceptions fondées sur des inductions fort hâtives qui reposent elles-mêmes sur l'aperception confuse d'un très-petit nombre de faits.

Pourquoi exclure de l'énumération les Touraniens et les Khamites? Pourquoi en exclure les peuples qui ont parlé ces langues inorganiques qui ont précédé les langues organisées? En quoi les Hébreux ont-ils spécialement contribué à la formation du langage ou de la mythologie? Ces mêmes Hébreux, les Phéniciens, les Arabes avant Mahomet, ont-ils été vraiment inférieurs, au point de vue de l'action, aux Bactriens, aux Mèdes et aux Perses? Les Grecs ne se sont-ils pas hautement distingués dans presque tous les genres d'activité? La Grèce a-t-elle moins fait, même dans l'ordre de la science, que n'a fait jusqu'ici l'Allemagne? La supériorité de la troisième époque sur la seconde n'est-elle pas aussi incontestable au point de vue religieux qu'au point de vue scientifique? Est-il absolument sûr que l'Allemagne ait plus ajouté au trésor intellectuel du monde que la France ou l'Angleterre? Peut-on à juste titre ranger la Suisse et les États-Unis parmi les dépositaires de la pensée et non parmi ceux de l'action? Toutes ces questions, Bunsen les néglige, et, sans tenir compte des règles et des barrières de l'induction, il saute à ses conclusions avec une rapidité et une témérité que Fichte et Schelling eux-mêmes ont rarement surpassées.

III

Les contributions d'Ernest de Lasaulx [1] à la philosophie de l'histoire témoignent d'un esprit qui, par bien des côtés, est de la même famille que celui de Bunsen : profondément religieux et pourtant très-libre, extrêmement instruit et quelque peu fantaisiste, recevant très-vivement les impressions de toutes les phases de l'existence, plein des aspirations morales les plus ardentes. Cependant il est un point par lequel ces deux hommes différaient considérablement. Bunsen était porté par nature à la joie et à l'espérance, et, parmi tous les maux du présent, il ne désespéra jamais de l'avenir. Il voyait tout aussi bien dans l'histoire la réalisation de l'ordre moral du monde, que dans l'univers physique celle des lois de la gravitation et de la lumière, et il avait la plus ferme confiance dans l'avénement prochain d'une nouvelle période de la vie sociale, fondée sur la religion, période où les royaumes de ce monde deviendront le royaume de Dieu et où le triomphe du principe divin sur la terre sera éclatant et universel. Au contraire, une

---

[1]. Pour sa vie et son caractère, voy. *Souvenirs sur Ernest de Lasaulx*, par le Dr H. Holland, Munich, 1861.

teinte de mélancolie semble avoir assombri le caractère de Lasaulx, et ses conceptions historiques sont comme imprégnées de tristesse et de chagrin. Une conscience vive et douloureuse du conflit qui existe entre le réel et l'idéal, une aperception intense de ce qu'il y a de vain et de décevant dans les affaires humaines, se font sentir dans ses pages. Il ne désespère pas absolument de l'avenir ; mais il est tellement frappé du côté tragique de l'existence, de ces apparences des choses qui ont suscité toutes les théories fatalistes et pessimistes, qu'il ne nourrit pas un bien grand ni bien ferme espoir que la société arrive à réaliser graduellement sur la terre une vie pleine de noblesse et de beauté.

On peut dire de lui, aussi justement que de Bunsen, que la philosophie de l'histoire a été le but de toutes ses études ; malheureusement, on doit ajouter, ce qui est plus vrai encore de lui que de son compatriote, qu'il n'a laissé que des fragments d'une telle philosophie. Ces fragments mêmes, en réalité, se rapportent surtout à l'antiquité classique, qu'il connaissait le mieux et d'après laquelle il appréciait trop exclusivement tout le reste. La plupart de ses travaux se trouvent dans les *Dissertations de la classe de philosophie et de philologie de l'Académie royale des sciences de Bavière*. Je signalerai particulièrement l'*Essai sur la géologie des Grecs et des Romains, contribution à la philosophie de l'histoire*, dans le sixième volume ; celui sur l'*Histoire et la Philosophie du mariage chez les Grecs*, dans le tome VII, et celui sur la *Philosophie de l'histoire romaine*, dans le tome IX. La leçon sur le *Cours du développement de la vie grecque et romaine et sur l'état présent de la vie allemande* a été faite devant l'Académie, le 25 août 1847, mais a été publiée séparément. Cependant le traité où sa théorie générale de l'histoire est exposée avec le plus de netteté et de largeur parut en 1856 ; il est intitulé : « Nouvel Essai d'une philosophie de l'histoire ancienne fondée sur la vérité des faits. »

Tous ces travaux sont d'une lecture singulièrement attrayante. Les pensées semblent jaillir sans effort de la plénitude surabondante d'une mémoire merveilleusement riche en connaissances, d'un jugement sain et vigoureux, d'une âme noble et élevée. A chaque page, on sent le souffle et le mouvement de deux courants de vie intellectuelle, le courant romantique et le courant classique, qui se combinent et se confondent avec une harmonie rare, sans que pour cela disparaisse l'originalité de l'esprit où s'opère cette union. Il faut ajouter pourtant qu'on chercherait en vain dans ces écrits un développement suffisant, achevé, méthodique de la pensée, une analyse approfondie des faits ou des théories, et trop souvent aussi une démonstration concluante des opinions émises.

C'est le *Nouvel Essai* du professeur de Lasaulx que je dois prendre comme base dans l'exposition de sa doctrine. On est immédiatement renseigné sur son caractère en voyant que l'auteur commence, non pas par essayer de déterminer ce que c'est que la philosophie de l'histoire, quelle en est la méthode, quels rapports l'unissent avec les autres sciences, mais par poser un certain nombre de propositions (il y en a sept) qu'il donne comme les postulats de la science, et cependant, en réalité, tout l'objet de cette science, c'est précisément d'être en état de les démontrer. Des propositions telles que celles-ci : l'histoire a son principe et sa fin dans l'unité de l'amour créateur de Dieu ; elle est un organisme comprenant des organismes moindres de natures diverses ; elle est en rapport avec l'univers entier des êtres spirituels ; son cours est gouverné par des lois ; les plus grands faits qu'elle présente sont sortis d'humbles et imperceptibles germes, — ce sont autant d'assertions qui, dans la mesure où elles sont vraies, peuvent être prouvées historiquement, et le rôle de la philosophie de l'histoire n'est pas de les prendre pour accordées, mais de les démontrer. La première fournit un bon exemple de la témérité d'affirmation où peut en arriver un homme quand il s'est une fois persuadé que la supposition des principes est le commencement légitime et nécessaire de la science. « Dans la philosophie de l'histoire, comme dans toute science véritable, comme dans la vie humaine, la chose principale et qui décide de tout le reste, c'est de prendre Dieu pour point de départ, de le considérer comme ce qui est premier, et la nature comme ce qui est second. » Que Dieu soit premier, que la nature ne soit qu'après lui, que toute vérité vienne de Dieu et conduise vers Dieu, rien n'est plus certain ; mais cela n'implique pas nécessairement une croyance aussi insensée et aussi fausse que celle-ci, par exemple : qu'un chimiste devrait commencer l'étude de la chimie, non par celle des éléments ou des composés chimiques, mais par celle de Dieu.

Notre auteur fonde la possibilité de la philosophie de l'histoire principalement sur deux affirmations. La première, c'est qu'une intelligence objective s'est imprimée sur les choses, et que l'intelligence subjective de l'homme est capable de saisir cette intelligence objective, qui est un attribut de Dieu. Il me paraît beaucoup plus exact de dire que l'intelligence subjective de l'homme est capable de suivre dans les choses extérieures des détails d'organisation et de disposition qu'elle est en droit et même qu'elle est forcée de regarder comme les marques et les effets d'une intelligence objective. Quand nous énonçons cette vérité de cette manière, nous voyons du même coup que la science n'a besoin d'aucun postulatum théologique. Elle part des faits qui lui sont propres, de l'expérience, bien qu'elle puisse aboutir à montrer que ces faits sont de telle nature qu'ils doivent avoir pour cause la Pensée divine. — La seconde affirmation, c'est que l'histoire de l'Europe moderne est déjà assez avancée dans son cours pour qu'il soit possible de voir que les lignes de direction de son mouvement total convergent vers une fin unique, et de tirer du passé pour l'avenir une conclusion probable, fondée sur l'analogie de la vie des nations modernes avec celle des nations de l'antiquité. Il ne me semble pas, cependant, qu'il soit nécessaire de supposer quoi que ce soit à cet égard. Nous savons qu'une partie considérable de l'histoire s'est écoulée et qu'elle a suivi un cours particulier ; et, si nous voyons qu'il nous est possible d'expliquer cette histoire jusqu'au point où elle est parvenue et de rendre compte de la marche qu'elle a suivie, nous aurons par là une science de l'histoire, lors même que nous serions incapables de déterminer ou de prévoir l'avenir de l'humanité; de même qu'en géologie nous avons une science de l'histoire de la terre, malgré l'impuissance presque complète où nous sommes d'en tirer aucune induction certaine sur l'avenir de notre planète. Une science peut être positive dans la limite des faits qu'elle explique et pourtant rester nécessairement très-incomplète. Je dois de plus observer qu'un défaut marqué des généralisations historiques de Lasaulx, c'est qu'elles reposent souvent sur la seule analogie, qui ne peut jamais donner plus qu'une probabilité; c'est que presque invariablement elles sont établies d'après des parallélismes et des ressemblances du genre de celles dont Bacon dit : « Ce sont pour ainsi dire les premiers et les plus bas échelons pour s'élever à l'unité de la nature; on ne peut par leur moyen établir directement aucune loi, mais seulement découvrir un certain rapport des corps entre eux. » Lasaulx est beaucoup trop pressé de conclure que, parce que l'histoire moderne a été semblable à l'histoire classique sur quelques points particuliers, elle lui ressemblera sur tous les autres. On peut dire en fait que presque toutes les erreurs dans lesquelles il est tombé viennent directement ou indirectement de ce qu'il a pris l'histoire de la Grèce et celle de Rome pour des histoires normales, types et mesures de toutes les autres.

Lasaulx insiste éloquemment sur cette idée que le genre humain dans sa totalité doit être regardé comme un seul homme ayant une seule nature et une seule vie, un seul corps et une seule âme, une seule volonté et une seule raison générale; que chaque homme n'est tel que parce qu'il est membre de l'espèce humaine, ou fils d'homme; que l'humanité se développe en tribus et nations dont chacune a son caractère propre et individuel correspondant à celui de son fondateur, et, conformément aux lois de la biologie, passe, comme l'humanité tout entière, de la naissance à la mort par les quatre phases de l'enfance, de la jeunesse, de l'âge mûr, de la vieillesse; que, pareillement, toutes les créations organiques de l'homme, langues, religions, arts, sciences, cités, États, formes politiques, développent et épuisent graduellement la somme de vitalité qui leur a été départie, croissent et fleurissent jusqu'à ce qu'elles aient atteint la maturité, pour décroître ensuite peu à peu et mourir; que la vie dans sa période d'expansion va du dedans au dehors, de bas en haut, tandis que sa décroissance se fait du dehors au dedans, de haut en bas; qu'ainsi, relativement à la société, la marche du progrès suit une échelle ascendante dont les échelons sont le paysan, le citoyen, le soldat, le prêtre, le noble, le prince, la dissolution ayant lieu suivant l'ordre inverse. Il approuve cette remarque de Bacon « que, dans la jeunesse d'un Etat, le métier des armes fleurit; dans sa maturité, la science, et, pendant un temps, les deux ensemble; dans l'âge du déclin, ce sont les arts mécaniques et le commerce. » Il en fut ainsi, dit-il, en Grèce et à Rome; il craint qu'il en soit de même pour l'Allemagne. La prédominance de la spéculation lui paraît être un motif d'inquiétude; la théorie ne précède pas l'action, elle la suit. Quand les nations ont à peu près achevé leur œuvre, elles commencent à s'en rendre compte avant de disparaître. L'âge des penseurs est postérieur à celui des hommes d'action; les héros précèdent les philosophes, et les artistes, les critiques. — Dans ces aperçus, si nous avions le temps de les examiner, nous montrerions l'erreur plus ou moins mélangée à la vérité; mais Lasaulx, par défaut de la faculté d'analyse, est incapable de découvrir ce qu'ils renferment d'erroné. En fait, il distingue rarement ce qui est vrai d'une manière générale de ce qui l'est entièrement et absolument. Si cependant il avait vécu jusqu'en 1866 ou 1870, il aurait probablement cessé de craindre que la philosophie et la critique n'eussent rendu l'Allemagne impropre à la guerre.

Nous n'avons pas à nous arrêter longtemps à ses remarques sur les relations géographiques et historiques de l'Afrique, de l'Asie et de l'Europe, sur la filiation et les caractères de leurs habitants, sur la signification et le développement des langues qui s'y parlent. Il représente le mouvement de migration des hommes, des animaux, des plantes et des maladies pestilentielles de l'est à l'ouest comme une loi objective de la vie, le mouvement de rotation de la terre et des planètes sur leurs axes de l'ouest à l'est étant cause, selon lui, que le courant de la vie et les influences atmosphériques suivent la direction opposée. Il ne semble pas s'être souvenu qu'un nombre énorme de faits paraissent tout au moins établir que les animaux et les plantes ont rayonné hors de plusieurs centres spécifiques, et qu'on peut donner d'assez bonnes raisons pour expliquer que les maladies pestilentielles viennent ordinairement en Europe de l'est ou du sud-est, sans qu'il soit nécessaire de recourir à l'hypothèse d'une loi spéciale. Si les pays où les conditions et les causes qui engendrent les fléaux, tels que la peste noire et le choléra, existent simultanément et combinent leur action, si, disons-nous, ces pays se trouvent à l'est de l'Europe, il semble superflu d'invoquer une loi spéciale pour expliquer que ces maladies viennent de ces régions plutôt que de l'Occident; d'autant plus que, dans cette seconde hypothèse, elles auraient à traverser l'Atlantique (en admettant qu'elles prissent naissance seulement en Amérique); et qu'elles devraient franchir un continent tout entier et deux Océans, si le foyer d'origine était en Asie. — Une autre chose qui, d'après les affirmations énergiques de notre auteur, est une loi divine et universelle, c'est la guerre. Il accepte pleinement le mot de Démocrite : πόλεμος πατὴρ πάντων. Toutes les grandes révolutions de l'histoire, tous les progrès importants de la civilisation sont dus, suivant lui, aux guerres entre les nations de l'Orient et celles de l'Occident, entre celles du Nord et celles du Midi. En discutant les théories de Cousin, j'ai déjà eu l'occasion de distinguer ce qu'il y a de vrai et de faux dans cette doctrine. La guerre de l'homme contre son semblable n'est pas une simple continuation, une conséquence nécessaire du conflit des éléments naturels ou de la lutte de tous les êtres organisés pour l'existence. Une guerre comme celle dont on a récemment été témoin entre la France et l'Allemagne, loin d'être le résultat soit de cette *rerum concordia discors*, chantée par les anciens poëtes, soit de cette lutte pour l'existence sur laquelle insistent tant les naturalistes modernes, est un exemple d'un genre de discorde où certainement on ne peut voir une condition essentielle d'harmonie et qui implique une insouciante destruction des moyens d'existence.

Je me contenterai d'énoncer simplement les formules dans lesquelles Lasaulx voudrait faire tenir les phases diverses du développement humain. La formule du développement religieux, c'est, selon lui, le progrès des systèmes panthéistes de l'Orient et des systèmes polythéistes de l'Occident au système monothéiste des Juifs et des Arabes, et du monothéisme abstrait à la doctrine trinitaire du christianisme, qui n'est pas une religion nationale, mais universelle. Lasaulx ne prouve pas — ce qui pourtant a manifestement besoin d'être prouvé — que ces formes de religion représentent réellement les phases de l'histoire, que le polythéisme grec, par exemple, ait précédé le monothéisme juif. — A l'égard du progrès politique, il adopte la formule de Hégel que, dans l'Orient, un seul homme est libre; que, dans le monde gréco-romain, quelques-uns seulement le sont; que, dans le monde germanique, la liberté est à tous. Quant à la succession des gouvernements ou des institutions politiques, il s'arrête à une formule fondée sur la classification qu'en fait Aristote en trois formes naturelles et trois formes corrompues, classification d'après laquelle l'ordre d'apparition de ces gouvernements est : monarchie, despotisme, aristocratie, oligarchie, démocratie, ochlocratie, cette dernière forme aboutissant à une complète anarchie. Il n'a pas montré qu'aucune de ces formules fût justifiée par les faits, et cette démonstration, je doute qu'il eût pu la faire. Les arts se sont produits, selon lui, dans l'ordre suivant : architecture, sculpture, peinture (arts plastiques); musique, poésie, prose (arts d'expression). Il renvoie la preuve à un traité spécial de la philosophie de l'art, qu'il avait préparé, mais qu'il n'a pas exécuté. Il représente la philosophie comme prenant naissance dans la religion et traversant le doute, pour arriver soit à un désespoir subjectif, soit à une réconciliation objective avec la religion : c'est là évidemment un tableau fort incomplet du développement philosophique, en admettant même qu'il soit exact dans les limites où il s'enferme, ce qui probablement n'est pas le cas.

La section de son livre qu'il consacre aux héros de l'humanité ne peut être appelée une discussion approfondie et philosophique du rôle et de la signification de ces personnages dans l'histoire; mais elle contient une glorification très-belle, et en général très-vraie, de leurs services.

Il traite assez complétement du déclin et de la chute des nations. Il admet que la vie d'un peuple puisse être brisée à une phase quelconque de sa carrière par la violence d'un peuple plus fort; et il émet en passant l'opinion que beaucoup de peuples n'ont pas vécu au delà de l'enfance, parce que les conditions extérieures leur étaient défavorables; mais l'idée sur laquelle il insiste principalement, c'est que, selon le cours de la nature, les nations, tout comme les individus, doivent mourir de vieillesse; qu'à chaque nation a été départie une certaine somme de vitalité qui doit se développer graduellement et se manifester par la formation du langage, le progrès des croyances religieuses, la création d'une constitution politique et d'un gouvernement; par des exploits militaires, un code de morale, une production artistique d'un caractère déterminé, un système de spéculation métaphysique; mais par là s'épuise peu à peu cette somme de vie, en sorte que la nation n'a pas plus tôt atteint sa maturité, que ses forces commencent à décliner et qu'un processus de dépérissement se produit, qui se termine inévitablement par la dissolution. C'est là l'idée favorite de Lasaulx, et je ne vois aucune preuve suffisante pour la justifier. Les nations qui peuvent seulement paraître être mortes de vieillesse ne sont qu'en petit nombre. Je doute, en vérité, qu'il soit possible d'en montrer une seule qui ait succombé à la seule vieillesse, au seul dépérissement interne. Il est certain que si la constitution intime de la Grèce eût été plus robuste, elle eût mieux résisté aux Romains; et que si la puissance vitale de Rome n'avait pas été minée, elle eût repoussé les Goths; mais il n'est pas certain, il n'est pas vrai en fait que la Grèce et Rome aient péri uniquement parce qu'elles avaient atteint le terme de leur existence. On n'a jamais donné, et il est probable qu'on ne donnera jamais aucune preuve satisfaisante que, par aucun moyen et dans aucune circonstance, ces nations n'auraient pu se relever, si elles avaient été laissées à elles-mêmes. Et puis, quel motif plausible a-t-on de supposer qu'une nation possède, comme un individu, une certaine somme déterminée de vitalité? Il n'y en a pas. Ce n'est que par une pure métaphore que l'on parle de la naissance d'une nation, ou de ce qu'une nation, à sa naissance, apporte avec elle dans le monde. Dans une certaine mesure, une nation naît chaque jour. Elle se renouvelle continuellement. Chaque homme nouveau apporte avec soi un petit contingent, chaque génération nouvelle un contingent considérable à la masse de force vitale d'une nation, et d'un siècle à l'autre restent ouvertes les sources du progrès intellectuel et moral. C'est une erreur d'attribuer à une existence collective, dont les parties changent incessamment par substitution, un caractère qui convient à un être individuel, parce que les parties de celui-ci se développent continuellement par croissance. Et, de toutes les causes improbables du dépérissement des nations, la moins probable peut-être, c'est ce prétendu épuisement, par les hommes héroïques, sages et pieux, de la vie qui aurait été à l'origine déposée dans leur sein. Les grands hommes, les hommes de bien, apportent de la vie aux nations et ne leur en enlèvent aucune parcelle. En fait, les nations meurent non par l'action de quelque loi fatale, mais parce qu'elles rejettent la vie. Même quand elles sont au plus bas, on peut leur jeter cet appel : Pourquoi voulez-vous mourir?

Lasaulx essaye de déterminer, et c'est par là qu'il conclut son traité, à quelle phase de leur vie se trouvent maintenant les nations les plus civilisées de l'Europe, et particulièrement l'Allemagne; mais il n'arrive à aucune solution précise. Il voit, dans la langue, la religion, la moralité sociale, la vie politique, des signes nombreux et divers d'un épuisement et d'une corruption qui vont croissant, mais aussi des symptômes qui indiquent que, dans l'Europe moderne, l'humanité est encore saine au fond le plus intime de son être; tandis que, d'autre part, le christianisme permet de former et d'entretenir les plus hautes espérances. Il n'y a rien de spécialement caractéristique dans cette partie de sa doctrine.

CHAPITRE XIII

LAZARUS, LOTZE ET HERMANN.

En France, au moins pendant les cent dernières années, les intérêts politiques ont exercé sur la vie intellectuelle de la nation une influence plus puissante que les intérêts philosophiques; c'est le contraire qui s'est produit en Allemagne pendant la même période. De là un fait qui a dû maintes fois se présenter à l'esprit des lecteurs de cet ouvrage, fait significatif et caractéristique : c'est à savoir que, tandis qu'en France les doctrines historiques ont été presque toujours greffées sur les théories politiques, en Allemagne elles sont presque toujours sorties des théories philosophiques. En suivant le développement de la spéculation historique en France, nous nous trouvons naturellement conduits, nous pourrions presque dire contraints, à associer étroitement chacun des systèmes qui s'offrent à nous avec tel ou tel des partis politiques qui dans ce pays ont combattu pour la suprématie civile et sociale. En suivant le même développement en Allemagne, nous sommes naturellement obligés de rapporter la succession des systèmes qui se présentent à celle des écoles philosophiques qui ont aspiré dans cette contrée à la suprématie intellectuelle.

Je ne rechercherai pas ici la cause de ce fait remarquable que je signale; je n'indiquerai même pas comment il explique (et il les explique certainement) plusieurs des différences caractéristiques qui séparent la philosophie de l'histoire en France et en Allemagne; cette double tâche, je m'en acquitterai quand je ferai une revue générale du développement de la spéculation historique considéré dans toute son étendue, dans sa longueur comme dans sa largeur. Pour le moment, je veux seulement faire observer que si presque toutes les théories historiques qui se sont produites en Allemagne ont leurs racines dans quelque système philosophique, tous les systèmes philosophiques de l'Allemagne n'ont pas donné naissance à des théories historiques. Je n'ai pas évidemment à m'occuper de ces derniers. Ce n'est qu'en tant qu'une philosophie générale a enveloppé une philosophie de l'histoire, que je puis en parler dans cet ouvrage, et dans ce volume en particulier je ne puis donner quelque attention à un système que s'il contient une philosophie générale de l'histoire, une doctrine historique vraiment développée et complète. Je dois donc passer sous silence non-seulement beaucoup de philosophes des plus éminents, mais encore des écoles philosophiques tout entières.

Ainsi je ne puis rien dire ici de Baader et de ses disciples. Je reconnais volontiers le mérite considérable et la portée de Baader comme métaphysicien, comme moraliste et, par-dessus tout, comme théologien spéculatif. Je ne connais rien d'aussi propre à vérifier et à fortifier notre théologie, qui est aujourd'hui dans un état de faiblesse et de torpeur déplorables, qu'une étude passionnée des mystiques chrétiens, et particulièrement de Baader, le dernier grand théosophe parmi ceux qui furent en même temps philosophes, et peut-être le plus grand de tous. Si ses disciples avoués furent peu nombreux, son influence a été subie par beaucoup, depuis Schelling jusqu'à nos jours, et en réalité elle s'est exercée sur presque tous les penseurs théologiens les plus profonds de l'Allemagne pendant ces trente dernières années. Nous ne trouvons pourtant pas, dans les écrits de Baader, même une esquisse de ce qu'on pourrait appeler proprement une philosophie ou une science de l'histoire. On n'y trouve qu'un certain nombre d'affirmations, de vagues aperçus qu'une philosophie de l'histoire pourrait mettre à profit ou qui même pourraient à la rigueur être combinés, développés, appliqués de manière à contribuer dans une mesure considérable à la constitution d'une philosophie de l'histoire d'un caractère analogue à celle de Krause; mais une pareille entreprise exigerait beaucoup de talent, et elle n'a pas encore été tentée. Quand nous en viendrons à l'examen des rapports qui unissent la science de l'histoire à la théologie, nous aurons à discuter quelques-unes des propositions formulées par Baader; pour le moment, n'ayant affaire qu'aux systèmes généraux, nous ne nous occuperons pas de lui.

Il en est de même pour Schopenhauer et ses disciples. Il n'y a pas de phénomène plus significatif dans l'histoire de la philosophie allemande moderne que la diffusion rapide de cette école pendant ces quelques dernières années et la popularité des écrits qui en sont sortis ; mais elle n'a pas encore produit de philosophie de l'histoire, et il n'est pas probable qu'elle en produise. A deux points de vue seulement, Schopenhauer mérite une place dans le présent ouvrage. Il a essayé d'établir qu'une science de l'histoire ne peut exister, parce que les phénomènes de l'histoire ne peuvent être que *coordonnés*, non *subordonnés*, — qu'ils sont tellement individuels qu'ils échappent à toute généralisation et à toute classification, — qu'enfin ils sont tellement variables et en même temps si monotones qu'ils ne renferment aucune vérité durable ni aucun enseignement réel [1]. Ces négations hardies appellent évidemment une réfutation. Mais, comme Schopenhauer n'est pas le seul qui ait nié la possibilité d'une science de l'histoire, comme son argumentation n'est même pas la plus plausible qu'on ait employée pour établir cette impossibilité, — j'aurai à discuter le problème en lui-même dans sa généralité, à exposer et à discuter les arguments de Schopenhauer, en même temps que ceux d'autres philosophes. — Schopenhauer nous intéresse beaucoup plus par sa conception générale du caractère de la vie humaine et de l'histoire, son triste et cynique pessimisme. Le pessimisme n'est pas une doctrine nouvelle; il est presque aussi ancien que la réflexion, et à

---

1. *Le Monde comme volonté et représentation*, t. II, ch. 38.

aucune époque il n'a manqué de trouver son expression, dans une certaine mesure et d'une certaine manière ; mais Schopenhauer a été le premier penseur, au moins en Europe, qui ait développé cette doctrine sous une forme philosophique déterminée et qui ait soutenu avec la conscience parfaite de ce qu'il faisait et la conviction la plus complète que seule elle rend vraiment et entièrement compte du développement de l'homme et de sa destinée. Son pessimisme absolu, qui proclamait intrépidement ce monde le plus mauvais possible, a été réduit, par de Hartmann, aux proportions plus modestes de ce qu'on pourrait appeler, si l'on voulait à toute force établir une distinction, un pessimisme relatif; celui-là ne se refuse pas à reconnaître que le monde est le meilleur possible, tout en maintenant qu'il est pire que s'il n'avait pas existé du tout ; il admet un progrès et un développement dans l'histoire, bien qu'il n'y voie qu'un processus essentiellement irrationnel, dont les époques successives sont autant de stades de l'illusion ; il rejette la doctrine du maître, que le plaisir n'est qu'un état purement négatif, que seule la douleur est positive, parce qu'elle est le fondement nécessaire et le caractère distinctif de la vie; mais il souscrit pleinement à ces paroles de Sophocle :

« Ne pas naître est le sort le plus heureux possible ; mais ensuite, le plus grand bonheur, c'est, après la naissance, de rentrer au plus vite dans la condition d'où l'on est sorti. »

Et à ces mots de Byron :

« Compte les joies que tes heures ont connues ; compte ceux de tes jours qui ont été libres d'angoisses, et, quoi que tu aies été, apprends qu'il y a quelque chose de meilleur, — ne pas être. »

En ne considérant que les intérêts de la philosophie, je ne puis regretter l'apparition et le développement prépondérant du pessimisme, qui est au moins aussi vrai que l'optimisme vulgaire, qui a été le tronc d'où sont sorties toutes les religions et toutes les philosophies de l'Inde, qui est la substance du bouddhisme, qui n'est que l'exagération d'un élément fort important du christianisme, très-facile à perdre de vue, dont enfin la présence et la puissante influence se sont fait sentir dans quelques-unes des plus hautes pensées et des plus beaux sentiments de tous les temps. La tendance naturelle du pessimisme, sa mission providentielle doit être de forcer les hommes à voir clairement et à fond le côté sérieux et tragique de l'existence, celui dont ils sont le plus disposés à se détourner pour se réfugier dans des lieux communs pieux sur la bonté divine et sur ce que tout est pour le mieux ; son rôle est de montrer aux hommes l'inanité de toutes les théories et de toutes les opinions qui méconnaissent le désordre terrible qui règne dans le monde, qui ne voient pas combien la volonté et le désir sont profondément enfoncés dans le besoin, combien le désenchantement est le lot rigoureux de tout être mortel, combien passagères et imparfaites sont toutes les joies terrestres, combien la nature humaine est imprégnée de mal, combien peu ont fait les efforts de générations innombrables, les merveilleuses découvertes de la science pour nous affranchir de l'esclavage du péché. Il faut certainement tenir compte de cette doctrine quand on soulève et qu'on discute la question qui constitue le problème fondamental du pessimisme aussi bien que de l'optimisme : Qu'est-ce que vaut la vie humaine ? Quel est le but, quelle est la signification de l'histoire ? Cette question, je me propose de la discuter avant la fin de cet ouvrage ; mais, jusqu'à ce que j'aborde cette discussion je dois laisser de côté Schopenhauer, Frauenstädt, Bahnsen, Dühring, Hartmann, Taubert, etc.

Beneke et ses disciples n'ont rien fait, que je sache, au moins directement, pour la philosophie de l'histoire. Herbart lui-même, un penseur singulièrement pénétrant et indépendant, fondateur d'une école presque aussi nombreuse et distinguée que celle de Hégel, n'a fait que peu de chose. Il n'est pas douteux cependant qu'il n'ait donné une énergique impulsion aux spéculations relatives à l'histoire, comme à celles qui ont rapport à d'autres sujets, par son opposition vigoureuse et décidée contre les procédés idéalistes et panthéistiques employés en philosophie par Fichte, Schelling et Hégel. Il fut la contre-partie et pour ainsi dire le contre-poids nécessaire de Hégel, qui marque le point culminant du mouvement idéaliste. A un monisme extravagant, il opposa un individualisme atomistique également extravagant, mais utile, parce qu'il était l'extrême contraire. Ce que Hégel portait jusqu'à l'exagération, il l'ignorait, et ce que Hégel ignorait, il le portait lui-même jusqu'à l'exagération. Tandis que Hégel ramenait toute la variété des formes et des forces physiques aux phases d'un processus dialectique, Herbart les résolvait dans une multitude d'êtres absolument simples, éternels, inétendus, indépendants les uns des autres. Et de même, tandis que Hégel regardait l'histoire comme le développement d'une idée impersonnelle qui, à chacun des moments de sa course logiquement nécessitée, rejette et sacrifie des milliers d'individus, Herbart n'y voyait qu'un agrégat d'individus unis entre eux par des liens plutôt accidentels qu'organiques.

Il eut aussi le mérite de voir que les rapports qui unissent l'histoire à la psychologie sont des plus étroits et s'étendent fort loin. On ne peut raisonnablement douter que la science de l'histoire ne soit essentiellement une science psychologique et que l'âme humaine ne soit le centre véritable où doivent se rencontrer tous les éléments multiples et divers d'une théorie complète du développement humain. Quelques-uns ont prétendu mettre à la place les influences extérieures et physiques, d'autres les institutions sociales; ceux-ci certaines idées abstraites de la raison spéculative, ceux-là des doctrines théologiques; mais ils ont cherché en vain, et la véritable unité de la science historique ne peut être trouvée que dans le principe et les lois de l'activité mentale elle-même. Herbart a eu la claire aperception de cette vérité. Il a représenté les lois qui régissent le développement de la société comme de simples applications de celles qui régissent le développement de l'individu. Dans sa doctrine, les idées morales fondamentales qui président aux actions de chaque être libre pris à part sont également les puissances organisatrices de la vie de chaque nation. Il vit donc dans l'analyse de l'esprit individuel la base de la science de l'histoire. Il reconnut en même temps que la psychologie avait besoin d'être corrigée et complétée par l'histoire; il sentit qu'elle devait de cette manière être élargie au point de comprendre une théorie du caractère humain tel qu'il se manifeste dans les diverses tribus et les différentes nations, et qu'à cette condition seulement la science de l'histoire aurait une base assurée. En un mot, il a touché du doigt l'importance et la signification, au point de vue de la science historique, de ce que Stuart-Mill a appelé *ethnologie*, et de ce que ses disciples, à lui Herbart, appellent *psychologie des peuples* (Volkerpsychologie).

Par une conséquence légitime de cette manière d'envisager l'histoire, Herbart devait se refuser énergiquement à voir dans la marche des événements humains un développement naturel et nécessaire, et il devait reconnaître et revendiquer les droits de ce qu'on pourrait appeler les accidents. Par une autre conséquence non moins légitime, il devait nier qu'il y eût quelque preuve évidente que le cours de l'histoire eût virtuellement un terme; il devait soutenir qu'il y a place pour un progrès indéfini dans l'avenir. L'organisation de l'humanité lui semblait n'avoir guère été jusqu'ici qu'une chose en préparation. Néanmoins, elle devenait de plus en plus, selon lui, un fait réel; elle devenait à la fois plus complexe et plus compréhensive, et Herbart prévoyait le jour où la terre serait couverte par une confédération d'Etats pacifiques et parfaitement réglés [1].

1. Pour les idées de Herbart sur l'histoire, voy. ses œuvres, t. V, 160-174; t. VIII, 101-106, 157-171.

I

Parmi les disciples de Herbart, nul peut-être ne s'est plus distingué par ses efforts pour introduire l'esprit et la méthode scientifiques dans l'étude de l'histoire que le professeur M. Lazarus. Il a écrit là-dessus différents essais dans le *Journal de l'ethnologie et de linguistique* (Zeitschrift für Volkerpsychologie und Sprachwissenschaft), qu'il publie de concert avec le professeur Steinthal, autre disciple éminent de Herbart. Plusieurs des travaux qu'il a donnés dans la Revue que nous venons de citer ne se rapportent qu'indirectement à la science de l'histoire, par exemple : *Idées préliminaires sur la psychologie des peuples et la science du langage; Géographie et psychologie; Sur l'origine des usages; Sur l'histoire des sciences naturelles.* Cependant ces essais ont beaucoup plus de rapport avec la science de l'histoire que leurs titres ne le feraient supposer, car le Dr Lazarus s'efforce d'y prouver que les sciences naturelles sont sorties des histoires naturelles et sont parvenues à l'état où elles se trouvent actuellement par un processus qui peut également s'appliquer à l'histoire humaine et peut élever pareillement celle-ci au rang de science. Dans ce fait que les histoires naturelles sont devenues des sciences naturelles, il voit la preuve que l'histoire humaine deviendra une science, et le chemin qu'elles ont suivi pour en arriver là lui paraît une indication de la route que doit suivre l'histoire pour subir la même transformation. Il essaye par-dessus tout de montrer que la psychologie est à l'histoire ce que la physiologie (ce mot est pour lui synonyme de biologie) est à la botanique et à la zoologie. Elle est la science de la vie et du développement de l'esprit, soit individuel, soit collectif, soit au point de vue biographique, soit au point de vue historique, tout comme la physiologie est la science de la vie et du développement de l'organisme, animal ou végétal. Les lois de la biographie, c'est-à-dire du développement des esprits individuels, doivent pouvoir, dans sa doctrine, se ramener à la psychologie de l'esprit individuel; de même, les lois de l'histoire, que l'on peut appeler la biographie des nations ou de l'humanité, doivent se ramener à une psychologie comparée. On peut dire ainsi que la psychologie comparée est la vraie science de l'histoire. Ses conclusions sont les principes suprêmes et universels de toute explication scientifique de l'histoire. La théorie de l'évolution sociale n'est qu'une application particulière de la théorie de la formation et de l'action des caractères nationaux, et celle-ci ne peut être obtenue que par l'analyse et la généralisation psychologiques. En travaillant à l'ethnologie (Volkerpsychologie) Lazarus croit donc avoir pour mission de jeter le vrai fondement de la science de l'histoire. — Quel est le rapport réel qui unit la psychologie à la science de l'histoire? C'est une question que je réserve pour une discussion ultérieure; je dirai seulement ici que bien que, selon moi, cette dernière science ne puisse se ramener entièrement à la première et qu'on ne puisse établir qu'elle n'a pas d'objet propre, cependant elle est dans son essence une science *psychologique;* et qu'elle ne peut être édifiée sur des fondements solides sans le secours d'une psychologie agrandie et developpée dans les directions qu'indique le Dr Lazarus. J'admets également que le Dr Lazarus a rendu des services importants à la psychologie ainsi comprise, tout en regrettant qu'il n'ait pas suivi, quant à la production et à la connexion des phénomènes mentaux, une autre méthode et d'autres principes que ceux de Herbart.

Les essais de Lazarus sur la *Condensation de la pensée dans l'histoire* (vol. II) et sur les *Idées dans l'histoire* (vol. III) s'imposent expressément à l'attention de ceux qui s'occupent de la philosophie de l'histoire; ils s'adressent directement à eux. Tous les deux portent des traces manifestes de l'influence de Herbart; mais on y sent tout autant celle de W. de Humboldt. Cet homme illustre, dans son *Essai sur la tâche de l'historien* (1820) et dans celui sur la *Diversité de formations du langage humain et son Influence sur le développement intellectuel de l'humanité*, qui sert d'introduction à son ouvrage sur la langue kawi (1836), a énoncé quelques aperçus importants et féconds relativement à la philosophie de l'histoire. Dans ce dernier Essai, il insiste sur cette idée que l'histoire, au lieu d'être un processus d'évolution continue et nécessaire, est un mouvement libre et multiple, dans lequel chaque individu, chaque génération, chaque nation a sa vie distincte et sa valeur propre. Il y exprime avec clarté et avec succès une conception de l'histoire qui fait une large place à ce qu'il y a d'idéal et de général dans le développement humain, tout en s'opposant directement à toutes ces théories incomplètes et fatalistes d'après lesquelles l'universel seul est réel et essentiel, et les individus ne sont que des accidents sans consistance et sans durée, de simples moyens et instruments pour la manifestation spontanée d'une idée impersonnelle. Dans l'écrit précédent, W. de Humboldt avait montré, beaucoup mieux qu'on ne l'avait fait avant lui, que l'historien, pour rappeler et reproduire fidèlement ce qui a réellement eu lieu dans le passé, ne doit pas se contenter de déterminer, par une critique impartiale et infatigable, ce que furent précisément les faits passés et comment ils s'enchaînent; il doit encore pénétrer jusqu'aux forces ou idées invisibles qui leur ont donné naissance; il doit même pousser plus profondément encore jusqu'à ces idées sur lesquelles se déroule le cours entier de l'histoire, qui reçoit d'elles sa forme et sa direction; il doit, par-dessus tout, saisir fermement et dans sa totalité l'idée de l'humanité elle-même, que l'histoire universelle a pour but de réaliser sous tous ses aspects et sous toutes ses formes. Tandis que la philosophie se propose d'atteindre le fondement dernier de l'existence, et l'art de réaliser l'idéal de la beauté, l'objet de l'histoire c'est de présenter un tableau parfaitement clair et fidèle, complet et vivant, du passé ou de quelque portion du passé; et pour cela, d'après Humboldt, elle ne peut s'en tenir à cette réalité fragmentaire qu'expriment les faits apparents et visibles; elle doit, autant que possible, découvrir les faits invisibles qui leur sont corrélatifs, qui en sont la condition et la cause, et auxquels il faut unir mentalement ces faits externes avant de pouvoir les comprendre ou même les reproduire exactement. Cette partie idéale, on ne doit pas, on ne peut pas l'introduire dans l'histoire : elle y est déjà; mais il faut la chercher. En un mot, Humboldt a montré, aussi bien peut-être qu'on pouvait le faire en se bornant aux généralités, que les idées, les éléments idéaux, les forces idéales doivent être reconnues dans une large mesure par tout historien qui a une notion vraie de son devoir.

Lazarus adopte cette conception générale de Humboldt, mais il comprend (ce qui du reste est évident) qu'elle doit sortir de la sphère des généralités. Aussi, dans l'essai sur les *Idées en histoire*, s'efforce-t-il de la déterminer et de lui donner une précision relative. Il répartit les idées en deux classes : idées formatives et idées représentatives (Ideen der Auffassung, Ideen der Gestaltung) : les premières sont celles qui réfléchissent seulement et représentent la réalité; les secondes, idées morales ou esthétiques, l'anticipent, la préfigurent et la façonnent. C'est dans ces idées formatives, celles qui ne sont pas de pures images et reproductions, mais sont des types ou des idéaux, que nous devons chercher les forces motrices principales de l'histoire. Jusqu'à ce qu'elles entrent en action, c'est-à-dire aussi longtemps que les hommes n'obéissent à d'autres impulsions que celles de leurs besoins et de leurs désirs naturels, il n'y a pas d'histoire à proprement parler, et ainsi l'histoire commence avec elles et par elles; d'un bout à l'autre, elles lui impriment leur forme et leur direction. Elles ne sont pas des causes transcendantes ou des forces extérieures agissant simplement sur l'humanité; ce sont des capacités qui sont au-dedans d'elle, qui résident dans son sein et qui ont grandi par l'action des processus psychiques; ce sont, comme dit Lazarus, « les produits de l'imagination orientée vers la perfection », ou, comme dit Shakespeare, de cette « imagination formatrice, qui saisit plus que la froide raison ne peut jamais embrasser. »

Montrer clairement et dans le détail comment et pourquoi les conceptions idéales du bien, de la religion, de la beauté varient à chaque époque, aussi bien en elles-mêmes que relativement à la mesure et au mode de leur influence, telle est la tâche de la psychologie historique. Dans les limites étroites de son Essai, Lazarus ne peut qu'indiquer leur action dans une triple direction. En premier lieu, elles contribuent à l'achèvement de la personnalité; les individus les plus capables de s'élever au-dessus des simples besoins et appétits naturels, elles les élèvent au-dessus du niveau ordinaire de la vie humaine et en font les guides de leur époque et les prophètes des temps meilleurs à venir. — En second lieu, elles manifestent leur puissance dans les œuvres idéales et les inventions originales de ces individus. — Enfin elles atteignent leur plus complète réalisation dans les organisations et les institutions sociales, légales, politiques et religieuses, toutes choses qui ne durent pas simplement, passives et immuables, comme les œuvres de l'art et de la science, mais par le moyen desquelles la raison se perpétue et se répand par une action incessante. Ce n'est que par les liens qui les unissent à des institutions que la grande majorité des hommes vit à quelque degré dans les idées, vit, en d'autres termes, de la vraie vie. De là l'importance des institutions et l'intérêt que les hommes y attachent. De là aussi une clef pour l'explication du rôle qu'elles ont joué dans l'histoire.

Telle est la route ouverte par W. de Humboldt, et tel est le chemin parcouru sur cette route par Lazarus. On ne peut, selon moi, douter que cette voie ne soit la bonne et la vraie, Humboldt et Lazarus ne se sont pas, comme tant d'autres, engagés sur cette « route douloureuse qui ne conduit nulle part » ou n'aboutit qu'à une erreur positive; celle qu'ils ont suivie conduit à une vérité incontestable et féconde. Il est vrai que, si je ne me trompe, la psychologie de Lazarus est insuffisante à plusieurs points de vue, notamment à celui de l'explication qu'elle donne de l'origine des idées; mais il serait tout à fait injuste de la confondre avec cette sorte de psychologie dont Hégel a rejeté d'une façon si méprisante l'union avec l'histoire. Elle n'a rien de commun avec cette « mesquine science des hommes, qui, au lieu de considérer ce qu'il y a d'universel et d'essentiel dans la nature humaine, ne s'attache qu'à ce qu'il y a de particulier et de capricieux dans les instincts et les passions isolés. » Les forces psychologiques appelées *idées* par Humboldt et Lazarus sont vraiment les tissus de l'organisme social et du développement historique. Une étude approfondie de ces forces conduirait non pas, il est vrai, à une théorie complète de l'histoire, mais à une partie essentielle de cette théorie, partie qui serait à la science de l'histoire ce que l'histologie, c'est-à-

dire la science de la structure, de la composition chimique
et des propriétés des tissus vivants, est à la physiologie. Il
est cependant manifeste que même dans Lazarus nous ne
trouvons rien qui approche d'une analyse, telle qu'il la faudrait, des idées en question ; Humboldt n'a rien fait de plus
qu'indiquer la nécessité d'une analyse, et Lazarus n'a guère
été plus loin. L'histologie historique attend encore son
Schleiden et son Schwann.

L'essai sur la *Condensation de la pensée* ne demande pas
un examen particulier. Voici, en résumé, les principales
idées qu'il renferme. Le Dr Lazarus appelle d'abord l'attention sur ce fait que les théorèmes mathématiques, dont la
démonstration est impossible à ceux qui n'ont reçu aucune
instruction mathématique, semblent souvent, à ceux qui
sont versés dans cette science, aussi simples et aussi évidents que le sont pour les autres les axiomes; un écolier
d'aujourd'hui, en faisant sans effort l'analyse d'une phrase
ordinaire, déploie une somme de connaissances si merveilleuses tant en nature qu'en degré, que Platon, qui ne
connaissait que deux catégories de mots, ὄνομα et ῥῆμα, l'aurait regardé comme un second Prométhée. Ces faits montrent, selon Lazarus, comment les résultats des travaux
intellectuels d'une époque subissent une transformation psychologique au point de devenir pour l'époque suivante des
notions élémentaires ou tout au moins des vérités du domaine public; comment une longue série de découvertes
scientifiques, par le moyen desquelles l'esprit s'est élevé
lentement et péniblement, degré par degré, et d'une géné-

ration à l'autre, à l'intelligence de quelque grand principe, peut être condensée tout entière dans ce principe, qui en vient lui-même à ne plus paraître qu'un lieu commun. Lazarus établit que les erreurs elles-mêmes sont bien loin d'être des anneaux inutiles dans la succession des actes par lesquels la connaissance de la vérité est ainsi conquise. Il démontre ainsi que la condensation des idées n'est pas simplement un processus personnel ou subjectif, comme celui qu'implique la science des mathématiques ou celle de la philologie, mais aussi un processus général qui se réalise en quelque sorte dans des moyens et des instruments objectifs. Le langage, par exemple, accumule et condense continuellement des masses de pensées pour l'usage d'individus innombrables; les usages, les institutions, les inventions en font autant. Ainsi, dans une montre, est amassé tout un trésor de connaissances scientifiques qui permet à celui qui la possède de déterminer sans effort, sans observations télescopiques, sans calculs mathématiques, et avec une précision bien supérieure à celle qu'auraient pu atteindre Hipparque, Ptolémée ou Copernic, à quel point le soleil se trouve de son cours apparent, à quel point la terre de son mouvement rotatoire. La nature de cette condensation de la pensée nous autorise à espérer que, quelque considérable que puisse être l'accumulation de la connaissance, l'individu n'en sera pas écrasé; son développement implique une loi qui, si l'on sait en tirer l'avantage spécial qu'elle présente, nous permettra toujours de tenir tête à cette augmentation croissante et de nous élever au niveau de la science et de la civilisation de notre époque.

En même temps, c'est seulement par un travail d'assimilation personnelle que les produits de la condensation opérée par la raison collective pourront jamais devenir notre bien propre.

II

Des motifs superficiels et insuffisants ont pu seuls faire quelquefois ranger parmi les disciples de Herbart Hermann Lotze, professeur à Gœttingue, l'un des philosophes les plus éminents de l'Allemagne contemporaine. Lui-même, dans ses *Ecrits de polémique* (1857), a montré combien cette assertion est mal fondée. Le principal de ces motifs, c'est que Lotze ramène l'univers à une multiplicité d'êtres simples et immatériels. Il n'en a pas fallu davantage à plusieurs pour justifier la qualification d'herbartiste; mais on n'a pas considéré ces deux faits, d'abord qu'il a été conduit à cette conception non par l'influence de Herbart, mais en partie peut-être par celle de Libnitz, et surtout par ses études personnelles de physique; ensuite que, à la différence de Herbart, il représente les monades comme des manifestations de l'absolu, à l'activité de qui il rapporte toutes leurs combinaisons et coopérations. De même, selon lui, que toutes les apparences ne sont que les manifestations de substances immatérielles ou idéales, de même celles-ci ne sont elles-mêmes que des manifestations de Dieu; leur réalité consiste à exister non pas en elles-mêmes, mais pour elles-mêmes, non pas hors ou indépendamment de Dieu, mais avec plus ou moins de conscience. Il n'y a d'existence réelle que dans la mesure où existe cette réalisation du bien qui implique l'existence spirituelle. Le monde de l'espace et de la matière, le monde de l'apparence, n'a pas d'existence réelle, d'existence pour lui-même, mais seulement pour les âmes qui dépendent de lui. Les philosophes modernes à qui Lotze doit le plus semblent être Leibnitz et Herder, Kant, Fichte, Schelling, Hégel et Neisse, bien qu'on puisse découvrir chez lui quelques traces de l'influence de Herbart, surtout en ce qui concerne la psychologie. Néanmoins, il est évident qu'il puisa beaucoup plus à la source originale de ses qualités naturelles qu'à toute autre. Parmi ces qualités, il faut compter une intelligence singulièrement active et pénétrante, également capable d'abstraction et d'analyse, une fécondité remarquable d'aperçus, une imagination prompte et vive, un sens délicat de la beauté, l'enthousiasme pour la perfection morale. Ce fut son goût pour l'art et la poésie qui le porta d'abord à l'étude de la philosophie, et, dans le plan comme dans l'exécution, son système a pour caractère la présence d'un élément, d'une sorte de couleur esthétique. S'il dut beaucoup à la nature, il dut presque autant à une connaissance complète et approfondie des sciences physiques et naturelles, surtout des sciences physiologiques, connaissance qu'il acquit en suivant jusqu'au bout la série des études exigées pour le grade de médecin. Sa supériorité comme physiologiste et pathologiste n'est pas mise en doute. A ce point de vue, il a un énorme avantage sur presque tous ses confrères en philosophie, et il a prouvé pleinement qu'il savait comment en tirer parti.

L'activité intellectuelle du professeur Lotze s'est déployée dans un champ singulièrement vaste. Il est l'auteur d'une *Pathologie et Thérapeutique générales*, d'une *Physiologie générale de la vie du corps*, d'une *Psychologie générale*[1], d'une *Métaphysique*, d'une *Logique*, de plusieurs essais sur des sujets d'esthétique, d'une *Histoire de l'esthétique*, et chacun de ces ouvrages a justement attiré l'attention par la connaissance approfondie des faits caractéristiques, l'indépendance des jugements, la fécondité et l'originalité des aperçus, les mérites de l'ordonnance et de l'exposition, les grâces du style. Plus que personne, il pouvait tenter sans présomption une description générale de l'homme sous tous ses aspects et dans toutes ses relations, aux points de vue métaphysique, physique, psychologique, individuel, social et historique. C'est à peine si, par son génie naturel et ses connaissances acquises si variées, Alexandre de Humboldt était mieux préparé pour écrire un *Cosmos* que Lotze pour composer un *Microcosmos*, tâche qui, selon moi, était de beaucoup la plus difficile des deux et qui a été accomplie avec un bien rare talent, inférieur de très-peu, s'il l'est, à celui que de Humboldt a déployé dans l'accomplissement de la sienne. Les deux ouvrages sont également le résultat d'une connaissance exceptionnelle de tous les matériaux qui se rapportent au sujet, d'une remarquable puissance philosophique travail-

---

1. Une partie de ce livre a été traduite en français par M. Penjon sous le titre de *Principes généraux de psychologie physiologique* (Paris, Germer Baillière et Cie, 1876).

lant sans relâche sur ces matériaux, les couvant en quelque sorte, jusqu'à ce que l'ordre, la lumière, l'unité se produisent comme d'eux-mêmes, d'un sens poétique et d'un talent d'artiste qui revêtent de grâce chaque partie de l'œuvre et font de l'ensemble une « chose de beauté ».

Le titre seul de l'ouvrage de Lotze suffit à montrer qu'il est à la fois beaucoup plus et un peu moins qu'une philosophie de l'histoire : *Microcosme, idées sur l'histoire naturelle et l'histoire du genre humain ; essai d'anthropologie* (3 vol., 1re éd., 1856-1864; 2e éd., 1869-1872). Ce livre est beaucoup plus qu'une philosophie de l'histoire. Le sujet dont il traite, c'est l'homme, non pas seulement dans son développement historique, mais dans toutes ses relations. Il met à contribution non-seulement l'histoire, mais le cycle entier des sciences, dans la mesure où elles semblent pouvoir répandre une notable lumière sur le grand et complexe problème de l'existence humaine. Une moitié au moins du livre n'a pas de rapport direct avec les recherches ou les spéculations historiques. Et cependant le lien étroit qui unit cette partie de l'ouvrage avec le reste, c'est-à-dire avec les chapitres qui traitent de l'histoire, est particulièrement caractéristique. Personne ne pouvait montrer plus complétement que Lotze que les rapports mutuels des sciences et l'enchaînement réciproque des différents ordres de faits dans l'univers sont partout fort étroits, mais spécialement dans le microcosme, et que l'homme ne peut être compris si on ne l'étudie de la manière la plus large et avec un esprit en quelque sorte universel ; qu'aucun aspect de la vie humaine, pris à part, n'est intelligible par lui-même, mais seulement par les liens qui l'unissent avec tous les autres aspects, et même avec le système général de la nature et l'essence de la cause première. En un mot, Lotze a de l'histoire la même conception vaste, multiple, impartiale, sur laquelle j'ai déjà insisté en parlant de Herder. C'est dans le même esprit que Herder, et conformément à son exemple, que Lotze a travaillé; ce n'est pas Herbart qu'il a suivi. Le *Microcosme*, il le dit luimême, est, au fond, une tentative pour accomplir, bien entendu avec une netteté de vue et une précision plus grandes par suite du progrès accompli dans l'intervalle, ce qu'avait entrepris Herder dans ses *Idées sur l'histoire de l'humanité*. C'est précisément une telle tentative qui aurait réjoui le cœur de Herder, qui avait pleine conscience qu'à beaucoup d'égards son œuvre était prématurée et qui, avec une humilité très-sincère, l'appelait « l'ouvrage le plus imparfait qu'un mortel ait jamais écrit »; il eût trouvé dans le livre de Lotze presque tout ce qui, au point de vue de la méthode, du caractère ou du but, lui avait paru réellement durable dans le sien.

Je reconnais d'ailleurs pleinement que ces livres et chapitres du *Microcosme*, qui ne se rapportent pas directement à l'histoire, s'y rapportent indirectement. Tous sont consacrés à l'élucidation de ce qui est essentiel à l'intelligence de l'histoire ; tous traitent un côté du sujet unique qui est commun à la science de l'histoire et à toutes les autres qui se rapportent au même ordre de sciences, celui des sciences psychologiques. Tous traitent de l'homme, et l'histoire est précisément le registre où sont inscrits les actes collectifs et les expériences des hommes quand ils sont groupés en sociétés. Ainsi le sujet général du premier livre, c'est le *corps*, celui du second l'*âme*, du troisième la *vie*, du quatrième l'*homme*, et du cinquième l'*esprit*. Dans le premier sont discutés les doctrines diverses touchant la nature, le mécanisme dans le monde physique et dans le monde de la vie, le principe de la vie, la structure du corps vivant, et la conservation de l'existence animale. Dans le second, Lotze traite des preuves de l'existence de l'âme, de sa nature et de ses facultés, de la succession des idées, des formes de la connaissance relative, de ce qu'il faut entendre par sentiment, conscience de soi, volonté. Le troisième livre aborde les questions de l'union de l'âme et du corps, du siége de l'âme, de l'action du corps sur l'âme et de l'âme sur le corps, de la vie de la matière, etc. — Le quatrième livre est consacré aux problèmes suivants : la nature et les idées, le développement hors du chaos, l'unité de la nature, l'homme et la bête, les variétés de l'espèce humaine. Les matières du cinquième livre sont : les rapports de l'esprit et de l'âme, les principes sensitifs dans l'homme, le langage et la pensée, la connaissance et la vérité, la conscience et la moralité. Tels sont les livres qui se rapportent le moins directement à la philosophie de l'histoire; on peut même dire qu'il y a bien peu des points qui s'y trouvent discutés qui soient sans rapport, et même assez direct, avec elle. Je n'ai pas le temps de l'établir ici ; mais je dois signaler une idée qui est commune à tous ces livres et que le professeur Lotze applique partout dans ses considérations sur l'histoire : c'est à savoir qu'il n'y a pas d'incompatibilité entre la conception mécanique et la conception téléologique ; que c'est au contraire uniquement par étroitesse d'esprit, et parce qu'on ne regardait qu'un seul côté des choses, qu'on a été amené à les séparer l'une de l'autre et à les opposer. Lotze trouve que l'action et la loi du mécanisme sont partout présentes dans la structure et les opérations de l'univers, bien que partout elles manifestent leur subordination à des idées et à des fins.

Avec le sixième livre, *le Cours du monde*, nous entrons pleinement en contact avec l'histoire. Le septième livre traite expressément de l'*histoire*, et le huitième du *progrès*. C'est par le commerce avec ces livres que nous pouvons nous convaincre que, si le *Microcosme* est beaucoup plus qu'une philosophie de l'histoire, il est aussi beaucoup moins. Il traite nombre de questions qu'une telle philosophie doit aussi traiter ; il emploie, avec un incontestable talent, la plupart des matériaux qu'une telle philosophie aurait à mettre en œuvre ; bien loin pourtant de se donner comme une philosophie de l'histoire, l'œuvre de Lotze se défend de la prétentieuse ambition d'être regardée comme telle, et cette protestation de l'auteur, on doit reconnaître qu'elle est bien fondée, ne fût-ce que parce qu'il néglige entièrement toutes les recherches relatives à l'objet, aux limites, à la méthode, aux divisions, à l'organisation générale de cette philosophie, et aux rapports qui l'unissent avec les autres genres de connaissance. S'il fait usage, après se les être appropriés, des matériaux d'une philosophie de l'histoire, ce n'est que pour introduire dans l'anthropologie ce qui est nécessaire à combler de graves lacunes; ce n'est que pour compléter une théorie générale de l'existence humaine et non pour contribuer au progrès de la philosophie de l'histoire elle-même. Et si la manière dont il traite de l'histoire peut être pour quelque chose dans le développement de cette science, ce n'est là pour lui qu'une considération secondaire et non le but principal qu'il poursuit.

Le sixième livre, ai-je dit, nous fait entrer pleinement en contact avec l'histoire. On ne peut dire qu'il fasse plus, et, en réalité, il ne le fait que partiellement. Il traite d'abord des influences de la nature extérieure sur le développement humain, et le chapitre consacré à ce sujet est un exemple admirable de ce qui caractérise proprement l'esprit de l'auteur : un scepticisme plein de sagesse, la défiance à l'égard des généralisations trop facilement formées. Il est rare de trouver une intelligence aussi inventive et aussi féconde en aperçus, et en même temps aussi constamment en garde contre le danger de croire au delà de ce qui est prouvé, contre les conjectures simplement plausibles qui, même dans le monde scientifique, passent souvent pour des certitudes, aussi bien que contre les illusions de sa propre imagination. Ce trait distinctif l'a souvent fait représenter comme un sceptique absolu, qui ne se prononce pour aucune solution; mais c'est là pourtant une disposition d'esprit qui, précieuse dans toutes les parties de la science, est inappréciable dans le domaine de la spéculation historique. Ce chapitre renferme l'exposition la plus claire et la plus vraie que j'aie jamais rencontrée de ce qu'il y a de raisonnable et de ce qu'il y a d'illusoire dans les conceptions vagues et grandioses sur les rapports de la nature et de l'homme qu'ont énoncées en manière d'oracles les Schelling, les Steffens, les Hégel, les Lasaulx et tant d'autres. Il admet, ainsi qu'on doit le faire, que la nature exerce sur l'homme une influence non-seulement à un point de vue pratique et en quelque sorte utilitaire, mais encore comme objet de contemplation et de jouissance esthétique; mais il montre en même temps, d'une façon décisive, quelles faibles preuves la raison fournit en faveur d'assertions telles que celles-ci : les caractères des individus et des nations sont uniquement ou en grande partie le reflet des caractères du pays qu'ils habitent; — il y a une harmonie spéciale et scientifiquement inexplicable entre les contrées et les peuples qui y vivent; — aux premiers âges du monde, on vivait dans une sympathie plus intime d'esprit et de cœur avec la nature, qu'aujourd'hui; — la sympathie entre le monde et l'homme a cependant toujours été telle, que les révolutions de l'histoire ont toujours été accompagnées de manifestations extraordinaires ou de modifications profondes dans l'ordre des phénomènes naturels, etc.

Dans le second chapitre, Lotze décrit les tempéraments différents et marque les traits distinctifs des hommes et des femmes. Le troisième chapitre explique par de nombreux exemples comment et pourquoi les pratiques et les habitudes morales varient selon les temps et les circonstances. Le quatrième chapitre esquisse en traits généraux le tableau des formes de société que présentent les peuples chasseurs, pasteurs, agriculteurs, et montre de quelle manière la succession de ces phases du progrès historique est liée au développement de la famille, à la division du travail, à la marche générale de la civilisation. Le dernier chapitre traite de la *vie intérieure*.

Passons au septième livre, le premier du troisième volume. Il est rempli d'idées excellentes, tellement rempli, en vérité, que je ne saurais chercher à en faire l'énumération même la plus brève, tout en restant intelligible; je me contenterai, ou à peu près, d'indiquer dans quel ordre se présentent au lecteur les différents sujets dont il est traité. — Le livre commence par un chapitre sur la création de l'homme; l'auteur nous rappelle que nous ne savons presque rien soit sur le commencement du monde, soit sur sa fin possible; que nous ne connaissons qu'une petite partie de ce qui remplit l'intervalle de ces deux termes; que cependant on trouve même chez les tribus les plus grossières des traditions et des théories relatives à l'origine et à la fin de l'univers, justement, peut-être, parce que les preuves de l'une et de l'autre sont si faibles et qu'il est si peu vraisemblable qu'aucune connaissance positive vienne jamais dissiper notre ignorance à cet égard. Le christianisme représente le commencement des choses comme la création, et la fin comme le jugement dernier. L'idée de création n'a été ni infirmée ni éliminée par le progrès de la science. Les lois de la nature n'excluent pas l'action créatrice ni même l'action continue de Dieu. La croyance à quelques manifestations spéciales de l'intervention divine, par exemple dans la création de l'homme, peut être ou n'être pas fondée; mais elle est l'expression de ce sentiment que l'homme ne peut être libre si Dieu ne l'est aussi, et du besoin qu'éprouvent les hommes de se sentir libres eux-mêmes. Ce besoin doit être satisfait, et une place doit se trouver pour la liberté. Nous ne pouvons cependant tirer une ligne de démarcation exacte et rigoureuse entre la nature et l'histoire, en représentant simplement la première comme le royaume de la nécessité et la seconde comme celui de la liberté. L'esprit sort de la nature tout en s'élevant au-dessus d'elle; au lieu de l'exclure, il l'implique, et la nature peut contenir des éléments de liberté qui n'ont besoin que de certains concours particuliers de circonstances pour se dégager et se manifester. Aucune hypothèse sur l'origine des êtres organisés ne nous aide beaucoup à comprendre ce qui est réellement : sur ce sujet, la science ne fournit que peu de lumières.

Lotze discute ensuite la signification et le but de l'histoire. Il montre que ceux qui l'ont placée dans l'éducation de l'humanité, dans la réalisation de l'humanité, qui ont fait de l'histoire un poëme divin, ont sauté par-dessus de graves difficultés, et que leurs conclusions sont extrêmement incomplètes, sinon entièrement fausses. S'ensuit-il qu'on doive en conclure que l'histoire n'a en elle-même ni signification ni valeur, que le bien tout entier de l'humanité est hors des limites du temps? A toutes les époques, beaucoup l'ont pensé, et quelque exagérée, quelque dangereuse même que soit une pareille manière de voir, elle n'est pas tout à fait fausse, et probablement elle mène à la conception qui est nécessaire pour corriger et compléter celles qui viennent d'être examinées. La fin de l'histoire sur la terre serait ainsi considérée comme n'étant pas en elle-même ; elle consisterait à fournir aux individus un théâtre, des occasions, des motifs pour une conduite désintéressée, et des moyens de jouir du bonheur qui résulte d'une telle conduite. Pourtant cette conception même, bien qu'elle écarte quelques difficultés, ne nous permet pas de tracer le plan de l'histoire, eût-on soin de l'appuyer sur toute la masse de connaissances empiriques que nous pouvons acquérir. Lors même que nous saurions de l'histoire beaucoup plus que probablement nous n'en saurons jamais, nous ne pourrions encore nous faire qu'une idée bien imparfaite de la signification qu'elle a en elle-même, à plus forte raison de la signification qu'elle a par rapport au cours universel des choses (ch. II).

Sous ce titre : *les Forces actives en histoire,* Lotze traite de l'origine de la civilisation, de l'influence des grands hommes, de la nature des lois du développement social, de la compatibilité du libre arbitre avec la régularité des résultats que donne la statistique et avec la prédestination, des principes de permanence et des principes d'innovation, du déclin des nations et de l'importance de la tradition (ch. III). Et sous le titre de : *Conditions extérieures du développement historique,* il discute les questions de l'unité ou de la pluralité d'origine de la race humaine, de l'identité ou de la diversité des dispositions naturelles, du genre et du degré d'influence qu'exercent la situation géographique,

le climat, et en général les forces physiques, sur le progrès
de la civilisation (ch. IV). Il y a tant à louer dans ces deux
chapitres, qu'il est difficile d'en détacher quelque chose qui
mérite d'être spécialement signalé; mais peut-être les pages
consacrées à l'examen de la régularité des résultats de la
statistique et au problème de l'unité humaine sont-elles
parmi celles qui sont le plus dignes d'une étude attentive.
Elles sont, selon moi, un admirable exemple de la modestie
et de la circonspection jointes au courage et à la franchise
qui caractérisent le véritable esprit scientifique, tout autant
que le font les dons particuliers du génie. Pour apprécier la
sincérité d'un homme dans son amour pour la vérité et le
degré auquel il a porté cet amour, le meilleur critérium,
c'est le plus ou moins de souci qu'il témoigne de ne pas
exagérer la mesure de la certitude que comporte la somme
de savoir où il est parvenu, c'est aussi sa promptitude à en
reconnaître les lacunes et les imperfections. Ce sont là les
qualités les plus saillantes des pages où Lotze traite les sujets
dont nous venons de parler.

Le cinquième chapitre esquisse la marche générale du
développement historique. L'Orient, la Grèce, Rome, les
mondes juif, chrétien, germanique, passent devant nos
yeux en une série de tableaux pleins de vérité et de beauté.
Le goût et le talent qu'il déploie dans ces peintures ne sont
pas contestables; mais il est permis d'estimer qu'il abuse un
peu de ses dons naturels, et, quelque admirables que soient
ces peintures, elles laissent parfois une trop petite place à
des considérations d'une plus haute valeur. Pourtant, on ne

trouvera pas que ce cinquième chapitre, tout rempli qu'il soit de tableaux, justifie ce reproche, si l'on considère le lien qui l'unit au livre suivant. Il sert de transition et d'introduction à ce livre, qui a pour objet de montrer le cours du progrès historique dans les différents développements particuliers de la vie humaine, et qui, en conséquence, devait être précédé par un aperçu du développement humain pris dans son ensemble. Un tel aperçu ne pouvait être utilement présenté que sous cette forme descriptive adoptée par l'auteur.

Chacun des cinq chapitres du huitième livre renferme une étude d'une phase particulière du progrès. Ainsi le premier chapitre traite du vrai et du savoir; le second, du bien-être et du travail; le troisième, de la beauté et de l'art; le quatrième, de la vie religieuse; le cinquième, de la vie publique et de la société. Le livre néanmoins, considéré dans sa totalité, suppose évidemment qu'il y a cinq phases ou formes du développement humain, à savoir la forme intellectuelle, la forme industrielle, la forme esthétique, la forme religieuse et la forme politique, et nous nous imaginons naturellement que, dès le début de ce livre, l'auteur essayera de montrer que la théorie impliquée par cette distribution des matières qu'il contient se fonde sur des preuves suffisantes. Non-seulement c'est ce que Lotze ne fait pas, mais encore il ne nous dit nulle part pourquoi il traite du progrès à ces points de vue particuliers plutôt qu'à d'autres; nulle part il n'essaye de faire voir que ces points de vue correspondent aux côtés les plus larges et les plus saillants de la question, et que, réunis, ils en reproduisent tous les aspects; nulle part il ne rapporte chacune des phases du progrès à la source psychologique. Il m'est impossible de ne pas voir là, d'accord avec le professeur Bona Meyer, un sérieux défaut. Lotze dit, il est vrai, que les différentes phases de la civilisation sont, en principe, étroitement unies; qu'aucune d'entre elles n'est jamais entièrement séparée de toutes les autres; que tous ces développements, logiquement distincts, sont, en germe, toujours présents à la fois, bien que l'un puisse être plus apparent dans tel pays ou à telle époque, et l'autre ailleurs ou dans un autre temps. Mais ce n'est pas là répondre, si toutefois Lotze a pris cela pour une réponse. Toutes ces remarques sont vraies, sans doute; elles expriment même une importante vérité; mais cette vérité ne dispense pas de ramener, par l'analyse, et avec toute l'exactitude scientifique possible, l'histoire aux différents développements qui la constituent, de montrer comment ces développements se limitent et s'influencent les uns les autres, de remonter enfin jusqu'à leurs racines dans la nature humaine.

Lotze commence par le développement intellectuel, comme étant celui dont dépendent principalement tous les autres. Ce développement, selon lui, a trois époques ou degrés : le premier est caractérisé par la prédominance de l'imagination, qui enfante la mythologie; le second, par celle de la réflexion sur la nature des choses; le troisième, par l'application de la méthode scientifique. C'est là la seule généralisation historique que contienne le chapitre; elle repose sur un bien faible semblant de preuves. Elle rappelle la loi des trois états de Comte, à tous les points de vue, sauf à celui-ci, qui est très-important : c'est que l'auteur ne fait aucune tentative sérieuse pour la démontrer ou la vérifier. La mythologie, selon moi, ne doit à aucun titre figurer parmi les phases du développement intellectuel ; quant à la seconde phase et à la troisième, jamais elles ne se sont produites séparément. Le principal intérêt du chapitre, c'est sans doute ce qui ne nous regarde pas ici, la réfutation de l'idéalisme.

Dans le chapitre suivant, l'auteur retrace le développement qu'a suivi le travail, depuis sa forme la plus ancienne et la plus brutale, celle de la saisie violente ou de la conquête, qui moissonne là où elle n'a pas semé, jusqu'à sa forme actuelle, où la société est une vaste et savante organisation industrielle. A chaque étape, il marque le gain et la perte, et certainement il n'estime pas celle-ci au-dessous de sa valeur. Il parle ensuite de l'art dans un admirable chapitre ; nous le résumerons bien imparfaitement en disant que pour Lotze le gigantesque est le caractère distinctif de l'art oriental ; le sublime, celui de l'art hébraïque ; le beau, celui de l'art grec ; l'élégance et la dignité, ceux de l'art romain ; l'expression et l'imagination, ceux de l'art du moyen âge ; l'ingéniosité et la critique, ceux de l'art moderne. Ce chapitre est vraiment une esquisse pleine de charme et d'exactitude des traits généraux et distinctifs de l'art à ces différentes phases.

La vie religieuse est le sujet du quatrième chapitre. Ce fait, que toutes les religions de quelque grande portée ont pris naissance en Asie, conduit notre auteur à établir que l'esprit oriental se distingue de l'esprit occidental en ceci, que le premier regarde l'univers comme un grand tout, où chaque partie a sa place marquée d'avance et pour l'ensemble ; tandis que le second y voit un composé de lois générales, un problème à résoudre et un théorème à appliquer. Il suit le développement progressif de la religion dans son rapport avec celui de la société, depuis le fétichisme, à travers les croyances de l'Égypte, de l'Inde, de la Perse et de la Grèce. Quelques différences profondes qui séparent ces religions, Lotze trouve qu'elles sont toutes caractérisées par la prédominance de l'élément cosmologique, tandis que, dans le judaïsme et le christianisme, c'est l'élément moral qui domine. A la différence du judaïsme, le christianisme regarde moins les œuvres et plus les dispositions intérieures, moins la société et plus l'individu. Son grand principe moral, c'est l'amour ; mais, comme chacun de ses commandements est accompagné d'une promesse, c'est un système eudœmonistique. Son fonds solide et essentiel, c'est sa moralité, et l'opposition qu'il rencontre si généralement aujourd'hui ne s'adresse pas à cette morale, mais à certaines assertions relatives à son origine et dont l'Eglise l'a rendu solidaire, à l'autorité revendiquée pour la Bible, aux dogmes qui prétendent définir l'indéfinissable, enfin aux miracles. Lotze voudrait que l'Eglise concédât tout ce qu'on lui demande sur ces différents points ; et, si elle refuse, il regarde sa mort comme assurée. Ici, je me hasarde à ne pas être de son avis, et je ne puis m'empêcher de témoigner ma surprise de ce qu'il ait porté un jugement si sommaire sans avoir le moins du monde essayé de le motiver.

Le livre se termine par un chapitre sur la vie publique et la société. L'auteur y montre que, bien que la société puisse avoir son origine dans la famille, ce n'est que dans ses périodes les plus barbares qu'elle est une simple extension ou continuation de la famillle ; puis il décrit les formes qu'elle a revêtues dans les empires de l'Orient, à Sparte, à Athènes, à Rome, et sous l'influence du christianisme. Ce chapitre abonde en observations historiques excellentes, qu'entremêlent des réflexions politiques fort judicieuses ; mais je dois les passer entièrement sous silence.

Le neuvième livre, le dernier de l'ouvrage, ne demande pas un examen particulier. Il est en partie métaphysique, en partie théologique ; mais il n'a aucun rapport avec l'histoire. En quittant le *Microcosme*, je voudrais exprimer de nouveau le regret que le peu d'espace dont je dispose m'ait si complétement empêché de donner une idée de la quantité d'aperçus ingénieux et féconds qu'il renferme. Mais pourtant, si nombreux et si admirables qu'ils soient, ils ne constituent pas un système, encore moins une science.

III

Je termine mon exposition du développement de la spéculation historique en Allemagne avec la *Philosophie de l'histoire* publiée en 1870 par le professeur Conrad Hermann, de Leipsick. Cet ouvrage est une production trèsapprofondie et très-systématique, et qui a exigé au moins un quart de siècle pour être amenée à maturité. Dès 1849, l'auteur publiait un traité approfondi sous le titre de *Prolégomènes à la philosophie de l'histoire*. En 1850, il publia *Douze Leçons sur la philosophie de l'histoire* ; il y traitait de l'intérêt que présente l'étude de l'histoire, — des rapports de l'histoire et de la philosophie, — de l'idée de l'histoire, telle qu'elle est comprise aujourd'hui, — de la manière dont la science de l'histoire s'est développée, — du problème de la philosophie de l'histoire, et des principes auxquels on en doit demander la solution ; — dans quelle mesure l'histoire peut être regardée comme dynamique, comme mécanique, comme organique ; — de son triple caractère en tant que succession d'événements, en tant que système comprenant deux groupes coexistants et antagonistes de peuples désignés sous les noms d'Asie et d'Europe, enfin en tant que système de peuples complétement articulé. L'*Histoire de la philosophie*, qu'il publia en 1867, avait pour objet de préparer les voies à sa *Philosophie de l'histoire* et d'exposer les mêmes principes dans des limites plus étroites. Dans la *Revue philosophique mensuelle* (Philosophische Monatshefte), il a publié, entre autres essais, les suivants : *La philosophie de l'histoire considérée comme science philosophique fondamentale dans l'avenir* [1] ; le *Caractère de l'histoire, problème philosophique pour le temps présent* [2], et *Pensées sur la philosophie de l'histoire* [3]. Il est probable qu'aucun penseur allemand con-

1. L. II, part. III.
2. L. IV, part. III.
3. L. VII, part. II.

temporain ne s'est occupé aussi longtemps et avec autant de zèle de cet ordre de recherches, et l'explication en est que probablement personne n'en a senti aussi profondément que lui l'importance. A ses yeux, l'avenir de la philosophie dépend de cette science plus que de toute autre ; ce n'est que par son aide qu'on peut désormais espérer quelque progrès considérable dans la théorie générale de l'univers. Le résultat principal du mouvement philosophique inauguré par Kant, ç'a été, selon notre auteur, de mettre hors de doute que la solution des problèmes fondamentaux de l'existence doit être cherchée non dans la nature, mais dans l'homme. Et ce qu'est l'homme, l'histoire surtout peut nous l'apprendre, l'histoire, qui contient tout ce qui a jamais été pensé, senti, dit ou accompli. Comprendre l'histoire, c'est donc, en ce qui concerne les intérêts de la philosophie, chose beaucoup plus importante et nécessaire que de comprendre la nature. Il n'y a pas de vérité plus générale que celle qui peut nous être révélée par l'histoire ; pas de base plus solide ou plus large pour édifier une théorie complète de la vie humaine, une morale digne de ce nom, que celle que l'histoire peut fournir. Telle est la conviction qui a déterminé le professeur Hermann à se consacrer avec une si énergique ténacité à la tâche d'interpréter philosophiquement l'histoire. Je ne puis supposer que ses efforts aient été stériles, quel que soit le jugement définitif à porter sur les résultats auxquels il est parvenu. Ils auront contribué, dans une mesure considérable, à attirer l'attention sur un champ d'investigation qui tôt ou tard portera de riches moissons et produira d'abondants trésors aujourd'hui cachés. Ce double fait, que toute histoire est depuis quelque temps devenue promptement scientifique, et que presque toutes les sciences sont devenues plus promptement encore historiques, est un signe des temps ; nous pouvons en conclure, sans courir grand risque de nous tromper, que la philosophie de l'histoire, si peu estimée et si peu cultivée qu'elle puisse être aujourd'hui, occupera dans une époque peu éloignée une place d'honneur. Quand cette époque sera venue, le nom du Dr Hermann ne pourra manquer d'être rappelé avec reconnaissance pour son loyal dévouement à une grande cause scientifique.

Hermann regarde Hégel comme son prédécesseur immédiat, on peut presque dire son seul prédécesseur. Il n'accorde à peu près aucune valeur à ce qui s'est fait dans cet ordre de spéculation avant Hégel, pas plus qu'à ce qui s'est fait depuis. Il rappelle, il est vrai, les *Idées sur l'histoire de l'humanité* de Herder, la *Philosophie positive* de Schelling, *Dieu dans l'histoire* de Bunsen, mais c'est seulement pour qualifier le premier de ces monuments « d'œuvre dépourvue d'ordre scientifique et purement fragmentaire » ; le second, d'œuvre « aventureuse, mystique et fantaisiste » ; quant au troisième, c'est un ouvrage « d'un caractère théologique et qui ne montre qu'un côté des choses. » Il attribue à Hégel l'honneur d'être « le premier fondateur systématique » de la philosophie de l'histoire, et son système est le seul, selon lui, qui mérite qu'on en tienne compte. Le but que se propose Hermann, c'est de trouver « la prochaine vérité plus élevée » de laquelle on puisse considérer l'univers. — Je n'ai pas besoin de dire que je suis en tout ceci d'une opinion absolument différente. Il y a eu en dehors de l'Allemagne beaucoup de penseurs considérables dont les travaux sur la philosophie de l'histoire sont excellents ; et, en Allemagne même, il y en a eu beaucoup de même valeur à côté de Hégel et des trois autres mentionnés par Hermann. Mais, sans insister là-dessus, en quel sens peut-on dire de l'ouvrage de Herder qu'il est « dépourvu d'ordre scientifique », sans que cette critique retombe également sur l'ouvrage de Hégel? L'ordre général suivi par celui-ci est, au fond, calqué sur celui qu'a suivi Herder. Si, dans l'œuvre de Hégel, l'enchaînement des parties est un peu plus étroit que dans celle de Herder, il ne s'ensuit pas logiquement qu'il soit plus scientifique, et, en fait, il n'est scientifique à aucun degré. On ne pourrait lui donner cette qualification qu'en la prenant dans un sens tout artificiel dont le Dr Hermann aurait dû éviter de se servir. — De plus, en quel sens l'ouvrage de Herder est-il « purement fragmentaire », ou même plus fragmentaire que celui de Hégel? Expressément et de parti pris, Hégel exclut de sa philosophie de l'histoire la considération d'une masse énorme de faits proprement historiques. Sa théorie a la prétention de ne s'appliquer qu'à une fraction de la vie de l'humanité dans l'espace et dans le temps. Herder, au moins, s'efforce d'embrasser tous les faits. Son esprit est décidément plus compréhensif, plus universel que celui de Hégel. Le Dr Hermann n'a donné aucun motif satisfaisant ni même plausible pour représenter Hégel comme le premier fondateur systématique de la philosophie de l'histoire, et évidemment il n'y en a pas à donner. La source de l'erreur où il est tombé n'est pas difficile à découvrir ; elle n'est autre que la théorie de « l'esprit humain faisant la chaîne » [1], l'une des théories les plus superficielles et les plus fausses qu'on puisse énoncer. « C'est, dit Hermann, un trait particulier qui distingue la philosophie de toutes les autres sciences, qu'elle n'accomplit jamais aucun progrès réel, qu'elle ne fait jamais aucune découverte vraiment nouvelle, en marchant à petits pas, mais seulement en faisant de grandes enjambées. » Telle est la raison pour laquelle il se regarde comme obligé de construire « le dernier grand système. » Or, en admettant que cette distinction existe réellement entre la philosophie et les sciences, il n'est nullement probable qu'elle existe de même entre les sciences et la philosophie de l'histoire, c'est-à-dire entre une science particulière et les autres. D'ailleurs, entre la philosophie et les sciences, une telle distinction n'existe pas. En philosophie comme ailleurs, toute œuvre honnête et consciencieuse a son prix. Évidemment, là comme ailleurs, les plus grands hommes font les plus grands pas ; mais que seuls, et à l'exclusion de tous les autres, les grands hommes marchent en avant, voilà une assertion qui ne repose sur aucune preuve. Si elle avait quelque fondement, aucun homme, ayant la plus vulgaire modestie, ne voudrait s'occuper de philosophie ; il en abandonnerait

---

1. *Line of buckets theory*, littéralement la *théorie de la chaîne des seaux* (qu'on se passe de main en main dans un incendie).

l'étude à ceux qui auraient la présomption de se croire doués d'un génie de premier ordre. La philosophie n'avance pas uniquement, comme le suppose le Dr Hermann, par une série de grands pas, une succession de grands systèmes, mais par le labeur de quiconque recule les limites et accroît les richesses de la pensée humaine ; il ne suffit pas, pour la faire progresser, d'utiliser les ressources du « dernier grand système » qu'elle a produit ; il faut encore faire usage de toutes ses acquisitions passées, et plus encore peut-être des acquisitions de ces sciences subordonnées, dont chacune, le Dr Hermann lui-même le reconnaît, avance par une multitude innombrable de petits pas.

Tout en prisant si haut la philosophie de l'histoire de Hégel, Hermann montre qu'il en aperçoit parfaitement les défauts, et son propre ouvrage est beaucoup plus une critique qu'une continuation de celui de Hégel. Il rejette, en réalité, presque tout ce qui est proprement hégélien ; et ce qu'il déclare devoir à Hégel, il aurait tout aussi bien pu l'emprunter à beaucoup d'autres. A la manière dont Hégel a traité l'histoire, il fait deux reproches particulièrement graves. Il le blâme d'abord de n'avoir pas essayé de résoudre, dans sa philosophie de l'histoire, le problème de la relation entre la loi nécessaire et la liberté personnelle, et d'avoir, implicitement ou par voie de conséquence, sacrifié celle-ci à celle-là. Ce problème, selon Hermann, est fondamental dans la science de l'histoire, et la solution doit en être cherchée non par une déduction tirée d'une définition, non pas en dehors de l'histoire, mais dans une étude impartiale et compréhensive du développement humain considéré dans son ensemble. Il ne trouve dans Hégel aucune trace d'une pareille étude. Il trouve, au contraire, qu'il élimine virtuellement de l'histoire la liberté, bien qu'elle soit précisément ce qui constitue l'élément différentiel de la vie humaine. Il consacre un nombre considérable de pages à montrer que la nécessité et la liberté sont à la fois présentes dans l'histoire, et que l'une n'exclut pas l'autre ; mais il est obligé d'avouer que leur coexistence est une énigme qu'il ne peut expliquer. La philosophie de l'histoire, telle qu'il la conçoit, doit se garder de supprimer l'un ou l'autre de ces deux termes, mais elle échoue complétement quand elle essaye de les mettre d'accord. — La seconde objection qu'il adresse à Hégel est plus radicale. C'est que la notion hégélienne de l'histoire, conçue comme le processus continu d'une évolution dialectique se développant sur une seule ligne droite, ne repose sur aucune preuve rationnelle et est en contradiction avec les faits. C'est que la dialectique est arbitraire en soi et inapplicable à l'histoire. Il est impossible de mieux montrer que ne l'a fait Hermann ce qu'il y a d'étroit et de fantaisiste dans la manière dont Hégel traite de l'histoire, qu'il présente comme un processus qui n'a que longueur sans largeur ; comme une succession nécessaire de phases dans la réalisation d'une idée substantielle unique. Hermann rejette cette erreur avec toutes ses conséquences et fait ressortir celles-ci aussi bien que celle-là aussi pleinement qu'il est possible. On peut seulement s'étonner, après cela, qu'il ait pu s'exprimer encore comme si Hégel avait fondé la philosophie de l'histoire par une œuvre unique en son genre, unique par ses mérites. Ce que, dans cet ouvrage, il a rejeté comme dépourvu de valeur, c'est, en substance, tout ce qui appartient en propre à Hégel. Et qu'on n'aille pas répondre que Hermann se rencontre encore avec Hégel en ce qu'il regarde l'histoire comme le processus par lequel l'humanité marche graduellement de l'esclavage à la liberté rationnelle. En effet, si réellement, comme le soutient Hermann, il n'y a pas place pour la vraie liberté dans la philosophie de l'histoire de Hégel, si la liberté est étouffée dans les replis de la dialectique, l'accord des deux philosophes n'existe plus que dans les mots. J'ajoute que Hégel n'a pas plus de titre à être regardé comme l'inventeur de cette conception qui fait de l'histoire la réalisation de la liberté rationnelle, qu'à être regardé comme l'inventeur de l'alphabet. La part, quelle qu'elle soit, de vérité que renferme cette conception, et l'on ne saurait douter qu'elle ne soit en grande partie vraie, avait été généralement reconnue longtemps avant la naissance de Hégel.

Ce qui, selon Hermann, établit la distinction la plus caractéristique entre la philosophie de l'histoire de Hégel et la sienne propre, c'est que, dans la première, le cours de l'humanité est conçu comme un processus dynamique ou une évolution organique, tandis que, dans la seconde, il est représenté comme une œuvre d'art. Il critique et rejette l'idée que l'histoire est un organisme, que son unité est celle d'un être ou d'un principe se développant et se différenciant par lui-même; il soutient qu'elle ressemble plutôt à un drame ou à un tableau, dont la fin constitue l'unité. Elle ne part pas, comme un organisme, de l'unité, pour se développer peu à peu en une multiplicité de parties; mais, comme une œuvre d'art, elle commence par la multiplicité et finit par aboutir à l'unité. Le point de vue qu'adopte Hermann, c'est donc le point de vue téléologique. L'histoire lui apparaît comme un système de moyens disposés par Dieu pour assurer l'accomplissement de fins spirituelles; il y voit l'œuvre non pas d'une simple notion se développant par elle-même, mais d'une intelligence libre et créatrice qui l'a formée de telle sorte, par l'agencement et la combinaison d'une multitude d'agents, qu'elle prépare des êtres moralement perfectibles pour une autre vie plus parfaite. En conséquence, il estime que la tâche de la philosophie de l'histoire, c'est de montrer quelles appropriations de moyens à des fins on peut y découvrir, comme telle partie est adaptée à telle autre, et comment toutes les parties sont reliées entre elles pour constituer un système et convergent vers une cause finale. Pour accomplir cette tâche, elle doit fixer son attention sur l'ensemble de la matière historique telle que la lui présente l'expérience, l'étudier sous tous ses aspects, s'efforcer de la posséder à fond. L'intelligence complète des faits doit être son but; pour l'atteindre, il ne faut pas qu'elle mette sa vanité à s'en tenir immuablement à quelque point de vue particulier, à s'attacher inflexiblement à quelque principe ou à quelque procédé de méthode incomplets; bien loin de là, elle doit être prête à examiner les faits, de quelque côté et par quelque méthode que ce soit.

Dans cette manière de voir et dans les considérations que le Dr Hermann fait valoir à l'appui, il y a sans doute beaucoup de vrai, mais il y a aussi probablement un peu d'erreur. Il est vrai, par exemple, que le développement historique diffère à d'importants égards d'un développement organique ; mais c'est certainement aller trop loin que de dire qu'il ressemble plutôt à la création d'une œuvre d'art. Beaucoup de ceux qui ont étudié ce sujet trouvent que M. Herbert Spencer et d'autres ont abondamment montré que les sociétés se développent en partant de l'unité, ou tout au moins d'un état comparativement homogène, pour arriver, par différenciations successives et spontanées, à des états de plus en plus multiples et hétérogènes ; et le Dr Hermann n'aurait certainement pas dû rejeter une généralisation acceptée par tant d'esprits comme une des plus remarquables de la science historique, sans essayer d'en montrer la fausseté. De plus, quand on parle du point de vue téléologique, il y a une équivoque que le Dr Hermann n'a pas aperçue. Regarder l'histoire de ce point de vue, l'étudier comme un système de moyens et de fins, lui paraît être la même chose que de la considérer comme l'œuvre de Dieu et d'étudier en elle les desseins divins. C'est là une erreur complète. Un athée peut adopter sans réserve cette manière de voir, sans être moins athée pour cela. Ces mots *cause finale* expriment deux choses fort distinctes. Ils désignent ce qu'Aristote entendait par là, c'est-à-dire la fin intrinsèque d'une chose, la réalisation de sa vraie nature ; ainsi, par exemple, la vision est la cause finale de l'œil. En ce sens, une recherche des

causes finales est simplement une recherche des tendances
naturelles des choses en tant qu'elles sont en rapport les
unes avec les autres, et évidemment, si loin que l'on pousse
une telle recherche, elle n'aboutira pas d'elle-même à une
idée ou à une connaissance quelconque de Dieu ; elle ne
peut nous faire sortir de l'ordre des réalités sur lesquelles
elle porte. De la perception de certaines adaptations, l'esprit
en arrive à croire à des intentions ; il a commencé par observer des relations de moyens à des fins, et il en induit
l'existence de certains desseins ; mais cela suppose un procédé distinct, un acte intellectuel d'une autre nature, un
procédé, un acte qui de la sphère de la science introduisent
l'esprit dans celle de la religion ; de sorte qu'on peut bien
arriver ainsi à une théologie de l'histoire, mais nullement à
une science de l'histoire. Le Dr Hermann raisonne comme
si le point de vue téléologique était en lui-même un point
de vue religieux, comme si le principe des causes finales
avait une seule signification déterminée et était, dans un
seul et même sens, un principe religieux et un principe scientifique, tandis qu'il n'est un principe religieux que dans un
sens tout autre que celui où il est un principe scientifique. La
recherche qui a pour objet les tendances des agents et des
événements historiques devait être soigneusement distinguée
de celle qui est relative aux desseins ou aux buts que Dieu a
poursuivis en créant ces agents ou en permettant ces événements. Si le Dr Hermann avait fait cette distinction, il aurait
pu, évidemment, aller plus loin encore, et montrer, par des
raisons qui eussent alors été beaucoup plus convaincantes,

que le point de vue religieux en histoire est à la fois naturel et légitime, et que nous sommes parfaitement en droit, étant prouvé qu'il y a des adaptations, d'arriver de là à affirmer qu'il y a des intentions. Il eût ainsi prévenu en même temps la possibilité d'une erreur dont l'expérience s'accorde à nous montrer le danger dans cet ordre d'idées, erreur qui consiste à oublier que les investigations relatives aux tendances ou adaptations des choses et des êtres doivent précéder celles qui se rapportent aux intentions ou aux desseins, ce qui conduit les hommes à chercher dans l'histoire la confirmation de leurs idées sur la Providence, au lieu de former à cet égard leurs conceptions d'après ce qu'ils ont préalablement constaté être historiquement vrai. Une telle méthode est aussi contraire aux véritables intérêts de la religion qu'à ceux de la science. Elle gâte notre science, sans rendre notre religion plus complète ni plus vraie. Si nous abordons l'histoire pour y chercher la confirmation de nos idées sur la Providence, nous trouverons probablement ce que nous cherchons, quelque étroites que puissent être nos vues ; mais nous n'apprendrons par là sur cette Providence rien que nous ne sachions déjà, et nous ne désapprendrons non plus aucune de nos erreurs ; tandis que si, par une étude consciencieuse de l'histoire telle qu'elle a été réellement, nous pouvons nous avancer, si peu que ce soit, dans l'intelligence du plan sublime qui, à travers des générations innombrables, s'est lentement réalisé avec des millions de volontés humaines ignorantes, égoïstes, perverses, comme instruments, alors nous arriverons par là à augmenter véritablement notre connaissance des attributs et des voies de Dieu, à sentir dans une faible mesure combien sont courtes nos pensées au prix des siennes, et le contact avec cette pensée divine grandira quelque peu la nôtre. J'ajouterai que le Dr Hermann me semble avoir exagéré la valeur scientifique du principe des causes finales, même en ce sens où son application scientifique est généralement admise. La science de l'histoire, il est vrai, est probablement celle où l'emploi de ce principe serait le plus largement profitable. Bien qu'on puisse suivre dans la nature une adaptation, un plan, une finalité, on ne peut soutenir que le principe des causes finales serve beaucoup, s'il sert, dans les recherches de l'ordre purement physique; d'autre part, en ce qui concerne la nature organique, où les moyens et la fin sont en quelque sorte spécialisés sous la forme déterminée et facilement saisissable, au moins relativement, de l'organe et de la fonction, il est hors de doute que ce principe a souvent provoqué et guidé l'investigation; dans la philosophie de l'histoire, — dont la tâche essentielle est de montrer comment un état social a abouti à un autre et s'est transformé en un autre, quel rôle chaque nation, chaque époque a joué par rapport aux autres et à l'humanité collective, quel est le plan qui a embrassé toute l'histoire et l'a, pour ainsi dire, pénétrée dans toutes ses parties, — le principe de la finalité peut être d'une importance plus grande encore. Mais, là même où son importance est la plus considérable, peut-on soutenir qu'il ait une valeur indépendante et intrinsèque? La recherche des causes finales peut-elle être séparée de celle des causes efficientes et des lois au point de pouvoir passer justement pour un procédé plus élevé et plus compréhensif, fondé sur un principe plus scientifique ? Ou bien, au contraire, n'est-il pas vrai que notre connaissance d'une classe quelconque d'objets doive rester tout à fait superficielle tant qu'elle n'a pas atteint, par delà la constatation des moyens et des fins qui s'y trouvent, les lois et l'enchaînement causal que ces lois supposent ? L'œil est construit pour la vision, l'oreille est disposée pour l'audition, certains arbres sont faits pour porter des pommes, d'autres des poires : voilà sans doute des vérités ; mais, parce qu'on sait cela, on n'est ni un grand physiologiste ni un grand naturaliste ; on n'arrive à la science que si, à ces convictions téléologiques, on a ajouté la connaissance des processus dynamiques ou organiques par lesquels l'organe corporel ou l'arbre fruitier réalisent leurs fins. De même, il ne peut y avoir de science historique digne de ce nom si ceux qui s'en occupent se contentent, comme ils l'ont fait trop souvent, de contempler l'histoire des nations à la seule lumière des résultats accomplis par ces nations, ou de ce qu'on appelle leurs missions, au lieu de profiter de cette lumière pour pousser ces recherches jusqu'aux lois et aux causes efficientes qui seules peuvent donner des conclusions méritant d'être considérées comme scientifiques, au sens le plus strict du mot.

L'histoire humaine est un mouvement composé ou collectif qui comprend plusieurs mouvements particuliers et distincts, bien que corrélatifs, auxquels il faut la ramener par l'analyse, afin de pouvoir les étudier séparément et dans leurs rapports réciproques. Une analyse complète doit être opérée à la fois pour elle-même et parce qu'elle est indispensable pour une synthèse complète. C'est une telle analyse que le Dr Hermann a essayé de nous donner dans son sixième chapitre, en résolvant le contenu de la civilisation humaine en ses éléments constitutifs; mais cette partie de son ouvrage n'est nullement satisfaisante, et ce n'est pas sans raison qu'elle a été vivement critiquée par Bona Meyer, dans l'article auquel j'ai déjà plus d'une fois renvoyé, et par G. Biedermann, dans un traité spécial [1]. La relation directe et immédiate qui unit l'homme au monde extérieur, tant spirituel que matériel, donne naissance, selon le Dr Hermann, aux quatre divisions fondamentales et essentielles de la civilisation humaine, à savoir la religion, la science, l'art et l'industrie; elles correspondent aux quatre sphères ou aspects principaux de l'existence objective, le bien, le vrai, le beau et l'utile. Puis, de la relation indirecte qui unit l'homme au monde extérieur et du rapport direct qui existe entre lui et la société, sort un nouveau système de quatre sphères de civilisation, de quatre institutions qui sont autant de conditions de la vie : ce sont le langage, la loi, la morale et l'esthétique, le premier se rapportant spécialement à la science, la seconde à l'industrie, la troisième à la religion, la quatrième à l'art. La vie sociale, ayant deux formes, engendre, nous dit-on, deux autres divisions, le commerce et

---

1. *Pragmatische und begriffswissenschaftliche Geschichtschreibung der Philosophie*, 1870.

la guerre. L'analyse aboutit donc à une décomposition de la civilisation en dix éléments : religion, science, art, industrie, langage, loi, morale, esthétique, commerce et guerre, — et l'histoire de la civilisation se ramène à dix développements correspondants. Une analyse conduisant à un tel résultat se réduit manifestement d'elle-même à l'absurde. Si elle n'avait été mal faite, elle ne serait jamais arrivée à séparer l'art de l'esthétique, la loi de la morale, l'industrie du commerce ou même de la guerre. A l'examen, ce soupçon se trouve pleinement confirmé. Plus on la considère, plus on voit qu'elle est superficielle, inexacte, confuse, incohérente. En vérité, elle a tant de défauts, qu'il serait fort long de les exposer, même avec la plus grande brièveté possible. On m'excusera, j'espère, de ne pas entreprendre cette tâche; mes raisons, c'est que les erreurs en question ont été suffisamment mises en lumière par les auteurs auxquels j'ai renvoyé; — que plusieurs, au moins, d'entre elles n'échapperont pas au lecteur intelligent, — et que, si j'y insistais trop, je pourrais laisser cette impression que l'ouvrage du Dr Hermann a beaucoup moins de mérite qu'il n'en a réellement. Il est évidemment fort regrettable que Hermann se soit figuré qu'il avait trouvé dans une analyse aussi défectueuse « la loi générale de l'histoire ». Les quatre principales formes de civilisation doivent, selon lui, devenir prépondérantes d'après un ordre de succession déterminé et psychologiquement nécessaire, en sorte que chacune d'elles devienne le caractère distinctif d'une période de la **durée**. L'ordre de succession est celui-ci : art, religion, industrie, science. Cette prétendue loi, à la démonstration de laquelle sont consacrés les chapitres 64 et 65, notre auteur l'associe à une prétendue analogie entre la vie de l'individu et l'histoire de l'humanité, analogie qu'il a exposée au chapitre 48. La vie individuelle et l'histoire générale suivent, selon lui, un cours parallèle, et traversent des phases semblables et correspondantes, malgré l'énorme inégalité de leur durée. Les influences dont l'action prédomine dans l'enfance de l'individu comme dans celle de la race, sont d'une vitalité puissante, d'un caractère joyeux et sensuel, et elles trouvent leur expression dans l'art; celles qui sont prépondérantes dans la jeunesse sont plus profondes, plus intimes, plus exaltées, plus spiritualistes; elles s'expriment par la religion; dans l'homme et dans l'humanité, l'âge mûr se distingue par un jugement sobre, une réflexion prudente, une énergie pratique qui se donnent carrière dans les entreprises de l'industrie; la vieillesse, enfin, par une méditation plus profonde et un amour de la sagesse qui obtiennent satisfaction par la science. La Grèce a représenté l'enfance et l'art; le monde germano-chrétien, la jeunesse et la religion; l'Angleterre représente l'âge mûr et l'industrie; l'Allemagne représentera la vieillesse et la science.

Nous avons déjà rencontré des vues fort semblables dans Fontenelle, Saint-Simon, Cousin, Littré, Schiller, Fichte, Gœrres et Lasaulx. Ce sont de vieilles erreurs, et elles ont revêtu des formes nombreuses. Mais, quelles que soient les formes qui les enveloppent, elles ont pour fondements de faux principes qui ont déjà été réfutés. Je remarquerai seulement que le Dr Hermann lui-même admet que la loi générale ne s'applique qu'à l'histoire de l'Europe. Evidemment, il ne pouvait se refuser à l'admettre, car l'Orient pris dans son ensemble, bien que plus ancien que la Grèce, était certainement plus religieux qu'artistique, et l'une des plus vieilles nations orientales, la Chine, est à sa façon aussi industrielle et aussi industrieuse que l'Angleterre. Le Dr Hermann lui-même décrit l'histoire des Juifs comme celle où la religion est le mieux représentée. Est-ce qu'elle est venue après celle de la Grèce? En fait, la religion n'exerçait-elle pas sa suprématie en Judée, l'industrie et le commerce n'étaient-ils pas florissants chez les Phéniciens à peu près à la même époque où l'art était cultivé avec tant de succès par les Grecs? Que la Grèce ait représenté l'art plutôt que la science, c'est là une proposition bien contestable; que l'Allemagne ait fait pour la science seulement autant que la Grèce, c'est une assertion peut-être plus contestable encore. Il est impossible d'accepter comme « loi générale » de l'histoire une loi qui, de l'aveu même de ceux qui l'admettent, ne s'applique qu'à une partie de l'histoire, quelque importante que puisse être cette partie. Alléguer pour justification qu'une loi générale peut bien ne s'appliquer que dans des limites restreintes et spéciales, que seule l'histoire de l'Europe est proprement l'histoire, prouve seulement que ceux qui parlent ou écrivent ainsi se sont formés de l'histoire une conception étroite et arbitraire. Quelle notion inexacte et incomplète, en effet, que celle qui ne nous permet pas d'admettre que la Chine, l'Inde, la Perse et la Judée aient eu une histoire!

Les chapitres de beaucoup les plus remarquables de l'ouvrage de Hermann sont ceux qui sont consacrés à l'examen des différentes parties et des aspects particuliers de l'histoire, et heureusement ils sont beaucoup plus nombreux que ceux qui sont remplis par des généralisations du genre de celles dont nous venons de parler. L'Orient et l'Occident, l'Asie et l'Europe y sont présentés comme l'expression de deux grands systèmes historiques opposés, le premier étant essentiellement un ensemble complexe ou un agrégat de peuples coexistants, tandis que le caractère dominant du second, c'est que la civilisation s'y développe d'une manière continue à travers une série de phases ou de degrés. Hermann passe trop rapidement sur l'Orient, où il ne voit qu'une simple « juxtaposition » (Nebeinander), conception extrême qui a pris naissance dans une réaction contre une autre conception également extrême, celle de Hégel, qui représentait l'Orient comme marquant uniquement la première phase de l'histoire universelle. Bien que peu nombreux, les chapitres sur l'Orient, au lieu d'être réunis ensemble, sont artificiellement séparés et dispersés à travers tout le volume; ainsi, par exemple, le contraste général entre l'Orient et l'Occident est le sujet du chapitre 30, le caractère général de l'Orient, celui du chapitre 20; et la distribution générale de la civilisation en Orient, celui du chapitre 63. Ces défauts sont d'autant plus à regretter que, pris en eux-mêmes, les chapitres sur l'Orient sont, dans leur ensemble, excellents. L'histoire de l'Europe, considérée au point de vue politique, est divisée en deux grandes époques, l'antiquité et le monde moderne, le moyen âge n'étant pas regardé comme une période indépendante, mais seulement comme une phase de l'histoire moderne. Vingt chapitres environ sont consacrés à l'antiquité, dix au moyen âge, et à peu près trente à l'histoire depuis la Réforme. Dans ces chapitres, le Dr Hermann ne raconte pas de faits, ne trace pas de tableaux historiques; mais il exprime une foule de réflexions sur l'histoire qui sont manifestement le résultat direct d'une longue et patiente étude des faits. On a presque à chaque page la preuve qu'il a soigneusement étudié les faits des points de vue les plus divers, avec la conviction que seuls ils peuvent nous révéler leur propre signification. Sans doute, il s'est plus préoccupé de leur signification que de leurs explications, des fins que des causes, et, en conséquence, ses réflexions peuvent sans doute rarement être prises pour des résultats scientifiquement acquis; mais, selon moi, ce sont en général des conclusions que la science ne peut se dispenser de prendre en considération, des vérités propres à indiquer et à éclairer la route que la science doit suivre. Naturellement, l'auteur exprime dans ces chapitres plusieurs opinions que je ne puis accepter. C'est surtout le cas pour ceux qui traitent de l'histoire depuis la Réforme. Le Dr Hermann est certainement un homme qui aime la vérité et la justice; mais il me semble qu'il les a quelquefois sacrifiées l'une et l'autre à ce qui de nos jours passe vulgairement en Allemagne pour du patriotisme, je veux dire une sorte de teutomanie beaucoup plus profondément enracinée et largement répandue dans ce pays-là que le chauvinisme ne l'est en France, et qui n'est ni moins déraisonnable ni moins pernicieux. Mais c'est là un sujet que je ne veux pas aborder. Je préfère prendre congé du Dr Hermann, en exprimant de nouveau ma conviction que son ouvrage est une contribution de la plus haute valeur à une branche de la philosophie que personne n'a cultivée avec un zèle plus honorable et une abnégation plus complète.

FIN.

TABLE DES MATIÈRES

Chapitre premier.	— Progrès de l'historiographie en Allemagne.....	1
—	II. — Commencements de la philosophie de l'histoire en Allemagne : Leibnitz, Iselin, Wegelin, Schlözer, Von Muller.....................	18
—	III. — Lessing.....................................	52
—	IV. — Herder.....................................	67
—	V. — Kant et Schiller	87
—	VI. — Fichte.....................................	123
—	VII. — Schelling..................................	141
—	VIII. — École de Schelling : Stutzmann, Steffens et Gœrres.................................	174
—	IX. — Frédéric Schlégel	195
—	X. — Krause.....................................	223
—	XI. — Hégel.....................................	260
—	XII. — Schelling, Bunsen et Lasaulx..............	335
—	XIII. — Lazarus, Lotze et Hermann................	389

FIN DE LA TABLE.

Coulommiers. —Typog. Albert PONSOT et P. BRODARD

ANCIENNE LIBRAIRIE GERMER BAILLIÈRE ET Cie
FÉLIX ALCAN, ÉDITEUR

CATALOGUE

DES

LIVRES DE FONDS

(PHILOSOPHIE — HISTOIRE)

TABLE DES MATIÈRES

	Pages.
BIBLIOTHÈQUE DE PHILOSOPHIE CONTEMPORAINE	
Format in-12	2
Format in-8	4
COLLECTION HISTORIQUE DES GRANDS PHILOSOPHES	6
Philosophie ancienne	6
Philosophie moderne	7
Philosophie écossaise	7
Philosophie allemande	7
Philosophie allemande contemporaine	8
Philosophie anglaise contemporaine	8
Philosophie italienne contemporaine	9
BIBLIOTHÈQUE D'HISTOIRE CONTEMP.	10
BIBLIOTHÈQUE HISTORIQUE ET POLITIQUE	12
RECUEIL DES INSTRUCTIONS DIPLOMATIQUES	12
INVENTAIRE ANALYTIQUE DES ARCHIVES DU MINISTÈRE DES AFFAIRES ÉTRANGÈRES	13
PUBLICATIONS HISTORIQUES ILLUSTRÉES	13
ANTHROPOLOGIE ET ETHNOLOGIE	13
REVUE PHILOSOPHIQUE	14
REVUE HISTORIQUE	14
ANNALES DE L'ÉCOLE LIBRE DES SCIENCES POLITIQUES	15
BIBLIOTHÈQUE SCIENTIFIQUE INTERNATIONALE	16
Par ordre d'apparition	16
Par ordre de matières	19
OUVRAGES DIVERS NE SE TROUVANT PAS DANS LES BIBLIOTHÈQUES	22
BIBLIOTHÈQUE UTILE	30

On peut se procurer tous les ouvrages qui se trouvent dans ce Catalogue par l'intermédiaire des libraires de France et de l'Étranger.

On peut également les recevoir *franco* par la poste, sans augmentation des prix désignés, en joignant à la demande des TIMBRES-POSTE FRANÇAIS ou un MANDAT sur Paris.

PARIS
108, BOULEVARD SAINT-GERMAIN, 108
Au coin de la rue Hautefeuille.

SEPTEMBRE 1887

Les titres précédés d'une *astérisque* sont recommandés par le Ministère de l'Instruction publique pour les Bibliothèques et pour les distributions des prix des lycées et collèges. — Les lettres V. P. indiquent les volumes adoptés pour les distributions de prix et les Bibliothèques de la Ville de Paris.

BIBLIOTHÈQUE DE PHILOSOPHIE CONTEMPORAINE
Volumes in-12 brochés à 2 fr. 50.

Cartonnés toile. 3 francs. — En demi-reliure, plats papier. 4 francs.

Quelques-uns de ces volumes sont épuisés et il n'en reste que peu d'exemplaires imprimés sur papier vélin; ces volumes sont annoncés au prix de 5 francs.

ALAUX, professeur à la Faculté des lettres d'Alger. **Philosophie de M. Cousin.**
AUBER (Ed.). **Philosophie de la médecine.**
BALLET (G.), professeur agrégé à la Faculté de médecine. **Le Langage intérieur et les diverses formes de l'aphasie.** 1 vol. avec figures dans le texte.
BARTHÉLEMY SAINT-HILAIRE, de l'Institut. **De la Métaphysique.**
* BEAUSSIRE, de l'Institut. **Antécédents de l'hégélianisme dans la philosophie française.**
* BERSOT (Ernest), de l'Institut. **Libre Philosophie.** (V. P.)
* BERTAULD, de l'Institut. **L'Ordre social et l'Ordre moral.**
— **De la Philosophie sociale.**
BINET (A.). **La Psychologie du raisonnement**, expériences par l'hypnotisme.
BOST. **Le Protestantisme libéral.**
BOUILLIER. **Plaisir et Douleur.** Papier vélin. 5 fr.
* BOUTMY (E.), de l'Institut. **Philosophie de l'architecture en Grèce.** (V. P.)
* CHALLEMEL-LACOUR. **La Philosophie individualiste**, étude sur G. de Humboldt. (V. P.)
COIGNET (Mme C.). **La Morale indépendante.**
COQUEREL Fils (Ath.). **Transformations historiques du Christianisme.**
— **La Conscience et la Foi.**
— **Histoire du Credo.**
COSTE (Ad.). **Les Conditions sociales du bonheur et de la force.** (V. P.)
DELBŒUF (J.). **La Matière brute et la matière vivante.** Étude sur l'origine de la vie et de la mort.
* ESPINAS (A.), professeur à la Faculté des lettres de Bordeaux. **La Philosophie expérimentale en Italie.**
FAIVRE (E.), professeur à la Faculté des sciences de Lyon. **De la Variabilité des espèces.**
FÉRÉ (Ch.). **Sensation et mouvement.** Étude de psycho-mécanique, avec figures.
FONTANÈS. **Le Christianisme moderne.**
FONVIELLE (W. de). **L'Astronomie moderne.**
* FRANCK (Ad.), de l'Institut. **Philosophie du droit pénal.** 2e édit.
— **Des Rapports de la Religion et de l'Etat.** 2e édit.
— **La Philosophie mystique en France au XVIIIe siècle.**
* GARNIER. **De la Morale dans l'antiquité.** Papier vélin.
GAUCKLER. **Le Beau et son histoire.**
HAECKEL, prof. à l'Université d'Iéna. **Les Preuves du transformisme.** 2e édit.
— **La Psychologie cellulaire.**
HARTMANN (E. de). **La Religion de l'avenir.** 2e édit.
— **Le Darwinisme**, ce qu'il y a de vrai et de faux dans cette doctrine. 3e édit.
* HERBERT SPENCER. **Classification des sciences**, trad. de M. Cazelles. 2e édit.
— **L'Individu contre l'État**, traduit par M. Gerschel. 2e édit.
* JANET (Paul), de l'Institut. **Le Matérialisme contemporain.** 4e édit.
— * **La Crise philosophique. Taine, Renan, Vacherot, Littré.**

* JANET (Paul). **Philosophie de la Révolution française.** 3ᵉ édit. (V. P.
— * Saint-Simon et le Saint-Simonisme.
— **Les Origines du Socialisme contemporain.**
* LAUGEL (Auguste). **L'Optique et les Arts.** (V. P.)
— * **Les Problèmes de la nature.**
— * **Les Problèmes de la vie.**
— * **Les Problèmes de l'âme.**
— * **La Voix, l'Oreille et la Musique.** Papier vélin.   5 fr.
LEBLAIS. **Matérialisme et Spiritualisme.**
* LEMOINE (Albert), maître de conférences à l'Ecole normale. **Le Vitalisme et l'Animisme.**
— * **De la Physionomie et de la Parole.**
— * **L'Habitude et l'Instinct.**
LEOPARDI. **Opuscules et Pensées**, traduit par M. Aug. Dapples.
LEVALLOIS (Jules). **Déisme et Christianisme.**
* LÉVÊQUE (Charles), de l'Institut. **Le Spiritualisme dans l'art.**
— * **La Science de l'invisible.**
LÉVY (Antoine). **Morceaux choisis des philosophes allemands.**
* LIARD, directeur de l'Enseignement supérieur. **Les Logiciens anglais contemporains.** 2ᵉ édit.
— * **Des définitions géométriques.** 2ᵉ édit.
* LOTZE (H.). **Psychologie physiologique**, traduit par M. Penjon.
MARIANO. **La Philosophie contemporaine en Italie.**
* MARION, professeur à la Faculté des lettres de Paris. **J. Locke, sa vie, son œuvre.**
* MILSAND. **L'Esthétique anglaise**, étude sur John Ruskin.
MOSSO. **La peur.** Étude psycho-physiologique, trad. de l'italien par F. Hémen (avec figures).
ODYSSE BAROT. **Philosophie de l'histoire.**
PAULHAN. **Les Phénomènes affectifs et les lois de leur apparition.** Essai de psychologie générale.
PI Y MARGALL. **Les Nationalités**, traduit par M. L. X. de Ricard.
* RÉMUSAT (Charles de), de l'Académie française. **Philosophie religieuse.**
RÉVILLE (A.), professeur au Collège de France. **Histoire du dogme de la divinité de Jésus-Christ.**
RIBOT (Th.), direct. de la *Revue philos.* **La Philosophie de Schopenhauer.** 2ᵉ édi
— * **Les Maladies de la mémoire.** 4ᵉ édit.
— **Les Maladies de la volonté.** 4ᵉ édit.
— **Les Maladies de la personnalité.**
RICHET (Ch.), professeur à la Faculté de médecine. **Essai de psychologie générale** (avec figures).
ROISEL. **De la Substance.**
SAIGEY. **La Physique moderne.** 2ᵉ tirage. (V. P.)
* SAISSET (Emile), de l'Institut. **L'Ame et la Vie.**
— * **Critique et Histoire de la philosophie** (fragm. et disc.).
SCHMIDT (O.). **Les Sciences naturelles et la Philosophie de l'inconscient.**
SCHŒBEL. **Philosophie de la raison pure.**
* SCHOPENHAUER. **Le Libre arbitre**, traduit par M. Salomon Reinach. 3ᵉ édit.
— * **Le Fondement de la morale**, traduit par M. A. Burdeau. 2ᵉ édit.
— **Pensées et Fragments**, avec intr. par M. J. Bourdeau. 6ᵉ édit.
SELDEN (Camille). **La Musique en Allemagne**, étude sur Mendelssohn. (V. P.)
SICILIANI (P.). **La Psychogénie moderne.**
STRICKER. **Le Langage et la Musique**, traduit par M. Schwiedland.
* STUART MILL. **Auguste Comte et la Philosophie positive**, traduit par M. Clémenceau. 2ᵉ édit. (V. P.)
— **L'Utilitarisme**, traduit par M. Le Monnier.

TAINE (H.), de l'Académie française. L'Idéalisme anglais, étude sur Carlyle.
— * Philosophie de l'art dans les Pays-Bas. 2ᵉ édit. (V. P.)
— * Philosophie de l'art en Grèce. 2ᵉ édit. (V. P.)
— * De l'Idéal dans l'art. Papier vélin. 5 fr.
— * Philosophie de l'art en Italie. Papier vélin. 5 fr.
— * Philosophie de l'art. Papier vélin. 5 fr.
TARDE. La Criminalité comparée.
TISSANDIER. Des Sciences occultes et du Spiritisme. Pap. vélin. 5 fr.
* VACHEROT (Et.), de l'Institut. La Science et la Conscience.
VÉRA (A.), professeur à l'Université de Naples. Philosophie hégélienne.
VIANNA DE LIMA. L'homme selon le transformisme.
ZELLER. Christian Baur et l'École de Tubingue, traduit par M. Ritter.

BIBLIOTHÈQUE DE PHILOSOPHIE CONTEMPORAINE

Volumes in-8.

Brochés à 5 r., 7 fr. 50 et 10 fr. — Cart. anglais, 1 fr. en plus par volume.
Demi-reliure.................... 2 francs.

AGASSIZ. De l'Espèce et des Classifications. 1 vol. 5 fr.
BAIN (Alex.) *. La Logique inductive et déductive. Traduit de l'anglais par M. G. Compayré. 2 vol. 2ᵉ édit. 20 fr.
— * Les Sens et l'Intelligence. 1 vol. Traduit par M. Cazelles. 10 fr.
— * L'Esprit et le Corps. 1 vol. 4ᵉ édit. 6 fr.
— La Science de l'Éducation. 1 vol. 6ᵉ édit. 6 fr.
— Les Émotions et la Volonté. Trad. par M. Le Monnier. 1 vol. 10 fr.
* BARDOUX, sénateur. Les Légistes, leur influence sur la société française. 1 vol. 5 fr.
* BARNI (Jules). La Morale dans la démocratie. 1 vol. 2ᵉ édit. précédée d'une préface de M. D. Nolen, recteur de l'académie de Douai. (V. P.) 5 fr.
BEAUSSIRE (Émile), de l'Institut. Les Principes de la morale. 1 vol. 5 fr.
BERTRAND (A.), professeur à la Faculté des lettres de Lyon. L'Aperception du corps humain par la conscience. 1 vol. 5 fr.
BÜCHNER. Nature et Science. 1 vol. 2ᵉ édit. Traduit par M. Lauth. 7 fr. 50
CLAY (R.). L'Alternative, contribution à la psychologie. 1 vol. Traduit de l'anglais par M. A. Burdeau, député, ancien prof. au lycée Louis-le-Grand. 10 fr.
EGGER (V.), professeur à la Faculté des lettres de Nancy. La Parole intérieure. 1 vol. 5 fr.
ESPINAS (Alf.), professeur à la Faculté des lettres de Bordeaux. Des Sociétés animales. 1 vol. 2ᵉ édit. 7 fr. 50
FERRI (Louis), correspondant de l'Institut. La Psychologie de l'association, depuis Hobbes jusqu'à nos jours. 1 vol. 7 fr. 50
* FLINT, professeur à l'Université d'Édimbourg. La Philosophie de l'histoire en France. Traduit de l'anglais par M. Ludovic Carrau, directeur des conférences de philosophie à la Sorbonne. 1 vol. 7 fr. 50
— * La Philosophie de l'histoire en Allemagne. Trad. de l'angl. par M. Ludovic Carrau. 1 vol. 7 fr. 50
FONSEGRIVES. Essai sur le libre arbitre. Sa théorie, son histoire. 1 vol. 10 fr.
* FOUILLÉE (Alf.), ancien maître de conférences à l'École normale supérieure. La Liberté et le Déterminisme. 1 vol. 2ᵉ édit. 7 fr. 50
— Critique des systèmes de morale contemporains. 1 vol. 2ᵉ édit. 7 fr. 50
FRANCK (A.), de l'Institut. Philosophie du droit civil. 1 vol. 5 fr.
GAROFALO. La Criminologie. 1 vol. (Sous presse.)
* GUYAU. La Morale anglaise contemporaine. 1 vol. 2ᵉ édit. 7 fr. 50
— Les Problèmes de l'esthétique contemporaine. 1 vol. 5 fr.
— Esquisse d'une morale sans obligation ni sanction. 1 vol. 5 fr.
— L'Irréligion de l'avenir, étude de sociologie. 1 vol. 2ᵉ édit. 7 fr. 50

HERBERT SPENCER *. **Les premiers Principes.** Traduit par M. Cazelles. 1 fort volume. 10 fr.
— **Principes de biologie.** Traduit par M. Cazelles. 2 vol. 20 fr.
— * **Principes de psychologie.** Trad. par MM. Ribot et Espinas. 2 vol. 20 fr.
— * **Principes de sociologie :**
  Tome I. Traduit par M. Cazelles. 1 vol. 10 fr.
  Tome II. Traduit par MM. Cazelles et Gerschel. 1 vol. 7 fr. 50
  Tome III. Traduit par M. Cazelles. 1 vol. 15 fr.
  Tome IV. Traduit par M. Cazelles. 1 vol. 3 fr. 75
— * **Essais sur le progrès.** Traduit par M. A. Burdeau. 1 vol. 2ᵉ éd. 7 fr. 50
— **Essais de politique.** Traduit par M. A. Burdeau. 1 vol. 2ᵉ édit. 7 fr. 50
— **Essais scientifiques.** Traduit par M. A. Burdeau. 1 vol. 7 fr. 50
* **De l'Education physique, intellectuelle et morale.** 1 vol. 5ᵉ édit. 5 fr.
— * **Introduction à la science sociale.** 1 vol. 6ᵉ édit. 6 fr
— **Les Bases de la morale évolutionniste.** 1 vol. 3ᵉ édit. 6 fr.
— * **Classification des sciences.** 1 vol. in-18. 2ᵉ édit. 2 fr. 50
— **L'Individu contre l'État.** Traduit par M. Gerschel. 1 vol. in-18. 2ᵉ édit. 2 fr. 50
— **Descriptive Sociology,** or Groups of sociological facts. French compiled by James COLLIER. 1 vol. in-folio. 50 fr.
* HUXLEY, de la Société royale de Londres. **Hume, sa vie, sa philosophie.** Traduit de l'anglais et précédé d'une Introduction par G. COMPAYRÉ. 1 vol. 5 fr.
* JANET (Paul), de l'Institut. **Les Causes finales.** 1 vol. 2ᵉ édit. 10 fr.
— * **Histoire de la science politique dans ses rapports avec la morale.** 2 forts vol. in-8. 3ᵉ édit., revue, remaniée et considérablement augmentée. 20 fr.
* LAUGEL (Auguste). **Les Problèmes** (Problèmes de la nature, problèmes de la vie, problèmes de l'âme). 1 vol. 7 fr. 50
* LAVELEYE (de), correspondant de l'Institut. **De la Propriété et de ses formes primitives.** 1 vol. 4ᵉ édit. (*Sous presse.*)
* LIARD, directeur de l'enseignement supérieur. **La Science positive et la Métaphysique.** 1 vol. 2ᵉ édit. 7 fr. 50
— **Descartes.** 1 vol. 5 fr.
LOMBROSO. **L'Homme criminel** (criminel-né, fou-moral, épileptique). Étude anthropologique et médico-légale, précédée d'une préface de M. le docteur LETOURNEAU. 1 vol. in-8. 10 fr.
— **Atlas** de 32 planches, contenant de nombreux portraits, fac-similés d'écritures et de dessins, tableaux et courbes statistiques pour accompagner ledit ouvrage. 8 fr.
MARION (H.), professeur à la Faculté des lettres de Paris. **De la Solidarité morale.** Essai de psychologie appliquée. 1 vol. 2ᵉ édit. (V. P.) 5 fr.
MATTHEW ARNOLD. **La Crise religieuse.** 1 vol. 7 fr. 50
MAUDSLEY. **La Pathologie de l'esprit.** 1 vol. Trad. par M. Germont. 10 fr.
* NAVILLE (E.), correspond. de l'Institut. **La Logique de l'hypothèse.** 1 vol. 5 fr.
PÉREZ (Bernard). **Les trois premières années de l'enfant.** 1 fort vol. 3ᵉ édit. 5 fr.
— **L'Enfant de trois à sept ans.** 1 vol. 5 fr.
— **L'Éducation morale dès le berceau.** 1 vol. 2ᵉ édit. 5 fr.
PIDERIT. **La Mimique et la Physiognomonie.** Trad. de l'allemand par M. Girot. 1 vol. in-8 avec 95 figures. (*Sous presse.*)
PREYER, professeur à la Faculté d'Iéna. **Éléments de physiologie.** Traduit de l'allemand par M. J. Soury. 1 vol. 5 fr.
— **L'Ame de l'enfant.** Observations sur le développement psychique des premières années. 1 vol., traduit de l'allemand par M. H. C. de Varigny. 10 fr.
* QUATREFAGES (De), de l'Institut. **Ch. Darwin et ses précurseurs français.** 1 vol. 5 fr.
RIBOT (Th.), directeur de la *Revue philosophique*. **L'Hérédité psychologique.** 1 vol. 3ᵉ édit. 7 fr. 50
— * **La Psychologie anglaise contemporaine.** 1 vol. 3ᵉ édit. 7 fr. 50
— * **La Psychologie allemande contemporaine.** 1 vol. 2ᵉ édit. 7 fr. 50
RICHET (Ch.), professeur à la Faculté de médecine de Paris. **L'Homme et l'Intelligence.** Fragments de psychologie et de physiologie. 1 vol. 2ᵉ édit. 10 fr.
ROBERTY (E. de). **L'Ancienne et la Nouvelle philosophie.** 1 vol. 7 fr. 50
SAIGEY (Emile). **Les Sciences au XVIIIᵉ siècle. La physique de Voltaire.** 1 vol. 5 fr.

SCHOPENHAUER. **Aphorismes sur la sagesse dans la vie**. 3ᵉ édit. Traduit par M. Cantacuzène. 1 vol. 5 fr.
— **De la quadruple racine du principe de la raison suffisante**, suivi d'une *Histoire de la doctrine de l'idéal et du réel*. Trad. par M. Cantacuzène. 1 vol. 5 fr.
— **Le monde comme volonté et représentation**. Traduit de l'allemand par M. A. Burdeau. 3 vol. Tome I. 1 vol. 7 fr. 50

Les tomes II et III paraîtront dans le courant de l'année 1888.

SÉAILLES, maître de conférences à la Faculté des lettres de Paris. **Essai sur le génie dans l'art**. 1 vol. 5 fr.
SERGI, professeur à l'Université de Rome. **La Psychologie physiologique**, traduite de l'italien par M. Mouton. 1 vol. avec figures. 1888. 10 fr.
* STUART MILL. **La Philosophie de Hamilton**. 1 vol. 10 fr.
— * **Mes Mémoires**. Histoire de ma vie et de mes idées. Traduit de l'anglais par M. E. Cazelles. 1 vol. 5 fr.
— * **Système de logique déductive et inductive**. Trad. de l'anglais par M. Louis Peisse. 2 vol. 20 fr.
— * **Essais sur la Religion**. 2ᵉ édit. 1 vol. 5 fr.
SULLY (James). **Le Pessimisme**. Trad. par MM. Bertrand et Gérard. 1 vol. 7 fr. 50
VACHEROT (Et.), de l'Institut. **Essais de philosophie critique**. 1 vol. 7 fr. 50
— **La Religion**. 1 vol. 7 fr. 50
WUNDT. **Éléments de psychologie physiologique**. 2 vol. avec figures, trad. de l'allem. par le Dʳ Élie Rouvier, et précédés d'une préface de M. D. Nolen. 20 fr.
CARRAU (Ludovic), directeur des conférences de philosophie à la Sorbonne. **La Philosophie religieuse en Angleterre**. 1 vol. (*Sous presse.*)

ÉDITIONS ÉTRANGÈRES

Éditions anglaises.

AUGUSTE LAUGEL. The United States during the war. In-8. 7 shill. 6 p.
ALBERT RÉVILLE. History of the doctrine of the deity of Jesus-Christ. 3 sh. 6 p.
H. TAINE. Italy (Naples et Rome). 7 sh. 6 p.
H. TAINE. The Philosophy of Art. 3 sh.

Éditions allemandes.

PAUL JANET. The Materialism of present day. 1 vol. in-18, rel. 3 shill.
JULES BARNI. Napoléon 1ᵉʳ. In-18. 3 m.
PAUL JANET. Der Materialismus unsere Zeit. 1 vol. in-18. 3 m.
H. TAINE. Philosophie der Kunst. 1 volume in-18. 3 m.

COLLECTION HISTORIQUE DES GRANDS PHILOSOPHES

PHILOSOPHIE ANCIENNE

ARISTOTE (Œuvres d'), traduction de M. BARTHÉLEMY SAINT-HILAIRE.
— **Psychologie** (Opuscules), avec notes. 1 vol. in-8 .... 10 fr.
— **Rhétorique**, avec notes. 1870. 2 vol. in-8 .... 16 fr.
— **Politique**, 1868, 1 v. in-8. 10 fr.
— **Traité du ciel**, 1866. 1 fort vol. grand in-8 .... 10 fr.
— **La Métaphysique d'Aristote**. 3 vol. in-8, 1879 .... 30 fr.
— **Traité de la production et de la destruction des choses**, avec notes. 1866. 1 v. gr. in-8 .... 10 fr.
— **De la Logique d'Aristote**, par M. BARTHÉLEMY SAINT-HILAIRE. 2 vol. in-8 .... 10 fr.
* SOCRATE. **La Philosophie de Socrate**, par M. Alf. FOUILLÉE. 2 vol. in-8 .... 16 fr.

* PLATON. **La Philosophie de Platon**, par M. Alfred FOUILLÉE. 2 vol. in-8 .... 16 fr.
* — **Études sur la Dialectique dans Platon et dans Hegel**, par M. Paul JANET. 1 vol. in-8. 6 fr.
* ÉPICURE. **La Morale d'Épicure et ses rapports avec les doctrines contemporaines**, par M. GUYAU. 1 vol. in-8. 3ᵉ édit.... 7 fr. 50
* ÉCOLE D'ALEXANDRIE. **Histoire de l'École d'Alexandrie**, par M. BARTHÉLEMY SAINT-HILAIRE. 1 v. in-8 .... 6 fr.
MARC-AURÈLE. **Pensées de Marc-Aurèle**, traduites et annotées par M. BARTHÉLEMY SAINT-HILAIRE. 1 vol. in-18 .... 4 fr. 50

BÉNARD. **La Philosophie ancienne**, histoire de ses systèmes. Première partie : *La Philosophie et la sagesse orientales.* — *La Philosophie grecque avant Socrate.* — *Socrate et les socratiques.* — *Etudes sur les sophistes grecs.* 1 vol. in-8. 1885........ 9 fr.

* FABRE (Joseph). **Histoire de la philosophie, antiquité et moyen âge.** 1 vol. in-18.... 3 fr. 50
OGEREAU. **Essai sur le système philosophique des Stoïciens.** 1 vol. in-8. 1885........ 5 fr.
FAVRE (Mme Jules), née VELTEN. **La Morale des Stoïciens.** 1 volume in-18. 1888......... 3 fr. 50

PHILOSOPHIE MODERNE

LEIBNIZ. **Œuvres philosophiques**, avec Introduction et notes par M. Paul JANET. 2 vol. in-8. 16 fr.
— **Leibniz et Pierre le Grand**, par FOUCHER DE CAREIL. 1 v. in-8. 2 fr.
— **Leibniz et les deux Sophie**, par FOUCHER DE CAREIL. In-8. 2 fr.
DESCARTES, par Louis LIARD. 1 vol. in-8................. 5 fr.
— **Essai sur l'Esthétique de Descartes**, par KRANTZ. 1 v. in-8. 6 fr.
* SPINOZA. **Dieu, l'homme et la béatitude**, trad. et précédé d'une Introd. de P. JANET. In-18. 2 fr. 50
— **Benedicti de Spinoza opera** quotquot reperta sunt, recognoverunt J. Van Vloten et J.-P.-N. Land. 2 forts vol. in-8 sur papier de Hollande............... 45 fr.

* LOCKE. **Sa vie et ses œuvres**, par M. MARION. 1 vol. in-18. 2 fr. 50
* MALEBRANCHE. **La Philosophie de Malebranche**, par M. OLLÉ-LAPRUNE. 2 vol. in-8...... 16 fr.
PASCAL. **Etudes sur le scepticisme de Pascal**, par M. DROZ, 1 vol. in-8............... 6 fr.
* VOLTAIRE. **Les Sciences au XVIIIe siècle. Voltaire physicien,** par M. Em. SAIGEY. 1 vol. in-8. 5 fr.
FRANCK (Ad.). **La Philosophie mystique en France au XVIIIe siècle.** 1 vol. in-18... 2 fr. 50
* DAMIRON. **Mémoires pour servir à l'histoire de la philosophie au XVIIIe siècle.** 3 vol. in-8. 15 fr.

PHILOSOPHIE ÉCOSSAISE

* DUGALD STEWART. **Éléments de la philosophie de l'esprit humain,** traduits de l'anglais par L. PEISSE. 3 vol. in-12... 9 fr.
* HAMILTON. **La Philosophie de Hamilton,** par J. STUART MILL, 1 vol. in-8............. 10 fr.
* HUME. **Sa vie et sa philosophie.** par Th. HUXLEY, trad. de l'angl. par M. G. COMPAYRÉ. 1 vol. in-8. 5 fr.

PHILOSOPHIE ALLEMANDE

KANT. **Critique de la raison pure**, trad. par M. TISSOT. 2 v. in-8. 16 fr.
— Même ouvrage, traduction par M. Jules BARNI. 2 vol. in-8.. 16 fr.
* — **Éclaircissements sur la Critique de la raison pure**, trad. par M. J. TISSOT. 1 vol. in-8... 6 fr.
— **Principes métaphysiques de la morale**, augmentés des *Fondements de la métaphysique des mœurs*, traduct. par M. TISSOT. 1 v. in-8. 8 fr.
— Même ouvrage, traduction par M. Jules BARNI. 1 vol. in-8... 8 fr.
* — **La Logique**, traduction par M. TISSOT 1 vol. in-8..... 4 fr.
* — **Mélanges de logique**, traduction par M. TISSOT. 1 v. in-8. 6 fr.
* — **Prolégomènes à toute métaphysique future** qui se présentera comme science, traduction de M. TISSOT. 1 vol. in-8... 6 fr.

* KANT. **Anthropologie**, suivie de divers fragments relatifs aux rapports du physique et du moral de l'homme, et du commerce des esprits d'un monde à l'autre, traduction par M. TISSOT. 1 vol. in-8..... 6 fr.
— **Traité de pédagogie**, trad. J. BARNI; préface par M. Raymond THAMIN. 1 vol. in-12. 2 fr.
* FICHTE. **Méthode pour arriver à la vie bienheureuse**, trad. par M. Fr. BOUILLIER. 1 vol. in-8. 8 fr.
— **Destination du savant et de l'homme de lettres**, traduit par M. NICOLAS. 1 vol. in-8. 3 fr.
* — **Doctrines de la science.** Principes fondamentaux de la science de la connaissance. 1 vol. in-8. 9 fr.

SCHELLING. **Bruno**, ou du principe divin, traduit par M. Cl. Husson. 1 vol. in-8............ 3 fr. 50
— **Écrits philosophiques** et morceaux propres à donner une idée de son système, trad. par M. Ch. Bénard. 1 vol. in-8........ 9 fr.
HEGEL. * **Logique**. 2ᵉ édit. 2 vol. in-8................ 14 fr.
* — **Philosophie de la nature**. 3 vol. in-8 .... 25 fr.
* — **Philosophie de l'esprit**. 2 vol. in-8............. 18 fr.
* — **Philosophie de la religion**. 2 vol. in-8........... 20 fr.
— **Essais de philosophie hégélienne**, par A. Véra. 1 vol. 2 fr. 50
— **La Poétique**, trad. par M. Ch. Bénard. Extraits de Schiller, Gœthe Jean, Paul, etc.; et sur divers sujets relatifs à la poésie. 2 v. in-8. 12 fr.

HEGEL. **Esthétique**. 2 vol. in-8, traduit par M. Bénard...... 16 fr.
— **Antécédents de l'Hegelianisme dans la philosophie française**, par M. Beaussire. 1 vol. in-18......... 2 fr. 50
* — **La Dialectique dans Hegel et dans Platon**, par M. Paul Janet. 1 vol. in-8........... 6 fr.
HUMBOLDT (G. de). **Essai sur les limites de l'action de l'État**. 1 vol. in-18.......... 3 fr. 50
—* **La Philosophie individualiste**, étude sur G. de Humboldt, par M. Challemel-Lacour. 1 v. in-18. 2 fr. 50
* STAHL. **Le Vitalisme et l'Animisme de Stahl**, par M. Albert Lemoine. 1 vol. in-18.... 2 fr. 50
LESSING. **Le Christianisme moderne**. Étude sur Lessing, par M. Fontanès. 1 vol. in-18. 2 fr. 50

PHILOSOPHIE ALLEMANDE CONTEMPORAINE

L. BUCHNER. **Nature et Science**. 1 vol. in-8. 2ᵉ édit...... 7 fr. 50
— * **Le Matérialisme contemporain**, par M. P. Janet. 4ᵉ édit. 1 vol. in-18........ 2 fr. 50
CHRISTIAN BAUR et **l'École de Tubingue**, par M. Ed. Zeller. 1 vol. in-18.......... 2 fr. 50
HARTMANN (E. de). **La Religion de l'avenir**. 1 vol. in-18.. 2 fr. 50
— **Le Darwinisme**, ce qu'il y a de vrai et de faux dans cette doctrine. 1 vol. in-18. 3ᵉ édition.. 2 fr. 50
HAECKEL. **Les Preuves du transformisme**. 1 vol. in-18. 2 fr. 50
— **Essais de psychologie cellulaire**. 1 vol. in-18... 2 fr. 50
O. SCHMIDT. **Les Sciences naturelles et la philosophie de l'inconscient**. 1 v. in-18. 2 fr. 50
LOTZE (H.). **Principes généraux de psychologie physiologique**. 1 vol. in-18.......... 2 fr. 50
PREYER. **Éléments de physiologie**. 1 vol. in-8....... 5 fr.
— **L'Ame de l'enfant**. Observations sur le développement psychique des premières années. 1 vol. in-8. 10 fr.

SCHOPENHAUER. **Essai sur le libre arbitre**. 1 vol. in-18. 3ᵉ éd. 2 fr. 50
— **Le Fondement de la morale**. 1 vol. in-18............ 2 fr. 50
— **Essais et fragments**, traduit et précédé d'une Vie de Schopenhauer, par M. Bourdeau. 1 vol. in-18. 6ᵉ édit........ 2 fr. 50
— **Aphorismes sur la sagesse dans la vie**. 1 vol. in-8. 3ᵉ éd. 5 fr.
— **De la quadruple racine du principe de la raison suffisante**. 1 vol. in-8...... 5 fr.
— **Le Monde comme volonté et représentation**. Tome I. 1 vol. in-8................ 7 fr. 50
— **Schopenhauer et les origines de sa métaphysique**, par M. L. Ducros. 1 vol. in-8...... 3 fr. 50
— **La Philosophie de Schopenhauer**, par M. Th. Ribot. 1 vol. in-18. 2ᵉ édit......... 2 fr. 50
RIBOT (Th.). **La Psychologie allemande contemporaine**. 1 vol. in-8. 2ᵉ édit........ 7 fr. 50
STRICKER. **Le Langage et la Musique**. 1 vol. in-18....... 2 fr. 50
WUNDT. **Psychologie physiologique**. 2 vol. in-8 avec fig. 20 fr.

PHILOSOPHIE ANGLAISE CONTEMPORAINE

STUART MILL *. **La Philosophie de Hamilton**. 1 fort vol. in-8. 10 fr.
— * **Mes Mémoires**. Histoire de ma vie et de mes idées. 1 v. in-8. 5 fr.
— * **Système de logique** déductive et inductive. 2 v. in-8. 20 fr.

STUART MILL *. **Auguste Comte et la philosophie positive**. 1 volume in-18. 2 fr. 50
— **L'Utilitarisme**. 1 v. in-18. 2 fr. 50
— **Essais sur la Religion**. 1 vol. in-8. 2ᵉ édit........... 5 fr.

HERBERT SPENCER *. **Les premiers Principes.** 1 fort volume in-8.................. 10 fr.
— * **Principes de biologie.** 2 forts vol. in-8............. 20 fr.
— * **Principes de psychologie.** 2 vol. in-8........... 20 fr.
— * **Introduction à la Science sociale.** 1 v. in-8 cart. 6ᵉ édit. 6 fr.
— * **Principes de sociologie.** 4 vol. in-8............. 36 fr. 25
— * **Classification des sciences.** 1 vol. in-18, 2ᵉ édition. 2 fr. 50
— * **De l'éducation intellectuelle, morale et physique.** 1 vol. in-8, 5ᵉ édit............ 5 fr.
— * **Essais sur le progrès.** 1 vol. in-8. 2ᵉ édit......... 7 fr. 50
— **Essais de politique.** 1 vol. in-8. 2ᵉ édit........ 7 fr. 50
— **Essais scientifiques.** 1 vol. in-8................. 7 fr. 50
— * **Les bases de la morale évolutionniste.** 1 vol. in-8. 3ᵉ édit. 6 fr.
— **L'Individu contre l'Etat.** 1 vol in-18. 2ᵉ édit........ 2 fr. 50
BAIN *. **Des sens et de l'intelligence.** 1 vol. in-8.... 10 fr.
— **Les Émotions et la volonté.** 1 vol. in-8............. 10 fr.
— * **La Logique inductive et déductive.** 2 vol. in-8. 2ᵉ édit. 20 fr.
— * **L'Esprit et le corps.** 1 vol. in-8, cartonné, 4ᵉ édit.... 6 fr.
— * **La Science de l'éducation.** 1 vol. in-8, cartonné. 6ᵉ édit. 6 fr.
DARWIN *. **Ch. Darwin et ses précurseurs français**, par M. de QUATREFAGES. 1 vol. in-8.. 5 fr.
— *. **Descendance et Darwinisme**, par Oscar SCHMIDT. 1 vol. in-8 cart. 5ᵉ édit......... 6 fr.
DARWIN. **Le Darwinisme**, par E. DE HARTMANN. 1 vol. in-18.. 2 fr. 50
FERRIER. **Les fonctions du cerveau.** 1 vol. in-8...... 10 fr.
CHARLTON BASTIAN. **Le cerveau, organe de la pensée chez l'homme et les animaux.** 2 vol. in-8. 12 fr.
CARLYLE. **L'Idéalisme anglais**, étude sur Carlyle, par H. TAINE. 1 vol. in-18........... 2 fr. 50
BAGEHOT *. **Lois scientifiques du développement des nations.** 1 vol. in-8, cart. 4ᵉ édit... 6 fr.
DRAPER. **Les conflits de la science et de la religion.** 1 volume in-8. 7ᵉ édit................ 6 fr.
RUSKIN (JOHN) *. **L'Esthétique anglaise**, étude sur J. Ruskin, par MILSAND. 1 vol. in-18 ... 2 fr. 50
MATTHEW ARNOLD. **La Crise religieuse.** 1 vol. in-8.... 7 fr. 50
MAUDSLEY *. **Le Crime et la folie.** 1 vol. in-8. cart. 5ᵉ édit... 6 fr.
— **La Pathologie de l'esprit.** 1 vol in-8............. 10 fr.
FLINT *. **La Philosophie de l'histoire en France et en Allemagne.** 2 vol in-8..... 15 fr.
RIBOT (Th.). **La Psychologie anglaise contemporaine.** 3ᵉ édit. 1 vol. in-8........... 7 fr. 50
LIARD *. **Les Logiciens anglais contemporains.** 1 vol. in-18. 2ᵉ édit............. 2 fr. 50
GUYAU *. **La Morale anglaise contemporaine.** 1 v. in-8. 2ᵉ éd. 7 fr. 50
HUXLEY *. **Hume, sa vie, sa philosophie.** 1 vol. in-8...... 5 fr.
JAMES SULLY. **Le Pessimisme.** 1 vol. in-8........... 7 fr. 50
— **Les Illusions des sens et de l'esprit.** 1 vol. in-8, cart.. 6 fr.

PHILOSOPHIE ITALIENNE CONTEMPORAINE

SICILIANI. **La psychogénie moderne.** 1 vol. in-18..... 2 fr. 50
ESPINAS *. **La philosophie expérimentale en Italie, origines, état actuel.** 1 vol. in-18. 2 fr. 50
MARIANO. **La philosophie contemporaine en Italie**, essais de philos. hégélienne. 1 v. in-18. 2 fr. 50
FERRI (Louis). **Essai sur l'histoire de la philosophie en Italie au XIXᵉ siècle.** 2 vol. in-8. 12 fr.
FERRI (Louis). **La philosophie de l'association depuis Hobbes jusqu'à nos jours.** In-8. 7 fr. 50
MINGHETTI. **L'État et l'Église.** 1 vol. in-8................. 5 fr.
LEOPARDI. **Opuscules et pensées.** 1 vol. in-18.......... 2 fr. 50
MOSSO. **La Peur.** 1 vol. in-18. 2 fr. 50
LOMBROSO. **L'Homme criminel.** 1 vol. in-8............ 10 fr.
MANTEGAZZA. **La physionomie et l'expression des sentiments.** 1 vol. in-8 cart......... 6 fr.
SERGI. **La psychologie physiologique.** 1 vol. in-8... 7 fr. 50

BIBLIOTHÈQUE D'HISTOIRE CONTEMPORAINE

Volumes in-18 brochés à 3 fr. 50. — Volumes in-8 brochés à 5 et 7 francs.

Cartonnage anglais, 50 cent. par vol. in-18 ; 1 fr. par vol. in-8.

Demi-reliure, 1 fr. 50 par vol. in-18 ; 2 fr. par vol. in-8.

EUROPE

* SYBEL (H. de). **Histoire de l'Europe pendant la Révolution française,** traduit de l'allemand par Mlle Dosquet. Ouvrage complet en 6 vol. in-8. 42 fr.
Chaque volume séparément. 7 fr.

FRANCE

BLANC (Louis). **Histoire de Dix ans.** 5 vol. in-8. (V. P.) 25 fr.
Chaque volume séparément. 5 fr.
— 25 pl. en taille-douce. Illustrations pour l'*Histoire de Dix ans*. 6 fr.
* BOERT. **La Guerre de 1870-1871,** d'après le colonel fédéral suisse Rustow. 1 vol. in-18. (V. P.) 3 fr. 50
CARLYLE. **Histoire de la Révolution française.** Traduit de l'anglais. 3 vol. in-18.
Chaque volume. 3 fr. 50
* CARNOT (H.), sénateur. **La Révolution française,** résumé historique. 1 volume in-18. Nouvelle édit. (V. P.) 3 fr. 50
ÉLIAS REGNAULT. **Histoire de Huit ans** (1840-1848). 3 vol. in-8. 15 fr.
Chaque volume séparément. 5 fr.
— 14 planches en taille-douce, illustrations pour l'*Histoire de Huit ans*. 4 fr
* GAFFAREL (P.), professeur à la Faculté des lettres de Dijon. **Les Colonies françaises.** 1 vol. in-8. 3e édit. (V. P.) 5 fr.
* LAUGEL (A.). **La France politique et sociale.** 1 vol. in-8. 5 fr.
ROCHAU (de). **Histoire de la Restauration.** 1 vol. in-18. 3 fr. 50
* TAXILE DELORD. **Histoire du second Empire** (1848-1870). 6 vol. in-8. 42 fr.
Chaque volume séparément. 7 fr.
WAHL, professeur au lycée Lakanal. **L'Algérie.** 1 vol. in-8. (V. P.) 5 fr.
LANESSAN (de), député. **L'Expansion coloniale de la France.** Étude économique, politique et géographique sur les établissements français d'outre-mer. 1 fort vol. in-8, avec cartes. 1886. 12 fr.
— **La Tunisie.** 1 vol. in-8 avec une carte en couleurs (1887). 5 fr.

ANGLETERRE

* BAGEHOT (W.). **La Constitution anglaise.** Traduit de l'anglais. 1 volume in-18. (V. P.) 3 fr. 50
— * **Lombard-street.** Le marché financier en Angleterre. 1 vol. in-18. 3 fr. 50
GLADSTONE (E. W.). **Questions constitutionnelles** (1873-1878). — Le prince-époux. — Le droit électoral. Traduit de l'anglais, et précédé d'une Introduction par Albert Gigot. 1 vol. in-8. 5 fr.
* LAUGEL (Aug.). **Lord Palmerston et lord Russel.** 1 vol. in-18. 3 fr. 50
* SIR CORNEWAL LEWIS. **Histoire gouvernementale de l'Angleterre depuis 1770 jusqu'à 1830.** Traduit de l'anglais. 1 vol. in-8. 7 fr.
* REYNALD (H.), doyen de la Faculté des lettres d'Aix. **Histoire de l'Angleterre depuis la reine Anne jusqu'à nos jours.** 1 vol. in-18. 2e édit. (V. P.) 3 fr. 50
* THACKERAY. **Les Quatre George.** Traduit de l'anglais par Lefoyer. 1 vol. in-18. (V. P.) 3 fr. 50

ALLEMAGNE

* BOURLOTON (Ed.). **L'Allemagne contemporaine.** 1 vol. in-18.   3 fr. 50
* VÉRON (Eug.). **Histoire de la Prusse,** depuis la mort de Frédéric II jusqu'à la bataille de Sadowa. 1 vol. in-18. 4ᵉ édit. (V. P.)   3 fr. 50
— * **Histoire de l'Allemagne,** depuis la bataille de Sadowa jusqu'à nos jours. 1 vol. in-18. 2ᵉ édit. (V. P.)   3 fr. 50

AUTRICHE-HONGRIE

* ASSELINE (L.). **Histoire de l'Autriche,** depuis la mort de Marie-Thérèse jusqu'à nos jours. 1 vol. in-18. 3ᵉ édit. (V. P.)   3 fr. 50
SAYOUS (Ed.), professeur à la Faculté des lettres de Toulouse. **Histoire des Hongrois et de leur littérature politique,** de 1790 à 1815. 1 vol. in-18.   3 fr. 50

ITALIE

SORIN (Élie). **Histoire contemporaine de l'Italie.** 1 vol. in-18.   3 fr. 50

ESPAGNE

* REYNALD (H.). **Histoire de l'Espagne** depuis la mort de Charles III jusqu'à nos jours. 1 vol. in-18. (V. P.)   3 fr. 50

RUSSIE

HERBERT BARRY. **La Russie contemporaine.** Traduit de l'anglais. 1 vol. in-18. (V. P.)   3 fr. 50
CRÉHANGE (M.). **Histoire contemporaine de la Russie.** 1 vol. in-18. (V. P.) 3 fr. 50

SUISSE

* DAENDLIKER. **Histoire du peuple suisse.** Trad. de l'allem. par Mᵐᵉ Jules FAVRE et précédé d'une Introduction de M. Jules FAVRE. 1 vol. in-8. (V. P.)   5 fr.
DIXON (H.). **La Suisse contemporaine.** 1 vol. in-18, trad. de l'angl. (V. P.) 3 fr. 50

AMÉRIQUE

DEBERLE (Alf.). **Histoire de l'Amérique du Sud,** depuis sa conquête jusqu'à nos jours. 1 vol. in-18. 2ᵉ édit. (V. P.)   3 fr. 50
* LAUGEL (Aug.). **Les États-Unis pendant la guerre.** 1861-1864. Souvenirs personnels. 1 vol. in-18.   3 fr. 50

---

* BARNI (Jules). **Histoire des idées morales et politiques en France au dix-huitième siècle.** 2 vol. in-18. (V. P.) Chaque volume.   3 fr. 50
— * **Les Moralistes français au dix-huitième siècle.** 1 vol. in-18 faisant suite aux deux précédents. (V. P.)   3 fr. 50
BEAUSSIRE (Émile), de l'Institut. **La Guerre étrangère et la Guerre civile.** 1 vol. in-18.   3 fr. 50
* DESPOIS (Eug.). **Le Vandalisme révolutionnaire.** Fondations littéraires, scientifiques et artistiques de la Convention. 2ᵉ édition, précédée d'une notice sur l'auteur par M. Charles BIGOT. 1 vol. in-18. (V. P.)   3 fr. 50
* CLAMAGERAN (J.), sénateur. **La France républicaine.** 1 vol. in-18. (V. P.) 3 fr. 50
LAVELEYE (E. de), correspondant de l'Institut. **Le Socialisme contemporain.** 1 vol. in-18. 3ᵉ édit.   3 fr. 50
MARCELLIN PELLET, ancien député. **Variétés révolutionnaires.** 2 vol. in-18, précédés d'une Préface de A. RANC. Chaque volume séparément.   3 fr. 50
SPULLER (E.), député, ministre de l'Instruction publique. **Figures disparues,** portraits contemporains, littéraires et politiques. 1 vol. in-18.   3 fr. 50

BIBLIOTHÈQUE HISTORIQUE ET POLITIQUE

Volumes in-8.

* ALBANY DE FONBLANQUE. **L'Angleterre, son gouvernement, ses institutions.** Traduit de l'anglais sur la 14e édition par M. F. C. Dreyfus, avec Introduction par M. H. Brisson. 1 vol.   5 fr.

BENLOEW. **Les Lois de l'Histoire.** 1 vol.   5 fr.

* DESCHANEL (E.). **Le Peuple et la Bourgeoisie.** 1 vol.   5 fr.

DU CASSE. **Les Rois frères de Napoléon Ier.** 1 vol.   10 fr.

MINGHETTI. **L'État et l'Église.** 1 vol.   5 fr.

LOUIS BLANC. **Discours politiques** (1848-1881). 1 vol.   7 fr. 50

PHILIPPSON. **La Contre-révolution religieuse au XVIe siècle.** 1 vol.   10 fr.

HENRARD (P.). **Henri IV et la princesse de Condé.** 1 vol.   6 fr.

NOVICOW. **La Politique internationale,** précédé d'une Préface de M. Eugène Véron. 1 fort vol.   7 fr.

DREYFUS (F. C.). **La France, son gouvernement, ses institutions.** 1 vol. (*Sous presse.*)

RECUEIL DES INSTRUCTIONS

DONNÉES

AUX AMBASSADEURS ET MINISTRES DE FRANCE

DEPUIS LES TRAITÉS DE WESTPHALIE JUSQU'A LA RÉVOLUTION FRANÇAISE

Publié sous les auspices de la Commission des archives diplomatiques au Ministère des affaires étrangères.

Beaux volumes in-8 cavalier, imprimés sur papier de Hollande :

I. — **AUTRICHE**, avec Introduction et notes, par M. Albert Sorel.   20 fr.

II. — **SUÈDE**, avec Introduction et notes, par M. A. Geffroy, membre de l'Institut..........   20 fr.

III. — **PORTUGAL**, avec Introduction et notes, par le vicomte de Caix de Saint-Aymour..........   20 fr.

La publication se continuera par les volumes suivants

Pologne, par M. Louis Farges.
Angleterre, par M. Jusserand.
Prusse, par M. E. Lavisse.
Russie, par M. A. Rambaud.
Turquie, par M. Girard de Rialle.
Rome, par M. Hanotaux.
Hollande, par M. H. Maze.
Espagne, par M. Morel Fatio.

Danemark, par M. Geffroy.
Savoie et Mantoue, par M. Armingaud.
Bavière et Palatinat, par M. Lebon.
Naples et Parme, par M. Joseph Reinach.
Diète Germanique, par M. Chuquet.
Venise, par M. Jean Kaulek.

INVENTAIRE ANALYTIQUE
DES ARCHIVES DU MINISTÈRE DES AFFAIRES ÉTRANGÈRES

Publié sous les auspices de la Commission des archives diplomatiques

I. — **Correspondance politique de MM. de CASTILLON et de MARILLAC**, ambassadeurs de France en Angleterre (**1538-1540**), par M. JEAN KAULEK, avec la collaboration de MM. Louis Farges et Germain Lefèvre-Pontalis. 1 beau volume in-8 raisin sur papier fort .... 15 francs.

II. — **Papiers de BARTHÉLEMY**, ambassadeur de France en Suisse, de 1792 à 1797. Année 1792, par M. Jean KAULEK. 1 beau vol. in-8 raisin sur papier fort .... 15 fr.

Volumes en préparation :

Angleterre, 1546-1549. AMBASSADE DE M. DE SELVE, par M. G. Lefèvre-Pontalis.

Papiers de BARTHÉLEMY, année 1793, par M. J. Kaulek.

PUBLICATIONS HISTORIQUES ILLUSTRÉES

HISTOIRE ILLUSTRÉE DU SECOND EMPIRE, par Taxile DELORD. 6 vol. in-8 colombier avec 500 gravures.
    Chaque vol. broché, 8 fr. — Cart. doré, tr. dorées.   **11 fr. 50**

HISTOIRE POPULAIRE DE LA FRANCE, depuis les origines jusqu'en 1815. — Nouvelle édition. — 4 vol. in-8 colombier avec 1323 gravures sur bois dans le texte.
    Chaque vol., avec gravures, broché, 7 fr. 50 — Cart. doré, tranches dorées .... **11 fr.**

ANTHROPOLOGIE ET ETHNOLOGIE

EVANS (John). **Les âges de la pierre.** 1 vol. grand in-8, avec 467 figures dans le texte. 15 fr. — En demi-reliure. **18 fr.**

EVANS (John). **L'âge du bronze.** 1 vol. grand in-8, avec 540 figures dans le texte, broché, 15 fr. — En demi-reliure. **18 fr.**

GIRARD DE RIALLE. **Les peuples de l'Afrique et de l'Amérique.** 1 vol. petit in-18. **60 cent.**

GIRARD DE RIALLE. **Les Peuples de l'Asie et de l'Europe.** 1 vol. petit in-18. **60 c.**

HARTMANN (R.). **Les peuples de l'Afrique.** 1 vol. in-8, avec fig. **6 fr.**

HARTMANN (R.). **Les singes anthropoïdes.** 1 vol. in-8 avec fig. **6 fr.**

JOLY (N.). **L'homme avant les métaux.** 1 vol. in-8 avec 150 figures dans le texte et un frontispice. 4e édit. **6 fr.**

LUBBOCK (Sir John). **Les origines de la civilisation.** État primitif de l'homme et mœurs des sauvages modernes. 1877. 1 vol. gr. in-8, avec figures et planches hors texte. Trad. de l'anglais par M. Ed. BARBIER. 2e édit. 1877. 15 fr. — Relié en demi-maroquin, avec tr. dorées. 18 fr.

PIÉTREMENT. **Les chevaux dans les temps préhistoriques et historiques.** 1 fort vol. gr. in-8. **15 fr.**

DE QUATREFAGES. **L'espèce humaine.** 1 vol. in-8. 6e édit. **6 fr.**

WHITNEY. **La vie du langage.** 1 vol. in-8. 3e édit. **6 fr.**

CARETTE (le colonel). **Études sur les temps antéhistoriques.** Première étude : *Le langage*. 1 vol. in-8. 1878. **8 fr.**

REVUE PHILOSOPHIQUE
DE LA FRANCE ET DE L'ÉTRANGER

Dirigée par TH. RIBOT
Chargé du *cours de psychologie* à la Sorbonne.

(13ᵉ *année*, 1888.)

La REVUE PHILOSOPHIQUE paraît tous les mois, par livraisons de 6 ou 7 feuilles grand in-8, et forme ainsi à la fin de chaque année deux forts volumes d'environ 680 pages chacun.

CHAQUE NUMÉRO DE LA *REVUE* CONTIENT :

1º Plusieurs articles de fond; 2º des analyses et comptes rendus des nouveaux ouvrages philosophiques français et étrangers; 3º un compte rendu aussi complet que possible des *publications périodiques* de l'étranger pour tout ce qui concerne la philosophie; 4º des notes, documents, observations, pouvant servir de matériaux ou donner lieu à des vues nouvelles.

Prix d'abonnement :

Un an, pour Paris, 30 fr. — Pour les départements et l'étranger, 33 fr.
La livraison...................... 3 fr.

Les années écoulées se vendent séparément 30 francs, et par livraisons de 3 francs.

REVUE HISTORIQUE
Dirigée par G. MONOD
Maître de conférences à l'École normale, directeur à l'École des hautes études.

(13ᵉ *année*, 1888.)

La REVUE HISTORIQUE paraît tous les deux mois, par livraisons grand in-8 de 15 ou 16 feuilles, de manière à former à la fin de l'année trois beaux volumes de 500 pages chacun.

CHAQUE LIVRAISON CONTIENT :

I. Plusieurs *articles de fond*, comprenant chacun, s'il est possible, un travail complet. — II. Des *Mélanges et Variétés*, composés de documents inédits d'une étendue restreinte et de courtes notices sur des points d'histoire curieux ou mal connus. — III. Un *Bulletin historique* de la France et de l'étranger, fournissant des renseignements aussi complets que possible sur tout ce qui touche aux études historiques. — IV. Une *analyse des publications périodiques* de la France et de l'étranger, au point de vue des études historiques. — V. Des *Comptes rendus critiques* des livres d'histoire nouveaux.

Prix d'abonnement :

Un an, pour Paris, 30 fr. — Pour les départements et l'étranger, 33 fr.
La livraison.................. 6 fr.

Les années écoulées se vendent séparément 30 francs, et par fascicules de 6 francs. Les fascicules de la 1ʳᵉ année se vendent 9 francs.

Table des matières contenues dans les cinq premières années de la Revue historique (1876 à 1880), par CHARLES BÉMONT. 1 vol. in-8, 3 fr. (pour les abonnés de la *Revue*, 1 fr. 50).

ANNALES DE L'ÉCOLE LIBRE

DES

SCIENCES POLITIQUES

RECUEIL TRIMESTRIEL

Publié avec la collaboration des professeurs et des anciens élèves de l'école

TROISIÈME ANNÉE, 1888

COMITÉ DE RÉDACTION :

M. Émile BOUTMY, de l'Institut, directeur de l'École; M. Léon SAY, de l'Académie française, ancien ministre des Finances; M. ALF. DE FOVILLE, chef du bureau de statistique au ministère des Finances, professeur au Conservatoire des arts et métiers; M. R. STOURM, ancien inspecteur des Finances et administrateur des Contributions indirectes; M. Alexandre RIBOT, député; M. Gabriel ALIX; M. L. RENAULT, professeur à la Faculté des lettres de Paris; M. André LEBON; M. Albert SOREL; M. PIGEONNEAU, professeur à la Sorbonne; M. A. VANDAL, auditeur de 1re classe au Conseil d'État; Directeurs des groupes de travail, professeurs à l'École.

Secrétaire de la rédaction : M. Aug. ARNAUNÉ, docteur en droit.

La première livraison des **Annales de l'École libre des sciences politiques** a paru le 15 janvier 1886.

Les sujets traités embrassent tout le champ couvert par le programme d'enseignement de l'École : *Economie politique, finances, statistique, histoire constitutionnelle, droit international, public et privé, droit administratif, législations civile et commerciale privées, histoire législative et parlementaire, histoire diplomatique, géographie économique, ethnographie, etc.*

La direction du Recueil ne néglige aucune des questions qui présentent, tant en France qu'à l'étranger, un intérêt pratique et actuel. L'esprit et la méthode en sont strictement scientifiques.

Les *Annales* contiennent en outre des notices bibliographiques et des correspondances de l'étranger.

Cette publication présente donc un intérêt considérable pour toutes les personnes qui s'adonnent à l'étude des sciences politiques. Sa place est marquée dans toutes les Bibliothèques des Facultés, des Universités et des grands corps délibérants.

MODE DE PUBLICATION ET CONDITIONS D'ABONNEMENT

Les *Annales de l'Ecole libre des sciences politiques* paraissent tous les trois mois (15 janvier, 15 avril, 15 juillet et 15 octobre), par fascicules gr. in-8, de 160 pages chacun.

Les conditions d'abonnement sont les suivantes :

Un an (du 15 janvier)	Paris	**16** francs.
	Départements et étranger.	**17** —
	La livraison	**5** —

BIBLIOTHÈQUE SCIENTIFIQUE INTERNATIONALE

Publiée sous la direction de M. Émile ALGLAVE

La *Bibliothèque scientifique internationale* est une œuvre dirigée par les auteurs mêmes, en vue des intérêts de la science, pour la populariser sous toutes ses formes, et faire connaître immédiatement dans le monde entier les idées originales, les directions nouvelles, les découvertes importantes qui se font chaque jour dans tous les pays. Chaque savant expose les idées qu'il a introduites dans la science, et condense pour ainsi dire ses doctrines les plus originales.

On peut ainsi, sans quitter la France, assister et participer au mouvement des esprits en Angleterre, en Allemagne, en Amérique, en Italie, tout aussi bien que les savants mêmes de chacun de ces pays.

La *Bibliothèque scientifique internationale* ne comprend pas seulement des ouvrages consacrés aux sciences physiques et naturelles; elle aborde aussi les sciences morales, comme la philosophie, l'histoire, la politique et l'économie sociale, la haute législation, etc.; mais les livres traitant des sujets de ce genre se rattachent encore aux sciences naturelles, en leur empruntant les méthodes d'observation et d'expérience qui les ont rendues si fécondes depuis deux siècles.

Cette collection paraît à la fois en français, en anglais, en allemand et en italien : à Paris, chez Félix Alcan; à Londres, chez C. Kegan, Paul et Cie; à New-York, chez Appleton; à Leipzig, chez Brockhaus; et à Milan, chez Dumolard frères.

LISTE DES OUVRAGES PAR ORDRE D'APPARITION

VOLUMES IN-8, CARTONNÉS A L'ANGLAISE, A 6 FRANCS.

Les mêmes en demi-reliure veau, avec coins, tranche supér. dorée, non rognés .... 10 francs.

* 1. J. TYNDALL. **Les glaciers et les transformations de l'eau**, avec figures. 1 vol. in-8. 5e édition. (V. P.) 6 fr.
* 2. BAGEHOT. **Lois scientifiques du développement des nations** dans leurs rapports avec les principes de la sélection naturelle et de l'hérédité. 1 vol. in-8. 4e édition. 6 fr.
* 3. MAREY. **La machine animale**, locomotion terrestre et aérienne, avec de nombreuses fig. 1 vol. in-8. 4e édit. augmentée. (V. P.) 6 fr.
  4. BAIN. **L'esprit et le corps.** 1 vol. in-8. 4e édition. (V. P.) 6 fr.
* 5. PETTIGREW. **La locomotion chez les animaux**, marche, natation. 1 vol. in-8, avec figures. 2e édit. 6 fr.
* 6. HERBERT SPENCER. **La science sociale.** 1 v. in-8. 8e édit. 6 fr.
* 7. SCHMIDT (O.). **La descendance de l'homme et le darwinisme.** 1 vol. in-8, avec fig. 5e édition. 6 fr.

8. MAUDSLEY. **Le crime et la folie.** 1 vol. in-8. 5ᵉ édit.   6 r.
* 9. VAN BENEDEN. **Les commensaux et les parasites dans le règne animal.** 1 vol. in-8, avec figures. 3ᵉ édit. (V. P.)   6 fr.
* 10. BALFOUR STEWART. **La conservation de l'énergie,** suivi d'une Étude sur la *nature de la force*, par *M. P. de Saint-Robert*, avec figures. 1 vol. in-8. 4ᵉ édition.   6 fr.
11. DRAPER. **Les conflits de la science et de la religion.** 1 vol. in-8. 7ᵉ édition.   6 fr.
12. L. DUMONT. **Théorie scientifique de la sensibilité.** 1 vol. in-8. 3ᵉ édition.   6 fr.
* 13. SCHUTZENBERGER. **Les fermentations.** 1 vol. in-8, avec fig. 4ᵉ édition.   6 fr.
* 14. WHITNEY. **La vie du langage.** 1 vol. in-8. 3ᵉ édit. (V. P.)   6 fr.
15. COOKE et BERKELEY. **Les champignons.** 1 vol. in-8, avec figures. 3ᵉ édition.   6 fr.
16. BERNSTEIN. **Les sens.** 1 vol. in-8, avec 91 fig. 4ᵉ édit. (V. P.) 6 fr.
* 17. BERTHELOT. **La synthèse chimique.** 1 vol. in-8. 6ᵉ édit.   6 fr.
* 18. VOGEL. **La photographie et la chimie de la lumière,** avec 95 figures. 1 vol. in-8. 4ᵉ édition. (V. P.)   6 fr.
* 19. LUYS. **Le cerveau et ses fonctions,** avec figures. 1 vol. in-8. 5ᵉ édition. (V. P.)   6 fr.
* 20. STANLEY JEVONS. **La monnaie et le mécanisme de l'échange.** 1 vol. in-8. 4ᵉ édition.   6 fr.
21. FUCHS. **Les volcans et les tremblements de terre.** 1 vol. in-8, avec figures et une carte en couleur. 5ᵉ édition. (V. P.)   6 fr.
* 22. GÉNÉRAL BRIALMONT. **Les camps retranchés et leur rôle dans la défense des États.** 1 vol. in-8 avec fig. dans le texte et 2 planches hors texte. 3ᵉ édit.   6 fr.
* 23. DE QUATREFAGES. **L'espèce humaine.** 1 vol. in-8. 9ᵉ édition. (V. P.)   6 fr.
* 24. BLASERNA et HELMHOLTZ. **Le son et la musique.** 1 vol. in-8, avec figures. 4ᵉ édition. (V. P.)   6 fr.
* 25. ROSENTHAL. **Les nerfs et les muscles.** 1 vol. in-8, avec 75 figures. 3ᵉ édition. (V. P.)   6 fr.
* 26. BRUCKE et HELMHOLTZ. **Principes scientifiques des beaux-arts.** 1 vol. in-8, avec 39 figures. 3ᵉ édition. (V. P.)   6 fr.
* 27. WURTZ. **La théorie atomique.** 1 vol. in-8. 4ᵉ édition.   6 fr.
* 28-29. SECCHI (le Père). **Les étoiles.** 2 vol. in-8, avec 63 figures dans le texte et 17 planches en noir et en couleur hors texte. 2ᵉ édition. (V. P.)   12 fr.
30. JOLY. **L'homme avant les métaux.** 1 vol. in-8, avec figures. 4ᵉ édition. (V. P.)   6 fr.
* 31. A. BAIN. **La science de l'éducation.** 1 vol. in-8. 6ᵉ édition.   6 fr.
32-33. THURSTON (R.). **Histoire de la machine à vapeur,** précédée d'une Introduction par M. Hirsch. 2 vol. in-8, avec 140 figures dans le texte et 16 planches hors texte. 2ᵉ édition. (V. P.)   12 fr.
34. HARTMANN (R.). **Les peuples de l'Afrique.** 1 vol. in-8, avec figures. 2ᵉ édition. (V. P.)   6 fr.
* 35. HERBERT SPENCER. **Les bases de la morale évolutionniste.** 1 vol. in-8. 3ᵉ édition.   6 fr.
36. HUXLEY. **L'écrevisse,** introduction à l'étude de la zoologie. 1 vol. in-8, avec figures.   6 fr.
37. DE ROBERTY. **De la sociologie.** 1 vol. in-8. 2ᵉ édition. (V. P.) 6 fr.
* 38. ROOD. **Théorie scientifique des couleurs.** 1 vol. in-8, avec figures et une planche en couleur hors texte. (V. P.)   6 fr.

39. DE SAPORTA et MARION. **L'évolution du règne végétal** (les Cryptogames). 1 vol. in-8 avec figures. 6 fr.

40-41. CHARLTON BASTIAN. **Le cerveau, organe de la pensée chez l'homme et chez les animaux.** 2 vol. in-8, avec figures. 12 fr.

42. JAMES SULLY. **Les illusions des sens et de l'esprit.** 1 vol. in-8, avec figures. (V. P.) 6 fr.

43. YOUNG. **Le Soleil.** 1 vol. in-8, avec figures. (V. P.) 6 fr.

44. DE CANDOLLE. **L'origine des plantes cultivées.** 3ᵉ édition. 1 vol. in-8. 6 fr.

45-46. SIR JOHN LUBBOCK. **Fourmis, abeilles et guêpes.** Études expérimentales sur l'organisation et les mœurs des sociétés d'insectes hyménoptères. 2 vol. in-8, avec 65 figures dans le texte et 13 planches hors texte, dont 5 coloriées. 12 fr.

47. PERRIER (Edm.). **La philosophie zoologique avant Darwin.** 1 vol. in-8. 2ᵉ édition. (R P.) 6 fr.

48. STALLO. **La matière et la physique moderne.** 1 vol. in-8, précédé d'une Introduction par M. Ch. FRIEDEL. 6 fr.

49. MANTEGAZZA. **La physionomie et l'expression des sentiments.** 1 vol. in-8 avec huit planches hors texte. 6 fr.

50. DE MEYER. **Les organes de la parole et leur emploi pour la formation des sons du langage.** 1 vol. in-8 avec 51 figures, traduit de l'allemand et précédé d'une Introduction par M. O. CLAVEAU. 6 fr.

51. DE LANESSAN. **Introduction à l'étude de la botanique** (le Sapin). 1 vol. in-8, avec 143 figures dans le texte. (V. P.) 6 fr.

52-53. DE SAPORTA et MARION. **L'évolution du règne végétal** (les Phanérogames). 2 vol. in-8, avec 136 figures. 12 fr.

54. TROUESSART. **Les microbes, les ferments et les moisissures.** 1 vol. in-8, avec 107 figures dans le texte. (V. P.) 6 fr.

55. HARTMANN (R.). **Les singes anthropoïdes, et leur organisation comparée à celle de l'homme.** 1 vol. in-8, avec 63 figures dans le texte. 6 fr.

56. SCHMIDT (O.). **Les mammifères dans leurs rapports avec leurs ancêtres géologiques.** 1 vol. in-8 avec figures. 6 fr.

57. BINET et FÉRÉ. **Le magnétisme animal.** 1 vol. in avec fig. 6 fr.

58-59. ROMANES. **L'intelligence des animaux.** 2 vol. in précédés d'une préface de M. Edm. PERRIER. 12 fr.

60. DREYFUS (Camille). **La théorie de l'évolution.** 1 vol. -8. 6 fr.

OUVRAGES SUR LE POINT DE PARAITRE :

BERTHELOT. **La philosophie chimique.** 1 vol.

BEAUNIS. **Les sensations internes.** 1 vol. avec figures.

CARTAILHAC. **La France préhistorique.** 1 vol. avec figures.

DURAND-CLAYE (A.). **L'hygiène des villes.** 1 vol. avec figures.

MORTILLET (de). **L'origine de l'homme.** 1 vol. avec figures.

OUSTALET (E.). **L'origine des animaux domestiques.** 1 vol. avec figures.

PERRIER (E.). **L'embryogénie générale.** 1 vol. avec figures.

POUCHET (G.). **La vie du sang.** 1 vol. avec figures.

LISTE DES OUVRAGES

DE LA

BIBLIOTHÈQUE SCIENTIFIQUE INTERNATIONALE

PAR ORDRE DE MATIÈRES.

Chaque volume in-8, cartonné à l'anglaise......... 6 francs.
En demi-rel. veau avec coins, tranche supérieure dorée, non rogné. 10 fr.

SCIENCES SOCIALES

* **Introduction à la science sociale**, par Herbert Spencer. 1 vol. in-8, 7° édit. 6 fr.
* **Les Bases de la morale évolutionniste**, par Herbert Spencer. 1 vol. in-8, 3° édit. 6 fr.
Les Conflits de la science et de la religion, par Draper, professeur à l'Université de New-York. 1 vol. in-8, 7° édit. 6 fr.
Le Crime et la Folie, par H. Maudsley, professeur de médecine légale à l'Université de Londres. 1 vol. in-8, 5° édit. 6 fr.
* **La Défense des États et les camps retranchés**, par le général A. Brialmont, inspecteur général des fortifications et du corps du génie de Belgique. 1 vol. in-8 avec nombreuses figures dans le texte et 2 pl. hors texte, 3° édit. 6 fr.
* **La Monnaie et le mécanisme de l'échange**, par W. Stanley Jevons, professeur d'économie politique à l'Université de Londres. 1 vol. in-8, 4° édit. (V. P.) 6 fr.
La Sociologie, par de Roberty. 1 vol. in-8, 2° édit. (V. P.) 6 fr.
* **La Science de l'éducation**, par Alex. Bain, professeur à l'Université d'Aberdeen (Écosse). 1 vol. in-8, 6° édit. (V. P.) 6 fr.
Lois scientifiques du développement des nations dans leurs rapports avec les principes de l'hérédité et de la sélection naturelle, par W. Bagehot. 1 vol. in-8, 5° édit. 6 fr.
* **La Vie du langage**, par D. Whitney, professeur de philologie comparée à Yale-College de Boston (Etats-Unis). 1 vol. in-8, 3° édit. (V. P.) 6 fr.

PHYSIOLOGIE

Les Illusions des sens et de l'esprit, par James Sully. 1 vol. in-8. (V. P.) 6 fr.
* **La Locomotion chez les animaux** (marche, natation et vol), suivie d'une étude sur l'*Histoire de la navigation aérienne*, par J.-B. Pettigrew, professeur au Collège royal de chirurgie d'Édimbourg (Écosse). 1 vol. in-8 avec 140 figures dans le texte. 2° édit. 6 fr.
* **Les Nerfs et les Muscles**, par J. Rosenthal, professeur de physiologie à l'Université d'Erlangen (Bavière). 1 vol. in-8 avec 75 figures dans le texte, 3° édit. (V. P.) 6 fr.
* **La Machine animale**, par E.-J. Marey, membre de l'Institut, professeur au Collège de France. 1 vol. in-8 avec 117 figures dans le texte, 4° édit. (V. P.) 6 fr.
* **Les Sens**, par Bernstein, professeur de physiologie à l'Université de Halle (Prusse). 1 vol. in-8 avec 91 figures dans le texte, 4° édit. (V. P.) 6 fr.
Les Organes de la parole, par H. de Meyer, professeur à l'Université de Zurich, traduit de l'allemand et précédé d'une introduction sur l'*Enseignement de la parole aux sourds-muets*, par O. Claveau, inspecteur général des établissements de bienfaisance. 1 vol. in-8 avec 51 figures dans le texte. 6 fr.
La Physionomie et l'expression des sentiments, par P. Mantegazza, professeur au Muséum d'histoire naturelle de Florence. 1 vol. in-8 avec figures et 8 planches hors texte, d'après les dessins originaux d'Edouard Ximénès. 6 fr.

PHILOSOPHIE SCIENTIFIQUE

* **Le Cerveau et ses fonctions**, par J. Luys, membre de l'Académie de médecine, médecin de la Salpêtrière. 1 vol. in-8 avec fig. 5e édit. (V. P.) 6 fr.
Le Cerveau et la Pensée chez l'homme et les animaux, par Charlton Bastian, professeur à l'Université de Londres. 2 vol. in-8 avec 184 fig. dans le texte. 12 fr.
Le Crime et la Folie, par H. Maudsley, professeur à l'Université de Londres. 1 vol. in-8, 5e édit. 6 fr.
L'Esprit et le Corps, considérés au point de vue de leurs relations, suivi d'études sur les *Erreurs généralement répandues au sujet de l'esprit*, par Alex. Bain, professeur à l'Université d'Aberdeen (Écosse). 1 vol. in-8, 4e édit. (V. P.) 6 fr.
* **Théorie scientifique de la sensibilité** : *le Plaisir et la Peine*, par Léon Dumont. 1 vol. in-8, 3e édit. 6 fr.
La Matière et la Physique moderne, par Stallo, précédé d'une préface par M. Ch. Friedel, de l'Institut. 1 vol. in-8. 6 fr.
Le Magnétisme animal, par A. Binet et Ch. Féré. 1 vol. in-8, avec figures dans le texte. 6 fr.
L'Intelligence des animaux, par Romanes. 2 vol. in-8, précédés d'une préface de M. E. Perrier, professeur au Muséum d'histoire naturelle. 12 fr.
La Théorie de l'évolution, par C. Dreyfus, député de la Seine. 1 vol. in-8. 6 fr.

ANTHROPOLOGIE

* **L'Espèce humaine**, par A. de Quatrefages, membre de l'Institut, professeur d'anthropologie au Muséum d'histoire naturelle de Paris. 1 vol. in-8, 9e édit. (V. P.) 6 fr.
* **L'Homme avant les métaux**, par N. Joly, correspondant de l'Institut, professeur à la Faculté des sciences de Toulouse. 1 vol. in-8 avec 150 figures dans le texte et un frontispice, 4e édit. (V. P.) 6 fr.
* **Les Peuples de l'Afrique**, par R. Hartmann, professeur à l'Université de Berlin. 1 vol. in-8 avec 93 figures dans le texte, 2e édit. (V. P.) 6 fr.
Les Singes anthropoïdes, et leur organisation comparée à celle de l'homme, par R. Hartmann, professeur à l'Université de Berlin. 1 vol. in-8 avec 63 figures gravées sur bois. 6 fr.

ZOOLOGIE

* **Descendance et Darwinisme**, par O. Schmidt, professeur à l'Université de Strasbourg. 1 vol. in-8 avec figures, 5e édit. 6 fr.
Les Mammifères dans leurs rapports avec leurs ancêtres géologiques, par O. Schmidt. 1 vol. in-8 avec 51 figures dans le texte. 6 fr.
Fourmis, Abeilles et Guêpes, par sir John Lubbock, membre de la Société royale de Londres. 2 vol. in-8 avec figures dans le texte et 13 planches hors texte, dont 5 coloriées. (V. P.) 12 fr.
L'Écrevisse, introduction à l'étude de la zoologie, par Th.-H. Huxley, membre de la Société royale de Londres et de l'Institut de France, professeur d'histoire naturelle à l'École royale des mines de Londres. 1 vol. in-8 avec 82 figures. 6 fr.
* **Les Commensaux et les Parasites** dans le règne animal, par P.-J. Van Beneden, professeur à l'Université de Louvain (Belgique). 1 vol. in-8 avec 82 figures dans le texte. 3e édit. (V. P.) 6 fr.
La Philosophie zoologique avant Darwin, par Edmond Perrier, professeur au Muséum d'histoire naturelle de Paris. 1 vol. in-8, 2e édit. (V. P.) 6 fr.

BOTANIQUE — GÉOLOGIE

Les Champignons, par Cooke et Berkeley. 1 vol. in-8 avec 110 figures. 3e édition. 6 fr.
L'Évolution du règne végétal, par G. de Saporta, correspondant de l'Institut, et Marion, correspondant de l'Institut, professeur à la Faculté des sciences de Marseille.
 I. *Les Cryptogames*. 1 vol. in-8 avec 85 figures dans le texte. 6 fr.
 II. *Les Phanérogames*. 2 vol. in-8 avec 136 figures dans le texte. 12 fr.
* **Les Volcans et les Tremblements de terre**, par Fuchs, professeur à l'Université de Heidelberg. 1 vol. in-8 avec 36 figures et une carte en couleur, 5e édition. (V. P.) 6 fr.

L'Origine des plantes cultivées, par A. DE CANDOLLE, correspondant de l'Institut. 1 vol. in-8, 3ᵉ édit. 6 fr.
Introduction à l'étude de la botanique (le Sapin), par J. DE LANESSAN, professeur agrégé à la Faculté de médecine de Paris. 1 vol. in-8 avec figures dans le texte. (V. P.) 6 fr.
Microbes, Ferments et Moisissures, par le docteur L. TROUESSART. 1 vol. in-8 avec 108 figures dans le texte. (V. P.) 6 fr.

CHIMIE

Les Fermentations, par P. SCHUTZENBERGER, membre de l'Académie de médecine, professeur de chimie au Collège de France. 1 vol. in-8 avec figures, 4ᵉ édit. 6 fr.
* **La Synthèse chimique**, par M. BERTHELOT, membre de l'Institut, professeur de chimie organique au Collège de France. 1 vol. in-8, 6ᵉ édit. 6 fr.
* **La Théorie atomique**, par Ad. WURTZ, membre de l'Institut, professeur à la Faculté des sciences et à la Faculté de médecine de Paris. 1 vol. in-8, 4ᵉ édit., précédée d'une introduction sur la *Vie et les travaux* de l'auteur, par M. CH. FRIEDEL, de l'Institut. 6 fr.

ASTRONOMIE — MÉCANIQUE

Histoire de la Machine à vapeur, de la Locomotive et des Bateaux à vapeur, par R. THURSTON, professeur de mécanique à l'Institut technique de Hoboken, près de New-York, revue, annotée et augmentée d'une Introduction par M. HIRSCH, professeur de machines à vapeur à l'École des ponts etchaussées de Paris. 2 vol. in-8 avec 160 figures dans le texte et 16 planches tirées à part. (V. P.) 12 fr.
* **Les Étoiles**, notions d'astronomie sidérale, par le P. A. SECCHI, directeur de l'Observatoire du Collège Romain. 2 vol. in-8 avec 68 figures dans le texte et 16 planches en noir et en couleurs, 2ᵉ édit. (V. P.) 12 fr.
Le Soleil, par C.-A. YOUNG, professeur d'astronomie au Collège de New-Jersey. 1 vol. in-8 avec 87 figures. (V. P.) 6 fr.

PHYSIQUE

La Conservation de l'énergie, par BALFOUR STEWART, professeur de physique au collège Owens de Manchester (Angleterre), suivi d'une étude sur la *Nature de la force*, par P. DE SAINT-ROBERT (de Turin). 1 vol. in-8 avec figures, 4ᵉ édit. 6 fr.
* **Les Glaciers et les Transformations de l'eau**, par J. TYNDALL, professeur de chimie à l'Institution royale de Londres, suivi d'une étude sur le même sujet, par HELMHOLTZ, professeur à l'Université de Berlin. 1 vol. in-8 avec nombreuses figures dans le texte et 8 planches tirées à part sur papier teinté, 5ᵉ édit. (V. P.) 6 fr.
* **La Photographie et la Chimie de la lumière**, par VOGEL, professeur à l'Académie polytechnique de Berlin. 1 vol. in-8 avec 95 figures dans le texte et une planche en photoglyptie, 4ᵉ édit. (V. P.) 6 fr.
La Matière et la Physique moderne, par STALLO. 1 vol. in-8. 6 fr.

THÉORIE DES BEAUX-ARTS

* **Le Son et la Musique**, par P. BLASERNA, professeur à l'Université de Rome, suivi des *Causes physiologiques de l'harmonie musicale*, par H. HELMHOLTZ, professeur à l'Université de Berlin. 1 vol. in-8 avec 41 figures, 3ᵉ édit. (V. P) 6 fr.
Principes scientifiques des Beaux-Arts, par E. BRUCKE, professeur à l'Université de Vienne, suivi de l'*Optique et les Arts*, par HELMHOLTZ, professeur à l'Université de Berlin. 1 vol. in-8 avec figures, 3ᵉ édit. (V. P.) 6 fr.
* **Théorie scientifique des couleurs et leurs applications aux arts et à l'industrie**, par O. N. ROOD, professeur de physique à Colombia-College de New-York (Etats-Unis). 1 vol. in-8 avec 130 figures dans le texte et une planche en couleurs. (V. P.) 6 fr.

PUBLICATIONS
HISTORIQUES, PHILOSOPHIQUES ET SCIENTIFIQUES
qui ne se trouvent pas dans les Bibliothèques précédentes.

ALAUX. **La religion progressive.** 1 vol. in-18. 3 fr. 50
ALGLAVE. **Des Juridictions civiles chez les Romains.** 1 volume in-8. 2 fr. 50
ALTMEYER (J. J.). **Les précurseurs de la réforme aux Pays-Bas.** 2 forts volumes in-8°. 12 fr.
ARRÉAT. **Une éducation intellectuelle.** 1 vol. in-18. 2 fr. 50
ARRÉAT. **La morale dans le drame, l'épopée et le roman.** 1 vol. in-18. 1883. 2 fr. 50
ARRÉAT. **Journal d'un philosophe.** 1 vol. in-18. 1887. 3 fr. 50
AZAM. **Le caractère dans la santé et dans la maladie.** 1 vol. in-8, précédé d'une préface de Th. RIBOT. (*Sous presse.*)
BALFOUR STEWART et TAIT. **L'univers invisible.** 1 vol. in-8, traduit de l'anglais. 7 fr.
BARNI. Voy. KANT, pages 4, 7, 11 et 30.
BARNI. **Les martyrs de la libre pensée.** 1 vol. in-18. 2ᵉ édit. 3 fr. 50
BARNI. **Napoléon Iᵉʳ.** 1 vol. in-18, édition populaire. 1 fr.
BARTHÉLEMY SAINT-HILAIRE. Voy. pages 2 et 6, ARISTOTE.
BAUTAIN. **La philosophie morale.** 2 vol. in-8. 12 fr.
BEAUNIS (H.). **Impressions de campagne (1870-1871).** 1 volume in-18. 3 fr. 50
BÉNARD (Ch.). **De la philosophie dans l'éducation classique.** 1862. 1 fort vol. in-8. 6 fr.
BÉNARD. Voy. page 6 et page 8, SCHELLING et HÉGEL.
BERTAUT. **J. Saurin**, et la prédication protestante jusqu'à la fin du règne de Louis XIV. 1 vol. in-8. 5 fr.
BERTAULD (P.-A.). **Introduction à la recherche des causes premières. — De la méthode.** 3 vol. in-18. Chaque volume, 3 fr. 50
BLACKWELL (Dʳ Elisabeth). **Conseils aux parents** sur l'éducation de leurs enfants au point de vue sexuel. In-18. 2 fr.
BLANQUI. **L'éternité par les astres.** In-8. 2 fr.
BLANQUI. **Critique sociale**, capital et travail. Fragments et notes. 2 vol. in-18. 1885. 7 fr.
BOUCHARDAT. **Le travail**, son influence sur la santé (conférences faites aux ouvriers). 1 vol. in-18. 2 fr. 50
BOUILLET (Ad.). **Les Bourgeois gentilshommes. — L'armée de Henri V.** 1 vol. in-18. 3 fr. 50
BOUILLET (Ad.). **Types nouveaux.** 1 vol. in-18. 1 fr. 50
BOUILLET (Ad.). **L'arrière-ban de l'ordre moral.** 1 vol. in-18. 3 fr. 50
BOURBON DEL MONTE. **L'homme et les animaux.** 1 vol. in-8. 5 fr.
BOURDEAU (Louis). **Théorie des sciences**, plan de science intégrale. 2 vol. in-8. 20 fr.
BOURDEAU (Louis). **Les forces de l'industrie**, progrès de la puissance humaine. 1 vol. in-8. 1884. 5 fr.
BOURDEAU (L.). **La conquête du monde animal.** 1 vol. in-8. 1885. 5 fr.
BOURDET (Eug.). **Principes d'éducation positive**, précédé d'une préface de M. Ch. ROBIN. 1 vol. in-18. 3 fr. 50
BOURDET. **Vocabulaire des principaux termes de la philosophie positive.** 1 vol. in-18. 3 fr. 50
BOURLOTON (Edg.) et ROBERT (Edmond). **La Commune et ses idées à travers l'histoire.** 1 vol. in-18. 3 fr. 50
BROCHARD (V.). **De l'Erreur.** 1 vol. in-8. 3 fr. 50
BUCHNER. **Essai biographique sur Léon Dumont.** 1 vol. in-18 (1884). 2 fr.

Bulletins de la Société de psychologie physiologique. 1re année 1885. 1 broch. in-8, 1 fr. 50. — 2e année 1886, 1 broch. in-8. 1 fr. 50

BUSQUET. **Représailles**, poésies. 1 vol. in-18. 3 fr.

CAIX DE SAINT-AYMOUR (le vicomte de). **Recueil des instructions données aux Ambassadeurs et Ministres de France en Portugal**, depuis les traités de Westphalie jusqu'à la Révolution française. 1 fort vol. in-8 sur papier de Hollande. 20 fr.

CADET. **Hygiène, inhumation, crémation.** In-18. 2 fr.

CHASSERIAU (Jean). **Du principe autoritaire et du principe rationnel** 1 vol. in-18. 3 fr. 50

CLAMAGERAN. **L'Algérie**, impressions de voyage. 3e édit. 1 vol. in-18. 1884. 3 fr. 50

CLOOD. **L'enfance du monde**, simple histoire de l'homme des premiers temps. In-12. 1 fr.

CONTA. **Théorie du fatalisme.** 1 vol. in-18. 4 fr.

CONTA. **Introduction à la métaphysique.** 1 vol. in-18. 3 fr.

COQUEREL (Charles). **Lettres d'un marin à sa famille.** 1 vol. in-18. 3 fr. 50

COQUEREL fils (Athanase). **Libres études** (religion, critique, histoire, beaux-arts). 1 vol. in-8. 5 fr.

CORLIEU (le docteur). **La mort des rois de France**, depuis François Ier jusqu'à la Révolution française, études médicales et historiques. 1 vol. in-18. 3 fr. 50

CORTAMBERT (Louis). **La religion du progrès.** In-18. 3 fr. 50

COSTE (Adolphe). **Hygiène sociale contre le paupérisme** (prix de 5000 fr. au concours Pereire). 1 vol. in-8. 6 fr.

COSTE (Adolphe). **Les questions sociales contemporaines**, comptes rendus du concours Pereire, et études nouvelles sur le *paupérisme, la prévoyance, l'impôt, le crédit, les monopoles, l'enseignement*, avec la collaboration de MM. A. BURDEAU et ARRÉAT pour la partie relative à l'enseignement. 1 fort. vol. in-8. 10 fr.

DANICOURT (Léon). **La patrie et la république.** In-18. 2 fr. 50

DANOVER. **De l'esprit moderne.** 1 vol. in-18. 1 fr. 50

DAURIAC. **Psychologie et pédagogie.** 1 br. in-8. 1884. 1 fr.

DAVY. **Les conventionnels de l'Eure.** 2 forts vol. in-8. 18 fr.

DELBOEUF. **Psychophysique**, mesure des sensations de lumière et de fatigue; théorie générale de la sensibilité. 1 vol. in-18. 3 fr. 50

DELBOEUF. **Examen critique de la loi psychophysique**, sa base et sa signification. 1 vol. in-18. 1883. 3 fr. 50

DELBOEUF. **Le sommeil et les rêves**, considérés principalement dans leurs rapports avec les théories de la certitude et de la mémoire. 1 vol. in-18. 3 fr. 50

DELBOEUF. **De l'origine des effets curatifs de l'hypnotisme.** Étude de psychologie expérimentale. 1887. In-8. 1 fr. 50

DESTREM (J.). **Les déportations du Consulat.** 1 br. in-8. 1 fr. 50

DOLLFUS (Ch.). **De la nature humaine.** 1868. 1 vol. in-8. 5 fr.

DOLLFUS (Ch.). **Lettres philosophiques.** In-18. 3 fr.

DOLLFUS (Ch.). **Considérations sur l'histoire.** Le monde antique. 1 vol. in-8. 7 fr. 50

DOLLFUS (Ch.). **L'âme dans les phénomènes de conscience** 1 vol. in-18. 3 fr. 50

DROZ (Ed.). **Étude sur le scepticisme de Pascal**, considéré dans le livre des pensées. 1 vol. in-8. 6 fr.

DUBOST (Antonin). **Des conditions de gouvernement en France.** 1 vol. in-8. 7 fr. 50

DUCROS. **Schopenhauer et les origines de sa métaphysique**, ou les Origines de la transformation de la chose en soi, de Kant à Schopenhauer. 1 vol. in-8. 1883. 3 fr. 50

DUFAY. **Études sur la destinée.** 1 vol. in-18. 1876. 3 fr.

DUMONT (Léon). **Le sentiment du gracieux.** 1 vol. in-8. 3 fr.
DUNAN. **Essai sur les formes à priori de la sensibilité.** 1 vol. in-8. 1884. 5 fr.
DUNAN. **Les arguments de Zénon d'Elée contre le mouvement.** 1 br. in-8. 1884. 1 fr. 50
DU POTET. **Manuel de l'étudiant magnétiseur.** Nouvelle édition. 1 vol. in-18. 3 fr. 50
DU POTET. **Traité complet de magnétisme,** cours en douze leçons. 4ᵉ édition. 1 vol. in-8 de 634 pages. 8 fr.
DURAND-DÉSORMEAUX. **Réflexions et pensées,** précédées d'une Notice sur la vie, le caractère et les écrits de l'auteur, par Ch. YRIARTE. 1 vol. in-8. 1884. 2 fr. 50
DURAND-DESORMEAUX. **Études philosophiques,** théorie de l'action, théorie de la connaissance. 2 vol. in-8. 1884. 15 fr.
DUTASTA. **Le Capitaine Vallé,** ou l'Armée sous la Restauration. 1 vol. in-18. 1883. 3 fr. 50
DUVAL-JOUVE. **Traité de Logique.** 1 vol. in-8. 6 fr.
DUVERGIER DE HAURANNE (Mᵐᵉ E.). **Histoire populaire de la Révolution française.** 1 vol. in-18. 3ᵉ édit. 3 fr. 50
Éléments de science sociale. Religion physique, sexuelle et naturelle. 1 vol. in-18. 4ᵉ édit. 1885. 3 fr. 50
ÉLIPHAS LÉVI. **Dogme et rituel de la haute magie.** 2ᵉ édit., 2 vol. in-8, avec 24 fig. 18 fr.
ÉLIPHAS LÉVI. **Histoire de la magie.** 1 vol. in-8, avec fig. 12 fr.
ÉLIPHAS LÉVI. **Clef des grands mystères.** 1 vol. in-8. 12 fr.
ÉLIPHAS LÉVI. **La science des esprits.** 1 vol. in-8. 7 fr.
ESPINAS. **Idée générale de la pédagogie.** 1 br. in-8. 1884. 1 fr.
ESPINAS. **Du sommeil provoqué chez les hystériques.** Essai d'explication psychologique de sa cause et de ses effets. 1 brochure in-8. 1 fr.
ÉVELLIN. **Infini et quantité.** Étude sur le concept de l'infini dans la philosophie et dans les sciences. 1 vol. in-8. 2ᵉ édit. (Sous presse.)
FABRE (Joseph). **Histoire de la philosophie.** Première partie : Antiquité et moyen âge. 1 vol. in-12. 3 fr. 50
FAU. **Anatomie des formes du corps humain,** à l'usage des peintres et des sculpteurs. 1 atlas de 25 planches avec texte. 2ᵉ édition. Prix, figures noires. 15 fr. ; fig. coloriées. 30 fr.
FAUCONNIER. **Protection et libre échange.** In-8. 2 fr.
FAUCONNIER. **La morale et la religion dans l'enseignement.** in-8. 75 c.
FAUCONNIER. **L'or et l'argent.** In-8. 2 fr. 50
FAVRE (Mᵐᵉ Jules), née VELTEN. **La morale des stoïciens.** 1 vol. in-18. 1888. 3 fr. 50
FERBUS (N.). **La science positive du bonheur.** 1 vol. in-18. 3 fr.
FERRIÈRE (Em.). **Les apôtres,** essai d'histoire religieuse, d'après la méthode des sciences naturelles. 1 vol. in-12. 4 fr. 50
FERRIÈRE (Em.). **L'âme est la fonction du cerveau.** 2 volumes in-18. 1883. 7 fr.
FERRIÈRE (Em.). **Le paganisme des Hébreux jusqu'à la captivité de Babylone.** 1 vol. in-18. 1884. 3 fr. 50
FERRIÈRE (Em.). **La Matière et l'énergie.** 1 vol. in-18. 1887. 4 fr. 50
FERRON (de). **Institutions municipales et provinciales** dans les différents États de l'Europe. Comparaison. Réformes. 1 vol. in-8. 1883. 8 fr.
FERRON (de). **Théorie du progrès.** 2 vol. in-18. 7 fr.
FERRON (de). **De la division du pouvoir législatif en deux chambres,** histoire et théorie du Sénat. 1 vol. in-8. 8 fr.
FONCIN. **Essai sur le ministère Turgot.** 1 fort vol. gr. in-8. 2ᵉ édit. (Sous presse.)
FOX (W.-J.). **Des idées religieuses.** In-8. 3 fr.
FRIBOURG (E.). **Le paupérisme parisien.** 1 vol. in-12. 1 fr. 25

GALTIER-BOISSIÈRE. **Sématotechnie**, ou Nouveaux signes phonographiques. 1 vol. in-8 avec figures. 3 fr. 50
GASTINEAU. **Voltaire en exil**. 1 vol. in-18. 3 fr.
GAYTE (Claude). **Essai sur la croyance**. 1 vol. in-8. 3 fr.
GEFFROY. **Recueil des instructions données aux ministres et ambassadeurs de France en Suède**, depuis les traités de Westphalie jusqu'à la Révolution française. 1 fort vol. in-8 raisin sur papier de Hollande. 20 fr.
GILLIOT (Alph.). **Études sur les religions et institutions comparées**. 2 vol. in-12, tome Ier. 3 fr. — Tome II. 5 fr.
GOBLET D'ALVIELLA. **L'évolution religieuse** chez les Anglais, les Américains, les Indous, etc. 1 vol. in-8. 1883. 7 fr. 50
GRESLAND. **Le génie de l'homme**, libre philosophie. 1 fort vol. gr. in-8. 1883. 7 fr.
GUILLAUME (de Moissey). **Nouveau traité des sensations**. 2 vol. in-8. 12 fr.
GUILLY. **La nature et la morale**. 1 vol. in-18. 2e édit. 2 fr. 50
GUYAU. **Vers d'un philosophe**. 1 vol. in-18. 3 fr. 50
HAYEM (Armand). **L'être social**. 1 vol. in-18. 2e édit. 3 fr. 50
HERZEN. **Récits et Nouvelles**. 1 vol. in-18. 3 fr. 50
HERZEN. **De l'autre rive**. 1 vol. in-18. 3 fr. 50
HERZEN. **Lettres de France et d'Italie**. In-18. 3 fr. 50
HUXLEY. **La physiographie**, introduction à l'étude de la nature, traduit et adapté par M. G. Lamy. 1 vol. in-8 avec figures dans le texte et 2 planches en couleurs, broché, 8 fr. — En demi-reliure, tranches dorées. 11 fr.
ISSAURAT. **Moments perdus de Pierre-Jean**. 1 vol. in-18. 3 fr.
ISSAURAT. **Les alarmes d'un père de famille**. In-8. 1 fr.
JACOBY. **Études sur la sélection dans ses rapports avec l'hérédité chez l'homme**. 1 vol. gr. in-8. 14 fr.
JANET (Paul). **Le médiateur plastique de Cudworth**. 1 vol. in-8. 1 fr.
JEANMAIRE. **L'idée de la personnalité dans la psychologie moderne**. 1 vol. in-8. 1883. 5 fr.
JOIRE. **La population, richesse nationale; le travail, richesse du peuple**. 1 vol. in-8. 1886. 5 fr.
JOYAU. **De l'invention dans les arts et dans les sciences**. 1 vol. in-8. 5 fr.
JOZON (Paul). **De l'écriture phonétique**. In-18. 3 fr. 50
KAULEK (Jean). **Correspondance politique de MM. de Castillon et de Marillac**, ambassadeurs de France en Angleterre (1538-1542). 1 fort vol. gr. in-8. 15 fr.
KAULEK (Jean). **Papiers de Barthélemy**, ambassadeur de France en Suisse de 1792 à 1797. — I, année 1792. 1 vol. gr. in-8. 15 fr.
KRANTZ (Emile). **Essai sur l'Esthétique de Descartes**, rapports de la doctrine cartésienne avec la littérature classique du XVIe siècle. 1 vol. in-8. 1882. 6 fr.
LABORDE. **Les hommes et les actes de l'insurrection de Paris** devant la psychologie morbide. 1 vol. in-18. 2 fr. 50
LACHELIER. **Le fondement de l'induction**. 1 vol. in-8. 3 fr. 50
LACOMBE. **Mes droits**. 1 vol. in-12. 2 fr. 50
LAFONTAINE. **L'art de magnétiser** ou le Magnétisme vital, considéré au point de vue théorique, pratique et thérapeutique. 5e édition, 1886. 1 vol. in-8. 5 fr.
LAGGROND. **L'Univers, la force et la vie**. 1 vol. in-8. 1884. 2 fr. 50
LA LANDELLE (de). **Alphabet phonétique**. In-18. 2 fr. 50
LANGLOIS. **L'homme et la Révolution**. 2 vol. in-18. 7 fr.
LAURET (Henri). **Philosophie de Stuart Mill**. 1 vol. in-8. 6 fr.
LAURET (Henri). **Critique d'une morale sans obligation ni sanction**. In-8. 1 fr. 50

LAUSSEDAT. **La Suisse.** Études méd. et sociales. In-18 — 3 fr. 50
LAVELEYE (Em. de). **De l'avenir des peuples catholiques.** In-8. 21ᵉ édit. — 25 c.
LAVELEYE (Em. de). **Lettres sur l'Italie** (1878-1879). 1 volume in-18. — 3 fr. 50
LAVELEYE (Em. de). **Nouvelles lettres d'Italie.** 1 vol. in-8. 1884. — 3 fr.
LAVELEYE (Em. de). **L'Afrique centrale.** 1 vol. in-12. — 3 fr.
LAVELEYE (Em. de). **La péninsule des Balkans** (Vienne, Croatie, Bosnie, Serbie, Bulgarie, Roumélie, Turquie, Roumanie). 2 vol. in-12. 1886. — 10 fr.
LAVELEYE (Em. de). **La propriété collective du sol en différents pays.** In-8. — 2 fr.
LAVELEYE (Em. de) et HERBERT SPENCER. **L'état et l'individu, ou Darwinisme social et Christianisme.** In-8. — 1 fr.
LAVERGNE (Bernard). **L'ultramontanisme et l'État.** In-8. — 1 fr. 50
LEDRU-ROLLIN. **Discours politiques et écrits divers.** 2 vol. in-8 cavalier. — 12 fr.
LEGOYT. **Le suicide.** 1 vol. in-8. — 8 fr.
LELORRAIN. **De l'aliéné au point de vue de la responsabilité pénale.** In-8. — 2 fr.
LEMER (Julien). **Dossier des Jésuites et des libertés de l'Église gallicane.** 1 vol. in-18. — 3 fr. 50
LITTRÉ. **De l'établissement de la troisième république.** 1 vol. gr. in-8. 1881. — 9 fr.
LOURDEAU. **Le Sénat et la magistrature dans la démocratie française.** 1 vol. in-18. — 3 fr. 50
MAGY. **De la science et de la nature.** 1 vol. in-8. — 6 fr.
MARAIS. **Garibaldi et l'armée des Vosges.** In-18. (V. P.) — 1 fr. 50
MASSERON (I.). **Danger et nécessité du socialisme.** 1 vol. in-18 1883. — 3 fr. 50
MAURICE (Fernand). **La politique extérieure de la République française.** 1 vol. in-12. — 3 fr. 50
MAZZINI. **Lettres de Joseph Mazzini** à Daniel Stern (1864-1872), avec une lettre autographiée. 1 vol. in-18. — 3 fr. 50
MENIÈRE. **Cicéron médecin.** 1 vol. in-18. — 4 fr. 50
MENIÈRE. **Les consultations de Mme de Sévigné,** étude médico-littéraire. 1884. 1 vol. in-8. — 3 fr.
MESMER. **Mémoires et aphorismes,** suivis des procédés de d'Eslon. In-18. — 2 fr. 50
MICHAUT (N.). **De l'imagination.** 1 vol. in-8. — 5 fr.
MILSAND. **Les études classiques et l'enseignement public.** 1 vol. in-18. — 3 fr. 50
MILSAND. **Le code et la liberté.** In-8. — 2 fr.
MORIN (Miron). **De la séparation du temporel et du spirituel.** In-8. — 3 fr. 50
MORIN (Miron). **Essais de critique religieuse.** 1 fort vol. in-8. 1885. 5 fr.
MORIN. **Magnétisme et sciences occultes.** 1 vol. in-8. — 6 fr.
MORIN (Frédéric). **Politique et philosophie.** 1 vol. in-18. — 3 fr. 50
MUNARET. **Le médecin des villes et des campagnes.** 4ᵉ édition. 1 vol. grand in-18. — 4 fr. 50
NOEL (E.). **Mémoires d'un imbécile,** précédé d'une préface de *M. Littré.* 1 vol. in-18. 3ᵉ édition. — 3 fr. 50
OGER. **Les Bonaparte** et les frontières de la France. In-18. — 50 c.
OGER. **La République.** In-8. — 50 c.
OLECHNOWICZ. **Histoire de la civilisation de l'humanité,** d'après la méthode brahmanique. 1 vol. in-12. — 3 fr. 50
PARIS (le colonel). **Le feu à Paris et en Amérique.** 1 volume in-18. — 3 fr. 50

PARIS (comte de). **Les associations ouvrières en Angleterre** (Trades-unions). 1 vol. in-18. 7ᵉ édit. 1 fr.

Édition sur papier fort, 2 fr. 50. — Sur papier de Chine, broché, 12 fr. — Rel. de luxe. 20 fr.

PELLETAN (Eugène). **La naissance d'une ville** (Royan). 1 vol. in-18, cart. 1 fr. 40

PELLETAN (Eug.). **Jarousseau, le pasteur du désert.** 1 vol. in-18 (couronné par l'Académie française), toile, tr. jaspées. 2 fr. 50

PELLETAN (Eug.). **Élisée, voyage d'un homme à la recherche de lui-même.** 1 vol. in-18. 3 fr. 50

PELLETAN (Eug.). **Un roi philosophe, Frédéric le Grand.** 1 vol. in-18. 3 fr. 50

PELLETAN (Eug.). **Le monde marche** (la loi du progrès). In-18. 3 fr. 50

PELLETAN (Eug.). **Droits de l'homme.** 1 vol. in-12. 3 fr. 50

PELLETAN (Eug.). **Profession de foi du XIXᵉ siècle.** 1 vol. in-12. 3 fr. 50

PELLETAN (Eug.). **Dieu est-il mort ?** 1 vol. in-12. 3 fr. 50

PELLETAN (Eug.). **La mère.** 1 vol. in-8, toile, tr. dorées. 4 fr. 25

PELLETAN (Eug.). **Les rois philosophes.** 1 vol. in-8, toile, tranches dorées. 4 fr. 25

PELLETAN (Eug.). **La nouvelle Babylone.** 1 vol. in-12. 3 fr. 50

PÉNY (le major). **La France par rapport à l'Allemagne.** Étude de géographie militaire. 1 vol. in-8. 2ᵉ édit. 6 fr.

PEREZ (Bernard). **Thiery Tiedmann.** — **Mes deux chats.** 1 brochure in-12. 2 fr.

PEREZ (Bernard). **Jacotot et sa méthode d'émancipation intellectuelle.** 1 vol. in-18. 3 fr.

PEREZ (Bernard). — Voyez page 5.

PETROZ (P.). **L'art et la critique en France** depuis 1822. 1 vol. in-18. 3 fr. 50

PETROZ. **Un critique d'art au XIXᵉ siècle.** In-18. 1 fr. 50

PHILBERT (Louis). **Le rire,** essai littéraire, moral et psychologique. 1 vol. in-8. (Ouvrage couronné par l'Académie française, prix Monthyon.) 7 fr. 50

POEY. **Le positivisme.** 1 fort vol. in-12. 4 fr. 50

POEY. **M. Littré et Auguste Comte.** 1 vol. in-18. 3 fr. 50

POULLET. **La campagne de l'Est** (1870-1871). 1 vol. in-8 avec 2 cartes, et pièces justificatives. 7 fr.

QUINET (Edgar). **Œuvres complètes.** 30 volumes in-18. Chaque volume.. 3 fr. 50

Chaque ouvrage se vend séparément :

1. Génie des Religions. 6ᵉ édition.
2. Les Jésuites. — L'Ultramontanisme. 11ᵉ édition.
3. Le Christianisme et la Révolution française. 6ᵉ édition.
4-5. Les Révolutions d'Italie. 5ᵉ édition. 2 vol.
6. Marnix de Sainte-Aldegonde. — Philosophie de l'Histoire de France. 4ᵉ édition.
7. Les Roumains. — Allemagne et Italie. 3ᵉ édition.

8. Premiers travaux : Introduction à la Philosophie de l'histoire. — Essai sur Herder. — Examen de la Vie de Jésus. — Origine des dieux. — l'Église de Brou. 3ᵉ édition.
9. La Grèce moderne. — Histoire de la poésie. 3ᵉ édition.
10. Mes Vacances en Espagne. 5ᵉ édition.
11. Ahasverus. — Tablettes du Juif errant. 5ᵉ édition.
12. Prométhée. — Les Esclaves. 4ᵉ édition.
13. Napoléon (poème). (*Epuisé.*)
14. L'Enseignement du Peuple. — Œuvres politiques avant l'exil. 8 édition
15. Histoire de mes Idées (Autobiographie). 4ᵉ édition.
16-17. Merlin l'Enchanteur. 2ᵉ édition. 2 vol.
18-19-20. La Révolution. 10ᵉ édition. 3 vol.
21. Campagne de 1815. 7ᵉ édition.
22-23. La Création. 3ᵉ édition. 2 vol.
24. Le Livre de l'exilé. — La Révolution religieuse au XIXᵉ siècle. — Œuvres politiques pendant l'exil. 2ᵉ édition.
25. Le Siège de Paris. — Œuvres politiques après l'exil. 2ᵉ édition.
26. La République. Conditions de régénération de la France. 2ᵉ édition.
27. L'Esprit nouveau. 5ᵉ édition.
28. Le Génie grec. 1ʳᵉ édition.
29-30. Correspondance. Lettres à sa mère. 1ʳᵉ édition. 2 vol.

RÉGAMEY (Guillaume). **Anatomie des formes du cheval**, à l'usage des peintres et des sculpteurs. 6 planches en chromolithographie, publiées sous la direction de Félix Régamey, avec texte par le Dʳ Kuhff.   8 fr.

RIBERT (Léonce). **Esprit de la Constitution** du 25 février 1875. 1 vol. in-18.   3 fr. 50

RIBOT (Paul). **Spiritualisme et matérialisme**. Étude sur les limites de nos connaissances. 2ᵉ édit. 1887. 1 vol. in-8.   6 fr.

ROBERT (Edmond). **Les domestiques**. 1 vol. in-18.   3 fr. 50

SANDERVAL (Olivier de). **De l'absolu**. La loi de vie. 1887. 1 volume in-8.   5 fr.

SECRÉTAN. **Philosophie de la liberté**. 2 vol. in-8.   10 fr.

SECRÉTAN. **Le droit de la femme**. In-12.   1 fr. 20

SIEGFRIED (Jules). **La misère, son histoire, ses causes, ses remèdes**. 1 vol. grand in-18. 3ᵉ édition. 1879.   2 fr. 50

SIÈREBOIS. **Psychologie réaliste**. Étude sur les éléments réels de l'âme et de la pensée. 1876. 1 vol. in-18.   2 fr. 50

SMEE. **Mon jardin**. Géologie, botanique, histoire naturelle. 1 magnifique vol. gr. in-8, orné de 1300 gr. et 25 pl. hors texte. Demi-rel., tranches dorées.   18 fr.

SOREL (Albert). **Le traité de Paris du 20 novembre 1815**. 1 vol. in-8.   4 fr. 50

SOREL (Albert). **Recueil des instructions données aux ambassadeurs et ministres de France en Autriche**, depuis les traités de Westphalie jusqu'à la Révolution française. 1 fort vol. gr. in-8, sur papier de Hollande.   20 fr.

SPIR (A.). **Esquisses de philosophie critique**, précédées d'une préface de M. A. Penjon. 1 vol. in-18. 1887.   2 fr. 50

STUART MILL (J.). **La République de 1848**, traduit de l'anglais, avec préface par Sadi Carnot. 1 vol. in-18. 3 fr. 50

TANNERY (G.). **Pour l'histoire de la science hellène** (de Thalès à Empédocle). 1 vol. in-8. (*Sous presse.*)

TÉNOT (Eugène). **Paris et ses fortifications** (1870-1880). 1 vol. in-8. 5 fr.

TÉNOT (Eugène). **La frontière** (1870-1881). 1 fort vol. grand in-8. 8 fr.

THIERS (Édouard). **La puissance de l'armée par la réduction du service**. In-8. 1 fr. 50

THULIÉ. **La folie et la loi**. 2ᵉ édit. 1 vol. in-8. 3 fr. 50

THULIÉ. **La manie raisonnante du docteur Campagne**. In-8. 2 fr.

TIBERGHIEN. **Les commandements de l'humanité**. 1 vol. in-18. 3 fr.

TIBERGHIEN. **Enseignement et philosophie**. 1 vol. in-18. 4 fr.

TIBERGHIEN. **Introduction à la philosophie**. 1 vol. in-18. 6 fr.

TIBERGHIEN. **La science de l'âme**. 1 vol. in-12. 3ᵉ édit. 6 fr.

TIBERGHIEN. **Éléments de morale universelle**. In-12. 2 fr.

TISSANDIER. **Études de Théodicée**. 1 vol. in-8. 4 fr.

TISSOT. **Principes de morale**. 1 vol. in-8. 6 fr.

TISSOT. — Voy. Kant, page 7.

TISSOT (J.). **Essai de philosophie naturelle**. Tome Iᵉʳ. 1 vol. in-8. 12 fr.

VACHEROT. **La science et la métaphysique**. 3 vol. in-18. 10 fr. 50

VACHEROT. — Voy. pages 4 et 6.

VALLIER. **De l'intention morale**. 1 vol. in-8. 3 fr. 50

VAN DER REST. **Platon et Aristote**. 1 vol. in-8. 10 fr.

VAN ENDE (U.). **Histoire naturelle de la croyance**, *première partie* : l'Animal. 1887. 1 vol. in-8. 5 fr.

VÉRA. **Introduction à la philosophie de Hegel**. 1 vol. in-8, 2ᵉ édition. 6 fr. 50

VERNIAL. **Origine de l'homme**, d'après les lois de l'évolution naturelle. 1 vol. in-8. 3 fr.

VILLIAUMÉ. **La politique moderne**. 1 vol. in-8. 6 fr.

VOITURON (P.). **Le libéralisme et les idées religieuses**. 1 volume in-12. 4 fr.

WEILL (Alexandre). **Le Pentateuque selon Moïse et le Pentateuque selon Esra**, avec *vie, doctrine et gouvernement authentique de Moïse*. 1 fort vol. in-8. 7 fr. 50

WEILL (Alexandre). **Vie, doctrine et gouvernement authentique de Moïse**, d'après des textes hébraïques de la Bible jusqu'à ce jour incompris. 1 vol. in-8. 3 fr.

YUNG (Eugène). **Henri IV écrivain**. 1 vol. in-8. 5 fr.

BIBLIOTHÈQUE UTILE

99 VOLUMES PARUS.

Le volume de 190 pages, broché, 60 centimes.
Cartonné à l'anglaise ou cartonnage toile dorée, 1 fr.

Le titre de cette collection est justifié par les services qu'elle rend et la part pour laquelle elle contribue à l'instruction populaire.

Elle embrasse l'*histoire*, la *philosophie*, le *droit*, les *sciences*, l'*économie politique* et les *arts*, c'est-à-dire qu'elle traite toutes les questions qu'il est aujourd'hui indispensable de connaître. Son esprit est essentiellement démocratique. La plupart de ses volumes sont adoptés pour les Bibliothèques par le *Ministère de l'Instruction publique*, le *Ministère de la guerre*, *la Ville de Paris*, *la Ligue de l'enseignement*, etc.

HISTOIRE DE FRANCE.

* **Les Mérovingiens**, par BUCHEZ, anc. présid. de l'Assemblée constituante.
* **Les Carlovingiens**, par BUCHEZ.
Les Luttes religieuses des premiers siècles, par J. BASTIDE, 4ᵉ édit.
Les Guerres de la Réforme, par J. BASTIDE. 4ᵉ édit.
La France au moyen âge, par F. MORIN.
* **Jeanne d'Arc**, par Fréd. LOCK.
Décadence de la monarchie française, par Eug. PELLETAN. 4ᵉ édit.
* **La Révolution française**, par CARNOT, sénateur (2 volumes).
* **La Défense nationale en 1792**, par P. GAFFAREL.
* **Napoléon Iᵉʳ**, par Jules BARNI.
* **Histoire de la Restauration**, par Fréd. LOCK. 3ᵉ édit.
* **Histoire de la marine française**, par Alfr. DONEAUD. 2ᵉ édit.
* **Histoire de Louis-Philippe**, par Edgar ZEVORT. 2ᵉ édit.
Mœurs et Institutions de la France, par P. BONDOIS. 2 volumes.
Léon Gambetta, par J. REINACH.

PAYS ÉTRANGERS.

* **L'Espagne et le Portugal**, par E. RAYMOND. 2ᵉ édition.
Histoire de l'empire ottoman, par L. COLLAS. 2ᵉ édit.
* **Les Révolutions d'Angleterre**, par Eug. DESPOIS. 3ᵉ édit.
Histoire de la maison d'Autriche, par Ch. ROLLAND. 2 édit.
L'Europe contemporaine (1789-1879), par P. BONDOIS.
Histoire contemporaine de la Prusse, par Alfr. DONEAUD.
Histoire contemporaine de l'Italie, par Félix HENNEGUY.
Histoire contemporaine de l'Angleterre, par A. REGNARD.

HISTOIRE ANCIENNE.

La Grèce ancienne, par L. COMBES, conseiller municipal de Paris. 2ᵉ éd.
L'Asie occidentale et l'Égypte, par A. OTT. 2ᵉ édit.
L'Inde et la Chine, par A. OTT.
Histoire romaine, par CREIGHTON.
L'Antiquité romaine, par WILKINS (avec gravures).

GÉOGRAPHIE.

* **Torrents, fleuves et canaux de la France**, par H. BLERZY.
* **Les Colonies anglaises**, par le même.
Les Iles du Pacifique, par le capitaine de vaisseau JOUAN (avec 1 carte).
* **Les Peuples de l'Afrique et de l'Amérique**, par GIRARD DE RIALLE.
* **Les Peuples de l'Asie et de l'Europe**, par le même.
L'Indo-Chine française, par FAQUE.
* **Géographie physique**, par GEIKIE, prof. à l'Univ. d'Edimbourg (avec fig.).
* **Continents et Océans**, par GROVE (avec figures).
Les Frontières de la France, par P. GAFFAREL.

COSMOGRAPHIE.

* **Les Entretiens de Fontenelle sur la pluralité des mondes**, mis au courant de la science par Boillot.

* **Le Soleil et les Étoiles**, par le P. Secchi, Briot, Wolf et Delaunay. 2ᵉ édit. (avec figures).

* **Les Phénomènes célestes**, par Zurcher et Margollé.

A travers le ciel, par Amigues.

Origines et Fin des mondes, par Ch. Richard. 3ᵉ édit.

* **Notions d'astronomie**, par L. Catalan, prof. à l'Université de Liège. 4ᵉ édit.

SCIENCES APPLIQUÉES.

* **Le Génie de la science et de l'industrie**, par B. Gastineau.

* **Causeries sur la mécanique**, par Brothier. 2ᵉ édit.

Médecine populaire, par le docteur Turck. 4ᵉ édit.

La Médecine des accidents, par le docteur Broquère.

Les Maladies épidémiques (Hygiène et Préservation), par le docteur L. Monin.

* **Hygiène générale**, par le docteur L. Cruveilhier. 6ᵉ édit.

Petit Dictionnaire des falsifications, avec moyens faciles pour les reconnaître, par Dufour.

Les Mines de la France et de ses colonies, par P. Maigne.

Les Matières premières et leur emploi dans les divers usages de la vie, par H. Genevoix.

La Machine à vapeur, par H. Gossin, avec figures.

La Photographie, par le même, avec figures.

La Navigation aérienne, par G. Dallet (avec figures).

L'Agriculture française, par A. Larbalétrier, avec figures.

SCIENCES PHYSIQUES ET NATURELLES.

Télescope et Microscope, par Zurcher et Margollé.

* **Les Phénomènes de l'atmosphère**, par Zurcher. 4ᵉ édit.

* **Histoire de l'air**, par Albert Lévy.

* **Histoire de la terre**, par le même.

* **Principaux faits de la chimie**, par Samson, prof. à l'Éc. d'Alfort. 5ᵉ édit.

Les Phénomènes de la mer, par E. Margollé. 5ᵉ édit.

* **L'Homme préhistorique**, par L. Zaborowski. 2ᵉ édit.

* **Les grands Singes**, par le même.

Histoire de l'eau, par Bouant.

* **Introduction à l'étude des sciences physiques**, par Morand. 5ᵉ édit.

* **Le Darwinisme**, par E. Ferrière.

* **Géologie**, par Geikie (avec fig.).

* **Les Migrations des animaux et le Pigeon voyageur**, par Zaborowski.

* **Premières notions sur les sciences**, par Th. Huxley.

La Chasse et la Pêche des animaux marins, par le capitaine de vaisseau Jouan.

Les Mondes disparus, par L. Zaborowski (avec figures).

Zoologie générale, par H. Beauregard, aide-naturaliste au Muséum (avec figures).

PHILOSOPHIE.

La Vie éternelle, par Enfantin. 2ᵉ éd.

Voltaire et Rousseau, par Eug Noel. 3ᵉ édit.

* **Histoire populaire de la philosophie**, par L. Brothier. 3ᵉ édit.

* **La Philosophie zoologique**, par Victor Meunier. 2ᵉ édit.

* **L'Origine du langage**, par L. Zaborowski.

Physiologie de l'esprit, par Paulhan (avec figures).

L'Homme est-il libre? par Renard. 2ᵉ édition.

La Philosophie positive, par le docteur Robinet. 2ᵉ édit.

ENSEIGNEMENT. — ÉCONOMIE DOMESTIQUE.

* **De l'Éducation**, par Herbert Spencer.
La Statistique humaine de la France, par Jacques BERTILLON.
Le Journal, par HATIN
De l'Enseignement professionnel, par CORBON, sénateur. 3ᵉ édit.
* **Les Délassements du travail**, par Maurice CRISTAL. 2ᵉ édit.
Le Budget du foyer, par H. LENEVEUX
* **Paris municipal**, par le même.
* **Histoire du travail manuel en France**, par le même.

L'Art et les artistes en France par Laurent PICHAT, sénateur. 4ᵉ édit
Premiers principes des beaux arts, par J. COLLIER.
Économie politique, par STANLE JEVONS. 3ᵉ édit.
* **Le Patriotisme à l'école**, pa JOURDY, capitaine d'artillerie.
Histoire du libre échange e Angleterre, par MONGREDIEN.
Notions d'économie rurale, pa PETIT.

DROIT.

* **La Loi civile en France**, par MORIN. 3ᵉ édit.
La Justice criminelle en France par G. JOURDAN. 3ᵉ édit.

BIBLIOTHÈQUE UTILE

TIRAGE SPÉCIAL POUR RÉCOMPENSES

Beaux volumes in-12 de 190 à 200 pages.

Brochés. 1 franc. — Imitation toile, tranches blanches....... 1 fr. 10
Toile, tranches dorées ou rouges.......................... 1 fr. 50

Napoléon Iᵉʳ, par J. BARNI, membre de l'Assemblée nationale. (V. P.)
Les Colonies anglaises, par BLERZY, anc. élève de l'École polytechnique. (V.
* **Torrents, fleuves et canaux de la France**, par le même. (V. P.)
Europe contemporaine depuis 1792 jusqu'à nos jours, par BONDOIS, pro seur au lycée de Versailles.
La Botanique en 10 leçons, par LE MONNIER, professeur à la Faculté des sci ces de Nancy, avec 124 figures.
Morceaux choisis de littérature française, par Mᵐᵉ COLLIN, inspectrice des éc de la Ville de Paris. (V. P.)
La Défense nationale en 1792, par P. GAFFAREL, professeur à la Faculté lettres de Dijon. (V. P.)
La Géographie physique, par GEIKIE, professeur à l'Université d'Édimbo avec gravures. (V. P.)
* **Notions de Géologie**, avec figures dans le texte, par GEIKIE. (V. P.)
Premières Notions sur les sciences, par HUXLEY, de la Société royale de L dres. (V. P.)
Le Patriotisme à l'école, guide populaire d'éducation militaire, par JOURDY, d'escadrons d'artillerie, avec grav. (V. P.)
Les Migrations des animaux et le Pigeon voyageur, par ZABOROWSKI. (V.
* **Histoire de Louis-Philippe**, par E. ZEVORT, recteur de l'Académie de C: (V. P.)
Les Phénomènes célestes, par ZURCHER et MARGOLLÉ, anciens officiers de rine. (V. P.)
* **Les Révolutions d'Angleterre**, par Eugène DESPOIS. (V. P.)
Léon Gambetta, par Joseph REINACH, avec gravures.
Les Peuples de l'Asie et de l'Europe, par GIRARD DE RIALLE. (V. P.)
Les Peuples de l'Afrique et de l'Amérique, par GIRARD DE RIALLE. (V. P.)
Continents et Océans, par GROVE, avec gravures. (V. P.)

10943. — BOURLOTON. — Imprimeries réunies, A, rue Mignon, 2, Paris.

BIBLIOTHÈQUE DE PHILOSOPHIE CONTEMPORAINE

Volumes in-18 à 2 fr. 50 c. — Cartonnés, 3 fr.

H. Taine.
Le Positivisme anglais, Stuart Mill. 1 vol.
L'Idéalisme anglais, Carlyle. 1 vol.
Philosophie de l'art. 2e édit. 1 vol.
Philosophie de l'art en Italie. 2e édit. 1 vol.
De l'Idéal dans l'art. 1 vol.
Philosophie de l'art dans les Pays-Bas. 1 vol.
Philosophie de l'art en Grèce. 1 vol.

Paul Janet.
Le Matérialisme contemporain. 2e éd. 1 vol.
La Crise philosophique. 1 vol.
Le Cerveau et la Pensée. 1 vol.
Philosophie de la Révol. Française. 1 vol.
Saint-Simon et le Saint-Simonisme. 1 vol.
Spinoza: Dieu, l'homme et le bonheur. 1 vol.

Odysse Barrot.
Lettres sur la philosophie de l'histoire. 1 vol.

Alaux.
Philosophie de M. Cousin. 1 vol.

Ad. Franck.
Philosophie du droit pénal. 1 vol.
Philosophie du droit ecclésiastique. 1 vol.
Philosophie mystique au XVIIIe siècle. 1 vol.

E. Saisset.
L'âme et la vie. 1 vol.
Critique et histoire de la philosophie. 1 vol.

Charles Lévêque.
Le Spiritualisme dans l'art. 1 vol.
La Science de l'invisible. 1 vol.

Auguste Laugel.
Les Problèmes de la nature. 1 vol.
Les Problèmes de la vie. 1 vol.
Les Problèmes de l'âme. 1 vol.
La Voix, l'Oreille et la Musique. 1 vol.
L'Optique et les Arts. 1 vol.

Challemel-Lacour.
La philosophie individualiste. 1 vol.

Charles de Rémusat.
Philosophie religieuse. 1 vol.

Albert Lemoine.
Le Vitalisme et l'Animisme de Stahl. 1 vol.
De la Physionomie et de la Parole. 1 vol.
L'Habitude et l'Instinct. 1 vol.

Milsand.
L'Esthétique anglaise. John Ruskin. 1 vol.

A. Véra.
Essais de philosophie hégélienne. 1 vol.

Beaussire.
Antécédents de l'hégélianisme dans la philosophie française. 1 vol.

Bost.
Le Protestantisme libéral. 1 vol.

Francisque Bouillier.
Du Plaisir et de la Douleur. 1 vol.
De la Conscience. 1 vol.

Ed. Auber.
Philosophie de la Médecine. 1 vol.

Leblais.
Matérialisme et spiritualisme. 1 vol.

Ad. Garnier.
De la morale dans l'antiquité. 1 vol.

Schœbel.
Philosophie de la raison pure. 1 vol.

Tissandier.
Des Sciences occultes et du *spiritisme*. vol.

J. Moleschott.
La Circulation de la vie. 2 vol.

L. Büchner.
Science et nature. 2 vol.

Ath. Coquerel fils.
Des premières transformations du christianisme. 1 vol.
La Conscience et la Foi. 1 vol.
Histoire du Credo. 1 vol.

Jules Levallois.
Déisme et Christianisme. 1 vol.

Camille Selden.
La Musique en Allemagne. 1 vol.

Fontanès.
Le Christianisme moderne, Lessing. 1 vol.

Saigey.
La Physique moderne. 1 vol.

Mariano.
La Philosophie contemporaine en Italie. 1 vol.

E. Faivre.
De la variabilité des espèces. 1 vol.

J. Stuart Mill.
Auguste Comte et le Positivisme. 1 vol.

Ernest Bersot.
Libre philosophie. 1 vol.

Albert Réville.
Histoire du dogme de la divinité de Jésus-Christ. 2e édit. 1 vol.

W. de Fonvielle.
L'Astronomie moderne. 1 vol.

C. Coignet.
La morale indépendante. 1 vol.

E. Boutmy.
Philosophie de l'architecture en Grèce. 1 vol.

E. Vacherot.
La Science et la Conscience. 1 vol.

Em. de Laveleye.
Des Formes de gouvernement. 1 vol.

Herbert Spencer.
Classification des sciences. 1 vol.
Essai sur l'éducation. 1 vol.

Max Muller.
La science de la Religion. 1 vol.

Ph. Gauckler.
Le Beau et son histoire. 1 vol.

L.-A. Dumont.
Hœckel et la théorie de l'évolution en Allemagne. 1 vol.

Bertauld.
L'ordre social et l'ordre moral. 1 vol.
Philosophie sociale. 1 vol.

Th. Ribot.
La philosophie de Schopenhauer. 1 vol.

A. Herzen.
Physiologie de la volonté. 1 vol.

Bentham et Grote.
La religion naturelle. 1 vol.

Hartmann (E. de)
La Religion de l'Avenir. 1 vol.
Le Darwinisme. 1 vol.

Lotze (H.)
Psychologie physiologique. 1 vol.

Schopenhauer.
Essai sur le libre arbitre. 1 vol.

Liard.
Logiciens anglais contemporains. 1 vol.

www.ingramcontent.com/pod-product-compliance
Lightning Source LLC
Chambersburg PA
CBHW051618230426
43669CB00013B/2096